福澤諭吉

国家理性と文明の道徳

西村 稔
Minoru Nishimura
【著】

名古屋大学出版会

福澤諭吉　国家理性と文明の道徳

目　次

目　次

凡例

一、福澤の著作は『福澤諭吉全集』（岩波書店、初版、一九五八〜一九六四年）によるが、引用にあたっては、著者名を掲げず、また必要な場合を除いて表題、刊行年度を省略し、『全集』の巻数と頁数のみを記する（たとえば『全集』第七巻、三四頁は⑦34というように）。『全集』第十七巻、十八巻、二一巻に未収録の書簡は、『福澤諭吉書簡集』（岩波書店、二〇〇一〜二〇〇三年）より引用し、『書簡』①のように表記する。

二、『福翁自伝』、『学問のすゝめ』、『文明論之概略』については、それぞれ全集版と文庫版（富田正文校訂『新訂福翁自伝』（岩波文庫、一九七八年）、『学問のすゝめ』（岩波文庫、一九四二年）、松沢弘陽校注『文明論之概略』（岩波文庫、一九九五年））の両方の頁数を記すが、引用文は全集版による。引用は③58：B48（Bは文庫本の略）のように略記する。

三、『修業立志編』（時事新報社、明治三一年）所収の論稿で、『全集』に収録されていないものについては、「『立志編』所収」と表記した。『文明論之概略』のための執筆メモである「文明論プラン」（明治七年）は、『福澤諭吉年鑑』一八（一九九一年）より引用し、頁数のみ記した。J・S・ミル『功利主義』への書き込みについては、安西敏三「福沢手沢本 **J. S. Mill, Utilitarianism** 再現」（一）、（二）（『法学研究』第五六巻六号、七号、一九八一年）より引用し、「ミル手沢本」①、②と表記し、『文明論之概略』草稿については、進藤咲子『『文明論之概略』草稿の考察』（福沢諭吉協会、二〇〇〇年）より引用し、『草稿』と表記した。

四、福澤の著作であると否とを問わず、文献の引用にあたっては、原則として原文のままとしたが、一部旧漢字を当用漢字に変えた。また、傍点・圏点・傍線等の強調はすべて省略した。傍点はすべて引用者のものである。ルビは原則として省略したが、一部残した。また、引用文献の刊行年次は、戦前のものは元号によった。

五、引用文中［　］で括った部分は、ルビも含めて引用者もしくは『全集』編集者によるものである。

序

福澤論は汗牛充棟、とても見渡すことなどできない。しかも、福澤に対する評価は生前から大きく対立しており、なかでもナショナリズムについては、現在でもなお定説があるとはいい難いようだ。ナショナリズムに限らず、総じて福澤の「政治論」ないし「政治思想」に対する関心が持続して強いことは、それなりに理由のあることであろう。しかし、そのためにややもすると福澤の思想について歪んだ像が作られてきた。本書が「国家理性」という政治臭芬々たる語をタイトルに掲げたのは、一つには、福澤論におけるこうした「政治」優位の傾向に挑戦しようとする企図からである。いうまでもなく、それは福澤を「脱政治化」したり政治的に「中立化」したりすることを意味しない。福澤の思想は決して政治と無縁ではない。まして、「国家理性」を政治ぬきで語ることなどできるはずもない。ここでいいたいのは、福澤についての仮説が一人歩きして、福澤の思想を何としてもそこに押し込めようとするような事態が「政治的」福澤論で顕著に見られるということである。極端な場合、福澤の思想は論者の政治的仮説の犠牲になり、時には福澤論が信条と信条の代理戦争の様相を呈することすらある。「国家理性」をタイトルに見かけただけで、そこに何らかのイデオロギーを嗅ぎつけようとする福澤論者もいるのではないだろうか。

だが、これは文字通り挑発であって、タイトルを決めた際の付随的理由にすぎない。いま述べたような政治的福澤論が跋扈してきたのは、論者の政治的仮説のせいばかりではない。何よりも、福澤の言説そのものが、融通無碍あるいは複雑怪奇と評することができるほど、矛盾、対立、錯綜しているために、何らかの所説に都合のよい発言を見つけ出しやすいという事情による。福澤は時と場所、あるいは所論の目的や名宛人に即して様々な——時には同じ時期に正反対の——見解を述べて憚らなかったから、引証部分が引用者の立場を炙り出すことになるということすらある。片言隻句を取り上げたり、同工異曲の一方的な発言を並べたて、あるいは無関係な言説を繋ぎ合わせて、福澤を特定の意味の「国家理性」論者（たとえば「帝国主義者」、「植民地主義者」、そのコロラリーとしての「文化帝国主義」者、「オリエンタリズム」の先鋒）に仕立て上げることなどいとも簡単なことである。無論、それに対して別の発言を引いて福澤を「市民的自由主義者」、「市民社会派」、「国民国家」論の定礎者等々に祭り上げることも、同じくさして難しくもないことである。福澤の発言に依拠している限り、どちらもまちがっていないのである。福澤の言葉を借りるならば、「数万言の長き論文中に就て僅か其一、二章の字句を撮《つま》み、以て全文の巧拙を評するが如し」（⑧151）、あるいは、「学者、人の著書を半読して遽に評する勿れ」（⑲223）というべきか。

　こうした混迷から脱け出すためには、何よりもまず、福澤の思想の隅々にまで錘鉛を垂らすという作業を行わなければならない。「政治的」福澤論に限らず、何か個別的なテーマ（たとえば教育、女性、歴史、法、宗教）に的を絞った福澤論がともすると関連箇所だけを参照して全体にまで及ばないことがあるが、他の思想家はともかく、福澤の場合、あらゆる領域に眼を配らなければ、相当高い確率で偏った結論に陥る恐れがある。もとより、これは発言の「文脈」を無視することを意味しない。むしろ、文脈を等閑視することから無用の議論が生じるような事例が実に頻繁に見られる。だが、それと同時に、あえて文脈を離れることが必要となる場合もある。たとえ当時もしくは現代の耳目を引くような政治的、社会的大問題に関わっていなくても、繰り返し出てくる論題や言葉、言い回し、論じ方、視角などに着目することで、福澤の——彼自身にすら意識されなかったかもしれない——思想を全体的に捉えることが可能となるからである。そして、こうした作業を行う前提として、福澤がどのような発想でその時々の問題に取り組んだのかということ（思考方法）、さらにはどのような論じ方で主張を展開し、読者を説得しようとしたのかということ（議論の方法）を明らかにしておくことがぜひとも必要となる。「国家理性」を表題に掲げた本来の狙いはここにある。

繰り返せば、「国家理性 ratio status/Staatsräson/Raison d'Ètat」は政治的な概念である。フリードリッヒ・マイネッケ（『国家理性』49）によれば、「国家理性とは国家的行動の格率、国家の運動法則である。それは、政治家に向かって、国家の健康と力を維持するために何をなすべきかを語る。」「国家の『理性』は自己と自己の環境を認識し、この認識から行動の格率を汲み出すことを本質としている。」いいかえると、「国家理性」とは、国家の存立を「問」の外に置き（つまりそれを目的として前提し）、そのために何をなすことができ、何をなすべきかということを提示しようとするものである。こうした思考が福澤にあったことは、一部の福澤教信者を除けば、おそらく何人も否定しないであろう。しかし、本書では、そこから福澤に何らかの政治的イデオロギーのレッテルを貼ったり、福澤の姿勢を道徳的に賞讃したり断罪したりするのではなく、「国家理性」はすぐれて一つの思考方法を含んでいると考える。あるいは、「国家理性」はその思考方法の典型ないし代表であるといってもよい。

福澤の言説が矛盾に満ち、ああいうかと思えばこういうという論法を駆使したことは、植村正久によって「あらんかなれどもの文体」と評された（和田「諭吉と海舟」4）ことからもわかるように、早くから気づかれていたが、これについていまから半世紀前に丸山眞男は、福澤の生涯にわたって一貫して存在していた「思惟方法」を剔抉しようと試みた。そこには、いまいった意味の国家理性を包み込む余地が十分にあった。ところが、丸山自身は、国家を超越した、いわば「普遍的文明」の立場から福澤の思惟方法に一定の枠をはめたために、国家理性をむしろ思惟方法から逸脱するイデオロギーとして捉え、その結果やはり「政治的」な福澤理解に陥ってしまった。極言するならば、まさに「国家理性」のゆえに丸山の思惟方法像は完成せず、したがってまた毀誉褒貶こもごもの政治的解釈を生み出すことになったのである。そうなったのは丸山だけの責任ではないが、しかしせっかくそうした契機が存在しながら、この端緒は現在に至るまで福澤研究において十分に活かされてこなかったように思われてならない。

　かくして、本書で試みるのは、福澤の思想全体にわたってその思考方法や議論の方法を明らかにするということになる。それは、本来なら、福澤の諸々の主張を考察した後でようやく明らかになるものであるが、しかし「あらんかなれども」式の議論を駆使する福澤の思想をあやまたずに捕まえるには、何の手がかりもなしにやみくもに突き進むわけにはいかない。そこで第1章では、福澤の主著である『文明論之概略』から議論の方法と思考方法の大枠のようなものを探り出し、その妥当性を他の著作によって確認することにしたい。あらかじめいうならば、そこには文明の進歩を追求しようとする文明論的な方法と並んで、時と場所を考慮に入れた状況的な方法を見出すことになる。もっとも、こんな風にまとめてしまうと福澤の議論の仕方の醍醐味はあらかた消し去られてしまう。詳細は本文の個々の叙述にあたっていただくしかないが、一つだけ先取りして紹介すれば、福澤は総じて極論を排しながら、極論に対しては極論をぶつけることを憚らず（「他人暴なれば我亦暴なり。他人権謀術数を用れば我亦これを用ゆ」）、あるいは、他人の主張に対して鷹揚に構えるように説きながら、最後の一点を守ることによって「友敵」の区別を行うべきだと考えた（第2章第1節参照）。

　それはさておき、二つの方法は索出的（heuristisch）な意味しかもたず、具体的な主張において確証することができなければ、単なる仮説に留まる。本書でまっさきにその対象とするのは、諸々の福澤論で鋭い対立の的になっている国家観である。とくに、これまでのほとんどの研究で福澤の対外政治論に存在したとされる「転向」は、思考方法と議論の方法に即して把捉するならば、状況や議論の目的に応じた力点の置き所の違いにすぎなかった。福澤にとって一国独立は最初から一つの大目的であり、これを達成する手段は、学問、富、兵力、商業、技術、気力等々であったが、万国公法や「道理」もまたこれらの手段の一つとして時によって強調された。こういう観点からすれば、悪名高い脱亜入欧論もさして重要な論点ではないことがわかる。誤解を恐れずにいえば、福澤の国家観は基本的に「国家理性」によって説明がつくのである（第2章）。国家観との絡まりから「報国心」もまた看過することのできない対象となる。「瘠我慢」については便宜上第2章で国家理性的思考の発現として考察するが、第3章ではこれまたしばしば誤解されてきた福澤における武士の気風や「士魂」といったものが国家論でどのような位置を占めるのかということを、「平時の報国心」という枠組で捉え、あわせてそこに含まれている「不羈独立の気概」と一身独立との関係を名誉論の分析を通じて示す。

ここまでは、従来の「政治的」福澤論をいわば清算する作業に属する。それに対して、第4章以下の後半は、いままで正面きって論じられたことのない分野である、福澤における広義の「道徳」を対象とする。福澤の思想において、国家と並んで「文明」が最も重大な主題であり、その文明の中核が「智」ないし学問であるということは、福澤を少しでもかじった人にとっては自明のことであろう。しかしそのために、智の対極にある「徳」ないし「情」は、せいぜいのところ文明論からの逸脱や妥協として――ここでも多くは「政治的」観点から――扱われてきた。だが、福澤は、「徳」を視野の外に置いたわけでもなければ、いつでもそれにマイナス評価を与えたわけでもないし、また文明とつねに矛盾するものとして捉えたわけでもない。ここでもまた、それを明らかにするのは思考の方法と議論の方法、それと密接に関わる戦略的思考である。

なるほど、「智」の立場からするならば、道徳を考慮に入れる余地はほとんどない。人は野蛮と暴力の時代を去って「智」の自立を確保するに至るならば、おのずと善をなすことができる。「智」との対比において「徳」は家族内で働くものであって、社会的、政治的意義はまったくない。そう福澤は『概略』で論じた。しかし、こうした論理には儒教道徳の政治への越権を掣肘するという戦略が控えていた。これと並んで福澤は、「智」の立場を離れて、社会秩序の維持のために、「愚民」向けに徳教の必要を認めた。さらに、福澤には、西洋文明の道徳に倣い、「智」の相対的進歩に即した道徳論があった（第4章）。第5章では、この最後の道徳論（文明の道徳）について、二つの社会観（家族的社会観と市場的社会観）に応じて、一方で「愛」を原理とした私徳を、他方では一身独立と一国独立のための「独立の気力」という内面的義務を析出する。とくに後者について、『概略』では戦略的に隠されていた福澤の道徳論が『学問のすゝめ』でははっきり姿を現す。

しかし、文明は単に智と狭義の徳（内面的義務）だけで成り立つものではなかった。文明は「野」を去って「文」につくことであるとするならば、そこには「作法」という外面的な徳が含まれていた。これまた従来の福澤論ではほとんど触れられていないようだが、福澤は外面道徳としての「言語容貌」や「振舞」、あるいは社交や礼儀作法を論じ、処世法に説き及び、それを通じて文明人の養成を図った。とりわけ福澤の教育論は、智育だけでなく徳育まで射程に入れており、教師が模範となる「似我の主義」を提唱しているが、それは、「魁」としての「学者」の実践躬行によって民衆に模範を提示する啓蒙論と重なっていた。福澤は、学校教育や私的結社において第一次的には実業家を念頭に置いて教養のある文明の紳士を作り上げようとしたが、その教養には独立の気力とともに文明の作法が含まれていた（第6章）。

断るまでもないが、これはあくまで概要であるから、個々の点については多くの留保を付けなければならない。否むしろ、留保ぬきに福澤の主張はこれこれのものだと歯切れよく語ることは、誤謬の危険を冒すことに繋がる。福澤の思想を分析することはとりもなおさず、そうした危険すれすれに瀬踏みしながら川を渡るようなものである。いま一度方法についていうならば、福澤には複数の議論の方法や思考方法を認めることができるから、一筋縄ではとてもことは運ばない。重要なことは、ある点でまちがいなく確認できる主張や論理がいつでも妥当するとは限らないということを肝に銘じ、そこからはみ出た言説に出会っても、狼狽もせず癇癪も起こさずに、それがほんとうに例外であるのかどうかを粘り強く確かめていくことである。——福澤の思想は、こうした一見徒労にも似た努力に報いるだけの豊かさを湛えていることを確信して。

第1章　議論の方法

序

ある時は極論を弄しながら他の時には穏和に中庸策を勧め、流暢だと思うとくどくどしさが目につき、俗にいう味噌も糞も論拠を総動員する粗放な議論をする時もあれば、伏線を縦横に張りめぐらした周到な構えを見せる福澤の語り口の背後には、たしかに「思考方法」のようなものが控えていたはずだ。——だがそう確信しても、それを探り出すには全著作をくまなく探索してかからなければならない。とはいえ、この厄介な彫像の全身を視野に入れるためには、せめて目鼻の位置くらい見当をつけておかなければならない。

幸い、これについては丸山眞男が先鞭をつけてくれている。丸山は「福沢諭吉の哲学」（一九四七年）で、福澤の「哲学」、「思惟方法」、その著作に一貫して認められる「共通の物の見方」（「実学」38f.）をこう特徴づけた。福澤は、「時代と場所という situation」を離れて価値決定をなすことはできないと考え、一定の具体的状況に基づいて目的を定め、その目的との関連において諸々の事物や主張に対する評価を行った、と（「哲学」71-74）。生涯にわたって福澤に一定の思考スタイル＝「状況的思考」（「解題」119）が存在していたという指摘に関する限り、我々は喜んで丸山の後塵を拝するべきである。

ところが、丸山はこの状況的思考を自然科学と結び付けて理解する。福澤は、近代自然科学の「精神」を摂取し、客観的自然を、「鉄の如き必然性」としてよりも、「人間の主体的操作（実験）」によって不断に技術化されるべき素材と見た。このような精神に即した「主体的精神」によって福澤は、価値を固定化せずに、具体的状況に即して流動化し、相対化して捉えることができた、というのである（「哲学」82f.,「実学」54–61）。福澤の思想に不変の本質を見出し、同時に「状況的」発言をその中に位置づけようとする者にとっては、一点非の打ちどころのない、みごとに再構成された「哲学」像である。

しかし、ごく素朴な実感として、福澤において自然科学の精神が寸分の隙間もない寄せ木細工のように状況的思考に嵌め込まれていたなどと信じることができるであろうか。この整合的「哲学」像の合成にあたっては何か捨てられたものがあるはずだ。それを拾い上げたうえで、福澤の思考方法について語るべきではないか。端的な例を一つだけ示しておこう。丸山は、福澤がみずから主体的精神により諸価値を相対化するばかりか、人民が諸価値の間で選択を行って自由への道を歩むようにしようとしたと解釈している（「哲学」95）が、この見地からすれば、「愚民を御するに情を忘れて智者を待つに理外の法を以てせんとするが如きは、人情と道理とを混雑して両つ乍ら処置を誤るものと云ふ可し」（⑪423）という発言の占めるべき位置はどこにあるのか。もしこれを「逸脱」や「妥協」、あるいは「例外」として片づけるのであれば、そもそも福澤に一貫した思考方法などなかったという方がましなくらいである。

福澤の思考方法は個々の思想の分析の中で徐々に明らかになっていくはずであるが、さしあたっての準備作業として、福澤の議論の方法がどのようなものであったのかということを、『文明論之概略』を軸にして探り、そこから思考方法の概要を確認しておくことにしたい。なお、以下では、「思考方法」と「議論の方法」の二つの言葉を厳密に使い分けるつもりはないが、おおむね後者が、福澤が意識的に示したか、もしくは実際に駆使した議論の仕方や戦略を指し、それに収まりきらない「発想」のようなものが前者であると考えていただきたい。当然のことながら、両者はしばしば重なることになるが。

第1節 『文明論之概略』と方法

『概略』の巻之一は三章から構成され、第一章は「議論の本位を定る事」、第二章は「西洋の文明を目的とする事」、第三章は「文明の本旨を論ず」と題されている。このうち、第一章は議論の仕方についてのいわば「公式」の方法論であるが、第二章と第三章も方法に関わる部分が多いから、巻之一全体が方法論であるといってもよい。これを俯瞰して一足飛びに結論を示してもよいが、短絡や疎漏を防ぐためには、細部を押さえてかからなければならない（そのためいささか「訓詁学」に類するような論述もあり、本節を飛ばして第2節から読み始めていただいてもよい）。さて、まずは第一章から見ていくことにしよう。

一 議論の本位

『概略』第一章冒頭は、「軽重長短善悪是非等の字は相対したる考より生じたるものなり。軽あらざれば重ある可らず、善あらざれば悪ある可らず。故に軽とは重よりも軽し、善とは悪よりも善しと云ふことにて、此と彼と相対せざれば軽重善悪を論ず可らず。斯の如くして相対して重と定まりたるものを議論の本位と名く」と、福澤一流の、読者を乗せる軽快なリズムで滑り出す。ついで、事物を詮索するには、「枝末」を払って「本位」（本源）を求めなければならず、そのようにして議論の箇条がしだいに減り、「本位」はますます「確実」になっていくが、それはちょうどニュートンの引力の法則（「道理の本位」）の発見によって「世界万物運動の理」が解明されたのと同じである、と進んでいく（④9f.：B15f.）。

ここに価値判断の相対性の主張（丸山「哲学」71）を見ることは誤りではない。『概略』執筆のためのメモにも、「大小善悪はリレチーウの訳なり。世の中何を目的とするや」（「文明論プラン」9）とある。しかし、さしあたり福澤が力をこめているのは、「軽重長短善悪是非」＝「議論の本位」を定めること、つまり問題のありかを定めることそれ自体の重要性である（松沢「解説」383f. 参照）。この後、福澤は議論の方法について具体例を挙げているが、いずれも問題の所在を見失ってはならないということを示そうとしたものである。たとえば、「議論の本位を定めざれば其利害得失を談ず可らず」ということをわかりやすいたとえで説明する。城は守る者にとって「利」であるが、攻める者には「失」であるから、攻守をまず決めよ、と（④10：B16）。「大小長短は相対したる語なり。利害得失便不便は先づ事の善悪是非を定めて後に非ざれば論ず可らず」（「文明論プラン」6）というのも同じことである。善悪是非は相対的であるから、どの立場を選ぶこともできる、だからこそまずそれを決めてから議論せよ、というのが、議論の方法に関する福澤の最初のメッセージである。

ところが、議論の本位の重要性について色々例を挙げた後、第一章末尾で福澤はこう総括する（④15f.：B24f.）。

右の次第を以て事物の利害得失を論ずるには、先づ其利害得失の関る所を察して其軽重是非を明にせざる可らず。利害得失を論ずるは易しと雖も、軽重是非を明にするは甚だ難し。一身の利害を以て天下の事を是非す可らず、一年の便不便を論じて百歳の謀を誤る可らず。多く古今の論説を聞き、博く世界の事情を知り、虚心平気以て至善の止まる所を明にし、千百の妨碍を犯して世論に束縛せらるゝことなく、高尚の地位を占めて前代を顧み、活眼を開て後世を先見せざる可らず。蓋し議論の本位を定めて之に達するの方法を明にし、満天下の人をして悉皆我所見に同じからしめんとするは、固より余輩の企るところに非ず。今の時に当て、前に進まん歟、後に退かん歟、進て文明を逐はん歟、退て野蛮に返らん歟、唯進退の二字あるのみ。世人若し進まんと欲するの意あらば余輩の議論も亦見る可きものあらん。

最初に議論の本位を定めることが大事だと訴え、縷々説明した挙句、議論の本位とそれを定める「方法」について万人の同意を求めるつもりはない、と斜に構えたようにいうのである。だが、その方法がどのようなものなのかは、一見した限りでは、しかとはわからない。そのうえ、ここで福澤が「前進」と「後退」、あるいは「文明」と「野蛮」を天秤にかけて、「文明へと進むこと」(以下「文明の進歩」と表記する)を選び取ったことはまずまちがいないようだが、これは福澤自身の価値選択であって、それに同意する人(「進まんと欲する」人)だけを相手にするというような口吻である。これでは、「文明の進歩」をア・プリオリに議論の本位に決めたのではないかと疑われても仕方がない。もちろんそう断言する証拠はないが。

要するに、軽快な滑り出しにもかかわらず、第一章の論述は二つの未解決の問題を残すことになったのである。第一に、福澤は議論の本位がどのようにして決められると考えていたのか、第二に、福澤は「文明の進歩」を『概略』における議論の本位と定めたのかどうか、ということである。二つの問は無関係ではない。第一の問題が片付けば、おのずと第二の問題の答も出てくるだろう。ところが、『概略』は方法的にも内容的にもきわめて錯綜した迷宮のようなテクストである。邪魔な尻尾を切り捨てて都合のよい像を作り上げるような愚を避けるには、どうしても慎重にことを運ばなければならない。

議論の方法についてさしあたり確実なのは、《まず議論の本位を定め、それに即して事物の利害得失を判断せよ》

ということだけであって、『概略』の議論の本位が何かは第一章では明言されていない。ところが、第二章に入るといきなりそれがはっきりする（④19：B29）。

今世界中の諸国に於て、仮令ひ其有様は野蛮なるも或は半開なるも、苟も一国文明の進歩を謀るものは欧羅巴の文明を目的として議論の本位を定め、この本位に拠て事物の利害得失を談ぜざる可らず。本書全編に論ずる所の利害得失は、悉皆欧羅巴文明を目的と定めて、この文明のために利害あり、この文明のために得失ありと云ふものなれば、学者其大趣意を誤る勿れ。

『概略』全編の議論において「欧羅巴文明」（以下「西洋文明」と表記する）を議論の本位とすると明言している以上、すでに第二の問題は片付いてしまったことになる。『概略』の議論の本位は「文明の進歩」ではなく、「西洋文明」であったのだ。

しかし、第三章に歩を進めると、この結論は揺らいでくる。そこでは、「文明の物たるや至大至長、人間万事皆この文明を目的とせざるものなし」として、制度・文学・商工業・戦争・政法を相互に比較して利害得失を論じるには「文明の進歩」を目的として判断すべきだといい（④38：B57）、とくに政体に関して、「人間の目的」はひたすら文明に達することであり、そのためには「様々の方便」があるという。福澤得意の比喩ではこうである。政治だけが文明の源であるわけではなく、政治は文学、商売等の要素とともに「文明中の一局」をなすものである。文明は鹿、政治等は射手のようなものである。射手は一人でなく、射撃法も一つではない。ただ、目的は一つ、鹿を射止めることにある。鹿を射止めることができれば、その方法は問わない。「特《ひと》り一家の射法に拘泥して、中《あ》たる可き矢を射ず、獲べき鹿を失ふは、田猟に拙なるものと云ふ可し」と（④49f.：B72f.）。ここではっきり目的は「文明」である。これは、「西洋文明」を目的として議論の本位を定めた第二章の論述とどのような関係になるのであろうか。

第三章は「文明の本旨」が主題であり、そこでいう「目的」は「人間（人類）の目的」である。「人間の目的」は厳密には「議論の目的（本位）」と別の次元にある。人間の目的が文明であるからといって、必ずそれを議論の目的としなければならないわけではない。だから、第三章と第二章の目的が違っていてもいっこうに不都合ではない。とはいえ、政治や文学の利害得失を論じるには文明を目的として判断すべしという第三章の論じ方は、第二章で「惑溺」を排した際の、事物の「便不便」は目的を定めなければ決定し難いという言い回し（④33：B49）や、第一章での、「議論の本位を定めざれば其利害得失を談ず可らず」という表現とほぼ同じものである。したがって、第三章の目的である「文明（の進歩）」は「議論の本位」となり得るのだが、『概略』ではそうだと明言していないだけである。しかし、そうだとしても、目的の「主体」は、第三章では人間（人類）一般であるのに対して、第二章では野蛮または半開の国であるという違いがある。そこで、以下では、目的の主体の相違を頭の隅に置きながら、「目的」が「議論の本位」と同じものだと前提してかかることにしよう。そうすると、利害得失の判断は「手段」の選択に関わり、議論の方法は、《まず議論の本位（目的）を定め、それに即して事物（手段）の利害得失を判断せよ》といいかえられることになる。

さて、「文明」を目的とする第三章と「西洋文明」を目的とする第二章の間にはこれ以外の差異はないのだろうか。「人の目的とする所は文明開化を以て本旨と為し、其開化の有様は西洋諸国の如くならんを欲するなり」（「文明論プラン」7）という語り口からすれば、目的が「文明」であっても「西洋文明」であってもたいした違いはないように見える。しかし、念のために——また本書の全体を理解しやすくするためにも——ここで『概略』における文明概念についてざっとおさらいをしておきたい。

第二章で西洋文明摂取を説いた際、福澤は「今の文明」、つまり西洋文明をこう定義している（④17：B27）。

天地間の事物を規則の内に籠絡すれども、その内にありて自から活動を逞ふし、人の気風快発にして旧慣に惑溺せず、身躬から其身を支配して他の恩威に依頼せず、躬から徳を修め躬から智を研き、古を慕はず今を足れりとせず、小安に安んぜずして未来の大成を謀り、進て退かず達して止まらず、学問の道は虚ならずして発明の基を開き、日に盛にして幸福の源を深くし、人智は既に今日に用ひて其幾分を余し、以て後日の謀を為すものの如し。

これによれば、文明の要素は、自然の法則的理解、自主独立、活発、惑溺の排除、智徳の研鑽、絶えざる進歩、実学と商工業の発展による幸福の拡大といったところであろう。だが、福澤は何も解説しないでさきに進む（以下④19–22：B29–33）。詳細を省くと、文明のうち、「外の文明」（有形）は摂取しやすいが、「内の文明」（無形）は摂取しにくいから、「国の文明」を謀るには、「難」を先にして「易」を後にすべきだというのだが、外の文明とは、衣食住、器械、政令、法律であり、内の文明は、「文明の精神」、「人民の気風」、「人心風俗」、「時勢」、「国俗」、「国論」、「天下の人心」、「人民一般の智徳」といいかえられる。

ところが、第三章に入ると改めて、「狭義の文明」（衣食住の虚飾の増大）と「広義の文明」（衣食住の安楽のみならず、智徳の研鑽により「人間高尚の地位」に昇ること）を示したうえで、文明とは相対的概念であり、野蛮を脱ししだいに進むことをいうのだと強調し、さらに、文明とは「人間交際」（「社会」のこと（丸山『読む』上83，米原『近代思想』83，伊藤『論考』64，安西『西欧思想』392f. 参照））がしだいによい方向に赴くことであり、「野蛮無法の独立に反し、一国の体裁を成す」という意味だと重ねていう（④38：B57）。

しかし、これでもまだ終らない（以下④39–41：B59–61）。さらに福澤は、文明と称することのできない四つの事例を挙げる。①衣食住だけ足りて智徳が発達しない人民、②外形の安楽や智徳の進歩はそこそこだが、自由と「活発の気象」のない人民、③人民は自由であるが同権ではなく、強大が弱小を暴力により圧するような状態、④自由で権義も平等であるけれども、「全体の公利」を頓着せず、国家も社会も眼中にない人民である。逆推論すると、文明の要素は、衣食住の安楽、智徳の発達、「自由」、「同権」（平等）、「全体の公利」の配慮ということになる。だが、これについても解説なしのまま、「文明とは人の身を安楽にして心を高尚にするを云ふなり、衣食を饒にして人品を貴くするを云ふなり」ともう一度定義らしいことを口にし、とはいえ安楽も品位も限りがなく、安楽や高尚とは進歩する時の有様を指したものであり、それゆえ文明とは安楽と品位の進歩であり、また安楽と品位を得させるのが智徳であるから、「文明とは結局、人の智徳の進歩と云ふて可なり」と、ここでようやく最終定義たる「文明の本旨」にたどりついたのである。

これでもかなり端折ったのだが、『概略』が迷宮のようだといったことが了解していただけるであろう。それはともかく、話を元に戻すと、第二章の「今の文明」（西洋文明）の要素には、自主独立、活発、惑溺の排除、智徳の研鑽、絶えざる進歩、幸福の進展などがあったから、これをまとめると「安楽」と「品位」の進歩となり、さらにそのエッセンスを抽出すれば「智徳の進歩」になる。また、すでに第二章では「内の文明」=「人民一般の智徳」の重要性が指摘されていた。かくして予想に違わず、西洋文明と文明の本旨との間に内容上の差異はほとんどなかった。

無論、さきに指摘したように、文明の進歩は「人間の目的」である。しかし、これを勘案するならば、さきの第一の問題である議論の本位の定め方についても示唆が得られる。第二章で西洋文明を議論の本位（目的）と定めた根拠は、文明は進歩するものであり、そこには「順序階級」（段階）があるけれども、その中で西洋文明はいま曲りなりにも「頂上の地位」にあるのだから、野蛮・半開の国はこれを議論の本位とすべきだということであった（④18f.：B28f.）。つまり、西洋文明を議論の本位としたのは、人類の目的に照らして文明の進歩を目指すことを前提として行われた選択の結果であった。しかし、ここからただちに、議論の本位（目的）を定める際にはすべからく文明の進歩を念頭に置くべし、ということにはならない。『概略』にはもう一つ「目的」があったからである。

二　文明論と自国独立論

第十章で福澤は新たに「自国独立」を目的として掲げ、「此独立を保つの法は文明の外に求む可らず。今の日本国人を文明に進るは此国の独立を保たんがためのみ。故に、国の独立は目的なり、国民の文明は此目的に達するの術なり」と述べて、こう説明する（④207f.：B298f.）。

人或は云はん、人類の約束は唯自国の独立のみを以て目的と為す可らず、尚別に永遠高尚の極に眼を着す可しと。此言真に然り。人間智徳の極度に至ては其期する所、固より高遠にして、一国独立等の細事に介々たる可らず。僅に他国の軽侮を免るゝを見て、直に之を文明と名くる可らざるは論を俟たずと雖ども、今の世界の有様に於て、国と国との交際には未だ此高遠の事を談ず可らず、若し之を談ずる者あれば之を迂闊空遠と云はざるを得ず。殊に目下日本の景況を察すれば、益事の急なるを憂へ又他を顧るに遑あらず。先づ日本国と日本の人民を存してこそ、然る後に爰に文明の事をも語る可けれ。国なく人なければ之を我日本の文明と云ふ可らず。是即ち余輩が理論の域を狭くして、単に自国の独立を以て文明の目的と為すの議論を唱る由縁なり。故に此議論は今の世界の有様を察して今の日本のために謀り、今の日本の急に応じて説き出したるものなれば、固より永遠微妙の奥蘊に非ず。学者遽に之を見て文明の本旨を誤解し、之を軽蔑視して其面目を辱しむる勿れ。

この後でも重ねていう。「国の独立は目的なり、今の我文明は此目的に達するの術なり」とさきにいったが、その場合の「今の」という字は意図的に用いたものである。第三章で人間万事文明を目的とすると論じたけれども、ここでは視点を「現今の日本」に限定して、かりに文明の名を下したにすぎない。したがって、「今の我文明」というのは文明の本旨ではなく、まずことの初歩として自国の独立を謀り、その他は第二歩に遺すという趣旨である、と（④209：B300f.）。第十章の議論が第三章の文明の本旨と決定的に乖離していることを強調するのである。

かくて、我々はここでもう一度二つの目的の関係を明らかにするという課題の前に立たされることになる。第二章の場合と平行して、問題は、第十章の目的（自国独立）が第三章の目的（文明の進歩）とどういう関係にあるのか、文明の進歩を目的とする〈文明論〉が〈自国独立論〉と調和するのかどうかというところにある。これについても繁雑な議論は避けて、二つの解釈の可能性に的を絞ることにしよう。

第一に、『概略』は表題通り〈文明論〉を主題としているが、これは〈自国独立論〉を包含していると解釈することができる。これには明確な証拠がある。福澤は第十章冒頭でこう述べている。外国に対して自国の独立を謀ることなど、文明論において「瑣々たる一箇条」にすぎないけれども、第二章で述べたように、文明の進歩には「段々の度」があるのだから、その度に応じた相当の処置が必要である。日本の「文明の度」はいま自国独立を憂慮すべき位置にあり、他のことなど顧みる遑はない、と（④183：B264）。ここからすると、福澤は、短期的に状況を見て自国独立に邁進することを目指したが、長期的には文明の進歩を究極目的として考えていたということになる[1]（松沢「解説」382参照）。

第二に、逆に、『概略』は本来自国独立のために書かれた文明論であったと見ると、どうであろうか（富田『考証』上404参照）。そもそも西洋文明摂取論は、半開の国一般ではなく、日本という半開の国の独立のための議論であったはずだ（田中『福澤諭吉』149参照）。したがって、『概略』は、いまの日本にとって自国独立が緊急の課題であり、そのためには西洋文明を摂取するほかないが、その文明の根底は「人民の智徳の進歩」にあることを示そうとした、ということになる。これにも証拠がある。第二章には、「一国文明の進歩」ないし「国の文明」を謀るという表現があるばかりか、「国体」（自国の政権）の維持のためには「人民の智力」を進歩させなければならず、そのためには何よりも「古習の惑溺」を一掃して西洋の「文明の精神」を取り入れるしかないという論述がある(2)（④32：B48）。これは、第十章の、「此独立を保つの法は文明の外に求む可らず……」と同じ論理である（なお飯田『著作集』⑤323参照）。

二説を比較するならば、第一説の方が妥当であろう。何よりも、第十章冒頭において、第二章と同じように（しかも現に第二章を引き合いに出して）、〈自国独立論〉を文明の進歩の段階の中に位置づけて正当化していることが説得力をもつ。ただ、第一説の場合、第二章で「文明の度」を説明した際になぜ最初から自国独立を組み込まず、第十章に至っていきなり自国独立を進歩の「度」の要素に加えたのかという疑問が残る。しかし、第二説をとるにしても、どうして最初から正面きって自国独立を論じなかったかと問うてみることができる。

他方で、どちらの説も、福澤が〈自国独立論〉と〈文明論〉を調和させようとしていたと見ることに変りはない。ほかにも、両論の融合を図ったと思われる論述がある。一つには、第十章で自国独立が目的で文明はその手段だといった際に、衣服と木綿と糸の関係の比喩を持ち出して、それぞれが目的となり手段となることを指摘している（④207：B297f.）が、これは文脈からすると、文明と自国独立を念頭に置いて、目的と手段が相互に入れ替ることを指しているようである(3)。福澤は、たえず目的を忘失しないようにという目的志向の姿勢を鮮明にする一方で、その裏に目的と手段の交換という発想を潜ませていたのではないか。いま一つ、「此独立を保つの法は文明の外に求む可らず」とか「文明に非ざれば独立は保つ可らず」という表現からわかるように、自国独立にとって文明という手段は任意ではなくて「必然的」である。これでは、目的を自国独立といおうが文明といおうが、結果は同じことになる。現に第十章では、「斯の如く議論を限るときは、国の独立は即ち文明なり」（④210：B300）と明言している。とはいえ、たとえ福澤が〈文明論〉と〈自国独立論〉の調和を図ったとしても、両者が別の地平にあることを繰り返し強調したという事実を消し去ることはできない。そこでいま一度、第一説によれば平行関係にある、第二章の西洋文明論と第十章の自国独立論を詳しく対比してみることにしよう。

上述のように、第二章で福澤は文明の進歩の「順序階級」を根拠に西洋文明を目的としたが、実際には叙述はもう少し込み入っていた。福澤は、数千百年の後、世界の人民の智徳が進んで「太平安楽の極度」に至るならば、現在の西洋諸国など野蛮に等しく、そこからすれば文明は無限であり、「今の西洋諸国」に満足などできないと論じつつ、その舌の根も乾かないうちに、遥か未来の「太平安楽の極度」を待つことは「想像」にすぎないと断じて、文明の段階に即して頂点にある西洋文明を目的と定めたのである（④18：B28）。「太平安楽の極度」というユートピアを持ち出して、いったん西洋文明を相対化しながら、踵をかえしてそれを夢想ときめつけ、現実に目をやって、文明の進歩の段階に即して西洋文明を目的と定めたのである。ユートピアを度外視すれば、この論法は、「文明史を正しく理解し、その中での、今、ここでという状況を的確にとらえ」たもの（松沢「解説」384）と表現できるかもしれない。

では、第十章で自国独立を目的とした時の議論はどうであったか。そこではやはり「永遠高尚の極」ないし「人間智徳の極度」というユートピアを持ち出している。それは、一国独立の「細事」に拘泥すべきではないこと、つまり〈自国独立論〉が低次元の問題であることを示す役割を果たしながら、その直後に、世界の現状では国家間につき「高遠の事」など論じる遑がないという形で、〈自国独立論〉へと導くための否定的媒介の働きをしている。いいかえれば、ユートピアは、一方で高邁な理想として自国独立論という現実的議論を相対化しつつ、しかし同時に夢想としてこの現実的議論を間接的に正当化する機能を果たしているのである。だが、厳密にいうと、夢想としてのユートピアはたかだか現実的議論を引き出すための〈枕詞〉の役割を演じているにすぎない。現実的議論そのものは、「今の世界の有様」、「目下日本の景況」、「事の急なる」、「今の日本の急に応じて」というように、「時と場所」、つまり「状況」によって正当化されているのであって、ユートピアはそのための露払いでしかない。

ここからすると、第二章と第十章では、ユートピアを持ち出してまず現実的議論を相対化してみせながら、ついでそれを夢想ときめつけることによって、「状況」によって目的を定めるという点で同じ議論の仕方をしている。ただ、「状況」といっても、第二章では文明の進歩を前提として、その一階梯として西洋文明が位置づけられている(4)（第十章冒頭も同様である）のに対して、第十章では文明論とは別個に自国独立を目的としているという違いがある。その違いは、結局、「人間の目的」としての文明の進歩を、つまり〈文明論〉を根拠にするかどうかというところにある。

これと関連していま一つユートピアが登場する箇所があるので、見ておくことにしよう。第六章末尾で福澤は、「元来人としてこの世に生れ、僅に一身の始末をすればとて、未だ人たるの職分を終れりとするに足らず」として、衣食のみならず、蒸気電信、政令商売などの利便はすべて「徳」ではなく、「智恵の賜」であると論じて、こう続けている（④113f.：B164）。

加之肉体の便利既に饒にして一身の私徳既に恥ることなしと云ふも、尚この有様に止て安んずるの理なし。其饒と云ひ、恥るなしと云ふは、僅に今日の文明に於て足れるのみ、未だ其極に至らざること明なり。人の精神の発達するは限あることなし、造化の仕掛には定則あらざるはなし。無限の精神を以て有定の理を窮め、遂には有形無形の別なく、天地間の事物を悉皆人の精神の内に包羅して洩すものなきに至る可し。此一段に至ては何ぞ又区々の智徳を弁じて其界を争ふに足らん。恰も人天並立の有様なり。天下後世必ず其日ある可し。

「人天並立」のユートピアは、ここでも目先のことに関わる現実的議論を相対化する働きを演じているが、前の二例と違ってそれに留まらず、積極的な――「必ず其日ある可し」とその到来を確言する――理想像として描かれている。それは、「人の精神」、すなわち文明の最重要の要素である[5]「智恵」の無限の進歩過程が到達すべき目標であり、人類の目的たる「文明の進歩」の究極的理想である。第二章の西洋文明論はこの〈文明論〉の枠組に収まるが、第十章の〈自国独立論〉はそうではない。たしかに、西洋文明論の目的の主体は野蛮ないし半開の国であり、自国独立論の場合は「今の日本」であるから、両者は事実上重なる。しかし、人類の目的である文明の進歩によって正当化されるかどうかによって、両者は袂を分つのである。

以上の考察からは、『概略』の主題が〈文明論〉と〈自国独立論〉のどちらにあったのかという問題に決着をつけることはできない。両者は福澤の頭の中で融合されていたかもしれない。だが、議論の仕方を見る限り、必ずしもそういいきることはできない。むしろそこからは、最初に挙げたもう一つの問題、すなわち議論の本位の定め方に関して示唆が得られる。《まず議論の本位（目的）を定め、それに即して事物（手段）の利害得失を判断せよ》という議論の方法を前提とするならば、議論の本位（目的）の定め方として、「状況」（時と場所）に重きを置く方法と、主として文明の進歩に依拠した――あるいは文明の進歩をいわば「大目的」として措定した――方法との二つを区別することができる。ここで前者を〈状況的方法〉、後者を〈文明論的方法〉と呼ぶとすれば、福澤は、第一章～第三章で〈文明論的方法〉を前面に押し立てながら、一部〈状況的方法〉によって議論し、逆に第十章では〈状況的方法〉に拠りつつ、〈文明論的方法〉を加味したということになる。

この二つの方法が『概略』で厳密に分離されていたということはできない。見ようによっては、両者は微細な差異しか含んでいない。そうだとすれば、議論の方法の区別にこだわらずに、どちらの方法にも共通する発想（思考方法）について語る方が生産的かもしれない。

まず、時と場所の考慮が不可欠だという〈状況的〉思考がある。第七章でも、「事物の得失便不便を論ずるには時代と場所とを考へざる可らず」とある（④115：B165）。つぎに、方法の如何を問わず、事物の判断（手段の選択）に際してたえず目的を意識する、強烈な〈目的志向〉を認めることができる。鹿と射手の比喩がそれをよく示しているが、「凡そ事物の利害を論ずるには、先づ其為にする所の目的を定ること緊要なり」という後年の発言もある（⑳166）。いま一つ、〈目的志向〉から生じる思考の柔軟性がある。これは「惑溺」ないし「一方に偏すること」の排除に通じる。『概略』第三章では、政体について、「国の文明」に即して便不便を考え、「一方に偏せざる」ように（「一方に僻すること」のないように）戒め、一般に文明に達する方便についても、「人の思想は一方に偏す可らず」としている（④42f., 49：B63f., 72）。これは方便＝手段だけに関わるのではなく、「……唯この一方［私徳］に偏して議論の本位を定るを好まざるなり」という発言（④87：B126）からすれば、目的を含めた事物の判断一般についての〈バランス感覚〉とでも呼ぶべき発想である。

とはいえ、思考方法について語る場合であっても、二つの議論の方法の区別は決して無駄にはならない。というよりも、まさに思考方法においてこそ、その区別は重要な意味をもってくる。それは何よりも、『概略』における思考方法を考える時に、自然科学の要素を無視することができないからである。そのことは、すでに「人天並立」のユートピアが「造化の仕掛」（自然の構造）に「定則」のあることを前提としていることに示されているが、こうした自然科学的発想が思考方法、ひいては議論の方法にどのような影響を与えたのかということを探ってみなければならない。

三　自然科学＝物理学の役割

本節の最初に触れたように、第一章の語り口では、文明の進歩もまた議論の本位とされているような印象がある。第一章末尾の議論を振り返ってみると、議論の本位を定めて、それに達する方法を明らかにし、「満天下の人」に賛同を迫ることを企図するわけではないと断った後、「世人若し進まんと欲するの意あらば余輩の議論も亦見る可きものあらん」としている。まるで、文明の進歩を議論の本位とする根拠についての証明を断念して、ア・プリオリに文明の進歩を前提とし、これに賛同する者だけを相手に議論をすることを宣言しているかのようである。もしそうであれば、福澤は徹底した相対主義者だということになる。だが、先走りは控えて、第一章の論述の進め方をもう少し細かく追ってみることにしよう。

そこでは、議論の本位を定めることが容易ではないという文脈の中で、「一身の利害」、「一年の便不便」に拘泥せず、世論に束縛されず、「高尚の地位を占めて前代を顧み、活眼を開て後世を先見せざる可らず」と断じていたが、さらにその前では、前代も後世も眼中にない「近浅」の議論（世論）に対して、「後来」を先見して文明の端を開こうとする智者の「高遠」の議論を対置しており、古来文明の進歩はすべて異端妄説から生じたと論じていた[6]（④14f.：B22f. なお③124：B135, ①45 参照）。このくだりのポイントは、智者（学者）の「高遠」の議論が文明の進歩に裨益するというところにあり、そこから福澤は、「前代を顧み」て「後代を先見」すべき――つまり文明の進歩を洞見すべき――学者の使命を引き出したのである。そして、福澤はみずから学者として実際に『概略』で文明の進歩を描き出そうとした。その核心は、文明の最終定義にあった人民の「智徳」の進歩であるが、これを明らかにするのが自然科学的方法であった。

福澤は『概略』緒言で、文明論は個人ではなく「天下衆人」の精神発達を論ずるものだと切り出している（④3：B9）が、その論証は第四章でなされている。そこではまず、「文明」＝智徳のありかが一人の気風ではなく「全国の気風」にあり、この智徳の運動を洞察するには「局処」にこだわらず、所見を「高遠」にしなければならないとしている（④51f.：B75-77）。またしても高遠な理論の意義を強調するのだが、その中味はこうである。「人心の変化」（人心の働）は「偶然」に決まるのではない。文明を論ずる学者がこの変化を洞察する方法によれば、そこには明確な「一定の規則」がある。バックルの文明史は、一国の人心の一体としての働きに「定則」のあることを示しており、また事実の作用を「詮索」して、その利害得失を明らかにするには「スタチスチク」の法がある、と（④54ff.：B80ff.）。

このように、自然科学的方法に依拠して「人心の変化」（「無形」、「人事」一般）に関する「法則」を発見し、適用しようとする姿勢――これを〈自然主義的一元論〉と呼んでおく――は、第七章で智力の進歩を論じた際にも登場する。そこでは、西洋文明における「物の性質」と「働」とその原因の探求が蒸気や電気の発明に繋がったことを、「人智を以て天然の力を犯し、次第に其境に侵入して造化の秘訣を発し、其働きを束縛して自由ならしめず」と表現している（④120：B173）。近代自然科学の精神を巧みに表現した一句である（「束縛化翁是開明」（⑳470））が、さらに福澤は、すでに天然の力を束縛して籠絡できるようになった以上、人為の力に籠絡される理由はなく、人民の智力が発達すれば、「心の自由」（精神の自由）を妨げられず、人事についてもその「働と働の原因」を探索するようになると論じている（④121：B173）。「法則」という語はないが、事物の「性質」と「働と働の原因」を探求することは法則発見の基礎であり、自然科学、すなわち福澤のいう「物理学（窮理学）」の方法を表している（「窮理学とは物の性質と其規則とを議論する学なり。」（『窮理全書訳稿』明治初年）（⑦623））。同じことだが、やはり第七章で、西洋では自然のみならず人事についても自由に「事物の理」を究めてそれを自由に応用する方法、つまり物の性質の「定則」を発見し、それを「御するの法」を獲得するに至っていると述べている（④132f：B190）。

ちなみに、こうした発想はすでに『西洋事情外編』（慶應三年）でわかりやすく説明されている（①459）。世界万有を観察すると、天体、動植物、地層はそれぞれ一定の法則に基づいているが、経済学にも一定の法則がある。経済学の「定則」は人の意志によって変更することはできないが、この学を研究するのは定則を知ってそれに従うためである。たとえば、人身は「天然生理の定則」に従って生命・健康を維持する。この定則は人が人為的に変えることなどできない。「人身窮理」を研究するのは、定則が人身においてスムーズに働くように、天然を妨げないようにするためなのだ、と（なお①395f. 参照）。これは経済学を「物理学」に即して説明したものであるが、こうした発想はほとんどそのまま『概略』第四章と第七章で繰り返されている。

したがって、『概略』において自然科学的方法ないし「物理学的」思考方法が確固とした位置を占めていることは明らかである。では、それは議論の方法と関わるのであろうか。第四章で福澤は、「スタチスチク」を推奨した際、「事物の働」の原因を近因と遠因に分け、「原因を探るの要は近因より次第に溯て遠因に及ぼすにあり。其溯ること愈遠ければ原因の数は愈減少し、一因を以て数様の働を説く」ことができ、そのようにして「確実不抜の規則」を見出すことができると述べている（④57, 58：B84f. 近因と遠因につき④73：B108, ④244, ⑤184, ⑥73, ⑩175 参照）が、これもまた、諸々の現象から帰納して「法則」を発見するという自然科学の方法を説明したものである。ところが、第一章で議論の本位について説明した際には、事物を詮索するには、「枝末」を払って「本位」を求めなければならず、そのようにして議論の箇条がしだいに減り、「本位」はますます「確実」になるとして、ニュートンの引力の法則の発見による「世界万物運動の理」の解明を例示していた。二つの論述の平行関係は明白である。議論の方法が自然科学的方法を念頭に置いたものであったことはほぼまちがいない。「日本支那のプリンシプルは人の性を論ぜずして、人のリレーションを論じ、底到《［ママ］》枝末に走て本に返るを知らず」（「文明論プラン」9）というのは、「枝末」

（身分関係）に拘泥する儒教的発想を去って、自然科学的方法によって確かめられる「人の性」を「本位」となすべきだという意味である。(7)たしかに、『概略』で福澤がこの手続に従って「文明の進歩」を議論の本位と定めたとまでいうことはできない。しかし、こうした自然科学的な法則観が「人間の目的」としての文明の進歩の観念を支えていたとしても、少しも不自然ではない。ことに法則と進歩の関わりはその証左となる。

自然法則はもとより「必然的」であるが、自然科学をモデルにする限り、人事についての法則も同様である。『概略』第四章で（以下④59f.：B86ff. なお⑤141参照）福澤は、文明は国民一般の智徳に関わっており、「全国［民］の勢は進めんとするも進む可らず、留めんとするも留む可らず」としている。この「法則」、もしくはそれについての「無形の理論」（④59：B87）は、夏に氷を売り冬はたどんを売るのは「世間の人心」に従うからだ、という比喩に見られるように、人為の及ばない必然的法則である。しかも、これは「時勢」と表現されており、したがって歴史の「必然的」進歩法則に近いものである。それは、厳密な意味における自然法則の歴史への適用ではない（小泉『福沢諭吉』119f. 参照）としても、「智徳の進歩」＝「文明の進歩」の必然性の観念を示している。(8)第一章で「高尚の地位」（つまり高遠な理論の立場）から「前代を顧み」、「後世を先見」すべきだとして文明の進歩を目指す立場を表明した際に、こうした必然的進歩の「理論」が福澤の頭をよぎらなかったとは何人も断言できないであろう。

したがって、文明の進歩はア・プリオリに前提とされたのではなく、自然科学的＝物理学的法則観によって裏打ちされていた。加えて、文明の進歩は内容のうえで「物理学の進歩」と不離の関係にあった。「人天並立」は、文明の最重要の要素である「智」の無限の進歩過程の到達目標であったが、その「智」の中でも「物理学」ないし「物理学的」智こそ、衣食のみならず、蒸気電信、政令商売といった文明の進歩を支えるものであった。(9)物理学が文明の進歩において枢要の位置を占めていたことからすれば、文明の進歩はほとんど自明の如く議論の本位（目的）とされ得たといってもよいかもしれない。

だが、『概略』には、自然科学との関係についてもう一つ検討しておくべき点がある。第六章で福澤は智と徳を区別し、さらに智を、「物の理を究めて之に応ずるの働」としての「私智」と、「人事の軽重大小を分別し軽小を後にし重大を先にし其時節と場所とを察するの働」としての「公智」に分けている（④83：B119f.）が、この規定は物理学との関係を彷彿とさせる。もっとも、「私智」は如何にも物理学的に規定されているが、つぎの例を見るとそうではないということがわかる（④84：B121）。

前に云へる如く、聡明叡知の働あらざれば私智を拡て公智と為すを得ず。譬へば囲碁、闘牌《カルタ》、弄椀珠《シナダマ》の技芸も人の工夫なり、窮理器械等の術も亦人の工夫にして、等しく精神を労するの事なれども、其事柄の軽重大小を察して重大の方に従事し以て世間に益すれば、其智徳の働く所、稍や大なると云ふ可し。或は又自から其事に手を下さゞるも、事物の利害得失を察すること「アダム・スミス」が経済の法を論ずるが如くして、自から天下の人心を導き一般に富裕の源を深くすることあるは、智徳の働の最も至れるものと云ふ可し。何れにも小智より進て大智に至るには聡明叡知の見なかる可らざるなり。

囲碁・カルタの「私智」は物理学とは何の関わりもない。それに対して、窮理器械等の術や経済学は明白に「物理学的」智である。経済学については、この少し後で、「物理」が世界を一変した例としてスミスの「経済の定則」を挙げている（④90：B129）し、『西洋事情外編』でも経済学は「物理学的」学問として位置づけられていた。(10)

ただし、この発言は二つの用語上の問題を抱えている。いささか込み入った議論になるが、誤解を防ぐためには、触れないでおくわけにはいかない。

一つには、福澤は、「私智」を「工夫の小智」と、「公智」を「聡明の大智」といいかえ、私徳、公徳、私智、公智のうち最重要のものが「大智」であるとしつつ、「聰明叡知の働あらざれば私徳私智を拡て公徳公智と為す可らず」と述べ（④83：B120）、右の引用でも、聡明叡知の働きを欠いていては私智・小智を公智・大智になすことはできないといっている。つまり、公智、大智、聡明の大智は同じものであり、聡明叡知も同様である。ところが、聡明叡知は私智（小智）から公智（大智）へと導くというのであるから、「公智」は「公智」を導くということになってしまう。確たることはいえないが、察するに、福澤は「公智」や「大智」という語を二重の意味で使っているのであろう。一つは、社会公共に裨益する智という意味、もう一つは大智と小智の、一般的には「軽重大小」の区別・判断がつく思考という意味である。そこで、この場に限って便宜上、前者を〈公智〉とし、後者を〈聡明叡知〉と呼んでおくことにしたい。

二つ目の用語上の難点は、第一章の方法論議では、議論の本位（目的）の決定は「大小軽重長短善悪」の判別と表現され、事物一般の判断または手段の選択については「利害得失」という言葉が使われていたが、右の引用文では聡明叡知は、窮理器械等の術については「軽重大小」の判断に、経済学の場合には「利害得失」の判断に関わるとされていることである。「軽重大小」と「利害得失」は用語上区別されていないのである。他の場所でも二つの語をほぼ同じ意味で使った用例があるから[11]、ここでも同様に解するほかないが、その場合〈聡明叡知〉の規定からして、「利害得失」の判断は、事実上「軽重大小」の判断を意味しているととるべきであろう。

さて、ここでの問題はこの「軽重大小」の判断に物理学がどのように関わっているのかというところにある。経済学や窮理器械等の術の「物理学的」智は、まちがいなく社会公共という目的に裨益する〈公智〉であるが[12]、しかしそこに見出される「物理学的」思考ははたして〈聡明叡知〉の働きをするのかどうかということである。

右の引用文では、窮理器械等の術と経済学は例示にすぎないが、福澤は『概略』の『草稿』（135）の、公智（〈聡明叡知〉）の説明にあたる部分で、窮理学や経済学、あるいは法律・商売などの有形物についての研究を「智恵ノ働」と呼んでいるし、また後のことだが、「理」とは「大小軽重、長し短し、多し寡し等の考より来るもの」だとしている（「通俗道徳論」明治一七年）（⑩113）。ここからすれば、福澤は主として物理学的思考を念頭に置いて、大小軽重の判断を下すことのできる〈聡明叡知〉という規定を引き出したと考えることができる。さらに、聡明叡知は、軽重大小の判断のみならず（もしくはそれと重なって）、「時節と場所とを察するの働」も含んでいるが、これも物理学的思考に由来する可能性がある。やはり後年のことだが、物理学は「物の数と時と区域とを根本にして万物有形の性質と其働とを研究する学」（⑨249）と定義されている[13]からである。あるいは、「時節」には自然科学的な進歩法則観が潜んでいると解することもできる。

もちろん、これはいわば福澤の脳裡を想像してみたものにすぎない。軽重大小の判断、すなわち第一章の議論によれば議論の本位（目的）の決定がつねに物理学的思考によってなされるわけではない[14]。『概略』とほぼ同時期の「内は忍ぶ可し外は忍ぶ可らず」（明治七年以降）で福澤は、「軽重大小」の区別の重要性を指摘して、「内の交際は軽小にして外の交際は重大なり」と断を下しているが、その際、「事物の緩急前後」が人々の「所見」によって異なることを認めている（⑲222, 224）。同じころの一文（八年）でも、「軽重大小」の判断が困難であることを認めたうえで、外形ではなく内情に注意し、人事の「軽重大小」を弁別すれば欧米諸国に対する「我国の独立」こそが重大であるといっており（⑳145, 147, 150）、また『学者安心論』（九年）でも、事物の「緩急軽重」は相対的であり、「心情の偏重」により判断を誤ることがあるとしつつ、「今の日本」の状況を根拠にして「国の独立は重大なり」という結論を下している（④227, 229）。「緩急前後」や「緩急軽重」はやはり物理学的思考との関連を認めることができる[15]が、これらの自国独立論では、それが相対的で主観的であり得るとされた[16]うえで、諸々の状況に基づいて判断が下されているのである。これは、『概略』で「今の世界の有様」、「目下日本の景況」、「事の急なる」、「今の日本の急」といった、物理学的思考と直接的関係をもたない状況判断によって自国独立を目的と定めたのと相応する。

したがって、目的に関わる大小軽重の判断、つまり〈聡明叡知〉の働きは、「物理学的」と「非物理学的」との両面をもっていたと考えることができる。ところで、前項では、議論の本位（目的）の定め方を基準にして、文明の進歩を前提として目的を決める〈文明論的方法〉と、時と場所を考慮する〈状況的方法〉の二つを析出したが、以上の考察を踏まえていえば、前者は「物理学的」智と深く関わっている。文明の進歩は、それ自体として物理学的智の進歩を核心とするだけでなく、物理学的な必然的法則の観念に支えられていた。それに対して、後者の方は原則として物理学とは関わりがない。(17) むしろそこには価値判断の相対性の観念がある。それを端的に示すのは、上掲の〈バランス感覚〉である。「惑溺」を嫌い、「一方に偏すること」を排除することは、文明の進歩を前提とした手段の選択でも発揮される視点であるが、とりわけ〈状況的方法〉における目的の選択に関わっている。(18)

このような整理が妥当であるかどうかは、さしあたり未決のままにしておこう。何よりも『概略』以外の著作によって確認する作業が残っている。とりわけ、〈文明論的方法〉と〈状況的方法〉は、丸山眞男が示唆するように、首尾よく合体されていたのかどうか、それとも対立しつつも二つながらに福澤の思想の中に共存していたのかどうかということを確かめなければならない。

第2節　一時の彌縫策と絶対の美

第1節では、視野を『概略』に限り、できるだけ枠組に収まらない部分に目をつぶることのないように議論の方法ないし思考方法を明らかにしようとした。福澤自身は、議論の方法の重要性を訴えながら、さほど厳密な方法的議論をしていないように思われる。用語法の曖昧さはさておくとしても、目的と手段の互換の可能性を考慮に入れるならば、〈文明論的方法〉と〈状況的方法〉を截然と区分することにはためらいが残る。しかし、二つの方法の区別が福澤の思想の理解にとって有意味であるかどうかは、『概略』以外の著作に射程を延ばしてみてから判断しても遅くはないであろう。

一　状況的方法と文明論的方法

まず、最も注目すべきことは、ユートピアを〈枕詞〉として置くことによって現実的議論を正当化した例が時期に関係なく見出されることである。典型的な例は『時事小言』(明治一四年)の場合である。ここで福澤は最初に、「天然の自由民権は正道にして人為の国権論は権道なり」と宣言しておいて、こう論じている。

「人間の正道」とは、「自から労して自から衣食し、一毫も取らず一毫も与へず、自から適する所に従ひて心身の快楽を致し以て死す可し」ということにあるが、この視点から見れば、俗世間は「妄漫無条理」であり、法律ですら復讐の具、富者を保護する道具である。また、全地球についても、「一視同仁、四海兄弟」、天与の物を平等に衣食して人生を送るのが「民権自由の極意」であり、ここからすれば、国を分かち、上下貴賤の別を作るのは無益なことである。だが、「天然の自由民権」がたとえ正論であっても、現実は円満無欠ではあり得ず、「彌縫修飾の術」として法律や対外的「策略」を必要とする。人の天然は無病であるから、医術は無用の長物だとして棄てるなどというのは「智者の策」ではない。千万年後には政法も無用となるかもしれないが、その到来は保証の限りではない。国家間でも紛争を裁く法廷がない以上、条約遵守は金力と兵力の多寡強弱によって決まる。金と兵は「有る道理を保護する」ものではなく、「無き道理を造るの器械」である。いまや正論を顧みる遑などない。ゆえに「我輩は権道に従ふ者なり」と（⑤103–105, 108f.）。

これは直接議論の方法に関わる論述ではないが、福澤の実際の議論の仕方を示している。「人間の正道」、「一視同仁、四海兄弟」、「天然の自由民権」は必ずしもユートピアといいきれないけれども[1]、「人間（人類）の目的」と一致しており、〈文明論的方法〉に通じているが、ここでは〈枕詞〉として現実的議論である「国権」、「智者の策」、「権道」を導く役割を演じているにすぎない。

さらに、『通俗民権論』（明治一一年）と「富豪の摂生法」（二四年）ではこういう。

抑も文明開化の極度に至れば、智徳に公私の区別なく、加之智も徳も之を区別す可らずに至る可しと雖ども、本編は只民間の読本に供するものなれば、高尚なる理論は姑く之を擱き、……今の日本の有様にては、正に今の所謂徳義品行なるものを以て最上の目安に定めて、大なる過なかる可しとの旨を記すのみ。（④589）

知らずや、社会は未だ黄金時代に非ず、極楽世界にあらず。否な、嫉妬狂濫もろ〳〵行はれ、乱暴も慷慨と称

せられ、非理も常道と認められ、自由の名に拠て勝手自儘の実を逞ふす可き世の中に居て……。（⑬143）

前者は現在の道徳の維持を、後者は富豪の自制を目的とする議論である。ここからは、〈枕詞〉を梃子にした〈状況的方法〉が自国独立だけを目的としたものではないということがわかる（これ以外にも例はあり、それぞれ目的を異にしている(2)）。

無論、〈枕詞〉の例が多いからといって、『概略』以外の著作でもっぱら〈状況的方法〉が支配したわけではない。「文明」や「文明の進歩」を論拠としたり、あるいは「智徳の進歩」を目的とした議論は枚挙に遑がない。また、すでに指摘したように、〈枕詞〉による現実的議論が〈文明論的方法〉と矛盾するとは限らない。たしかに、議論の方法についての論述はあまり見られない。それは、『概略』が一般的な意味で「理論」に傾斜していたのに対して、その他の著作の圧倒的多数は現実に関わる時務論に属しているからであろう。だが、わずかながら例がある。「過去現在未来の関係」（明治一〇年）ではこう論じている。たとえば徳義上の議論で人を殺してはならないというのは「千古の正道」であるが、「今の人間の有様」を見れば、残念ながら悪人の世界といわざるを得ず、これに対処するには死刑もやむを得ない。現在の有様に適した「当時正道」である。しかし、だからといって「千古の正道」を無視することもできない。そもそも文明の進捗とはしだいに「空理」を実行していくことである。したがって、現在においてなすべきは現時に適した正論であるとはいえ、これを行いながらも、将来実践すべき「空理」を忘れないようにしなければならない、と（⑲608-610）。「当時正道」と「千古の正道」（空理(3)）の対は、いうまでもなく「権道」と「正道」の対にあたるが、『時事小言』の場合と違ってはっきり〈状況的方法〉と〈文明論的方法〉と重なる。しかも、ここではどちらか一方を採るというのではなく、両者は相俟って完全となるとしている（⑲610）。つまり、〈状況的方法〉と〈文明論的方法〉は区別されつつ、二つながらに肯定されているのである。

また、「教育論」（明治一二年）では、現代社会で宗旨、徳教、政治、経済等、それぞれ所論の趣旨は異なるとはいえ、「平安〔＝天下泰平家内安全〕の一義」については一致しているから、善悪の「本位」は「天下泰平家内安全」にあるといわざるを得ないとしている（⑳205, 211）。「平安」は局所を超えて善悪是非を定める普遍的な「目的」である。ここで福澤は、「平安」を、身心が高尚に達することといいかえ、これが完成してはじめて「人類至大の幸福」を見ることができるが、世界各国の人民はみずからの安楽を知るのみで他人の不幸を知らず、一国内の形態の安全だけを求めて国外の安全を希求する精神が乏しいと批判している（⑳206, 209f.）。「天下泰平家内安全」は、後述するように（第4章第2節）、物理学と無関係ではなく、したがってこの議論は〈文明論的方法〉によるものと見てまちがいない。さらに、「遺伝之能力」（一五年）で、「事実の理論」と「臨機の方便」がともに不可欠である（⑧58. なお⑩174参照）としているのも、二つの方法に対応している。

なお、議論の方法、とくに〈状況的方法〉で重要な位置を占める、「一方に偏すること」の排除も、様々な文脈で登場するが、『童蒙教草』（明治五年）序文では、如何なる事物にも「一利」あれば必ず「一害」があるとして、経済につき「利に走る弊」、「窮理」につき「天を恐れざるの弊」があり、勇敢は「乱暴」、簡易は「粗嫚」の恐れがあり、洋学者が「自主自由」を放肆無頼の口実に利用すれば「世教」に害をなすといい（③147）、『時事小言』でも、「一利」があれば「一弊」があり、利と弊を比べてその「平均の成跡如何」を見ることが緊要であるとしている[4]（⑤74. 同趣旨④658, ⑧19, ⑨95, ⑲674, ⑳230）。また、「社会の形勢学者の方向、慶應義塾学生に告ぐ」（二〇年）では、日本人に「一方に凝るの弊」があり、「熱心」の熱度が高く、「変通流暢の妙用」に乏しいことを指摘し、これを、「事の一方に凝り固まりて心身の全力を用ひ、更に他を顧みること能はざる者」と表現して、技芸、道徳、才智、政治、宗旨、教育、商売に「凝る者」を列挙している（⑪184, 185f. なお⑧186参照）。極論すれば、「書に耽るも酒色に耽るも其罪は同じ」なのである（⑰150）。

二　進歩の観念――「通俗的」理論

〈状況的方法〉と〈文明論的方法〉を二つながらに維持する発想は晩年まで貫かれていた。ことに『福翁百話』(明治三〇年)には、『概略』に対応した「通俗的」な理論が見出される。その第百話「人事に絶対の美なし」ではつぎのようにいう(⑥378f., 382-384)。

人類は開闢以来まだ若く、文明といっても小児の戯にすぎず、この中で小児である人間が何を標準にして是非得失を判断できるだろうか。「絶対の美」は現代人の智徳では到底望み得ないから、せいぜい「三十年か五十年」を期して、利益得策と思うものを選んで実行するしかないが、「学者具眼の士」の責任としては、冷静に俗界の形勢を観察し、「及ばざるを助け其過るを制」するほかない。たとえば「文弱」に流れる恐れがあれば「尚武」を説き、「無骨」に過ぎれば「文」を語り、「利」の争いが激しければ「仁義」を唱え、「仁義の空論」に衣食を忘れる者があれば「銭」の必要を論ずるようにして、「要は唯社会の高処に身心を安んじ、不完全ながらも其信ずる所のものを躬行して敢て他の標準に供し、以て其狂熱を冷却して人事の平均を得せしめ、一時を彌縫して一時の小康を偸み、竊に思想を永遠にして世界前途の進歩を待つ」しかない。だが、「人事に絶対の美なし」というのはただ現代の人文においてのみ妥当するのであって、「器械的に有形の物理」を知り、物理を究めて「天工」の秘密を明らかにしてその「真理原則」を解明し尽し、千万年後の「天人合体の日」に至って「絶対の美」が達成されることは、「我輩の確に期する所」である。そこでは有形無形を問わず人間世界の一切を物理学に包羅するような状態に至るが、今日すでに人相学、細菌学、精神病学等では無形を有形のものとして捉えようとしているから、「今日の物理学の不完全なるも其研究は正しく人間絶対の美に進の順路なれば、学者一日の勉強一物の発明も我輩は絶対に賛成して他念なき者なり。」

前段では、「絶対の美」からほど遠い現状を根拠にして現実的な〈一時の彌縫策〉で満足すべきことを説きながら、後段では、『概略』の「人天並立」と名称のみならず内容（物理学による「無形」の制御）までも一致した「天人合体」のユートピアの到来の必然を確言するのである。〈一時の彌縫策〉は、現代の「状況」に即し、しかも「人事の平均」により「熱心」を冷却するものであるから、〈状況的方法〉を絵に描いたようなものである。そして、「空理」であるユートピアは、〈一時の彌縫策〉の正当化（「絶対の美なし」）と相対化の二役を演じているが[5]、それに留まらず（相対化の延長線上で）物理学の進歩の具体的目標として現れている。晩年に至っても、物理学の、したがって文明の無限の進歩の観念と結びついた〈文明論的方法〉と状況によって是非の判断を下す〈状況的方法〉が二つながらに肩を並べて存在していたのである。

他方、ここからもわかるように、「文明の進歩」の必然性の観念と人事まで物理学的に論じようとする〈自然主義的一元論〉もまた福澤の生涯を貫いていた。これについての「理論」は『福翁百話』の最初の数話で語られている。まず、「凡そ未来を想像するの根本は過去の事実に在り」という一句に象徴されるように、過去の事実に基づいて人事の進歩、すなわち「幸福」の増進（「天道人に可なるの理」）を確認したたうえで、この進歩が未来永劫に続き、最後には「智徳兼備の聖人」が輩出する「黄金世界の時代」が到来することを予言する（⑥214-217）。「人天並立」と同じユートピアである。しかも、それは空想ではなく、過去の事実に照らして未来を「前言」したものだという。これは文明の進歩の必然性への「信仰」といってもよいだろう。福澤はこう論じる前に、自然界では「天工」の広大と緻密微細が「一定不変の規則」により支配されており、万物は変化しても物質の本体は一定であり、またその構造組織・運動変化は一定の法則に従っているが、人間についても、有形はもちろん無形の世界でも「心情の本体」は一つだとしている（⑥207-211）。ここでも自然科学的法則が直接歴史に適用されているわけではないが、〈自然主義的一元論〉はユートピアを媒介として進歩の必然性の確信を支える働きをしているのである。

一般に福澤の「進歩」観念は、科学と理性の無限の進歩を信仰する啓蒙主義的合理主義に支えられていた（丸山「実学」62f. 家永『近代思想史』175ff. 参照）。人間の幸福は自然の賜だが、「文明進歩的」動物である人間は、先人の幸福増大のための努力に鑑みて、子孫のため智徳の発達を目指して努力する、というのである（⑥220, 222）。ここでも必然的法則観念があるが、それは「人智進歩の定則」（④163：B233）、つまり智が限りなく進歩していき、それに伴って社会も進歩して幸福が増大していくという概括的な法則にすぎない。「心情の本体」が一つであるという〈一元論〉の内容にしても、実は、「両性相親み、父母を慕ひ子を愛し、兄弟姉妹相依り郷党朋友相助る」こと、あるいは、動物と違って万物の霊として「恥を知り、同類相接して義理を知り、事物の軽重を弁じ時の長短を測り、便宜を求め改良進歩を謀り、一身の利害の外にても同類の為にするの心」（⑥210）といったことであった。智徳の向上と家庭・社会公共のための努力という営みこそが、無形についての自然科学的「法則」の内実なのである。

これは、とりたてて自然法則など持ち出さなくてもよいような、まさに「通俗的」な理論である。福澤は息子一太郎への教訓『ひゞのをしへ』（明治四年）でこう述べている（⑳70）。

そも〳〵、ものをたべてねておきることは、うまにてもぶたにても、できることなり。にんげんのみぶんとして、うまやぶたなどと、おなじことにて、あひすむべきや。……さればいまひとゝなりて、このよにうまれたれば、とりけものにできぬ、むづかしきことをなして、ちくるいとにんげんとの、くべつをつけざるべからず。そのくべつとは、ひとはだうりをわきまへて、みだりにめのまへのよくにまよはず、もんじをかき、もんじをよみ、ひろくせかいぢうのありさまをしり、むかしのよといまのよと、かはりたるもやうをがてんして、にんげんのつきあひをむつまじく、ひとりのこゝろに、はづることなきやうに、することなり。かくありてこそひとはばんぶつのれいともいふべきなり。

自然法則に基づく進歩観念は、いってみれば漢字を読めない子供にも説明できるたぐいの「通俗的」内容であった。たしかに、それは福澤にとって物理学に裏打ちされた科学的真理であった。だが、「通俗的」理論のレベルでは、「天道人に可なり」ということ、つまり「人智」による文明の進歩、幸福の伸展が証明されたならば、それで十分であった。『福翁百話』第八六話でいう（⑥348）。文明進歩の目的は、国民全体の「最大多数の最大幸福」だけでなく、その幸福の「性質」をしだいに向上させることにある。過去の歴史を比較してみると、「幸福の数」が増え、「幸福の性質」が向上したことは統計の数字に明らかであり、今後もまたこの増進はまちがいない、と。第三四話でも、「自然の真理原則」ないし「数理」による無形の領域の進歩を確言し、やはり統計に基づいた「最大多数の最大幸福」の実現に言及している（⑥261）。

福澤は〈文明論的方法〉と〈状況的方法〉を自覚的に区別していたと見てまずまちがいない。たしかに、両者の境界は画然としたものではない。『概略』第十章冒頭では、文明史の一階梯に自国独立を嵌め込むような論じ方をしていた。あるいは、たったいま見た一元論的な「心情の本体」の内容も、事実上『概略』の「今の文明」と同じものであり、間接的には一国独立の手段と重なり合う。二つの方法の融合ないし折衷は〈一国文明の進歩〉の一語によって象徴されている。こと思想の内容に関する限り、これが福澤畢生の目的であったと位置づけても大きく誤ることはないであろう。しかし、〈一国文明の進歩〉という枠組で福澤の思想の全体が尽されるわけではない。たとえ融合・折衷があったとしても、やはり二つの方法が原則として別物であったという事実を弊履の如く見捨ててしまうことはできないし、そのように粘り腰を発揮することによって、思想の内容についても〈一国文明の進歩〉に収まりきらない地平を没却するという愚を避けることができるであろう。

第2章　国家理性

福澤はどのようなスタンスで「政治」に立ち向かったのであろうか。文明論の立場からすれば、「政治は独り文明の源に非ず。文明に従て其進退を為し、文学商売等の諸件と共に、文明中の一局を働くもの」にすぎない（『概略』第三章（④49：B73））。本書で何度も触れるように、福澤が様々な局面で「政治熱心」や「政談熱」をしりぞけたのは、基本的に「一方に偏すること」や「惑溺」を排するためであるが、同時に文明の広大を認識した文明論のゆえでもあった。自国独立論はこの認識に逆らって、「国と国との交際には未だ此高遠の事を談ず可らず」（『概略』第十章）と、高邁な文明論をさておいて、自国独立という政治の「一局」にあえて拘泥することを意味していた。

しかし、福澤は『概略』全体を「理論」と見ていた。儒教批判でいうように、「理論家の説（ヒロソヒイ）」と「政治家の事（ポリチカルマタル）」ないし「政談」は切り離されなければならなかった（④62f.：B91f.）。だからこそ、たとえば文明の進歩のためには現代における「偏重の病」を除くべきだと明言しつつ、この病の「療法」は政治家の仕事であって、『概略』はただ病の「容態」を示したに留まるというのである（④171：B245）。もっとも、福澤は両者を分離しながら、学者の理論だけが重要だと考えたわけではない。現代の政府の事務を妨げる「衆論」を改めなければならないと論じた際、文明の達成は人間の目的であり、政府の官員も学者もそれぞれ「文明の一局」に励むことによって国のために尽し、文明の進歩の障碍を除去すべきだと述べ、政府の活動を、「現在」のために可否を決める外科術に比し、学者の論を、「未来」を展望する養生法にたとえている（④66ff.：B97ff.）。『学問之独立』（明治一六年）でも、学問も政治も「一国の幸福の増進」ないし「一国文明の進歩」を目的とするが、政治家は病の治療のように日常人事の衝にあたり、「目下の安寧」の維持を使命とするのに対して、学者の任務は養生法のように間接的に病に備える「永遠の大計」を期するものだとしている（⑤369, 383. なお①460, ⑤283, ⑲513 参照）。

学者（学問、理論）と政治家（政談）の区別とその「両ながら」（⑤378）の評価、両者の「分業」（⑨249）は、未来と現代を引き合いに出しているところからして、〈文明論的方法〉と〈状況的方法〉の区別と二つながらの肯定に対応している。しかし、ここでも境界は流動的である。自国独立論は、文明の進歩の理論に基づいて日本文明の「度」を認識したもの、「容態」の診断にあたるといってよいが、しかしまた現在における外国交際という「一大難病」を「療する」（④205：B294 参照）ための処方箋である。このように見る限りでは、自国独立論が「理論」であるのかそれとも「政談」であるのかは判然としない(1)。

『時事小言』（明治一四年）緒言で福澤はこう語っている。この著は「時勢に感ずる所」を記したものだが、「時に居て時を語る」のは政治家の職分であって学者の本分ではない。自分は政治家ではないのに政治を語るのは、やむを得ない事情があるからだ。維新の当初、大義名分その他の議論が流行したが、輿論に流されるのみで民権に耳を傾ける者はなかったので、これに不満を抱き、翻訳・著作によって人民に「政治の思想」を抱かせようと努力した。しかし、反応は少なく、望洋の歎を抱いたが、意外にも国の進歩は速く、近年には民権論が盛んになってきた。喜ばしい限りであるが、しかしそこには国権の議論が欠落している。民権の伸暢は国会開設によって十分になされるが、外側からの国権の脅威を看過することは許されない。これが新たな不満であり、そこであえて時事を論ずるに至ったのである。「時事を語る」ことは学者の本分ではなく、いわんや「時事を行ふ」ことは自分には無関係であるが、ただ賛同者を獲得して、世論を動かし、ついにはそれを実行する者が出れば本望である。目的はただ「時事を語て時勢を変ずる」ことだけである、と（⑤97–99）。

ここでも学者と政治家を区別し、時事政談は政治家の職分だと認めているから、基本線は『概略』や『学問之独立』と変らない。ただ、ここでは新たに、時事を「語ること」と「行ふこと」の区別が登場している。[2] 福澤は「局外窺見」（明治一五年）で、自分が「政を談ずれども政に当らんとする者」ではないということを強調し（⑧216）、「学者と政治家の区分」（一六年）でも、学者はしばしば政治を論ずるために政治家と誤解されるが、「行ふ」と「論ずる」とは別事だと述べている（⑨251）。ここから学者のもう一つの顔が明らかになる。学者は、本来研究教育を行う「専任の学者」であるが、同時に「新聞雑誌に記して世の耳目を開かんことを勉める者」[3]（⑨249f.）、つまりジャーナリストでもある。

しかし、これは福澤が学者の理論からジャーナリストの政談へシフトしたということを意味しない。自国独立論は、『概略』では学者の理論の体裁をとっていたとしても、場所を替えれば、政談、つまりジャーナリストの時務論としての性格を顕わにする。[4]『学問のすゝめ』十二編（明治七年）で福澤は、学問の方便は、「ヲブセルウェーション」（視察）、「リーゾニング」（道理の推究）、「読書」により智見を集めるだけでなく、「談話」、「著書」、「演説」によって智見を散じることにあるとしている（③103：B107）が、これは本来の学者にもジャーナリストにもあてはまる規定であり、内容が文明論であると自国独立論であるとを問わない。福澤の立場からすれば、自国独立論も文明論も、智見を集め、智見を散じること（啓蒙）を介して時勢を変ずることができなければ、机上の空論に終ってしまう。ただ、文明論の場合、著書としてまとまったものは初期の翻訳類と『概略』だけであり、それ以外は演説と学校教育が主たる手段であったのに対して、自国独立論は、ほかに『時事新報』（明治一五年創刊）というジャーナリズムの舞台で諸々の――国家理性論として括ることのできる――時務論として現れ、〈状況的方法〉に即した形で議論が展開されることになるのである。[5]

第1節　「転向」？

丸山眞男は、福澤の生涯にわたる思惟方法（状況的思考方法）を提示した際には、国際関係における「弱肉強食」論をその枠組に組み込んでいたが、[1] 後になって、福澤の対外思想が根底的に変化したこと（以下「転向」とする）[2] を認めるに至った。

丸山によれば、福澤の国際社会観は、『すゝめ』執筆のころまで、国際社会における「自然法」（道理）の支配とそれを前提とする国家平等観を基礎にしており、国内社会観と一致していた。「個人的自由と国民的独立」、「国民的独立と国際的平等」は同じ原理で貫かれ、「見事なバランス」を保っていた。だが、明治一一年ごろを境に福澤の国際社会論は自然法を離れてゆき、それとともに国内社会の見方との間に亀裂が生じた。国内政治論ではなお状況的思考を駆使し、政治的原理もおおむね変化しなかったが、国際政治論では変化は根底にまで及んだ。福澤は、当時の国際的環境に触発されて、以前の「個人間と国家間の規範の同質性」を否定することによって、「国家理由」（国家理性）の認識に到達した（「解題」142ff.『集』④21–24, ⑮174, 180 参照。なお伊藤『論考』192ff.）。ただし、この転換の中で『概略』は過渡に属する。『概略』では、国際関係では「偏頗心」に依拠して行動せざるを得ないとしつつ、国際関係を弱肉強食状態と見ていない。そこには、「自然法思想からレーゾン・デタへの過渡」、両者の「興味ある交錯」（「解題」148f.）、福澤の魂の内部の「二つの精神の格闘」（『読む』下 239f.）が認められる、というのである。[3]

『概略』における国家理性論と自然法論の併存という主張は、本書の枠組でいえば、〈自国独立論〉と〈文明論〉

の併存にあたり、その限りでは異とするに足りない。問題は、この二つは単に『概略』だけでなく、それ以前にも、それ以後にも併存していたのではないかという点にある。以下では、道理や万国公法の正当性を基礎にした自然法的思想と、弱肉強食の国際関係の中で自国の存立を第一義に置く発想（丸山「解題」147f. 参照）としての国家理性論を一応の指標として、この問題を検討してみることにしよう。

一　四海兄弟と弱肉強食

福澤は文久年間に書いた『唐人往来』で、世界各国で飲食衣服住宅等は違っていても、人情は一様であり、「仁義五常の教」のない国はないと主張し、神国を唱えて尊大に構える攘夷論を叩き、「世界の道理」にそむくような外国人に対して「道理」で立ち向かおうとも誰に文句をいわれる筋合いもなく、道理さえ守っておれば敵は大国でも恐れる必要はなく、治乱を問わず守るべきは「世界普通の道理」だと腹を括って短気を起さぬようにと警告し（①14f., 20, 21）、慶應二年ごろ（㉑463 参照）の『或云随筆』では、文明の君子たらんとする者は、世界万国の事情に通じ、たとえ「世界の道理」が自己の宗旨に反しても、改宗して「万国公法宗」に入信したいものだと述べている（⑳12）。あるいは、明治三年の「洋学私塾を勧奨すべし」や『中津留別の書』では、西洋の書物を読み、西洋の事情を理解し、「世界の公法」によって世界の「公事」を論じるに至ったならば、外人も我々を蝦夷人のように見ることがなくなり（⑳37）、内では智徳を修めて自由独立を確保し、外に向かっては「公法」を守って一国独立を輝かすことができる、としている（⑳53）。また、翻訳『童蒙教草』（五年）の一節では、自己を愛し利益を得ることと、人類を愛し他人のためを謀り、他国を愛し他国のためを想うことを同列に扱っている（③310）。

こうした自然法的な姿勢は『すゝめ』初編（明治五年）で最高潮に達する。そこでは、日本も西洋も同じ天地の間にあり、情を等しくする人民であるから、たがいに助け合い、「天理人道」に従って交際すべきだと論じ、「理のためにはアフリカの黒奴にも恐入り、道のためには英吉利、亜米利加の軍艦をも恐れず、国の恥辱とありては日本国中の人民一人も残らず命を棄てゝ国の威光を落さゞるこそ、一国の自由独立と申すべきなり」と高らかに宣言し、「天理人情にさへ叶ふ事ならば、一命を抛て争ふべきなり」とか、「人の一身も一国も、天の道理に基て不羈自由なるものなれば、若し此一国の自由を妨げんとする者あらば世界万国を敵とするも恐るゝに足らず、此一身の自由を妨げんとする者あらば政府の官吏も憚るに足らず」と、大見栄を切って道理の意義を訴えている（③31f.：B14, 16）。

他方で、福澤はすでに『概略』で、文明に拠る西洋諸国であっても、戦争もやれば、盗賊もおり、ことに外国交際法ではつねに「権謀術数」が暗躍しているというリアルな認識を示し（④18：B28）、『時事小言』でも、「一視同仁四海兄弟」の正道に対して人為の国権論＝権道をとることを闡明にした。『兵論』（明治一五年）の表現ではこうなる。外国交際の「事実」に関しては世界はいまだ道理の世界ではなく武力の世界であり、口に道理を唱えても、現実には武力侵略を平気で行い、「数千万言の万国公法は硝鉄一声を以て抹殺す可し」といってもよいくらいだ、と（⑤297, 304f. なお⑳429）。この種の発言は多々あるが、なお二、三挙げると、「和親条約と云ひ万国公法と云ひ、甚だ美なるが如くなれども、唯外面の儀式名目のみにて、交際の実は権威を争ひ利益を貪るに過ぎず」（一一年（④637））とか、「古来今に至るまで世界各国の交際は道徳人情を以て接するものに非ず、又法律約束を以て制す可きものに非ず、双方の眼中にあるものは唯利と兵との二者のみ」（一三年（④379））とか、「今の万国交際は弱肉強食禽獣の道を以て相接するのみ。決して道徳を守り道理を説て相親睦するにあらざるなり」（一六年（⑨114））といった具合である（なお④544, ⑦687, ⑩385, ⑯64, ⑯187, ⑯224, ⑯264, ⑰300, ⑲322, ⑳221）。

これら二系列の発言にはどこから見ても明白な差異がある（なお植手『近代思想』271f. 参照）。だが、両者の間に時期的な偏りがあるという点が「転向」説の最も有力な根拠であり（その時期には諸説あるがここでは丸山説に従う）、これについて反証を出さない限り、「転向」説は磐石である。まずそれに挑戦してみよう。

第一に、国家理性論と不可分の関係にある、国際関係における「弱肉強食」の認識は『概略』以後にはじめて出てきたのではなく、すでに初期の翻訳類に登場している。『西洋事情外編』（慶應三年）では、万国公法が遵守されている世界の情勢を紹介しつつ、同時に、各国の自立はたいてい兵力に基づき、各国交際の実情は野蛮人の「匹夫の勇」の争いと異ならず、各国政府の不正強奪を止める方策はないという事実に言及し（①411-413）、『洋兵明鑑』（明治二年）序文では、人間の欲から生じる戦争は文明の西洋諸国ですら免れないとし（②283）、『世界国尽』（同年）では、天然の地理を人為的に分ち国を立てるようになると、戦争や侵略が起こり、そのため諸国に盛衰興亡があると指摘している（②663）。

弱肉強食の認識だけではない。『唐人往来』と同じ文久年間の手紙で福澤は、「当今の急務は富国強兵に御座候」と記し（⑰8）、道理と万国公法を強調した『或云随筆』では、富国強兵のための「報国」の必要について語り（⑳12f.）、『中津留別の書』では、世界の公法を引き合いに出す前に、外国人の中には不正の輩がおり、我国を「貧」にし我国民を「愚」にして利益を得ようとする者が多いと指摘していた（⑳53）。また、本来『すゝめ』に組み込まれるはずであった「内は忍ぶ可し外は忍ぶ可らず」（明治七年以降）では、外国人が正しくて道理をわきまえ、慈悲深い宗教に帰依しているという説に異を唱え、現実に照らして「万国公法は何処にあるや。耶蘇正教は何の用を為すや」と叫び、「公法は欧羅巴各国の公法にて、東洋に在ては一毫の働をも為さず」と断じている（4）（⑲224f.「転向」後につき⑤183f.、⑯53参照）。

これらを見る限り、「転向」の遥か以前から福澤には「国家理性的」発想があった。「転向」以前の福澤の思想を凝縮した『すゝめ』初編～三編にもそれを見てとることができるが、これは後に回し、ここでは逆に「転向」以後において「自然法的」観点が必ずしも完全に消失したのではないということを見ておきたい。

福澤は『通俗国権論』（明治一一年）で、国内では習慣風俗が重要であるが、対外的には法律・条約こそが決定的であることを認め（④614ff.）、「開国論」（一六年）では、今日諸外国と同等同権を確保しようとするのは日本人全体の願いであるが、そのためにはまず「情」を同じくしなければならず、情を異にする者が同権の位置に立とうとすれば、「腕力」に訴えて殺し合いになるだけだと述べている（⑧548）。さらに一七年には、外国人の内地雑居につき、外国人といっても同じ人間、同じ国であり、向こうが道理を促すならば、こちらも道理を尽し、双方無理のないようにするのが人間社会の交際法だとしている（⑤441, 443. なお⑨493, ⑨510, 514参照）。また「条約改正直に兵力に縁なし」（同年）では、いまの国際社会の原則が優勝劣敗であることを認めながらいう。国家間の交際を「禽獣の附合」であるとか、権利は軍艦の中にあり、道理は砲口から撃ち出すものだなどというのは「哲学風の言」であり、人事の裏面をおもしろく形容して「事の極端」を示したものであり、今日諸外国に求めるべきは、「世界普通の公論公法」であってはならないはずの「治外法権」を撤廃することであり、たとえ外国と争論になっても直ちに兵力に訴えることなど「今の文明世界に於て万ある可らざること」である、と（⑩20, 22. なお⑨522f., ⑩26, ⑪69）。

晩年にも同様の発言がある。明治二八年に福澤は、外国交際の核心は「自利」にあることを承認しつつ、支那に対して「相方の情意を通じて互に相親しむ」ように説き（⑯285f.）、三〇年には、日本は内地を開放して外国人を入れ、航海を奨励して国民の外出を自由にすることによって、「四海兄弟五族比隣の活劇」を演じているとしている（⑯107）。あるいは、『福翁百話』（三〇年）第百話で、現時点では「絶対の美」はあり得ず是非得失を容易に決められないと論じた際に、国家間の問題についていう。今日、「四海兄弟一視同仁」は口のみで、実際には生存競争の世であり、武力を恃みにして各国は軍拡競争に明け暮れているのが事実であり、やむを得ないことではあるが、このまま進めばついには一切を争闘のために費やし、その「同類相殺し相食む」姿は往古の蛮族と同様になる。これは文明進歩の赴くべき道ではなく、世界の諸強国の形勢も冷静に見れば一笑に付すべきものにすぎない、と（⑥381f.）。どちらかの立場をとるというのではないが、四海兄弟を全面否定するわけでもないのである。しかも、翌三一年に福澤はごく一般的に他国に対する「自尊尊他」の必要を説いている（⑲737, 741）。

このように見ると、福澤の思想には、国家理性と自然法の「二つの精神」が時期の如何を問わず併存していたといってよい。[5] たしかに、量的にいえば、国際関係論における自然法的発言や「道理」の引証は、「転向」以後に相当減少している。しかし、それは思想の変化というよりも、「状況」を勘案した結果であると考えられる。その思考の構造については次節に譲り、その前に、いま一つの問題として、「一身独立」と「一国独立」の重点の置き所について変化があったかどうかということを確認しておこう。

二　「一身独立」と「一国独立」の併存

丸山眞男は、「転向」以前の福澤には、「一身独立して一国独立す」のテーゼが示すように、「民権の伸張を含む国内の近代化」こそが対外的独立の前提条件でなければならないという発想があったと見る（「解題」157）。「個人の独立なくしてなんの国民的独立ぞや」というのが初期福澤の思想の核心だというのである（『集』①221. なお『集』②219-221, ⑮320. 同趣旨として石田『研究』142）。

たしかに、明治二年の手紙で福澤は、「其一身を売奴の如く処しながら、何として其国を独立せしむべきや」として、「一身独立して一家独立、一家独立一国天下独立」を唱え（⑰65）、ついで『中津留別の書』（三年）でも、「一身独立して一家独立し、一家独立して一国独立し、一国独立して天下も独立す可し」と繰り返し（⑳50. なお⑰92 参照)、『すゝめ』三編(六年)に至って、「一身独立して一国独立す」を明確に一つのスローガンとして提起し、その意味が、「先づ一身の独立を謀り、随て一国の富強を致すこと」だと述べている(③43:B28)。

これを見れば、「転向」以前における「一身独立」への肩入れは明白である(遠山『福沢諭吉』39参照)。だが、一身独立の強調はもっぱら「民権の伸張を含む国内の近代化」の志向に収斂させることはできない。たとえば右の明治二年の手紙では、民権には触れず、奴隷根性を克服するために学問が重要であることを訴えている(「一身を独立せしむるは、他なし、先づ智識を開くなり。其の智識を開くには必ず西洋の書を読まざるべからず……」)。目的は明らかに「学問の勧め」にあり、(6)しかもそれは一国独立の基礎となり得る。たとえ一身独立の優先があったとしても、それを狭義の国内政治論や民権の伸長だけに関係づけることにはいささか無理がある。

そのうえ、「一国独立」を達成しようとする強い自覚が早くからあったことは、前項にも見た通りであるが、慶應二年(㉑463参照)の手紙でも、中津藩では「富国強兵」も「文字の教」もかんばしくないが、そうかといって真の田舎風の尽忠報国の一途さも見られないと嘆息を洩らし(⑰36)、明治七年の馬場辰猪宛の手紙では、「結局我輩の目的は我邦のナショナリチを保護するの赤心のみ」といっている。ここでは、「内」と「外」の葛藤を口にしながら、「飽まで御勉強の上御帰国、我ネーションのデスチニーを御担当被成度、万々奉祈候也」と結んでいる(⑰175)。そして、「内は忍ぶ可し外は忍ぶ可らず」では、「内に居て弱き者は外に向て強きこと能はず。……故に今の人民へ上下同権の大義を教へ、理の在る所は政府と雖ども敢て屈す可らずとの趣意を知らしむるは、弱小をして強大に当らしむるの下た稽古なり、外国の強敵に抗せしむるの調錬[練]なり」と断じている(⑲226f.)。国内における「上下同権」は対外的独立の準備運動だというのであるが、「転向」以後の『通俗国権論』(明治一一年)でもまったく同じように、「内国に在て民権を主張するは、外国に対して国権を張らんが為なり」と忌憚なく述べている(④603)。

そもそも、国権論の優位という観点から「転向」以後の資料を読めば、国権拡張を強調した発言はいくらでも見つけ出すことができる。一例だけ挙げれば、「藩閥寡人政府論」（明治一五年）では、「我輩畢生の目的は唯国権皇張の一点に在るものにして、内の政権が誰れの手に落るも之を国権の利害に比して其軽重固より同年の論に非ざれば、其政府の体裁と名義と或は専制に似たるも、此政府を以てよく国権を皇張するの力を得れば、以て満足す可しと覚悟したりし」と述べている[7]（⑧124. なお⑧10, ⑨88, ⑨101 参照）。だが、「転向」以後に、一身独立の重要性を指摘した例も、探すのにさほど苦労はいらない（⑥197, ⑥310, ⑧10, ⑭460, ⑮337, ⑱690 参照）。たとえば、国権論の優位を唱えた『通俗国権論』にも、「小は人生一身の本分を達し大は独立一国の権を興張せんこと、余輩の常に願ふ所なり」とあり（④624）、二七年には、「先づ一身一家の独立を成して自然に立国の基礎を固くせんとて……」と述べている（⑭545f.）。それどころか、「報国致死は我社中の精神にして、今日我輩が専ら国権の議論を主唱するも、其由来一朝一夕に非ず」という文と、「一身の独立を謀て其趣旨を一国に及ぼし、以て我国権を皇張する」という文が同じ論説（「故社員の一言今尚精神」一五年）中に同居していること（⑧64）からすれば、福澤における「一身」と「一国」の前後軽重を時代の変化によって一律に振り分けることなど到底できない相談である。

さらに、丸山は、「転向」以後に福澤の国内政治論と国際政治論が国家理性論の優位の下に分離していったとするが、福澤は、「転向」の前後を問わず、政府と人民の関係について、国際関係と同様のリアルな認識を披露している。ここでも「転向」以後について見ると、『国会論』（明治一二年）で福澤は、政府の当路者は既得の権力を維持しようとし、人民は国会開設によって権力を獲得しようとする点から見て、どちらも権力を好むのであって、官民相互に「権」を求めることこそ人類の真面目であり、文明開化は競争するうちに進歩するのであるから、官民の競争は国にとって祝福すべきことであり、政権争いは「権謀術数」を尽して、輿論を我が物にしようと競争することだといっており（⑤84f., 91）、『時事小言』でも、「凡そ人類として権を好まざる者なし」として、同様の議論を展開している（⑤129f.）。福澤にとって、政治は、国際政治に限らず一般に、「智者の策」（『時事小言』）であった。それは『民間経済録』（二〇年）のつぎのようなくだりからも理解される。

人として人を殺すの心なく、物を盗むの心なく、財を貪るの心なく、利を争ふの心なく、公明正大事物の理を推究して、人々其身を修め、家々其産を治め、億万の人民貧富を問はず悉皆君子の風を存して相互に交ることならば、此世界に政府は殆ど無用のものなれども、今の人事の有様にては思ひも寄らぬことなり。（④331f. 同趣旨④652）

これはかの「権道」とまったく同じ観点である。政治ばかりではない。『福翁百話』では、現在の文明の裏面では「獣力」が全盛を極めており、ただそれを優美な儀式で装っているにすぎず、国家間の交際から個人の日常の処世法に至るまで「優勝劣敗弱肉強食の事実」を否定することはできないとしている（⑥293）。

無論、福澤の時務論の内容が時を経るにつれて外交・国際問題に重点を移したことは否めない（なお飯田『著作集』⑥254f. 参照。ただし同⑥275, ⑤329f., 399と比較せよ）。これを捉えてすでに明治一六年当時、「一身独立して一国独立す」の精神からの変節を指弾する声が挙がった（⑨99）。それに対して福澤は、自分は決して国権一辺倒ではなく、「一身独立」は非常に大切であり、国権論を強く打ち出したのは、民権自由の主義はすでに世間で行われており、少なくともこれを頭から否定する者はいなくなったためだとしている（⑨101, 103）。如何にも弁解めいた口調だが、本章冒頭で引用した『時事小言』緒言にも同様の発言があったから、必ずしもそういいきることはできない（なお後述第3章第3節註(3)参照）。しかも、ここでは、「凡そ事物の一方に熱するときは他の一方を忘るゝの憂なきを得ず」と述べて、民権論が国権論を忘れがちであることを衝いている（なお⑨90f. 参照）が、これを裏返しにすれば、福澤自身、一方（一身独立）を忘れたわけではないけれども、状況に応じて他の一方（一国独立）を強調したと見ることができる。

一身独立と一国独立をめぐって福澤は相手によって異なった論法を駆使しているが、それは後に見ることとして(第5章第2節)、ここで議論の仕方一般について付け加えておけば、福澤は、一方の極端に凝り固まることをつねに回避しようとした――「凡そ議論の争、甚だしきに至るときは、其末、遂に極端に趨るは自然の傾にして、空論の恐る可きは実に此一点に在り」(⑯56. なお③140：B154, ④11f.：B18-20, ⑤589, ⑧217f., ⑳96)――が、しかし極論に対して極論をぶつけるという論法もしばしば用いた。『通俗国権論』では、一方の極度を摘発してその弊害のみをあげつらうのは理論において禁じ手であるけれども、「他より先づ我極度の弊を摘発すれば、我亦他の極度を挙げて之に答へざるを得ず」とし(④626f.)、『時事小言』でも、「他人愚を働けば我も亦愚を以て之に応ぜざるを得ず。他人暴なれば我亦暴なり。他人権謀術数を用れば我亦これを用ゆ」と述べている(⑤108)。「目には目を」というわけだが、しかしとりたてて相手が極論を吐かなくとも、主題を鮮明にするために極論を弄した事例もある。しかも、福澤は、他者の議論に対して「錯雑無主義」と見られるくらいの寛大さを示すことを推奨しながら、「其最後の極端に至りて一点の動かす可らざるのものを守ること」の重要性を意識し、これを基準にして「友敵」を決するように説いている[8](⑧218. なお④15：B24)。こうした態度は、人心の雷同や画一的傾向を嫌って「わざとシニカルな表現を用い、意識的に問題のなかのある側面を誇張して表面に出す傾向」(丸山『読む』下320. なお小泉『福沢諭吉』90参照)というよりも、福澤が自覚的に選び取った議論の仕方であった。

第2節　道理・学問・気力

丸山眞男の「転向」説の核心は、福澤の思想の重点が「個人間と国家間の規範〔＝自然法〕の同質性」から「国家理性」へ移動したというところにある。これは、ある意味では、永遠平和は自由平等の共和制を必須の条件とすると考え、国家理性を相対化したカント（『永遠平和の為に』24ff., 60ff. ただし西村「クルークハイト」304ff. 参照）以来今日に至るまでの自由主義的な理想（たとえばロールズ『万民の法』13, 15ff., 31ff.参照）を福澤の思想の理解に投影したものである。しかし、福澤はすでに「転向」以前において、一国独立の問題をもっぱら自然法の枠組だけで捉えておらず、弱肉強食の認識をもち、富国強兵を目指していた。これだけでも、丸山の図式が妥当ではないということが示唆されるが、以下では、少し微細にわたるものの、『学問のすゝめ』の内在的理解によってそのことを示したい。問題の焦点は〈規範〉と〈事実〉の関係にある。

一　一身と一国のメリトクラシー

『すゝめ』初編の冒頭には、「天は人の上に人を造らず人の下に人を造らずと云へり。されば天より人を生ずるには、万人は万人皆同じ位にして、生れながら貴賤上下の差別なく……」という誰でも知っている有名な一句が登場する（③29 : B11）。天賦人権という〈規範〉を貴賤上下の〈事実〉の上に置くのであるが、続く二編はまさに規範と事実の相違を浮き彫りにすることを狙ったものである。すなわち、人間の同等とは「有様」の同等をいうのではない。有様において人の「貧富強弱智愚」の差ははなはだしいが、各人固有の「権理通義」は同等である。それなのに富強の勢いによって貧弱な者に無理を働こうとするのは、有様の不同を根拠に他人の権理を侵害することになり、まるで力士が腕力で隣人の腕を折るようなものだ、と（③37f. : B21f. なお③39f. : B23, 25）。

このように初編と二編では、弱者と強者（ないし貧者と富者）の関係において〈事実上〉の差異を乗り越えるべき〈規範的〉平等の観念を鮮明にしているが、三編では、二編の内容を要約して、貧者も富者も、弱者も強者も、人民も政府も権義において異なることはないとしたうえで、国家間の問題に進む。個人の権義が認められるのであれば、複数人の集合である国家についてもこれを認めるべきであり、各国は「一国の権義」において平等である。しかし、現代の世界を見渡すと、欧米の富強国とアジア・アフリカの貧弱国がある。これは「有様」の違いにすぎないのに、自国の富強の勢いによって貧弱国に無理を加えようとするのは、力士が腕力で病人の腕を折るのと同じである。日本も今日の有様では西洋諸国の富強に及ばないところがあるが、「一国の権義」においては微塵も軽重はない。「道理に戻りて曲を蒙るの日に至ては、世界中を敵にするも恐るゝに足らず。」これが、初編にいう、「日本国中の人民一人も残らず命を棄てゝ国の威光を落さず」ということの意味だ、と（③42f. : B27f.）。これは、同じ力士の比喩を持ち出していることからわかるように、個人の「権義」と「有様」についての二編の論述とぴったり一致している。「一国独立」は「一身独立」と同じ〈規範〉によって基礎づけられ、たとえ〈事実〉において富強国が貧弱国を圧迫しても、それは〈規範〉にもとるがゆえに、断乎排撃されるべきだというのである。

これだけを見れば、「個人間と国家間の規範の同質性」説を論駁することなど、何人も思いつくことのない暴挙としか思われないほどである。だが、一身独立についても一国独立についても、福澤は規範だけに依拠して議論を展開したわけではない。

第一に、初編の「天は人の上に……」の一句の後で福澤は、「されども」と続けていう。人間世界には賢愚貧富貴賤の差があるが、これは本来「学問の力」の有無により生じた相違であって、天が定めた約束ではなく、むしろ富貴は「人の働」によるものである。人は生まれながらに貴賤貧富の別などない。ただ、学問に勤めて物事をよく知る人が貴人や富者となり、無学者は貧者や下人となるのだ、と（③29f.：B11f. なお③32：B15）。〈規範〉に基づいて「出生」による身分的差異を否定したうえで、「業績」による富強＝立身出世、つまり〈メリトクラシー〉を宣言するのである[1]（佐々木『学問論』219参照）。

さらに、〈規範〉としての平等の貫徹を主題とする二編でも、「学問の勧め」が登場する。政府は人民の名代であるから、人民は職分として国法を遵守すべきであるが、暴政の原因の一つは人民の無智にあり、もし暴政を避けようと思うのなら、人民は学問によって才徳を高め、政府と「同位同等の地位に登らざる可らず」と（③40f.：B25f.）。これは「理を以て政府に迫る」こと、いわば〈道理による政治〉論（③73ff., B67ff., ④121：B174参照）であるが、しかしこの政治論は、政府と人民との〈規範的〉平等を前提としながら、「智」という〈非規範的〉要素を媒介として弱者の位置にある人民を事実上政府と平等の地位に「登ら」せようというのであるから、論法としては、〈規範〉を根拠にして、〈非規範的〉要素＝学問によって、貧賤弱愚の人民を富貴強智の地位に引き上げようとする〈メリトクラシー〉論と同じである。

実は初編でも福澤は、一身と一国の不羈自由は天の道理に基づくのであるから、一国の自由や一身の自由を脅かす者を恐れる必要がなく、まして最近では四民平等の基礎が確立した以上、安心して「天理」に従って存分にことを為せばよいとしつつ、とはいえ人にはそれぞれの身分にふさわしい才徳が必要であり、そのためには物事の理を知り、文字を学ばなければならないと述べていた（③32f.：B16）。「愚民」は苛烈な政府を招くことになるから、人民はそれぞれの身分にふさわしいだけの智徳を具え、政府と人民がたがいに所を得て「全国の太平」を守るべきだというのである（③34：B17f.）。ここでも、自由平等の〈規範〉を前提として、〈道理による政治〉とそれによる「太平」のために「智」という〈非規範的〉な力を通じて政府と対等の地位に「登る」ように説くのである。

そして、こうした主張は一国独立論についても確認することができる。三編で福澤は、国家間の〈規範的〉平等を論じた後、こう続ける（③43：B28）。

加之貧富強弱の有様は天然の約束に非ず、人の勉と不勉とに由て移り変る可きものにて、今日の愚人も明日は智者と為る可く、昔年の富強も今世の貧弱と為る可し。……我日本国人も今より学問に志し気力を慥にして先づ一身の独立を謀り、随て一国の富強を致すことあらば、何ぞ西洋人の力を恐るゝに足らん。道理あるものはこれに交り、道理なきものはこれを打払はんのみ。一身独立して一国独立するとは此事なり。

これは初編の〈メリトクラシー〉論の論理をそのまま国に拡張しただけである。ここでも、道理を持ち出しているから、〈規範的〉根拠を棄てたわけではない。その限りでは〈道理による国際政治〉論といってよいであろう。しかし、その「道理」を貫徹するための条件は、「学問」と「気力」（もしくは学問による「気力」）という〈非規範的〉実力による「富強」の達成である。この発想は『すゝめ』三編と同時期の「窮理捷径十二月帖序」（明治五年）でひとことでまとめられている。「国の貧富強弱は其人民の知愚如何を見て是を卜す可し。国民の無学文盲なるを患へずして漫に富強を祈るは、種をまかずして苗を求るに異なら」ない、と（⑲761）。かくて、『すゝめ』三編の主旨は、各国間の〈規範的〉平等を前提としつつ、〈非規範的〉要素を介して〈事実〉のうえで富強となろうとする、〈国際関係のメリトクラシー〉論であった。

ところで、福澤は三編で右のように述べた後、そのつぎの項目で、前項の内容を、「国と国とは同等なれども、国中の人民に独立の気力なきときは一国独立の権義を伸ること能はず」といいかえている（③43：B29）が、これによると、「学問に志し気力を慥にして先づ一身の独立を謀り、随て一国の富強を致すこと」という一句は、「国中の人民に独立の気力なきときは一国独立の権義を伸ること能はず」と同じ意味である。つまり、「一国の富強を致すこと」と「一国独立の権義を伸ること」とは同義であり、あたかも〈事実〉と〈規範〉が等置されているかのようである。(2) このことは、〈規範的〉観点から見ると奇妙なことであるようだが、福澤にとっては決してそうではなかった。

二　権義を「伸る」こと

「一国独立の権義を伸る」とは、貧弱国が、〈規範〉＝平等原理を論拠にしつつ、〈事実上〉の対等、もしくはそれ以上の状態に到達することを目指して、(3) 学問や気力によって富強国となる（「国の地位を高く」する（⑲226））ことを意味する。つまり、「権義を伸る」とは、〈事実〉のうえでの（規範に合致しない）不平等状態を解消し、〈事実〉のうえで（規範に合致した）平等の富強国になることである。『概略』で福澤は、「戦争は独立国の権義を伸ばすの術にして、貿易は国の光を放つの徴候と云はざるを得ず」とか、「自国の権義を伸ばし、自国の民を富まし、自国の智徳を修め、自国の名誉を燿かさんとして勉強する者を、報国の民と称し、其心を名けて報国心と云ふ」と述べている（④191：B274f.）が、この場合も「権義を伸ばす」とは、貿易や戦争という〈非規範的〉要素を通じて自国の富、智徳、名誉という事実上の力を増大することを表している。(4)

一国独立の「権義を伸る」ためには、学問とともに人民の「独立の気力」が必須の要件である。「独立の気力」

は本来「一身」に関わるが、それが「一国独立の権義」の支柱とされる理由が『すゝめ』三編では三つ挙げられている。うち二つを見ておこう。第一に、「独立の気力なき者は国を思ふこと深切ならず。」「独立の心」を欠いて他人に依存するような人民は、国のことをわがことのように心配せず、戦争でも命を棄てるに至らないが、国中に「自由独立の気風」を充満させれば、人々は国を我家のように思い、国のためには財産だけでなく「一命をも抛て惜むに足らず」というようになる（③43f.：B29–31）。第二に、「内に居て独立の地位を得ざる者は外に在て外国人に接するときも亦独立の権義を伸ること能はず。」「独立の気力」を欠く者は卑屈である。今日「表向」平民は士族と同等に見えながら、なお旧幕以来の「平民の根性」、「無気無力の鉄面皮」、「町人根性」を引き継いでおり、それが外国人に臆する習慣を培ったというのである（③45f.：B32f. なお④612f. 参照）。一身のための「独立の気力」が一国独立に資するというこの論理は、「表向」の（規範的な）平等にもかかわらず〈事実〉として存在する卑屈な平民根性（「無気無力」、「卑屈不信の気風」（③50：B37f.））を覆すために「独立の気力」を確保し、それによって「一国独立の権義」の自覚をもたせ、事実上の対等を可能にするということを示している。

『概略』でも同様の議論が展開されている。第九章では、「有様（コンヂーション）」の違いに基づいた「権義（ライト）」を「権力偏重」としてしりぞけつつ（④147：B210）、そこから生じた日本人の「卑屈」の精神に、自己の地位、身分、権義を尊重する西洋人民像を対置し（④165：B236）、西洋人にあっては、傲慢卑屈の原因となり得る富強貧弱は天然ではなく、「智力」によるものであり、個々人に「独一個の気象」がある限り、たとえ実際に富強に達することができなくても、「独立進取の路」に赴くことができるとしている（④171f.：B245f.）。「智」が独立の気力を生み、「無智」が卑屈の温床となるということである。しかも、第十章では、「人民同権」は国内の人々の同権のみならず、外国人同士ないし国家間の、貧富強弱の「有様」を超えた同権を意味するという〈規範〉論を展開しながら、外国人との通商で条約の「同等の明文」に反した「交際の実地」があり、「表向」は各国同権の体裁があっても、実際には同等同権を達成したとはいえず、そのような状態に甘んじている限り、国民の品行は卑屈に陥らざるを得ないとしている（④196f.：B281, 283）。

したがって、「表向」、つまり建前のうえでの規範的平等を現実のものにすることがすなわち一身と一国の「権義を伸ること」であった。もっとも、『すゝめ』では、「権義を伸る」という表現は国際関係についてしか使われていない。しかし、『通俗民権論』（明治一一年）には「民権」についても同じ表現が出てくる。[5] そこでは、人民が自己の問題を政府に依頼したために意の如くならないような場合を、「民権の伸びさるもの」と呼び、人民と政府のバランスは「民権の伸ると縮るとの間」にある（④574f.）としたうえで、民権とは、人民が自己の戸外のことに関わる不分明の箇条について詮索することであり（道理による政治）、民権が伸びない原因は畢竟人民の無智無徳にあるから、上の圧制を免れ下の権利を伸ばすには人民一般の智力を養い、自己の「一分」（権利）を主張するほかないとしている（④575, 577）。あるいは、総じて政府は「智」で人民は「愚」であり、愚者が智者に圧制されるのは自然の勢いであるから、政府と人民の智が拮抗するまでは、民権を伸ばすことはできないといい、「学問の道興らずしては民権論も無益の空談と知る可し」という（④578, 584）。内容は、事実上の同権のために実力としての「智」の増進を勧める『すゝめ』と同じであり、違うのは「民権を伸ばす」という表現だけである。[6]

さて、『すゝめ』の論述についてあれこれ詮索してきたのは、ひとえに『すゝめ』が〈規範的〉思考一色で塗りつぶされたものではないということを示すためである。『すゝめ』には天賦人権的な権利思想があり、またそれに基づいて人民と政府（個人と個人）の関係と国家間の関係のいずれにおいても平等・同権を推し進めようとする姿勢があった。そこにはたしかに「個人間と国家間の規範の同質性」を認めることができる。しかし、そのことに過大な意義を与えることは後世のさかしらのように見える。福澤は『すゝめ』で個人間と国家間の問題について同じ発想で立ち向かったが、二つの問題について共通であったのは〈規範的〉平等だけではない。人民と政府（弱者と強者）の間では、「大は小を制し強は弱を圧するの風俗」（③80：B77）を覆すことが一番の課題であり、国家間（弱小国と富強国）では、「今日薄弱の国と称するものにても、其国の人気爰に一変して政治の方向を改るときは、忽ち旧套を脱して強大の勢を致す」（⑤305）という認識の下で、「弱小をして強大に当らしむる」ことが目標であり、そのためには、学問や気力による〈事実上〉の富強達成が必要であった。[7]『すゝめ』で福澤は、個人と政府の間で〈道理による政治〉を求めたのと同様、国家間についても〈道理による国際政治〉を要求したが、どちらも道理だけで実現されるのではなく〈事実〉の力により担保されなければならなかった。この意味において、『すゝめ』においては個人と政府の関係と国家間の関係は「同じ原理」で貫かれ、「見事なバランス」を保っていた。

すでに確認したように、福澤には、初期から晩年に至るまで国際関係の弱肉強食の認識があり、しかも一国独立を何としても達成しようとする姿勢があったから、一貫して「国家理性」論が存在していた。しかも、国家理性は国家の行動目的のみならず、この目的を実現するための「技術」をも示す（丸山『集』④3）とすれば、国家理性には、国益の実現・維持のためにありとあらゆる手段を駆使するという属性が含まれている。福澤自身の言葉でいえば、「其手段の醜美は撰ぶに遑あらず、或は権利義務と云ひ、或は同盟義俠と云ひ、所謂万国公法の許す限りに外面を装ふて、其内実は唯自国の利益を謀る可きのみ」（⑥411）ということである。[8]

一般にヨーロッパの国家理性論は、国家の存立を善として前提し、効率の観点から経験的に[9]——つまり理念や法や道徳によってではなく——政策を立てることを意味する（西村「クルークハイト」311参照）が、しかし必要な場合には、道理や万国公法のような〈規範〉も一つの手段となる。[10]たしかに、「理に拠りて強大に抗するの習慣を養ひ、以て外国交際に平均を得る」（⑲227）ことが明治初期の福澤の目標であったとすれば、時を経るにつれて、〈規範〉を引き合いに出す外国交際論は減ってゆき、〈事実〉の要素が強調されるようになったといえるかもしれない。日清戦争後の外交論で福澤は、国際関係の究極目的は自国の「利」にあるのだから、外交（家）の技量とは、言行相反し、巧みに口実を作ってこの目的を達することにある（⑮148, ⑯285. なお⑮425f. 参照）とか、「外交は空論に非ずして事実の問題なり」（⑯132）という形で国家理性論を展開しているが、なかでも注目すべきは、外交は自国の利益を目的とし、外交の局面の変化に応じた手段は時として「硬」でもあれば「軟」でもあり、最初から一定の主義などない、という発言である（⑯312）。これに擬していえば、福澤の国家理性論は、手段として、初期には「軟」を強調した（頼ろうにも「硬」はまだ使い物にならなかった）が、後には「硬」に重点を置くようになった（しかし「硬」一点張りになったわけではない）。

もっとも、「実力」が〈規範〉を支えるという発想は早くからあった。福澤は中津藩への建言（慶應元年）で、治乱に関わらず重要なのは「武備」であり、これが整わない間はたとえ国論が定まったとしても、いざという時に議論を押し通す力を欠き（「事に臨、其議論を押立候力無之」）、後れをとる可能性があると論じ（⑳5）、『長州再征に関する建白書』（二年）でも、「朝敵と云ひ、勤王と云ひ、名は正しき様に相聞候得共、兵力の強弱に由り如何様とも相成り候ものにて……」としている（⑳10）。いずれも国内問題であるが、当時にあっては一種の国際関係論であり（①298 参照）、そこからすると、後者はほかでも示された国家理性的リアリズムの表現であるが、前者は外国に対しても議論＝道理の裏打ちとして武力が必要だという主張として受けとることができる。

「一国独立」を目的と定め、その独立が「学問と商売と国財と兵備と四者各釣合を得て始て安心の場合に至る可き」ものである[11]（⑳150. なお⑪190）以上、ある時には「智」を、他の場合には「兵」を、また別の状況では「商」を、さらにいえば「気力」や「規範」を、あるいはそれらの組合せを手段として選び、またそれを強調することが、すなわち〈状況的〉思考の表れとしての国家理性論であった[12]。国家理性論は、丸山眞男の福澤に劣らぬ卓抜の比喩によれば、「近代国家の性欲」（『座談』②239）であるかもしれない[13]が、その「欲」を満たすのにもっぱら暴力だけを使うことを唱道するのでは、国家理性は「理性」の名を恥じなければならないことになる。

三　瘠我慢

国家理性はあくまで「理性」である。しかし、そのことは気力や気概といった「情」を無視することを意味しない。「理」ないし「智」に重きを置いたはずの『すゝめ』初編においてすら、「誰か本国の富強を祈らざる者あらん、誰か外国の侮を甘んずる者あらん、是即ち人たる者の常の情なり」といっている（③34：B17）ように、自国独立にとって「情」は不可欠の〈非規範的〉手段であった。その中核を占めるのはいうまでもなく「報国心」（愛国心）である。詳細は次章に譲ることにして、ここでは「国家理性」との関係に的を絞って見ておきたい。

最初に『概略』の報国心の定義をいま一度確認しておこう（④191：B274f.）。

自国の権義を伸ばし、自国の民を富まし、自国の智徳を修め、自国の名誉を燿かさんとして勉強する者を、報国の民と称し、其心を名けて報国心と云ふ。其眼目は他国に対して自他の差別を作り、仮令ひ他を害するの意なきも、自から厚くして他を薄くし、自国は自国にて自から独立せんとすることなり。故に報国心は一人の身に私するには非ざれども、一国に私するの心なり。即ち此地球を幾個に区分して其区内に党与を結び、其党与の便利を謀て自から私する偏頗の心なり。

こう語る前に、福澤は「一視同仁四海兄弟」をキリスト教の原理とし、それが「報国尽忠建国独立の大義」と相容れず、また現実の国際社会は戦争と貿易によって成り立っているのであって、「宗教愛敵の極意」によるものではないとしている（④189f., 191：B272f., 275）。『時事小言』でも「一視同仁四海兄弟」の正道に権道を対置していたが、『通俗国権論二編』（明治一二年）では、「宗教の流儀」に従った「四海兄弟一視同仁」に対して、「国は国人の私心に依て立つものと云ふて可なり」と論じている（④659）。「一視同仁四海兄弟」ないし「宗教愛敵の極意」とは、マックス・ウェーバーのいう聖書の「山上の垂訓」（『職業としての政治』86）に対応しており、「心情倫理」と表現してよいであろう。それに対して、福澤の国家理性論は、「一視同仁四海兄弟」や「愛敵」という心情倫理に流されずに、冷徹に現実を見据え、結果を考慮に入れてそれに責任を負うという意味で、「責任倫理」にあたる（丸山『読む』下231参照）。だが、福澤が国家理性のために動員した「報国心」もまた「心情」であった。その意味では、福澤は「愛敵」の情に「報国心」という情を対置したのである。そこで、この報国心という心情の代表として「瘠我慢」が国家理性ないし責任倫理とどのように関わるのかを見てみることにしよう。

福澤は『瘠我慢の説』（明治二四年稿、三四年公刊）で、「瘠我慢」を、「家の為め主公の為めとあれば必敗必死を眼前に見て尚ほ勇進する」ものだとしていう。「瘠我慢」の主義は「私情」に発するものであるから、「冷淡なる数理」から論じるならば児戯に等しいかもしれないが、古今の実際において「国家なるものを目的に定めて之を維持保存せんとする者は、此主義に由らざるはなし」と（⑥561）。「瘠我慢」は、一国＝明治国家の独立という目的にとって不可欠の手段だというのである。「数理」は福澤において物理学ないし物理学的思考を指すことが多いが、ここでは〈枕詞〉として現実的議論の正当化の機能を担っているにすぎない。あたかも自国独立が「人間智徳の極度」の観点から「細事」とされたように、「瘠我慢」もまた、数理の観点から相対化されて「私情」や「偏頗心」という消極的評価を与えられたうえで、それにもかかわらず、現在の状況ではこれを目的とせざるを得ないという形で義認されるのである。それは一般的にいって〈状況的〉思考の所産であり、特殊には「国家理性的」思考を表している。

福澤は終生「智」の優位を貫徹した。だが、そのことは必ずしも国家理性論と矛盾しない。とくに「智者の策」という言葉は、国家理性的思考が「智」に属することを示唆している。通例、「智者」とは、学問的、科学的知識をもつ者というよりも、「智恵」のある人という意味であり、福澤の用法もそれに近い。それは、『時事小言』では、現実的な「彌縫修飾の術」としての法律や対外的「策略」の意義を認める者という意味であったが、同じく『時事小言』で、国会開設を望む者は「勉て政権の強大を祈り其習慣を助成すこそ智者の策と云ふ可し」（⑤160）という場合、「智」とは、「自家の為に未来の利害損得」を考えることであった。『国会難局の由来』（明治二五年）で、民党に対して、「少しく前後を思慮して言行を慎み、空論を以て実害を招くの拙を為さゞることこそ智者の策なれ」（⑥94）というのも、リアルな判断を指す[14]（なお⑯133参照）。

しかし、ことは単なる用語の問題ではなく、福澤における「智」をもっぱら「物理学的」智に繋留しようとした時に生じる盲点に関わっている。たしかに、福澤の議論の方法や思考方法は物理学から影響を受けていた。「軽重大小」の判断ばかりか、「時と場所」の考慮ですら、物理学的思考と必ずしも無縁ではないということは、すでに指摘した通りである。それを凝縮したものが〈文明論的〉思考である。しかし、物理学的智は無形の「情」を有形化して捉えようとする（福澤の挙げる例では人相学、細菌学、精神病学）か、さもなければ視圏から放逐してしまうかどちらかであるが、国家理性的「智」は、一方で「情」を状況の一部として捉え、他方ではそれを手段として利用しようとする。「瘠我慢」という情は自国独立という目的にとって不可欠の手段であるが、この選択自体は「智」に基づくものであった[15]。

立国のための心情である報国心一般は、自分の故郷や国に恋々とする「偏頗心」ないし「私心」に基づいているが、そこから生まれた「瘠我慢」は、その言葉が示すように、「必敗必死」の状況下で、「結果」を無視してまで突き進む——起り得る「結果」から判断すればまったく「非合理的」な（ウェーバー『職業としての政治』90）——「心情倫理」という側面をもっている。榎本武揚の函館での抵抗も「必敗を期しながらも、武士道の為めに敢て一戦を試みたること」（⑥567）であった[16]。逆に、勝海舟の江戸開城は、「内乱の戦争を以て無上の災害無益の労費と認め、味方に勝算なき限りは速に和して速に事を収るに若かずとの数理」を信じたもの、「彼の哲学流の一種」、あるいは「智謀」(⑥563, 570)であるから、実はこちらの方が、状況と結果を冷静に計算に入れた「合理的」な責任倫理に属しているのである。これこそが「国家理性」と呼ぶべきものかもしれない(江藤「二つのナショナリズム」103, 107)。ところが、福澤はそこに、立国にとって、とりわけ自国の衰退に際して「敵に対して固より勝算なき場合」(⑥560)に不可欠である心情の欠如を見出した。「国家なるものを目的に定めて之を維持保存せんとする者は、此主義[＝瘠我慢]に由らざるはなし」という時、福澤は国家理性論に立つことを高らかに宣言したのであるが、それはとりもなおさず「瘠我慢」という心情倫理の必要性の承認を意味したのである。

無論、福澤は、結果を無視する心情倫理だけをやみくもに肯定することはしなかった。ウェーバー(『職業としての政治』103)にいわせると、心情倫理が一人歩きすると、ややもすれば責任を自覚せず「ロマンチックな感動に酔いしれた法螺吹き」を生み出すのであって、むしろ結果に対する責任を感じて責任倫理に従って行動する成熟した人間が「私としてはこうするよりほかない。私はここに踏み止まる」(ルター)というのが、——丸山眞男も高く評価した(『座談』⑧178, ⑧287, ⑨199参照)——心情倫理のあるべき姿であったが、「瘠我慢」もまた、それ自体としては(歴史的現実においては)結果を無視する無責任な心情倫理であったけれども、福澤にとっては、立国に対する責任を自覚した国家理性の観点から義認されるべきものであった。

たしかに、「一視同仁四海兄弟」も心情倫理である。福澤は、いってみれば、「右の頰を打たれれば、左の頰を差し出せ」という新約聖書的心情倫理に対して、「目には目を、歯には歯を」という旧約聖書的心情倫理を突きつけたのだ。「其[世界中の国民の]私情を除く可きの術あらざれば、我も亦これに接するに私情を以てせざる可らず」(④204 : B294)というのであるから。それに対して、心情倫理の代表者ともいうべき内村鑑三は日清戦争を「義戦」として全面的に肯定したが、その際、英仏露に倣って日本も「東洋侵略主義に則り吾人の権力を拡張せよ」とする

「実際的」な考えに対して、「嗚呼理想なる哉、理想なる哉、仁愛的大理想なくして大国民の起りし例は未だ曾てあらざるなり……」と心情を吐露した[17]（『全集』③104ff., ③144f.）。内村は、「利欲」の戦争に「義戦」を対置し、利欲の政治家の代表者としてリシュリューを挙げ、「彼は第一に己れを愛し、己れの為めにブールボン皇統を愛し、ブールボン皇統の為めに仏国を愛せり、彼に主義の守るべきなく、方針の依るべきなし……」と指弾した（『全集』③233, 243）。リシュリューが国家理性の代表的実行者であったことはいうまでもないが、ちなみに福澤は『概略』の智徳比較論で、「公用向」には最上であっても一身の行状については言語道断である例としてリシュリューを挙げ、それを、「公智公徳に欠典なくして私徳に乏しきの謂なり」と表現している（④84：B120. なお④590参照）。

もちろん、繰り返せば、福澤には「新約的」心情倫理の拒否の裏打ちとして責任倫理があった。「新約的」心情倫理は、現実世界の立国を支えることのできない「結構人の議論」（④204：B293）である。「結構人」とは「お人よし」のことである。福澤は『時事小言』で、世界を一家とみなすキリスト教が「国権保護の気力」を損なう恐れがあると指摘した際に、たとえその信者が自国を害する意図はなくとも、結果として国にとって「害」となるという意味のことを述べている。すなわち、「悪意を以て国を害するは固より悪む可しと雖ども、好意を以て之を害するも、害は則ち害なり。」国権の一点から見て、「後世の利害」を謀るべきだ、と（⑤214, 216）。反対に勝海舟の責任倫理はいわば小状況への対応であって、国家理性の見地からすれば、立国の基礎とはなり得なかった。福澤は『明治十年丁丑公論』（明治一〇年執筆、三四年公刊）で、幕臣が「尊王一偏の忠臣義士」に転身したのは天下の大勢であり、かりに西郷が勝っても官僚のみならず天下の人心もそれになびくであろうから、第二の西郷を生み出す恐れはないと皮肉に語った後で、実は「人民の気力」の一点について論ずれば、第二の西郷を生じることこそ国にとって祝福すべきことだと述べている（⑥542）。これは、専制政府に対する「抵抗の精神」（⑥531）を指しているが、より一般的には、「天下の大勢」（「勝てば官軍」[18]）に抗するという意味で、「瘠我慢」と同じものである。

「瘠我慢」とは、字義からして当然のことながら、「強弱相対して苟も弱者の地位を保つもの」(⑥561)であり、福澤にとっても、「弱小」をして「強大」(国外の強国＝西洋列強と国内の強者＝専制政府)にあたらしめるために、利害得失を考慮して——「得を以て損を償ふに足らざるもの」(⑥560)と判断して——戦略的に選びとった「心情」であった。必敗を期しながら戦うことは「後の利害」、すなわち結果の計算に基づくが、福澤は、三方原の戦で家康が勝算のないにもかかわらず決戦を試みたのは、和を強国に求めて膝を屈したならば、先祖伝来の三河の士風が弱り、「自立の気象」を失い、四隣の敵国に侮られ、国家を維持することができないと判断したからだと捉え、これを「兵家の略」としている(⑭449)。

第3節　国際政治と「腕力」

『すゝめ』では人民と政府の関係と国家間の関係は同じ原理で貫かれていた。しかし、福澤は人民と政府の関係については「腕力」に訴える方法（内乱）を峻拒した――「上下同権の説を主張するは、妄に目上の者を犯して内々の争端を開くの趣意に非ず」（⑲223）――が、国際関係論では早くから弱肉強食と富国強兵を肯定していた。無論、「転向」の前後を問わず、福澤は国内政治についても権謀術数を認め、逆に国際政治でも「腕力」一辺倒ではなかった。しかしそれにもかかわらず、国際政治における「腕力」の使用の問題は多くの福澤論でかなり重要な位置を占めている。以下では、部分的に「編年的」な考察（遠山『福澤諭吉』14）を考慮に入れることによって、この問題に迫ってみよう。

一　兵備と武力行使

福澤は「内乱」を徹頭徹尾拒否した。(1)『すゝめ』では、人民に近代的国家の構造を認識させるためにしきりに国法の遵守を説き、国民は政府と約束して政令の権を政府に委ねたのであるから、この約束を破り法に背いてはならないといい、また「凡そ人間世界に内乱ほど不人情なるものはなし」と述べて、如何なる暴政、過酷の法の下でも挫けず、腕力を用いずにひたすら「正理」を唱えて政府に迫るべきだとしている（③64, 74f.：B55, 69）。これは「激烈非常の術を用ひずして、其目的［＝政府の改革］を達す可き路」（①422）、つまり〈道理による政治〉論である。[2] 福澤は、西郷の叛乱に過度ともいえるほどの理解を示し、その勝敗が道徳、天子の一身、華士族農商、政治、経済の利害に関わりがないとしながら、ただ政府の勝利により国家にとって利があると思われるのは、「武力を以て容易に政府を覆すの慣習を遺さず、外国に対して国の体裁を失はざるの一事のみ」としている（「西南戦争の利害得失」明治一〇年（⑳167））。内乱の一点に限って叛乱鎮圧の効果を是認したのである。

こうした初期の姿勢は以後も変らず、内乱を肯定するような発言は絶えてない。「藩閥寡人政府論」（明治一五年）では、西南戦争後、国内政治で恐れるべきものは「変乱」だけであり、したがって社会の安寧を維持し、国の富貴を達して外国に対する実力を養うことこそ肝要であるとしている（⑧123. なお⑥61参照）。また、ずっと後の「足尾鉱毒事件の処分」（三〇年）では、政府の処分に不満があれば、裁判に訴えるべきであり、最終判決でも敗れた時には、ただ黙して国法の所命に服従するしかなく、演説集会で不服を唱えることは自由であるが、不穏の行動を煽動したり、多人数の力で脅迫まがいのことを行ったりした場合には、政府は断乎処分してしかるべきだとしている（⑮670）。対政府の関係では、「智」に訴える〈道理による政治〉論は初期以来基本的に変化しなかったのである。

問題は国際政治における「腕力」の行使である。福澤は『西洋事情初編』（慶應二年）の「小引」において、この本の目的は諸外国の歴史、政治、陸海軍、財政を明らかにすることにより、「友敵」を弁別し、友であれば「文明」、敵であれば「武経」によって接するようにすることにあるとしている（①285f.）から、西洋諸国との武力衝突の可能性を頭から否定したわけではない。しかし、ここでは続いて、海防家のいうように敵を知ってから討つという趣旨ではないと断っているから、攘夷を前提にしたものではない。日本の文明化の程度や不平等条約の存在からして、西洋列強に対する武力行使は維新以後もほとんど福澤の念頭になかった。「内は忍ぶ可し外は忍ぶ可らず」

（明治七年以降）では、欧米列強の横暴を憤って暴発するとかえって困難な事態となるだけであり、先年の攘夷鎖港の失策、外国人殺害の後患を反省すべきだと述べ（⑲226）、「征台和議の演説」（七年）では、支那に対する勝利によって国民の気風を一変し、「内外の別」を明らかにして「ナショナリチ（国体）」の基礎を固め、その国権の余力によって他日条約改正に際して対等の談判ができるかもしれないという期待を表明しつつ、これは「上の上を見たる論」であることを認め、「今の我困難は外国交際に在り。今の我勁敵は陰に西洋諸国に在り。然かも其敵は兵馬の敵に非ずして商売の敵なり。武力の敵に非ずして智力の敵なり。此智戦の勝敗は今後我人民の勉強如何に在るのみ」と結んでいる（⑲541f.）。

無論、西洋人は軍艦・鉄砲の示威によって日本を第二のインドに陥れようとする疑いがあると危惧する（⑲223）以上、この時期に福澤が「強兵」よりも「富国」を重んじていた（坂本『選集』㈠140）と一概にいうことはできない。「商売の戦」にも兵備は不可欠である。後年の言葉を借りるならば、貿易商売を助ける「一大器械」は軍艦大砲兵備である（⑤111）。しかし、西洋列強のようになるにはまだ国力は充実していない。そのためには「気力」と「智」が必要である。「無智無勇」、「政府専制人民卑屈」の状態では、貿易から利益を得ることなどおぼつかず、「内を修めざる者には外に接すること能はざるなり」（⑲519f.）ということである。要するに、明治初年の福澤にとって、自国独立のために兵備は重要な要素であったが、西洋諸国と戦争することなど思いもよらないことであった。だから、明治一三年になっても、かつての攘夷論が兵力をもって外国を打払おうとしたのに対して、今日では経済により戦い、商売によって争う、というのである（⑲706）。

実際、「亜細亜諸国との和戦は我栄辱に関するなきの説」（明治八年）で福澤は、日本は欧米諸国と比べて、独立の元素である学問、商売、国財、兵備において到底及ばないことを認め、外国交際という時の外国は欧米諸国のことを指し、日本の独立のために顧慮すべきは欧米諸国だけだと明言している（⑳146）。したがって、『すゝめ』で、

「道のためには英吉利、亜米利加の軍艦をも恐れず……」とか、「道理なきものはこれを打払はんのみ」と威勢よくいうのは、現実にはいまだ彼我同権をバック・アップする「実力」を伴わない虚勢のようなものであった。だからこそ福澤は〈国際関係のメリトクラシー〉を唱えたのである。福澤は西洋諸国の「富強」に向かって一片の「道理」をひっさげて突き進むドン・キホーテではなかった。富強に立ち向かうのに日本の人民に必要なのは、国内国外を問わず、道理だけでなく、学問と気力、そしてそれに基づく富強だというのが『すゝめ』の本旨であった。

もちろん、富国強兵策はただちに「腕力」の使用の容認に繋がらない。「今の我海陸軍を以て西洋諸国」と「決して戦ふ可らず」という判断（『すゝめ』十編、明治七年（③93：B93））は、終生変らなかったのではないか。日清戦争中にも福澤は、兵備増強を訴えつつ、西洋諸国と「匹敵の実力を備へ、慎んで事端を開かず、満を持して放たざる」よう訴え（⑮92）、下関の講和会議につき、「外国のヲップレッションも今日の処にては左までに無之よし。目下の実際、相手は支那ならで西洋諸国なるが如し。何分にも西洋を敵にすることは出来不申……」と率直に認めている（⑱656）。不平等条約の存続（治外法権の撤廃は日清戦争直前、関税自主権の獲得は福澤の死後である）を考えただけでも、それは当然のことであった。国際関係における腕力の使用一般については、『概略』第十章で、「戦争は独立国の権義を伸ばすの術にして、貿易は国の光を放つの徴候と云はざるを得ず」と述べたのが一番早いと思われるが、この場合も論述の中心は「報国心」にあり、自国独立のための武力行使を論じたものではない。第十章ではそれどころか、外国交際にあたって兵備を拡充すべきだとする見解すらしりぞけ、その前提としての文明の意義を強調している（④206f.：B296f.）。

福澤が具体的に腕力の行使をはじめて口にしたのは『通俗国権論』（明治一一年）においてであろう。ここで福澤が、「百巻の万国公法は数門の大砲に若かず……大砲弾薬は以て有る道理を主張するの備に非ずして無き道理を造るの器械なり」（④636f.）という過激な表現で国際関係における腕力の意義を浮かび上がらせたことは周知の事実である。ただ、福澤はそういった後で、「誰か戦争の起るを楽まんや。仮令ひ或は一時の不満足あるも、様々の事情を斟酌勘弁して、平和の道を求むるは当然のことなり」と述べており、しかも外交の後ろ盾としての人民の気力がなければ「断じて事を行ふ可らず」とさえいっている（④639）。また、『時事小言』（一四年）では、「外国交際の大本は腕力に在りと決定す可きなり」と断じている（⑤167）が、ここでも腕力だけを強調するのではなく、財政を論じ、国民の「国の為にするの気力」を養うように主張している（⑤207）。

たしかに、『通俗国権論』の腕力の正当化は、福澤の国際政治観におけるある種の変化を暗示しているように見える。『通俗国権論』の跋では、「腕力」の肯定は十五年前なら攘夷論を刺激したかもしれないけれども、いまや人心の変化によってその心配はなくなったという意味のことをいっている（④645）。無論、戦争を煽っているわけではないが、福澤はここで人心の変遷を語りながら、その実、自己の所論の変化を洩らしているようにも見える。だが、この著作の末尾で福澤はいう。もし幕末に戦端を開いておれば、大敗を喫し、無理無法の条約を押し付けられ、不十分であるとはいえ「今の如き外国交際の権利」すら得られなかったであろうが、いまや改革が進み、外国と戦争するのを恐れる必要はない。たとえ一敗しても「全国人民の報国心」を振起することができるから心配には及ばない、と（④642f.）。西洋と一戦に及ぶ可能性について語りながら、「人民の報国心」はいまだに課題であった。かくて、「戦を主張して戦を好まず、戦を好まずして戦を忘れざるのみ」というのがここでの結論であった。『時事小言』では、「数十万の常備兵を養ひ、数百艘の軍艦を作て、武威を海外に輝かすあらば、外交百般の関係は立どころに面目を改め、条約改正の如き唯一朝の談判を以て其終局を見る可きのみ」（⑤171）と強気の発言をしているが、これは単なる願望にすぎず、明治一五年になっても、西洋諸国の東洋に対する「交際の風」が封建時代の武士が平民に対するのと同じであり、条約改正を行おうと思っても「我陸海の軍備、末［未］だ振起せざる」ことを憂えている（⑧21）。

二　文明化の「脅迫」と自国独立論

福澤の自国独立論が最初から強兵の要素を含んでいたことはまちがいないが、それは明治一五年ごろまでは主として西洋諸国に対する実力上の対等の達成を念頭に置いたものであり、その限りできな臭いところはほとんどなかった。ところが、『時事小言』で福澤は、支那がいまだ文明に進んでおらず、日本のような速成はとても期待することができないという認識を前提として、西洋諸国から東洋を守るには日本が文明の中心として「魁」となることによって、近隣の火災（外国の侵略）に際して応援しなければならず、また類焼を防ぐためにも武力を使用することもあり得るとしている。「武以て之を保護し、文以て之を誘導し、速に我例に倣て近時の文明に入りしめざる可らず。或は止むを得ざるの場合に於ては、力を以て其進歩を脅迫するも可なり」というのだ（⑤186f.）。武備は日本一国の防衛だけでなく、東洋諸国を保護するために必要なものとして位置づけられる。無論ここでも、強兵は富国の基礎であり（「兵力強からざるときは今の富を保護すること甚だ難きのみならず、或は之を失ふに至る可し」（⑤177））、脅威の源は西洋列強である。だからこそ、前述のように、自国独立のために財政や気力の必要を説いたのである。

しかし、腕力による支那朝鮮に対する進歩の脅迫（文明化の脅迫）という発想は以後も繰り返される。「朝鮮の交際を論ず」（明治一五年）では、日本と朝鮮が強大と弱小、文明と未開の関係にあるとしたうえで、朝鮮人民を文明に進めるように誘導説諭することを説きつつ、「鎖攘の党類」の出没する不穏な状況に鑑みて邦人を保護するためにも武威を示す必要があるとしている。ここでも、武力に訴えてでも進歩を助けようとするのは、アジアの「魁」、「盟主」として西洋諸国の侵略を防ぐためだという（だからやはり火災と類焼の比喩を持ち出す（⑧28-31））。ここでは、西洋対日本の構図に基づいた、文明化による自国独立という基本線を維持しながら、この構図を日本対朝鮮の構図へと転写している。かつてのペリーの立場に立って、朝鮮に対して「我国に倣ふて近時の文明を与にせし」めようとするのである（⑧30）。これはすでに『時事小言』で、支那朝鮮を「誘導して我と共に運動を与にする程の国力を付与し……」（⑤187）としていたのと異ならない。つまり、日本が文明の「魁」として支那朝鮮の文明化を謀るという姿勢から生じた当然の帰結であった。

しかし、文明化の「魁」の立場からする〈文明化の脅迫〉という発想は、この直後に現実の展開によっていやおうなく具体化されることになる。以下、「歴史的」解釈にしばしば登場する問題なので、経緯の大筋に即して発言の展開を確認しておきたい（遠山『福沢諭吉』165ff., 小泉『福沢諭吉』180ff., 坂野『思想の実像』23ff., 飯田『著作集』⑥220ff. 参照）。

まず、明治一五年の壬午事変に際して福澤は、一方で朝鮮の文明を進め、他方で日本の名誉を保つことを願って（⑧249）、武力による威嚇の必要を論じ（⑧251, 256, ⑧286, ⑧330, ⑧336f.）、事変が落着した後の「東洋の政略如何せん」（同年）では、日本支那朝鮮の文明化と独立によって西洋の介入をしりぞけることを目的として掲げ、国際情勢に鑑みて、日本が文明の魁として、隣国に対してまず「文」によって、ついで「武」によって東洋の波瀾を防止するという方法を提示しながら、強く「武」の意義を強調し（「政略」は武力を伴わなければ目的を達することはできない）、軍備拡張を唱え、「文は則ち開明の魁を為し、武は則ち亜細亜の盟主たらん」というスローガンを掲げている（⑧429, 430f., 434. なお⑧480）。

ついで、明治一七年一二月には福澤と関係の深い金玉均等を首謀者とする甲申事変が勃発している。この時福澤は、最初でこそ、朝鮮に「日本党」があるという風聞を否定する形で対処した（⑩143）が、すぐに転じて、支那朝鮮が賠償を拒むならば、日本政府としてもやむを得ず兵力に訴えるほかない（⑩156）とか、支那と戦って負ければ、日本は今後支那のみならず世界各国に軽侮されて、到底国の独立を維持できず、もし勝てば、日本の国威は欧米列国にまで及び、治外法権の廃止はもとより、同等の文明富強国として東方の盟主として仰がれるであろうとしている（⑩161. なお⑩178）。翌一八年にも、現在の外国交際に公平無私の法律などなく、「勝てば正道、負くれば邪曲」であり、たとえ当方に信義があっても、それに実効性を与えるには兵備が必要だと主張している（⑩202）。そして、かの悪評さくさくたる「脱亜論」（同年）では、支那朝鮮には独立を維持する方法はないとして、「我国は隣国の開明を待て亜細亜を興すの猶予ある可らず、寧ろ其伍を脱して西洋の文明国と進退を共にし、其支那朝鮮に接するの法も隣国なるが故にとて特別の会釈に及ばず」といい放った（⑩239f.）。また「兵備拡張論の根拠」（同年）でも、「理を先にして兵を後にす可し」という書生論ないし老大の臆病論をしりぞけて、兵備の重要性を説いている（⑩242f.）。

さらに、東学党の乱による朝鮮出兵（明治二七年）に際しては、兵によりみだりに独立の主権を蹂躙するのは弱者の抑圧だとする「正理公道」論に対して、世界の事物は人類の共有物であり、各国たがいに通じ、長短相補うのが、文明の進歩を目指す「世界共通の正理公道」であり、鎖国によって「共有物」を私する国があれば、力によって天然の約束に従わせるのがこの公道を行うのにやむをえない手段だとして、幕末アメリカによる開国を引き合いに出している（⑭442f.）。福澤のいう「正理公道」は、朝鮮を東洋の一富国にし、同時に日本立国の利害を保護するために（⑭414, ⑭431, ⑭432. なお⑭415f., ⑭438, ⑭451, ⑭456, ⑭460ff., ⑭465, ⑭479, ⑭508f., ⑮96）、不本意ながら兵力によって威厳を示す「変通策」に出ることである（⑭435. なお⑭441）。これは、文明の先進国が未開国に対して毎度行っているのを行うという意味で、「我々の心事は公明正大、一点の私あることなし」（⑭487）というわけである（日清戦争時の同趣旨の発言として⑭491, ⑭496, ⑭500, ⑭505, ⑮95, ⑲804）。

これらの発言は、通例、福澤の「侵略主義」、「帝国主義」、「植民地主義」、中国・朝鮮への「蔑視」の証左として挙げられるものである。まことに今日から見れば、そう評されても致し方ないような部分もある。しかし、ここでも一方向の発言のみを捉えてそれを福澤の「真の」思想だとするような手法には異論を差し挟まないわけにはいかない。福澤が中国・朝鮮について、その時々に生じた事件に即した形で、「暴言」を吐き、時に「侵略的」行為を肯定し、意識的に極論を展開したこと――「仮令ひ我輩の言は極端の議論なりと評せらるゝも、敢て之を辞せず」（⑧439）――は明らかであるが、そればかりを説いたのではないということを銘記すべきである。

結論からいえば、第一に、自国独立論が事変・戦争をくぐりぬけて一貫して福澤の思想の基底にあり、その場合の仮想敵国は西洋諸国であったということを忘失するわけにはいかない。第二に、自国独立の基本的手段は学問、商売、国財、兵備と気力（報国心）であり、福澤は決して一般的に「腕力」のみを強調するようになったわけではない。しかも、これらの要素は福澤にとって本来自己目的化されるべきものではなく、あくまで手段であった。それらは文明の「局処」であり、相互に規定し規定され、その点は――状況に応じて一つだけが強調されることはあるが――時代が下っても少しも変っていない。そして、これと重なるが、第三に、時局的発言における過激さは否定すべくもないが、しかし同じ時期に穏健な発言も見られるということも認めなければならない。これらのことは相互に絡まりあっているが、その事例を瞥見しておきたい。

福澤は壬午事変の渦中に、「急激」の意見も「緩慢」の意見もともに「懸直《かけね》」のために無益の言を弄することのないように戒めているが、「緩慢」の意見とは、何ごとも道理によって解決する姿勢であり、「急激」の意見とは、現代の国際関係では情も道徳も道理もなく、ただ兵力のみが支配しており、「朝鮮国に兵を差向けたらば彼の政府に言葉を交るにも及ばず、八道を蹂躙して真一文字に京城に突入し、城下の盟を取て凱旋す可し」というものである（㉑406）。たしかに福澤はしばしば「急激」に近い意見を唱えた（たとえば⑩159）けれども、これを見れば、一途にそれに突き進んだというわけではないということがわかるであろう。実際、ずっと後の明治三一年の「対韓の方針」では、外交論につき、「沈着の極は文弱に流れ易く、果断の弊は粗暴に趨るの恐れあり」としつつ、大言壮語を排して「沈着」を旨とする立場をとっている[3]（⑯326）。

壬午事変の翌年の明治一六年一月にもなお福澤は、日本は東洋文明の魁として支那朝鮮を誘導して共同に歩むようにし、「文」で聞かないのなら「武」で威かす必要を説いていた（⑧480）が、しかし同月に、富国強兵により支那に対峙することは報国の忠勇であるけれども、そのためには「富強の実数」だけでなく、「近時文明の思想」を恃みとすべきだとしていう。今日、各国が権力を争うのは文明の進歩の前後を競うのであって、その国民に文明の思想がなければ、文明の器によって助けようと思っても役に立たず、したがって固陋の国を開くにはまずその国民の人心を開くのが最も確実だ、と（⑧504f.）。また三月には、国の独立富強は兵備だけによるのではなく、商業、工業、農芸、学芸がともに進行しなければならず、学芸も兵備も「国富」によるものだと述べている（⑧562f., 564）。さらに、前述のように、「開国論」（同月）では、外国と交際して同等同権になろうとするには、まず「情」を同じくしなければならないといっている。なお、注目すべきことに、明治一七年には、清仏戦争を契機として、いまや日本人は支那を恐れる必要はなく、今後は西洋各国に対峙して「四表に国権を張るの本色に帰り、恐るゝ所も唯西洋諸国なるのみ……」という発言がある（⑩32. ⑩51 参照）。

甲申事変後の明治一八年はどうであろうか。上記のように、福澤は「兵備拡張論の根拠」（同年）で、道理に対して兵備を強調していたが、そう述べた数日後には、いまの日本の独立を謀るのにすぐれて必要なのは「金」だという（⑩249）、数十日後には、殖産の道が開ければ、衣食も礼儀も、教育も学問も発明も発達し、兵備も整って国権を張ることができると主張し（⑩269）、数ヵ月後には、日本は商売によって国を立てるべきだとして、欧米諸国のみならず支那とも貿易を行う利点を挙げている（⑩305–310. なお⑩244, ⑩406f., ⑩413, ⑩424）。あるいは同年末には、兵備が必要なのは、隣国に対する「割譲侵略の計」のためではなく、ただ国を護り、「独立の栄誉幸福」を維持するためであり、護国の兵備の基礎は国の富にあり、富だけあって兵がなければ強国の欲念を誘うことになる（⑩487.

なお⑩246f.）とか、兵備拡張は、他国に侵略が割に合わないと思わせる程度がよいといい[4]、また、日本の独立はひたすら西洋各国に「野心」を放棄させることにあり、アジアには兵備のある国が欠けているために西洋人は切取り強盗のような真似をするのだと論じている（⑩335. なお⑩405）。これらは、おおむね西洋諸国を念頭に置いた富国強兵策である。

このように、福澤は同じ時期に必ずしも方向を一にしないような発言を繰り返している。したがって、一方向の発言だけを切り取って、それを福澤の思想だとしたり、そこに「転向」を見出すことは、かえって「非歴史的」といわざるを得ない。とはいえ、福澤が個々の状況の変化にもかかわらず幕末から一貫して、西洋諸国の脅威を自国独立にとって最も基本的な「状況」と捉え、これを克服するためには、商工業とともに兵備が、さらに学問や気力が必須の手段であると認識していたことはまちがいない。また他面、福澤が『時事小言』（明治一四年）以来〈文明化の脅迫〉策を説き続けたことも事実である。では、この二つの地平はどのように交わっているのであろうか。

福澤は「外交論」（明治一六年）で、古来世界各国が貪り合うのは「禽獣相食む」のと異ならず、「食む」者は文明国人で「食まるゝ」者は不文の国というのであれば、日本も食む列に加わって文明国人とともに良餌を求めるか、それとも数千年来停滞しているアジアの古国とともに文明国人に食まれるかという二者択一を突きつけている。だが、そこから福澤は、食む側に立つのは当然であるとはいえ、そのためには努めて西洋風に倣い、アジアの東辺に「純然たる一西洋国」を作るべきであり、政治法律、教育文化、工業商売から日常の細事に至るまで西洋化し、とくに学問の一層の進展を目指すべきだという結論に達している（⑨192, 195f., 199ff.）。日本の西洋化＝文明化は、弱肉強食の状況下で他を食む立場に立って西洋列強と「比肩並立」することを可能にするというのであるが、それは同時に、東方の魁として「近隣の国々をも誘導して共に天与の幸福を与にする」能力を付与する[5]（⑨198f.）。前者は、「脱亜入欧」論と連動した自国独立論であり、後者は〈文明化の脅迫〉に繋がる論理である。

今日、福澤の「脱亜入欧」論はアジア侵略論とされることが多い。しかし、脱亜入欧とは、東洋の停滞（「半開」の状態）を脱して文明化により西洋と対等となることであり、したがって『概略』の自国独立論と同じことを意味する。(6) なるほど、『概略』の自国独立論は西洋と同列の文明国になることを欲することである以上、すでにそこにおいてアジア諸国を「食む」可能性が含まれていたと解することも可能である（子安『精読』6, 31, 256, 267f., 280f. 参照。なお松永『福沢と中江』121f.）。だが、『概略』ではアジアを「食む」ことは話題になっていない。他方、〈文明化の脅迫〉論は、西洋列強の脅威を契機とする限りで、自国独立論と連続しているが、自国独立論が必然的に〈文明化の脅迫〉を帰結するわけではない。福澤は早くから中国・朝鮮が文明国でないことを認識していた（松沢『西洋経験』331ff. 参照）が、〈脅迫〉を行おうとは考えなかった（⑳146 参照）。いまだ自国独立の土台造りに齷齪している段階では、西洋諸国に向かって戦端を開くことはもちろんのこと、東洋諸国に対して〈文明化の脅迫〉を行う余裕もなかった。日本の文明化の進展と対外情勢の変化によって〈脅迫〉策が日程に上ってきたことは否めないが、しかしその段階でも、福澤の認識では、日本の文明化は「未だ佳境に入らざる」状態（⑨201. なお⑩248）であった。だからこそ、福澤は〈脅迫〉一辺倒の議論に走らず、西洋列強を念頭に置いた自国独立論という「本色」に繰り返し立ち返ったのである。

福澤は、上述のように、明治二七年にもなお、朝鮮を東洋の一富国たらしめ、日本立国の利害を保護すること、つまり〈文明化の脅迫〉論を堅持していたが、しかし「対韓の方針」（明治三一年）では、日本の従来の対韓戦略が失策であったことを認め、その原因が「自から力を致して他の事を助けんと」して「義侠心」に熱し、「他を導かんとして文明主義に熱し」たことにあるとしている。「義侠心」とは、朝鮮の独立や富強を助けることであり、「文明主義」とは、日本の改革をそのまま朝鮮に行わせようとしたことであるが、今後は「西洋医の心を以て漢方医の事を行ふ」ような姿勢で臨むべきだというのである（⑯326ff.）。また「支那の改革に就て」（同年）では中国について同様の策（「煎薬の中に西洋流の薬物を混じて之を与ふる」こと（⑯481））を提案している。状況の変化に応じて〈文明化の脅迫〉策を撤回したのである。

さて、話を元に戻せば、福澤は、国内政治の問題と国際政治の問題を同じように捉えながら、「腕力」の一点に限って別扱いした。だが、このことは福澤の国家理性論の例外を意味するわけではない。むしろ、内乱の排除は国家理性論にとって自明の前提であった。国家理性論は国家の存立を前提としており、それを根底から覆す内乱は無条件に否定しなければならないからである（マイネッケ『国家理性』65）。まさにそれゆえに、『時事小言』で福澤は「内安外競」というスローガンを持ち出して「乱を好まず、内に相和して一国実際の進歩を謀らん……」と論じたのである（⑤139）。詳細は後述するが、福澤は、政府と人民との間に意思疎通ができず「戦争」（内乱）に及ぶことほど「国の安寧」を破壊するものはなく、この安寧を目下の日本で必要とするのは、西洋諸国が金力と兵力によって「無き道理を造る」ような状況のためであるとしている（⑤106-108）。あるいは、この困難な任務を引き受けながら、「内に腕力を以て相争ふ」ことなど論外だともいう（⑤142）。「官民調和」論の立場からも、日本国内で喧嘩争論など「無用の事」であった（⑧153）。

かくして、福澤は一貫して「国家理性」論に立った。しかし、もしこれを、文明論よりも自国独立論を終始優位に置いたと解するならば、福澤の思想を正確に捉えたことにはならない。すでに見たように、晩年になっても福澤は、弱肉強食の国際政治を是認しつつ、同時に「文明の進歩」＝「智の進歩」を真正面から肯定していたからである。誤解を恐れずにいえば、「ジャーナリスト」福澤は生涯国家理性の徒であったが、「学者」福澤はやはり死ぬまで文明の進歩を追求しようとしたのである。

第3章 士魂

福澤は『概略』第十章で「自国独立」を目的と定め、「文明」を手段として規定した。いま一度引けば、「国民の文明は此目的に達するの術なり」、「今の我文明は此目的に達するの術なり」、「文明に非ざれば独立を保つ可らず」、「自国の独立を以て文明の目的と為すの議論を唱る」、「此独立を保つの法は文明の外に求む可らず。今の日本国人を文明に進るは此国の独立を保たんがためのみ」と実に五度も繰り返している。ひとことでいえば〈一国文明の進歩〉で括ることができる発想であるが、その際、〈手段としての文明〉の内容は、有形においては自国独立のための商売、工業、兵備、法・政治制度等であり、無形においては学問や気力である。しかし、商工業、兵備、学問は「今の文明」＝西洋文明の定義とほぼ重なるが、「気力」ははたして「文明」に属するのであろうか。

なるほど、西洋文明摂取の要訣は「文明の精神」にあり、その精神の核心は『概略』では「智」、とりわけ物理学的学問であった。自国独立と絡めていえば、「自然の原則なるものに逢ふて熱心、国の為に之を利用せんと欲するのみ」(⑳246) ということになる。しかし、『すゝめ』五編では、『概略』と同様、「国の文明は形を以て評す可らず」として無形の「文明の精神」の重要性を論じながら、これを「人民独立の気力」と表現している (③58：B48)。そして、『概略』第十章でも福澤は、人民の間に「一片の独立心」がなければ文明も日本の役に立たず、日本の文明と呼ぶことはできないと述べ、それに続いて、「国の独立」ないし「国の文明」とは、人民みずからその国を維持し、その国の「権義と面目」をまっとうするものを指すとしている (④203：B292)。したがって、一国独立のための〈手段としての文明〉には、「智」の進歩に尽くされない人民の「独立心」が不可欠の要素として存在していた。本章では、この――「智」と無関係ではないが、「智」と区別される――独立心ないし独立の気力としての「報国心」が福澤の思想においてどのような位置を占めており、どのような形で正当化されたのかということを、武士の精神や封建的忠誠との関わりから考察し、「平時の報国心」というコンセプトを析出してその中での報国心の位置を見極め、その後で、こうした報国心の原基ともいうべき「一身独立」のための気力について見ることにしたい。

第1節　報国心と忠義

福澤にとって「報国心」は、基本的に西洋列強の圧迫の下での明治国家の独立という新たな状況に即して新たに作り出されるべきものであった。しかし、だからといって報国心が一朝一夕に生み出されるはずもない。報国心の創出ということを考えた時に、武士の精神的伝統、とくに君主（藩主）に対する忠誠心は誰の頭にも浮かぶ恰好の手段であった。福澤がそれを鮮明に打ち出したのは『瘠我慢の説』（明治二四年）であるが、しかしもっと早くから武士の精神は福澤の国家論の念頭にあった。とはいえ、明治国家は同時に文明国家でなければならなかった。この国家にとって武士の伝統、なかでも封建的忠誠心はどの程度まで受容できるものであったのか、西洋の「智」を積極果敢に導入することが焦眉の課題であるのにいたずらに武士の気風などにかかずらわっておられるのか――報国心について福澤がまず取り組まなければならなかったのはこの問題であった。

一　文明の方便

「此独立を保つの法は文明の外に求む可らず」という発想からすれば、文明は自国独立の「必然的」手段となる。もしそうであるならば、〈文明論〉と〈自国独立論〉は完全に重なってしまう。だが、福澤は「智」や商工業といった文明の要素だけが自国独立の手段だと考えたわけではない。『概略』第十章の最後の一段（以下④210-212：B302-304）はそのことを明瞭に示している。すなわち、究極目的を「自国の独立」に定め、万事をその目的を達するための「術」とするならば、その術は制度、学問等に限らず、「鄙俗虚浮の事、盤楽遊嬉の物」までも「文明中の箇条」に含めることができる、と。一国独立のための〈手段としての文明〉は何であってもよろしいというのである。より詳しくはこうである。

人事の利害得失を論じるには「事の局処」に拘泥してはならない。「節倹質朴」と「秀美精雅」、「専制独断」と「磊落自由」の対立は収まるところを知らないが、如何なる主張も「局処」において論じるならば、是でもあり非でもある。「国体論の頑固なる」もの、「民権興起の粗暴論」、「忠臣義士の論」、「耶蘇聖教の論」、「儒者の論」、「仏者の論」はそれぞれ見方によって得失・便不便があり、かの「暗殺攘夷の輩」にすら「一片の報国心」を認めることができる。

> されば本章の初に云へる、君臣の義、先祖の由緒、上下の名分、本末の差別等の如きも、人間品行の中に於て貴ぶ可き箇条にて、即ち文明の方便なれば、概してこれを擯斥するの理なし。唯此方便を用ひて世上に益と為すと否とは、其用法如何に在るのみ。凡そ人として国を売るの悪心を抱かざるより以上の者なれば、必ず国益を為すこと好まざる者なし。若し然らずして国害を為すことあらば、其罪は唯向ふ所の目的を知らずして偶然に犯したる罪なり。

「されば」とあるように、その前の「節倹質朴」以下の諸例は、「君臣の義」等が「文明の方便」となり得ることをいうために引き合いに出されたものである。「文明の方便」とは、いうまでもなく自国独立を目的とした〈手段としての文明〉のことである。そのことの意味がどこにあるのかを探るためには、「本章の初」に戻ってみなければならない。

「本章の初」というのはこういう論述を指すものと思われる。封建時代の君臣関係は命まで主家に捧げた点で、その関係の「美」には羨むべきところがあり、また義を貴ぶ風俗は武士の品行を高尚に保ち、さらにそれが一般の人々にも影響を与え、君臣の義、先祖の由緒、上下の名分、本末の差別等の名において社会を支配し、おかげで日本は「今日の文明」に達することができた、と（④184f.：B264f.）。しかしこれだけでは、「君臣の義」等が過去において日本の文明にとって功績があったといっているだけで、それがどのようにして現代の「文明の方便」となり得るのか、その「用法」は明らかではない。そこで、これ以降の議論をざっと追いかけてみることにしよう。

幕末に外国と交際するに及んで、日本の文明は到底外国文明に及ばないことが明らかになり、世の識者は、その原因が日本の古風習慣にあると見て、これを維新以来一掃した。その結果、人民の心底に染み込んだ「恩義由緒名分差別等」の考えはなくなり、一応人心が活発になったが、品行に関する限り、人民はまるで「先祖伝来の重荷」を下して休息しているような状態、「一片の本心に於て私有をも生命をも抛つ可き場所と定めたる大切なる覚悟」など忘失した状態に陥った（④184-186：B264-268）。これに対して、皇学者流の国体論、洋学者流の耶蘇教、漢学者流の尭舜の道により「民心を維持して其向ふ所を一にし、以て我邦の独立を保たん」とする努力がなされたが、いずれも奏功しなかった（④192：B276）。そもそも日本にとって、「理財上」の、また「我人民の品行に差響く」[1]（もしくは「徳義上」の）（④196, 203：B281, 291）困難は外国交際にあり、この「一大難病」を治療するには自国の人民に頼るしかない。いまや「一片の本心に於て私有をも生命をも抛つ可き場所」は明らかに外国交際にある以上、人民は無為の休息を許されない。かつての君臣の義、先祖の由緒、上下の名分、本末の差別は、今日では本国の義、本国の由緒、内外の名分、内外の差別となり、しかもその重要性ははるかに増した。「昔日の担当は唯窮屈に堪るのみのことなりしが、今の担当は窮屈に兼て又活発なるを要す。人民の品行を高くするとは、即ち此窮屈なる修身の徳義と活発々地の働とに在るものなり。」（④205f.：B294f.）かくて、「人心を維持する」ための唯一の方法は目的を定めて文明に進むことであり、その目的とは「内外の区別」を明らかにして日本の独立を保つことである（④207：B297）。

要約すれば、「君臣の義」等の武士の道徳は、いったん維新期に捨て去られたが、いまや自国独立という目的のために「本国の義」等に変換しなければならない、ということである。これが「文明の方便」たる「君臣の義」等の用法であった。つまり、福澤は、武士の徳目（「修身の徳義」）を、自国独立のための手段として積極的に肯定する道を指し示したのである。ここで福澤が「君臣の義」等を「本国の義」等に変換して見せているのは示唆的である。福澤は自国独立という目的のために、またこの目的に即して武士の道徳を現代に合うように変形したうえで、手段として利用するという発想を、「文明の方便」として語ったのである。いいかえると、「文明の方便」とは、〈手段としての文明〉のうち、とりわけ「品行」ないし「徳義」に関わる部分について、武士の伝統を変形して引き継ぐ可能性を述べたものであった。無論、いまだ可能性であって、具体的にどのように変形をなすのかについてはここでは明らかにされていない。

武士の道徳を手段として選んだのは、一般的にいえば、それが目的（自国独立）にとって適合的であるということであるが、それ以前に、「君臣の義」等の道徳的紐帯の崩壊によって生じた〈精神の空白〉（「精神的真空」（丸山『読む』下203））、別の場所にいう、「世上一般徳教の衰へたる」状態（⑦683）を克服しようとするもくろみがあった。日本人は旧物を惜しげもなく棄て、巧みに新様をとることによって国の体面を高めたとはいえ、新旧交代にあたって「新物未だ備はらずして、旧物早く既に破壊したるの弊なきに非ず」（⑨149）という判断である。

この〈精神の空白〉を埋めることがすなわち「人心の維持」であった。右に見たように、福澤は、自国独立という目的の提示により人民の品行が高まり、「人心の維持」が可能となると考えたが、第十章はこういう一句で締め括られている（④212：B305）。

故に今この一章の眼目たる自国独立の四字を掲げて、内外の別を明にし、以て庶衆の由る可き道を示すことあらば、物の軽重も始て爰に量る可く、事の緩急も始て爰に定む可く、軽重緩急爰に明なれば、……以て同一の目的に向ふ可き乎。余輩の所見にて今の日本の人心を維持するには唯この一法あるのみ。

自国独立の目的定立は同時に「人心の維持」も可能にするというわけだ。一見、「人心の維持」が究極目的のような書きぶりであるが、議論の経緯からわかるように、福澤は、〈精神の空白〉という状況認識から、「人心の維持」を目的とする諸説を挙げて、それらの有効性に疑問符をつけたうえで、実は問題は外国交際にあり、したがって自国独立を目的として設定するほかないとしたのであるから、「人心の維持」はこの目的の定立の反射的効果として得られるものとして描かれている。だが、以上はきわめて抽象的な――あるいは「理論的」な――議論である。その具体的な意味を探ってみよう。

二　内安外競

国家理性論は、対外的に「国益」を最優先し、そのために権謀術数を含めてあらゆる手段を駆使することを意味するが、国内問題と縁もゆかりもないというわけではない。福澤にとって、自国独立は狭義の外国交際だけに関わる問題ではなかった。『時事小言』(明治一四年) の「内安外競」というスローガンがそれを示している。福澤によれば、国の「安寧」は本来消極的な事柄であるから、それに満足していてはならない。「安寧」は「堪忍」によって得られるもの、つまり外国交際の艱難を知ってそれをみずからの身に引き受けることである。そう考えるならば、国内の安寧などいやでも達成することができる。アメリカの大統領選挙で激しい争いがあるといっても決して兵器に訴えることがなく、敗れても「堪忍」するのは、内外の軽重をわきまえているからである。「外の艱難を知て内の安寧を維持し、内に安寧にして外に競争す。内安外競、我輩の主義、唯この四字に在るのみ。内既に安し、然らば則ち消極を去て積極に向ひ、外に競争する所以の用意なかる可らず」というわけである（⑤118）。

「内安」とは、「社会の安寧」を維持すること、「乱を好まず、内に相和して一国実際の進歩を謀」ることを目的として（⑤127, 139, 158）、小利害を捨てて大利害に着眼したもの（④658）である。趣旨はともかく、「挙国一致論」（遠山『福沢諭吉』94）とか「城内平和」論（石田『研究』142. 伊藤「政変」77）と表現するとわかりやすいかもしれない。ところで、右の引用文にいう、「内に安寧にして外に競争す」るための用意とは、第一に政治権力を強大にして護国の基礎を立てること（とくに国会開設）、第二に国家財政の確立、第三に殖産興業である（⑤119）。第一は「安寧」策に属する（⑤126, 167 参照）が、第二、第三は「富国」策であり、これに、他国の軽侮を防ぎ威圧するために、陸海の兵備の確立（⑤168）、つまり「強兵」策が加わる。だが、「内の安寧」を確保し、対外競争の資力が豊かであってもなお足りないものがある。すなわち、国民の「国の為にするの気力」、「人民の気力」である（⑤207）。

ここにいう「人民の気力」は、宗教と士族に関して「日本固有の気力」の存続を訴えた「消極」の道であり（⑤231）、厳密には積極果敢な「独立の気力」（『すゝめ』）や「一片の独立心」（『概略』）と一致しないが、「国の為にするの気力」、つまり報国心という点では同じである。しかし、人民が報国心を抱くためには、「外国」の存在を、否、それ以前に「自国」の存在を知らなければならない。『概略』では、報国心の眼目が他国に対して「自他の差別」を作ることにあると指摘していた（④191：B275）が、ほかにも（すでに引用したものを含めて）、「自他の別」（④27, 72：B40f., 106）、「日本国と外国との分界」（④72：B107）、「内外の区別」（④207：B297）、「内外の分別」（⑤209）、「内外の別」

（④212：B305）などの表現がある（なお④139, 140：B199, 200参照）。これらは記述的なものも含んでいるが、少なくとも『概略』前後の福澤にとって、この「自他の別」、つまり〈自国の意識〉を人民に植え付けることこそ、報国心の要諦をなしていた。[2] そのことは、『概略』第十章で「君臣の義」等を本国の義、本国の由緒、内外の名分、内外の差別に転換しなければならないと表現していたことによって明らかである。

『通俗国権論』（明治一一年）で福澤は、一国の権利を主張するにも、貿易商売で競うにも、第一の緊要は全国人民の脳中に「国の思想」を抱かせることにあるが、鎖国政策のために日本の人民にはそれが乏しかったことを認めている。だが続いていう。古来百姓が家柄の本末や田畑屋敷の境界を争い、また隣村同士で宮寺の普請や相撲芝居の興行を競い、村の境界や入会を争うなどして、極端な場合には財産や命を失うことすらあるが、この「競争の念」はすべて報国心の一斑ともいうべきものである。相撲芝居祭礼式日での競争は「人心の結合」にとって有力な方便であり、訴訟の自由化も競争心育成の一手段である。また、封建時代の各藩が「祖先の口碑」に基いて一藩の栄辱のために数百年後の子孫に生命まで棄てさせるような競争を行ったことも、日本の人民に報国心が乏しくないことを示している。ただ、報国心を用いる場が狭小であったにすぎない。日本の人民に報国心はあったけれども、「奉ず可き国」を知らなかっただけなのだ、と（④639f.）。

田畑屋敷、村のような小さな単位での「自他の別」の意識に基づいた既存の競争心を引き合いに出して、それを「国」のレベルに拡大することによって、日本人民に欠けていた「国の思想」、すなわち〈自国の意識〉を喚起しようとするのである。ここには藩の例が出ているが、『瘠我慢の説』でも、国だけでなく小区域でも「外に対するの私を以て内の為めにするの公道」として認められる例として、封建時代の各藩相互の「自家の利害栄辱」を重んじる競争を挙げ（⑥560, 561f.）、『概略』では、藩外に対して「私」であるものが藩内においては「公」であったとして、報国心の正当性を論じている（④204：B293）。

このように、福澤は人民の間に〈自国の意識〉を喚起しようとしてあの手この手を使った。なかでも「競争心」は重要な役割を演じている。ただし、競争心は、一見して想像されるのと違って、戦争のための心構えとして持ち出されたものではない。逆である。『通俗国権論』で競争の念に触れた後で福澤は、「一国の人心」を奮い立たせる一番の方法は「外戦」であるといい（④641）、『通俗国権論二編』（明治一二年）では、「敵国外患」は人心を結合して立国の基礎を固める良薬だと述べている（④660. なお⑰329f.）。同じことは、すでに引いたように、「征台和議の演説」（七年）でも語られていた。戦争の勝利により「内外の別」を明らかにして「ナショナリチ」の基礎を固めることができれば、西洋と対等となることができる、と。そして『概略』では、敵国とは「全国の人民一般の心」によって敵対することであり、戦場に赴かなくとも、自国の勝利を願い敵国の不幸を祈り、些末のことまで「敵味方の趣意」を忘れないというところに人民の報国心があるとしたうえで、日本人民が支配者同士の戦争に無関心であった事実を指摘し、「日本は古来未だ国を成さずと云ふも可なり」、「日本には政府ありて国民（ネーション）なし」という名言を吐いている（④153f.：B219–221. ③52：B41）。これも、戦争のための愛国の情を鼓舞しているのではなく、〈自国の意識〉の欠如を指摘したものである。(3)

〈自国の意識〉は「人心の結合」と表裏の関係にあるから、「外競」のみならず「内安」にも資する。福澤は『通俗国権論二編』で、「社会の維持」の方便として徳川時代の藩主への忠誠を王室への忠義に切り替えるべきだという主張を、朝廷への忠義の情がまだそれほど厚くなく、忠義が営利的な気風と相容れないという理由でしりぞけ、むしろ社会の維持のためには、人民に外国交際の困難を知らしめる一策しかないという。そしてここでも諸藩の忠義を競争心（「自他相比較し相競争するの念」、「相対し相競ふの情」）として捉え直し、旧藩の士民が隣藩の存在を知っていたように外国の存在をわからせることによってのみ政府・王室への忠義を養うことができるとしている（④656–658, 668–670）。あるいは、人民立国の精神は外に対しては私心であるけれども、内においては「公義」であり、国民の不平の鬱積を緩和して社会秩序を維持するにはこの立国の公義に頼るほかないともいう（④659）。したがって、前項で見た、『概略』第十章における「人心の維持」はまさにこの「内安」としての自国独立を念頭に置いたものであった。人心を結合し、〈自国の意識〉をもつことが文字通り「内に安寧にして外に競争す」るための必須の条件であった。いいかえると報国心は第一次的には対外的なものであったが、対内的効果をも合わせ持つものであった。

三 愚忠と大忠

福澤は封建藩主への忠義を朝廷への忠義に切り替えることを拒否し、それを各藩相互の競争心に読み替えることで〈自国の意識〉を浮き彫りにし、同時に人心の結合を確保することをもくろんだが、この発想はすでに初期の『或云随筆』に出てくる。封建世禄の臣は「国君一身」だけに忠を尽すのみで「報国の意」が薄い。しかし、百姓が庄屋ではなく一村のためにする競争を拡張するならば報国となすことができるのだから、それと同じように士人も、外国に負けないように国威を張って、兵備、貿易、富国を外国に倣うのが「真の報国」であり、頑迷にひたすら国君一身のためを思い、「万一の時は一命を捨る抔と腹を据て安心する」のは「愚忠」だとこきおろしている（⑳12f.）。士族の報国心のモデルをあろうことか百姓に求めているところに、福澤の意図が透けて見えるようである。さらに『分権論』（明治一〇年）では、かつて武士が国を維持した元素は「忠義武勇の一元気」のみであったが、今日では昔の義武だけで国を立てることができないにもかかわらず、守旧派の士族は「国の所在」を見出すことができないでいると批判している（④243）。無論、武士の忠誠心がまったく無用というわけではない。ずっと後の『国会の前途』（二五年）では、主人のために馬前の討死をする心を転じて「日本国の為にするの忠」となすように説き（⑥69）、「忠孝論」（『立志編』所収179f.）でも、封建時代の「人」に対する忠義心を「国」に対する忠義（「国」とは国土ではなくその住民である）に「変形」せんとする意図を示している。これらの発言は、『概略』における「君臣の義」等の「本国の義」等への変形論と一致するし、また「一片の独立心」に言及した際に土地と人民を併せて「国」と呼ぶべきだとしたこと（④203：B292）とも符合する。

このように福澤は一貫して、忠誠の対象を「君」から「国」と「国民」に切り替えようとした。ところが、「徳教之説」（明治一六年）で福澤は、今日外国交際にあたって国権を重んじるためには、武士の気風を引き継ぐ士人忠誠の心が必要であると主張し、さらにこう述べている。報国尽忠は「数理」ではなく、「情」に由来する。「情」とは宗教的な因縁の感覚、稀有のもの、古きもの、近きものを愛すること、一君を重んじ、歴史上の由縁により君家を貴び、父母を親愛することであり、家や村や国を愛する情に、君家を貴ぶ情を加えれば報国尽忠の主義となる、と（⑨280f., 291）。ここでは、自利自愛や郷土愛は君に対する忠誠に結び付けられ、しかも封建時代の忠誠心は「諸外国に誇る可き一系万代の至尊」への忠誠にいとも簡単に切り替えられているのである（⑨287）。

これをもって福澤が「転向」したと見るのは早計であり、またここから、「天皇の名で道徳を定めるという結論は、おのずと出てくる」（遠山『福沢諭吉』180）という結論を引き出すのも勇み足であろう。きちんとテクストを読めば、「情」の評価が実は「智」に導くための一つの戦略であったことがわかる（以下⑨289f.）。尽忠報国の主義を拡張するための方便を得ることは容易ではない。昔なら至尊を一国の内に戴くだけでよかったが、いまや外国に対して「大小強弱文不文」を競う時代であるから、人民もまた日本を強大文明の国となし、その至尊として仰ぎ奉るのでなければ、臣民の分を尽したとはいえない。他の文明国に交わるに際しては、彼我の強弱文不文について求めるべきところがある。すなわち、「西洋近代の文明」である。西洋文明を摂取して富強の基礎とし、それにより東洋に一大文明国を作ろうとするのは、日本臣民の至情である。士人の道徳は他に換え難い価値をもっているが、しかし西洋文明を採るには、まずその文明の本質を知り、その利用法を知らなければならない。「而して其これを知るの法如何と尋れば、西洋の学術学ばざる可らず、西洋の書、読まざる可らず、西洋の国、交る可し、西洋の人、親しむ可し」というのである。つまり、報国心や至尊への情をいったん数理＝智と切断したのは、後で西洋の文明ないし学問の摂取の必要を説くためにほかならなかった。

この――ちょうどユートピアを〈枕詞〉にしたのと反対の――論じ方は、弱肉強食論から出発しながら、結論を文明化の必要にもっていった前掲の「外交論」（明治一六年）とそっくり同じである（なお⑨114）が、すでに『概略』にも登場している。その第二章で福澤は、「国体」（ナショナリチ）とは、人民が他国人に対して自他の別を作り、みずから支配し、独立することだと定義したうえで、この「国体の情」の起源は人種、宗旨、言語、地理にあるけれども、最も有力な源は「懐古の情」だという。だが、そういいながら、古今東西の例によると、言語宗旨、言語風俗の要素は決定的な要因ではなく、国体の存亡はその国人の政権を失うかどうかにかかっているとし、ついで「政統」、「血統」との関連をも否定して、自国の政権を保持するために、人民の智力を進め、古習の惑溺を一掃して西洋文明の精神を摂取せよと説いている。「天下の士人、忠義の外に心事はなきや。忠義も随分不可なるに非ざれども、忠を行はゞ大忠を行ふ可し」というのが結論である（④27, 28, 32：B40, 41, 42, 48f.）。

国体の基盤であったはずの「懐古の情」はいつのまにか姿を消し、智に依拠した一国の文明化に尽す「大忠」が引き出されるのである。それどころか、古習の惑溺を排することは同時に「懐古の情」の排除に繋がる。『概略』第十章では、「人民懐古の至情」に依拠した皇学者流の尊王論に対して、人民が封建君主に対して抱いていた親密な情も今日ではしだいに消滅に向かっているが、新たに王室を慕う至情を作るのは、いまの世の人心と文明の状態からしてほとんど不可能であるとしている（④187：B268f.）。「御一新」を、「幕府屋の看板を卸して天朝屋の暖簾を掛け」たものと表現した（⑲544）福澤にとって、王室への忠誠を「懐古の情」によって新造することは、たとえ望んでも実現できない相談であった。後の『尊王論』（明治二一年）でも、「尚古懐旧の人情」に訴えて尊王を唱えることが人に「黙信黙従」を促すことであり、「理由」を吟味した後で信疑を決める現代には適切ではないとして、尚古懐旧の情の政治的利用をしりぞけている（⑥17. なお⑤265）。

これらの主張は、復古主義的な忠君愛国論を掣肘しようとするもくろみを含んでいるが、それとともに、一国独立の確保のためには「情」よりも「智」が重要であるという認識を示している。福澤は『時事小言』で、今日、幕末の攘夷家が主張したように武力で外国人を追い払うことなどできないけれども、その「国を思ふ」精神は大切であり、この精神を「変形」して今日に利用したいと述べている（⑤117f.）。「君臣の義」等の変形による「文明の方便」と同じであるが、攘夷家の「国を思ふ」精神については『概略』でこう論じている。幕末の攘夷論は、一身で国を担うという意気込みという意味で「公の心」であるが、条理によらず、挙動も「暴」、「愚」であり、報国心の「粗且未熟」なものであった。維新開国を成し遂げた遠因は国内一般の「智力」にあり、攘夷論は「先鋒」にすぎず、以来この「先鋒の説」も腕力を棄てて「智力の党」に入るようになったのだから、今後この智力を増進し、報国心の「粗」を「密」にし、未熟を熟させ、それにより「国体を保護する」ことができれば無量の幸福である、と（④72–74：B106–108）。粗暴な報国心を「智」に基づいた報国心（大忠）の方向に誘導しようというのである。

四　二つの報国心――平時と戦時

福澤の国家理性論は、弱肉強食の現実認識に基づいて「食まれる」よりも「食む」側に立つことを宣言しながら、同時に文明化を、したがって智の進歩を推し進めようとするものであった。国家理性論は〈手段としての文明〉という発想を内包していたから、これは当然のことであった。だからこそ、「懐古の情」も「国を思ふ」精神も智に基づく「大忠」に変換されたのである。

だが、いったん事変という段になると、愛国心は強く感情的色彩を帯びてくる。壬午事変三ヶ月後の「東洋の政略如何せん」(明治一五年)で福澤は、世界古今の事跡に照らすと、「理」ではなく「情」に制せられることが多いと一般的に述べた後、朝鮮を取り巻く国際状況を眼前にして傍観することなど「普通の人情」には不可能であり、人間は「権」を好み、「人に制しらるゝは人を制するの愉快なるに若かず」と付け加え、インド人を苦しめるイギリス人をやりこめて「東洋の権柄」を握りたいと若いころに願ったことを引き合いに出すばかりか、兵力のための増税論が、理論を離れて「人情」に訴え、「日本国中の人は悉皆天皇陛下の臣子にして良民たるに相違なしとの一義を抵当にして論を立たるもの」であることを認めている(⑧429f., 436f., 441)。

しかし、「腕力」について見たように、福澤は同じ時期に平気で違ったことをいう。愛国心についても事情は異ならない。たとえば、右の文の一ヶ月前の「極端主義」と題する論説では、古来「勤王」の文字は「帝王を厄に救ふ」という意味の不吉な文字であったという理屈を立てて、「抗敵の心」を煽ることを戒め、また、忠良の人物と称する者は、一身において忠良でも、天下のことを考えれば結果として「不忠良」な者が多いとしている(⑧356)。あるいは、甲申事変の直後に、「日本魂」という言葉は「和学魂、神主魂、又は非西洋魂、非文明魂」といった程度の意味であり、実に「狭隘偏僻至極」なものであると忌憚なく批判し、しかももし日支戦争となって敗れても、外国と日本の存在を知り、内安外競のために尽す「真成の日本魂」を得ることができるとすら述べている(⑩183, 184)。

福澤は二つの姿勢を意識的に使い分けた。「維新以来政界の大勢」(明治二六年)では、古学流儀の忠勇義烈や排外自尊は「時節と場合」によってはおおいに必要であり、内治外交の切迫、国家安危の時には人心の結合を図るのに適しているが、太平の世にはこうした「極端の徳義」を論じるに及ばないとしている。忠勇義烈はいざという時に抜く伝家の宝刀だというのである（⑭307）。これは平時の発言だが、戦時にも同様のことをいっている。日清戦争開戦直後の「日本臣民の覚悟」（二七年八月）（以下⑭545f.）では、「事切迫に至れば財産を挙げて之を擲つは勿論、老少の別なく切死して人の種の尽きるまでも戦ふの覚悟を以て遂に敵国を降伏せしめざる可らず」と檄を飛ばしつつ、同時にこう説明している。我輩は平生から文明開化の西洋主義に従い、居家処世の方針はすべて数理に基づき、まず一身一家の独立をなして自然に立国の基礎を固めようとしてきたので、幕末に人々が忠勇の極端論を弄び、大和魂の義烈を喋々した時も、それに逆らった。忠勇義烈は重要だが、それを論じるには「場所と時節」があり、みだりに喋々するとかえって文明を妨げるということを心得ていたからである。宝刀をむやみに抜かないのは「治世の武士の嗜み」であると慎んでいたのだ。だが、いまや「頑陋不明なる支那人」に戦いを挑まれた以上、日本国民は自国の栄誉のため東洋文明の先導者としてこれに応じざるを得ない、と。

戦争の過程でも論調は微妙に変化している。手紙でその推移を見ると、宣戦布告直後の明治二七年八月には、「人事に淡泊なる老生にても今度は黙々に不忍、身分相応に力を尽す覚悟に御座候」と書いているが（⑱605f.）、二八年一月には、「実に今度の師は空前の一大快事、人間寿命あればこそ此活劇を見聞致候」と感激を新たにしつつも、若いころから西洋流の文明主義を説いてきたことが、いま眼前に実現され、支那朝鮮も文明の中に包み込む勢いである（⑱637）とやや変化し、二月になると明確に、今回の戦勝は文明開化の賜であり、軍事の計画が実学に基づき、「時の遅速」、「数の多少」、「物の強弱」の三つを数学上に活用した結果であるが、戦争が終っても「工戦商戦」は止むわけではなく、どこまでも実学の旨を忘れず、工商について努力を怠らないように、としている（⑱647）。また、公にも同年一月の慶應義塾同窓会でまったく同じように、戦勝は将兵の忠勇と全国民の愛国心によると認めつつ、この愛国心に実効性を与えるのが数理に拠る実学にあるとし、戦後の商工業の戦争の重要性を訴え（⑮30f.）、三月の『時事新報』社説では、戦勝を文明の成果と見て、今後も文明の外形と精神を取り入れるべきだとしている（⑮118）。

このように、福澤は戦争の途中からふたたび「文明」や「数理」の意義を強調するようになったのであるが、それは報国心の重心の移動としても現れている。福澤は、戦争初期でこそ忠勇義烈の「日本魂」を容認し、みずからも類似の言辞を吐きながら、末期になると、戦争は「愛国の短気癇癪とも名く可き数理外の力」や「一事暴発の勇気」だけで勝利したのではなく、日本人の勇気は、「文明実学の数理より割出し、原因を明にして結果を信じ、自から安んずるより其安心」から生じた「恒存性の勇気」であるとしている（明治二八年一月（⑮14））。あるいは、宝刀を袋に納めて抜かないのと同様、容易に喋々しないようにする「非常の忠孝」と、農工商業を営み、それを通じて富国強兵を達成し、その上に君主を奉じる「不言の忠孝」ないし「太平の忠孝」（同年七月（⑮227f.））との区別、人民が直接君主に本分を尽す「直接の忠義」と、平素の業を励む結果として国の文明富貴を達成し、帝室の地位に栄光を与える[4]「人民平時の忠義」（同月（⑮229））との対が登場している。いうまでもなく、戦後には振り子を完全に戦前（平時）に戻して、不言の忠孝、太平の忠孝、平時の忠義、つまり「大忠」に戻り、「社会の安寧を進め国権の皇張を祈り、間接に国の忠臣ならん事」（⑳250）を願ったのである。前章の「腕力」論でも確認したように、福澤はこの〈平時の報国心〉を終生目標とした。その具体的表現が「商売の敵」、「智力の敵」であり「智戦」であり（「征台和議の演説」七年）、「商売の競争」、「工芸の競争」、「学問の競争」（「我文明は退歩するものには非ずや」一六年（⑨137））であった[5]。

このように見るならば、結局、〈平時の報国心〉とは、一国独立のために文明と智の進歩を図るという『概略』第十章の構想に帰着する。それに対して、戦争中や事変時の限られた局面における〈戦時の報国心〉は、「愚忠」

に繋がる情そのものであった。「楠公権助論」として非難を浴びた、『すゝめ』七編（明治七年）で福澤は、古来日本の討死切腹はしばしば政権争いや主人の敵討のためであって、たとえ一命を抛っても何ら文明に裨益するところはなく、「命の棄所」を知らないものであったときめつけ（③75f.：B70f.）、「学問のすゝめの評」（同年）でも、忠義は貴ぶべきものだが、命さえ棄てれば忠義だとする「犬死」、「徒死」を批判していう。もし今日楠公があれば日本の独立を一身に引き受けて、人民に権義を与え、国の富を増し、その国力によって「王室の連綿」を維持し、「金甌無欠の国体」を輝かして世界万国と並立しようと、「文明の大義」のために努めるはずである、と[6]（①40, 44）。楠公権助論は、「愛国の義気」が盛んであっても、国の独立を謀り軽重の判断ができない者、「国を思ふの心」はあっても「国を思ふの理」をわきまえない徒（①45, 47）など、激情に走る愛国心や「愚忠」を拒否することによって、智による〈平時の報国心〉を表現したものであった。戦時と平時の二つの報国心はたがいにまったく無関係であったとはいえない[7]。しかし、一国独立は、学問、政治、商工業、貿易を活発にし、兵備を確かにすること、つまり「文明化」を主たる内容とし、これらのために努力する心構え（気力）が〈平時の報国心〉であるから、〈戦時の報国心〉とは位相を異にしている。

たしかに、福澤によれば、報国心は共通の人種、言語、宗教、地理、歴史等に対する愛着、要するに「偏頗心」もしくは「私心」、「国民の私情」（④204：B294, ⑥559, ⑩235）、「自から愛して他を嫌ふ熱情」（⑩235）に由来する。しかし、これらのゲマインシャフト的な共属感情は、〈平時の報国心〉に関する限り、「由縁」の説明であるか、〈自国の意識〉を喚起する手段にすぎなかった。福澤は『通俗国権論二編』で、旧藩の競争心に言及した際に、忠義心が元来「利害損得道理の勘定」ではなく「心酔の情」から出たものであることを認めながら、西洋諸国における「愛国勤王の忠義心」が日常的な発言の端々に現れていることを指摘し、これが旧藩主への「恋々たる情」と同じものだとしている（⑥669）。「偏頗心」が日常化されて〈平時の報国心〉となり得ることを指摘したものである。あるいは、『概略』では、自国独立を目的とするといっても、誰もが政談家になってそれに専心せよといっているのではなく、各人が学問や営業に励んで文明の大事業を営む合間にも、国の独立に関わる事柄に出会った時に「感動」することを望むにすぎないといい（④208：B299. なお⑤388）、また島津氏やプロイセンの宿敵に対する怨みを例に挙げて、「国民たる者は毎朝相戒めて、外国交際に油断す可らずと云て、然る後に朝飯を喫するも可ならん」と述べている（④205：B294）。いずれも日常的な愛国の情、つまり「平素家に居り世に処するに臣子たるの心得を守り、又国に対して国民の本分を尽す」忠君愛国（⑬576）であり、これが、〈自国の意識〉を確かにして国のために奉じる〈平時の報国心〉の心情のエッセンスであった。

だが、朝飯の前に「国」を思うことがどのようにして可能となるのであろうか。共属感情以外にそれを支えるものはなかったのであろうか。夏目漱石（『文学論』明治四〇年（⑱80f.））は、「千百の恋愛論は遂に若き男女の交はす一瞥の一刹那を叙したる小説の一頁に及ばざること明らかなり」と論じた際に、こういっている。

> 親の為に川竹に身を沈め、君候の馬前に命をすつるは左迄難きことにあらず、親は具体的動物にして、君候は耳目を具有し活動する一個人なるを以てなり。されども身を以て国に殉ずと云ふに至りては其真意甚だ疑はし。国は其具体の度に於て個人に劣ること遠し。これに一身を献ずるは余りに漠然たり。抽象の性質に一命を賭するは容易のことにあらず。

この見方に従えば、「君」への忠誠を「国」ないし「国民」への忠誠に切り替えようと孜々努力した福澤の試みは徒労に終わったのではないかと疑いたくなる。もっとも、漱石がいっているのは〈戦時の報国心〉である。福澤も〈戦時の報国心〉については、君主に本分を尽す「直接の忠義」を持ち出している。問題は〈平時の報国心〉にあった。[8] 平時にみだりに「直接の忠義」を喧伝するならば、排外主義や皇学者流の復古主義に陥り、文明の方便としての〈平時の報国心〉を台なしにしてしまう恐れがある。しかし、〈平時の報国心〉も「心情」である限り、共属意識を超えた何らかの「気力」を必要とする。それはいったいどのようなものなのだろうか。

第2節　一国独立と武士の気風

福澤は『概略』第十章で、一国独立のための〈手段としての文明〉の一つとして「文明の方便」という発想を披露した。それは端的にいえば、「君臣の義」等の武士の気風を「変形」して現代に蘇らせるということであった。たしかに、福澤は『概略』で君臣関係に対して消極的な評価を下した。昔でこそ君臣の情は有効に働いたが、国が大きくなり、代々相続されていくうちに変化してゆき、一身の利益や一世の功名のために君主に尽すようになり、討死や切腹も、多くは武士の面目のためか、逃げても助かる見込みがないためになされるようになったというのである（④125f.: B180f.）。しかし他方では、こういう評価もある。武士の上下関係には「頗る条理の美なるもの」があるようだ。上下間に卑屈の醜態があるとはいえ、「党与一体の栄光」を自己の栄光となし、「独一個の地位」を棄てながらも「別に一種の条理」を作り、それが習慣化し、「第二の性」となった。すなわち「威武も屈すること能はず、貧賤も奪ふこと能はず」という「厳然たる武家の気風」であるが、この「一局」ないし「一場の働」だけに限定するならば、そこには「真に羨む可く又慕ふ可きもの」が多い。昔の三河武士が徳川家に奉仕したのもその一例である、と(1)（④166: B237f.）。一般的には文明と相容れないことを承知しながら、局所において積極面を見るのである。

もとより、局所に拘泥するのは惑溺である。しかし、惑溺を避けてばかりはいられないというのが自国独立論である。文明論の大局から見れば自国独立論もまた惑溺の一種であるが、しかし明治日本にとって、したがって福澤にとっては自国独立は一つの大局であった。そこから、自国独立のために武士の精神を「変形」して利用するという発想が生れる。〈平時の報国心〉は、この武士の気風にある君臣ないし家への党与を、国家への党与（「地球を幾個に区分して其区内に党与を結び、其党与の便利を謀て自から私する偏頗の心」）に、つまり封建的忠誠の対象を「人」から「国」ないし「国民」に変形したものである。とはいえ、〈平時の報国心〉は、学問やそれに基づく農商工業のために尽し、それを通じて富国強兵を達成することを意味する。つまり、「智」（数理）こそが〈平時の報国心〉の中核を占める。そこに武士の「情」の入る余地がどれほどあったのか。

一　磊落無頓着

福澤は『福翁自伝』（明治三二年）で緒方洪庵の適塾の生活についてこう記している。適塾に入る書生はすべて「活発有為」の人物であったが、これを別の面から見れば「血気の壮年乱暴書生」ばかりで、そこに自分も飛び込んでともに活発に乱暴を働き、塾風は乱暴狼藉、まるで物事に「無頓着」であった、と（⑦45, 53 : B56f., 65）。明治三〇年に大阪の慶應義塾同窓会に赴いた折にも、適塾での生活を思い出して同様のことを語っている（以下⑲723f.）。元来、苦学というのは立身出世のためであるが、自分が勉強した時代には世の中は混沌としており、立身出世など望むべくもなかったので「満身の鋭気」を揮って乱暴を働いたが、これは当時の事情から考えて、いまでも絶対に悪いとは思わない。無論、世の中は変化したのだから、いまの世でこのような乱暴の真似をしてはならないけれども、諸君が「満身の鋭気」をもって商業なり工業なりに励み、「不屈不撓、出来ざれば死ぬと云ふ程の覚悟を以て進むことを祈る」と（なお⑥163参照）。

適塾の書生としての福澤は商工業のために働くことを考えていたわけではない。「活発有為」とは、書生の勉強の気概、つまり立身出世を度外視した貧書生でありながら、智力・思想の活発高尚を恃みにして王侯貴人も見下すくらいの気位で、苦学をみずから買って出る血気（⑦76：B91f.）のことである。当時にあっては蘭学を学ぶこと自体が「不羈活発」であった（⑤213）が、福澤自身、天下独歩、眼中人なし、怖い者なしと威張る「磊落書生」であったことを認めている（⑦93：B115）。つまり、晩年の福澤は、「活発有為」、「無頓着」、「磊落」、「不撓不屈」、「不羈活発」、「独歩」などの語で表現される書生時代の気概について、一方でそれが乱暴狼藉となって現れたことを当時の事情によって正当化しつつ、他方でその動機としての勉学の意欲を全面的に肯定し、それを引き継ぐ形で「満身の鋭気」を実業の精神に応用するべきだとしたのである。

あるいは、維新前後の慶應義塾にも殺伐たる雰囲気がみなぎっており、道徳品行など構う余裕はなかった（⑦164–166：B202–204参照）。明治二二年の慶應義塾旧友会では、本塾の気風は以前から品行方正であるけれども、発足当初は満天下の旧主義を敵に回して洋学を主張したのであるから、万事「簡易軽便」を旨として「古来の習俗」に拘泥せず、衣食住から交際法に至るまですべて「無頓着」であり、他の束縛を免れようとしたのも勢いのしからしむるところであったと回顧している（⑫133）。ここにいう「簡易軽便」、「無頓着」も、適塾における「活発有為」や「磊落」と同じく、勉学に励む書生の独立独歩の気概であるが、これは同時に「古来の習俗」の束縛に対する反抗と重なっていた。そのことは他の問題に関する発言からも確かめることができる。

福澤は明治二二年に、維新当初には政体は「簡易軽便」を旨とし、書生流の「磊落」によってことをなし、門閥の弊習などは嫌悪の対象であったが、もし今日まで政治の気風を撤頭撤尾「簡易軽便、書生の磊落風」で貫いていたならば、西洋文明流を真に実現できたはずであるが、現実にはしだいに復古の情を強め、かつての書生流の人も、爵位・位階等により「第二の門閥」を形成するに至ったと批判している（⑫277f.）。この種の発言はきわめて多い。

まとめると、維新の功臣は往時素寒貧の「磊落書生」で、「磊落無頓着」、「簡易軽便」（簡易磊落、大膽磊落）を旨としていたのに、いまでは高位・高爵・高給により虚栄虚飾を張り尊大に構えているが、以前の精神に戻って「簡易磊落の主義」に従い、「無骨殺風景」に官職を務めよ、というのである（⑫279, ⑫282, ⑫313, ⑫381f., ⑬63, ⑬381, 382, ⑭310, ⑭321, ⑭380, ⑮298, ⑮373, ⑮498. なお⑥109, ⑬52. ⑬59. 政談熱心の「磊落書生」につき⑥309f, ⑧664, ⑪466, ⑳271）。つまり、「磊落無頓着」や「簡易活発」は門閥を打破する気概であったが、現代ではそれが第二の門閥に対する批判の言葉となるのである。「私の為めに門閥制度は親の敵で御座る」（⑦11：B14）という心情を維新の顕官の堕落にぶつけたといってもよい。

これらの気概ないし気風は、旧来の習俗や門閥を打ち破るものとして（磊落無頓着、簡易軽便）、また現代の「実業」に応用することのできる進取の精神として（満身の鋭気、活発有為）積極的に評価されたが、この二つの視点がいっしょになって、「人の気風快発にして旧慣に惑溺せず、身躬から其身を支配して他の恩威に依頼せず」、「進て退かず達して止まらず、学問の道は虚ならずして発明の基を開き、工商の業は日に盛にして幸福の源を深く」するという『概略』の文明の精神に着床したといってよいであろう。

だが、福澤は「磊落無頓着」や「簡易軽便」を手放しで礼讃したわけではない。『分権論』（明治一〇年）では、明治になって自由論が流行して以来、士君子が「活発の働」や「敢為の力」を宴楽・遊興に用いる不行状を公然と行うようになり、これを「磊落」とか「簡易」と称するのは無益の遁辞であり、たとえ英雄・学者が「簡易磊落」に偉業をなし遂げようとも、そこに「隠褻の元素」を加えれば獣行のそしりを免れないと断罪した（④248f. なお⑩463, ⑬348–350, ⑭215f., ⑯598f.）。しかも、この意味の「簡易磊落」は単に自由論の流行だけを契機とするのではなく、やはり維新前後の動乱に胚胎していた。明治三三年に福澤は、現代の政治家やその影響を受けた後進者の乱暴・醜態・酒乱等を、「磊落書生」当時の醜態そのままだと評している。もっとも、ここでは批判の矛先は主として後進者に向けられており、維新の功臣の醜態は維新前後の「兵乱殺伐の余弊」であるから、「尚ほ恕す可し」と断っている(⑯578f.)。この類の論評もしばしば見られる(⑯574, ⑯575f. なお⑥57, ⑪265f., ⑫382, ⑭310, ⑯504)が、「福澤全集緒言」(三一年)に、明治当初の政府は「政雲〔ママ〕に飛翔して活発磊落、言ふとして実行せざるはなく、実行して効を奏せざるはなし。傍観の吾々に於ても拍手快と称す」とあるように(①62)、「活発磊落」は、積極果敢な「満身の鋭気」に通じる進取の精神一般を意味していた。おそらく、福澤は、適塾でのみずからの活発磊落を、志士のそれと重ね合わせていたのであろう。だからこそ、彼らの磊落を、その時代状況(生死に関わる動乱)によって寛恕したのである。

このように、福澤は「磊落無頓着」――この種の気概をこの語に代表させるとして――を、一方では門閥の束縛を打破し、文明を進歩させる精神として積極的に評価し(したがってそれを見失った「第二の門閥」を批判し)、他方で現代における不品行・乱暴狼藉の源として否定しつつ、なお「状況」によって寛恕する姿勢を示した。無論、すでに動乱の時は過ぎ去り、太平の世となった以上、「磊落無頓着」の裏面である不品行・乱暴狼藉は原則として許されない。たとえ維新の動乱の余波が今日に及んでいるとしても、社会の秩序が安定するのに従って、「道徳の城郭」も「旧時の守備」に復すべきことは明白であった(⑫260)。福澤は、「磊落無頓着」の欠点を知悉しつつ、一方でそれを積極的に利用しようとし、他方で別の観点からはあっさり否定した。この「磊落無頓着」の積極面こそ、一国独立にとって必要な武士的心情と関わっていた。

福澤は『品行論』(明治一八年)で(以下⑤550–554)、報国尽忠など社会公共に関わる「外行」(パブリック・モラルチ)と一身の私に関する「内行」(プライヴェート・モラルチ)を区別したうえで、内行に関して現代の不品行の起源を戦国武士に探っている。

日本には古来尚武の気風があり、優秀な者は戦闘に没頭し、内行を顧みる遑もなかった。今日でも船頭や軍人は、死生定め難き職業であるため、苦痛の代償として快楽を求め、内行をおろそかにする傾向があるが、これは戦国武士と同じく、「大に恕する所のもの」がある。また、戦国武士にも「徳心」が欠けていたわけではなく、「一諾山よりも重く、一身塵よりも軽し。其義を重んじて死を軽んずるの士気」は後世の人を少なからず感服させたとはいえ、彼らは内行の大切さを悟ることができなかった。戦国時代の内行を軽んずる気風は時勢としてやむを得ないものであったが、総じて日本の国民の内行は武士の遺風から影響を受け、武人の言行は善悪を問わず国民の模範となった。徳川の太平の世になって、武士は事務を司り、「外面の礼式」による規制のため従順文雅に変身したが、父祖以来の「活発磊落の気質」はなくならず、門閥の富をバックに肉体の快楽を貪った。なるほど、徳川時代には儒教の仁義礼智、孝悌忠信が支配し、内行も重視されたが、儒教道徳は女性や子供等の弱者だけに向けられたため、男女の関係など関知せず、武士は不品行を続けた。したがって、現代日本の男子の品行を正しくするためには、「戦国武士の遺臭なる磊落無頓着の気風」を抑え、同時に「儒教主義の欠典」を明らかにしなければならない。

ここでも福澤は、戦国武士と現代の船頭・軍人の不品行については、生死に関わる職業や状況のゆえに寛恕の姿勢を示している。しかも、「活発磊落の気質」という言葉自体、戦国武士に対する積極的評価を洩らしている。それどころか、戦国武士の「義を重んじて死を軽んずるの士気」は、「満身の鋭気」（「不屈不撓、出来ざれば死ぬと云ふ程の覚悟」）と重なる。戦国武士の士気は「徳心」と表現されており、国や社会公共のために尽す「パブリック・モラルチ」に通じるが、「満身の鋭気」も実業という社会公共の事柄と関わっている。福澤は「徳教之説」（明治一六年）で、日本の封建時代の士人は支那朝鮮と違って、儒教を束縛して「自家固有の精神」を自由にし、その「士人の胸中一点の雲なく、不羈磊落、渾身洗ふが如く」、西洋文明を受け止め、東洋諸国において面目を高めたと語っている（⑨286f.）が、この「不羈磊落」もまた、進取の精神という意味では「満身の鋭気」と無関係ではない。

既述のように、『概略』では、幕末の攘夷論の源は「私情」ではなく、自他の別を心得て国を担おうとする「公の心」だとしていたが、『時事小言』でも、維新の功臣は幕末に過激乱暴といわれたけれども、国事のために私心を去り、「必死の覚悟にて万に一にも生を期したることに非ず、一身の生命を視ること土芥の如くなるものと云ふ可し」と表現している（⑤138）。そこからすれば、福澤が戦国武士、維新の志士、そしてみずからの「磊落無頓着」を寛恕するばかりか積極的に評価したのは、状況もさることながら、そうした（局所において評価すべき）気風を「変形」することで、「国を思ふの公徳心」（⑥106）として国家ないし文明に役立てようという見通しも与っていたと思われる。

二　敢為活発

では、「磊落無頓着」は具体的にどのような形で現代における一国独立に寄与するのか。ここでも表現に着目するならば、「磊落無頓着」（活発有為、不羈活発、簡易活発、大膽磊落、活発磊落等）と親縁性をもつ言葉として「敢為活発」を挙げることができる。前項で見た『分権論』の例からわかるように、「敢為活発」は「簡易磊落」と同じ内容をもっており、また「磊落無頓着」と同様、不品行を生み出し得るものである。問題はその「用法」にあった。もっとも、「敢為」や「活発」は、磊落無頓着と違って、文明、とくに智と密接に関わっていた。福澤は西洋文明の「活発」を智力と結びつけて評価し（「西洋諸国の人民は智力活発にして……」（④185：B265））、しかもそれは、虚飾と虚栄、惑溺を排する実用的観点と結びついていた（④32ff.：B48ff. 参照。同趣旨⑭148）。西洋諸国では「人智日に進て敢為の勇力を増し……」（④132f.：B190）というのも、智こそが精神の「敢為の勇力」＝「活発」を生み出して文明の進歩に寄与したということを示している。これらの場合、さしあたり武士の心情は関わっていないように見える。

しかし、この文明の「活発」や「敢為の勇力」は西洋からの智の輸入によってしか発揮されないものであろうか。たしかに『概略』では、徳川の専制偏重の体制のために、身分が固定化し、たとえ才力があってもなすべき目的がなく、守旧の姿勢に徹し、時を経るうちにその習慣はついに「人の性」となり、「敢為の精神」を失い尽すに至り、そのため日本人は人間に具わるべき「一種の運動力」を欠いて停滞を余儀なくされたとしている（④171：B245）。だが、これは文明史的な観点から下された評価である。別の場所では、維新以来の変革は、文明世界の勢いに促されたとはいえ、日本国民の「天性その遺伝」に「活発敢為の気象」がなければ到底達成できなかったことを認めている（⑫450）。国民といっても、主体は武士である。「活発敢為の気象」とは、「三河武士の活発にして浮薄ならざる精神」、「日本魂」、「三河魂」、「封建の武士道」と同じものであり、この不羈の精神が西洋文明の主義と相俟って、王政維新の革新をなしたのである（⑯213f.）。

あるいは、『国会論』（明治一二年）でも、現代の政権を担っている人々は本来、維新の動乱をくぐりぬけた「活発敢為の気象」に富んでいたといい（⑤93）、『実業論』（二六年）では、士族学者流の「新成の壮商」が知見が広く、工夫に富んでいるのに対して、昔ながらの番頭や手代は商界の大勢を知らず、「敢為の勇」に乏しいと特徴づけている（⑥154）。士族に固有の「敢為の勇」の実業にとっての意義を認めるのである。もっとも、この場合、「智」が精神を活性化させて「敢為の勇」を生み、それによって実業に資するという議論の運びからして、むしろ士族固有の「智」の方を評価しているようにも見える。事実、別の場所では、いまの士族流の恃むべきところはもっぱら「智力、学力、筆力、弁力」だけだといっている[2]（⑫42. なお⑤116f. 参照）。しかし、かりにそうだとしても、「敢為」の精神は「智」に尽きるものではなかった。

既述のように、福澤は『時事小言』で、国のための「人民の気力」の必要を訴えたが、その具体的な方策は「士族の気力」の維持であった。ここでも、日本社会で治乱ともに「事を為す」者は古来必ず士族に限り、幕末以来西洋文明を導入して世間に広め、維新の大業をなし遂げたのも士族であったが、それに対して百姓町人は「活発の人」ではなかったとして、士族の気力の維持保護を訴えている。しかも、近年では士族は政権を得たのであるから、「商権」に進むのも自然の勢いであるという（⑤221. 同趣旨⑧60f. なお⑩467参照）。つまり、武士ないし士族は「事を為す」気力において「活発の人」であり、これが実業にとって重要な要素だというのである。無論、繰り返せば、「智」は不可欠の要素であるから、ここでも、百姓町人を国の「胃」、士族を「脳」と「腕」にたとえている。しかし、士族に固有の「気力」も決して無視できない要素である。「今の士族に左袒し之を利用せん」こと（⑰199）を狙った『分権論』では、幕末以来の政治の変革は旧来固有の力の「変形」によるものであり、忠義、討死、文武のたしなみ、武士の心がけといった「士族固有の気力」を変じ、その力を文明開化進歩改進等のために集中した結果、今日の状態に至ったと評価し（④238）、「西南戦争の利害得失」（明治一〇年）では、西郷の敗北が「士族の気力」を喪失させることへの危惧を語っている（⑳167）。

様々な機会に福澤は、武士は「智」のみならず、「文武」はもとより、仁義、廉恥、快活、清廉潔白、品行高尚、心事高尚などおよそ「肉体以上の事」について他の階層に抜きん出ており、それが日本の文明・独立、維新の変革に寄与し、現代の道徳にも影響を残したことを認めている[3]（④491, ⑧60, ⑨283ff., ⑩88, ⑪206, ⑪337, ⑫94, ⑫456, ⑮421, ⑮447, ⑳162）。そして、ここでもその原型は『概略』にある（以下④179ff.: B256ff.）。理財の要は「活発敢為の働」と「節倹勉強の力」にあり、過去の日本人にも理財の素質があったとはいえ、品行が二つの「種族」に分かれたためにそれを活かすことができなかったという文脈中で福澤は、士族の「治者流の活発敢為」をこう説明している。

古来我国理財の有様を見るに、銭を費して事を為す者は常に士族以上治者の流なり。政府にて土木の工を興し、文武の事を企るは勿論、都て世間にて書を読み、武を講じ、或は技芸を研き、或は風流を楽む等、其事柄は有用にても無用にても、一身の衣食を謀るの外に余地を設けて、人生の稍や高尚なる部分に心を用ゆる者は、必ず士族以上に限り、其品行も自から穎敏活発にして、敢て事を為すの気力に乏しからず。実に我文明の根本と称す可きものなれども……。

これに続いて福澤は、武士に理財の観念がなく、農商以下の被治者には、節倹勉強にもかかわらず、「敢為の気象」が欠けていたことを指摘しつつ、結論としては、両者に存在している「智力」を調和させ「実際の用に適せしむる」ことが経済の急務だとしている。

ここでも武士の「智」に対する注目はあるが、しかし敢為の「気力」もおおいに評価されている。また、「品行の穎敏活発」という表現からわかるように、「活発敢為」は「徳」とも無縁ではない。事実、福澤は同じ場所で、「飄然として産を治めず、其好む所に耽て敢て其志を屈せず、敢て其志す所の事を為して貧を患へざる」という武士の気性が、「智徳の働」に余地を存していた点で、富商や豪農の、富だけを貴び、恥ずべきを恥じず、忍ぶべからずを忍ぶ貪欲・吝嗇の気性よりも遥かに高尚であったといっている。「活発敢為」は、武士の智のみならず、気力や徳にも依存していたのである。否むしろ、時によって福澤は武士の智よりも気力の方に着目していたと見られる節《ふし》がある。

かりに「穎敏活発」を「穎敏」と「活発」に分解するとすれば、武士の本領は「活発」の方にあった（「穎敏」につき⑥540, ⑳134f. 参照）。日本人に対する儒学の影響は、田舎娘を御殿の奉公に出したようなものであり、起居動作は清雅で、「才智」も「穎敏」を増したけれども、「活発なる気力」は失い尽くしたという語り口（④163：B233）からすると、この気力は、儒教から隔たっていた戦国武士や三河武士にはまだ存在していたことになる。『丁丑公論』（⑥547ff.）では、薩摩武士のうち、叛乱に走った西郷や桐野は「質朴率直」という薩摩の士人の伝統を引いているが、政府官員として残った者は伝統を棄てて都下の悪習に染まり、奢侈を極め、非常の土木を起こしたり、無用の馬車に乗るなどというところからして、「穎敏の才智に至ては東に対して譲る所あるも、活発屈強の気力は西に十分」だという。ここでも、いま少し西郷に「学問の思想」があれば、「活発屈強の気風」をもうまく誘導することができ、地方自治や立憲政体や「勧学営業」のために利用することができた（「西郷の罪は不学に在り」）としているから、智の優位は揺るがないが、しかし「活発屈強」や、「質朴率直」は肯定的に捉えられている。福澤にいわせれば、西郷は「無欲淡泊簡易質朴」（⑬54）、あるいは「淡泊無欲の性質」で、元勲の身でありながら「磊落書生の生活」のまま一生を終った人物であった（⑮450）。

たしかに、福澤は商売＝道理と尽忠報国＝情を区別している（「抑も商売の事は道理に基くものにして、報国尽忠、一命を戦場に棄る等の事は、情に生ずるものなり」）（『福澤文集二編』明治一二年（④467））。しかし、報国心が「情」に尽くされないのとちょうど反対に、商売も「智」だけで成り立つものではない。そのことは「敢為の勇」について見たところであるが、もっと明瞭な言葉が「社会の形勢学者の方向」（二〇年）と『実業論』にある。

人生辱しめらるれば死すと云ひ、身を殺して名を成すと云ふが如きは、紳士たる者の常に忘る可らざる覚悟にして、栄誉は生命にも易へ難しと雖ども、商人金を得ざれば死すと云ひ、身を殺して富を成すと云ふ者あるも、余は……此言に服するを得ず。……其方便は則ち工商その他百般の職業なりと雖ども、其職業を執るに当りて銭をさへ得れば廉恥は顧るに遑あらずと云ふが如きは、之を紳士の商売と名づく可らず。（⑪206）

苟も実業の真の発達を見るは其社会の人を悉皆士化せしめたる後の事と知る可し。蓋し実業は貴重にして栄誉の事なり。其事にして斯の如くなれば、之に当る人も亦斯の如くならざる可らず。人品高尚にして廉恥を知る人にして始めて可なり。（⑥158）

ここでは、富商・豪農に欠けている士族固有の気風を廉恥心・名誉心として表現しているが、もちろんそれを現代の実業人・商人に植え付けることが福澤の課題であった。内田魯庵（『新編思い出す人々』134）は、「町人宗」の開祖福澤は「富の福音を伝道しつつも士魂洋才を叫んだ」というが、「士魂商才」（武田泰淳）といった方が適切かもしれない（西村「欧化と道徳」①32参照）。

かくて、一国独立、そのための〈手段としての文明〉にとって第一の必須の要素は「智」であり、それが「活発」や「敢為の勇力」を生み出したり、誘導・制御したりするのであるが、しかし他方で「活発」ないし「敢為」は智と区別される精神の働きを含み、これを具備していたのが武士であり士族であった。この働きは、活発磊落、自由活発、不羈磊落、大膽磊落、活発有為といった表現で指し示されたものと重なる。ずばりいえば、実業に資する「満身の鋭気」である。ここからすれば、福澤は、一国独立のための気力を武士ないし士族から調達しようとしたといっても過言ではない。それは、幕末維新に際して示された武士の変革の力なり進取の気概に対する期待から生じたものである。「士族の働は力なり。之を無に帰す可らず。其形を変じて利用す可きなり」（『分権論』④175）というのだから。

三　顕勇と潜勇

「敢為の勇力」という表現や、必敗必死を眼前にしてなお「勇進する」という瘠我慢の描写から見ても、「勇気」という語も、「磊落無頓着」との関わりで考慮に値する。

これについても第一に挙げるべきは維新前後の武士の変革の気力である。維新の際に攘夷派が開国に転じたことは「当局者の熱心勇敢」と表現されている（⑧354）。あるいは、「日本人は今の日本に満足せんとするか」（明治一六年）では、国富のためには産業と貿易を推進するしかないとして「進取の勇気」をもつように説いている（⑨114）が、その際こう述べている。元和偃武以来社会の栄誉は「武」一辺倒であったが、「文事」の勢力も薄弱ではなく、武家世襲の勇気を文事に適用して、西洋文明に眼を開き、「国の為め身を顧みざるの勇気」、「進取の勇気」が日本人にはあった。これは「不明の妄勇」、「盲人の勇」ではなく、「智者の大勇」である。この日本人（事実上は武士）の進取の勇気は、西洋文明に倣って陸海の軍備、自由権理、学問、商工農、運輸通信の進歩を謀り、国を護る基礎を固めるのに貢献した、と（⑨112）。

たしかに、「進取の勇気」や「智者の大勇」は、数理（智）への信頼から生じる「恒存性の勇気」（前節四項参照）と同じ内容である。「智勇」という表現もあって、「智恵に一歩を進れば一段の勇気を生じ、其智恵愈進めば勇力の発生も亦限あることなし」(4)（④120：B172f. なお⑧219）と説明されている。『学者安心論』（明治九年）でも、維新以来危険を冒しながら暴力に訴えずに前進してきた改革派の行動は、単に「強勇」というべきではなく、「智」と称するべきだとしている（④222）。「智勇」は、「敢為活発」の智に属する面を指すのである。

だが、「勇気」もまた当然「情」に深く関わっている。『福翁百話』でいう。人間には、「劇論喧嘩熱心相争ふて他を圧倒し、遂に我思ふ所に服従せしめて本来の目的を達するの勇気」が時に必要だが、これは往々にして道理を超えて獣類の争いに及ぶ場合がある。この「獣勇」はまことに見苦しいが、いまの文明の程度では恕するほかなく、また実際「戸外」では勇気が必要である（政界の策略、商売上の掛け引き、戦争）。ただ、勇気には、「富貴も淫する能はず、貧賤も移す能はず、威武も屈する能はず」、如何なる艱難に遭遇しても屹然として動かないと同時に、乗ずる機会があれば征服を謀る「潜勇」（これは「智者の事」である）と、千百の小理屈など顧みず、身を忘れ腕力に訴えても目的を達しようとする「熱心一偏の顕勇」の二種類があり、いずれも時と場所に応じて必要である。ただし、「深遠の理想」により掣肘しなければ、「絶対の獣勇」に陥る。「哲学理論」の必要なゆえんである、と（⑥290）。

この「潜勇」と「顕勇」の対は「恒存性の勇気」と「一時暴発の勇気」の、あるいは「太平の忠孝」と「非常の忠孝」の対に相応しているように見える。[5] しかし、厳密にいうと、「恒存性の勇気」は基本的に数理と不可分の「智勇」であるのに対して、「潜勇」は「獣勇」の一つであり、それゆえ道理を超えたところがある。[6] それは、「富貴も淫する能はず、貧賤も移す能はず、威武も屈する能はず」という心情として表現されるが、この形容は、三河武士に由来する武士の気風（「威武も屈すること能はず、貧賤も奪ふこと能はず」）、あるいは武士の敢為活発の気性（「飄然として産を治めず、其好む所に耽て敢て其志を屈せず、敢て其志す所の事を為して貧を患へざる」）と一致する。つまり、勇気についても、智を補完すべき「情」が認められるのである。福澤は、みずから幕末に世の俗論、古論、保守論を排し、文明論を公言して人心を激したのは「人生の獣勇、闘争を好むの情」に出たものであったと追想している（⑮531f.）。この「獣勇」は文明のためであるから「智勇」のようであるが、「闘争を好むの情」という表現からすれば、「潜勇」のうち、智に尽されない情を、つまり「磊落無頓着」の一部としての「不羈磊落」の精神を表している。「人には勇気なかるべからず。勇気とはつよきことにて、物事をおそれざるきしやうなり。何事にても、じぶんの思込しことは、いつまでもこれにこりかたまり、くるしみをいとはずして、成し遂ぐべし」（『ひゞのをしへ』（⑳69））というのもこれに近い。

一国独立の推進力としての「潜勇」はたしかに「智勇」と区別しにくい。商売＝道理と尽忠報国＝情を区別するならば、実業に関わる勇気は「智勇」として理解しておけば十分であるように見える。しかし、たとえば「国民の外交」（明治一八年）で福澤はこう論じている。西洋諸国の立国の基礎は商売にあり、その商人が利を争う「情」は日本の戦国の武人と異ならない。「一諾山より重く、一言千金に直り、士気凛然として犯す可らず」という気概は、元亀天正（戦国後期）の武士が武勇を重んじて功名を争ったのを彷彿とさせる。日本の商人も、西洋の商人に倣って、志を高尚にして自尊を知り、「利」に鋭敏でありながら「義」を忘れず、勇敢に進むべきだ、と（⑩378f. なお⑥193, ⑲642）。これは、日本商人の小利に齷齪して信義に欠けるところを捉えて、個人の「私の栄誉」が集って「一国の栄誉」となる以上、一商人の一時の不面目も日本の外交に大きく影響するという理屈に基づいている。つまり、武士的な勇気は間接的に一国独立に裨益するのである（『品行論』の「一諾山より重く」を想起されたい）。これまた「士魂商才」であるが、この武士的な勇気は「智勇」に解消されないであろう。

ちなみに、福澤は商人の心がけについて、戦国武士だけではなく、「元禄武士」まで動員した。商売の利益追求に際して「利」に凝らずに永遠の大利益を博するべきだと主張した際に、「紳商たる者」は周旋奔走の働きを小吏の如く、「義心の凛然たること元禄武士の如くすべし」といい（⑪208）、また、如何なる賤業を営む場合にも独立の大義を忘れず、大事に臨んで節を屈しないようにし、立身のためには「其心術を元禄武士にして、其働を小役人素町人に」すべきだと説き（⑬168）、あるいは、志は安易に人に語らず内に秘めておくべきだと主張するために、「思想の深遠なるは哲学者の如く、心術の正直高尚なるは元禄武士の如く」し、これに「小俗吏の才能」を加えてはじめて実業界の大人となる、と表現している（⑬559. なお⑳472参照）。

これらの場合、戦国武士の士気ほど激越ではなく、勇気とも異なるかもしれないが、武士の心情に名を借りて、実業家に独立の精神や廉恥心が必要であることを表現しようとする点では共通している。福澤は、内匠頭の刃傷や征韓論が一時の情欲に発する無思慮なものであるけれども、元来武士の意地または「面目」を重んずる心から生じたものであるから、なお「美」とすべきところがあり、軍人社会ではこの気性を賤しむべきではないとしている（⑲569）から、元禄武士もまた、意地・面目に関しては、状況ないし職業のゆえに寛恕された戦国武士の磊落無頓着と同じ地平にある。無論、福澤は、元禄の忠孝世界に戻ろうとする徳教論者を敢然と拒否し（⑤358）、赤穂義士

料金受取人払

千種局承認

3194

差出有効期間
平成20年3月
31日まで

郵便はがき

464-8790

092

名古屋市千種区不老町名古屋大学構内

財団法人 名古屋大学出版会 行

ご注文書

書名	冊数

ご購入方法は下記の二つの方法からお選び下さい

A. 直　送	B. 書　店
「代金引換えの宅急便」でお届けいたします 代金＝定価（税込）＋手数料200円 ※手数料は何冊ご注文いただいても200円です	書店経由をご希望の場合は下記にご記入下さい ＿＿＿＿＿＿ 市区町村 ＿＿＿＿＿＿ 書店

読者カード

（本書をお買い上げいただきまして誠にありがとうございました。
このハガキをお返しいただいた方には図書目録をお送りします。）

本書のタイトル

ご住所　〒

TEL（　　）　―

お名前（フリガナ）　　年齢

歳

勤務先または在学学校名

関心のある分野　　所属学会など

本書ご購入の契機（いくつでも○印をおつけ下さい）

A．新聞広告(紙名　　)　B．雑誌広告(誌名　　)　C．小会目録

D．書評(　　)　E．人にすすめられた　F．テキスト・参考書

G．店頭で現物をみて　J．その他(　　)

ご購入書店名　　都道府県　　市区町村　　書店

本書並びに小会の刊行物に関するご意見・ご感想

の無駄死を批判して、その行為を「私裁」として断罪し（③66：B58f.）、あるいは「政権維持」の観点から、義士の処分を正当としている（⑤157）から、元禄武士の場合も、戦国武士と同様、長短を使い分けて利用したというべきであろう。

以上見てきたように、福澤は、「一命を抛つ」士気にせよ、「敢為活発」にせよ、「勇気」にせよ、武士的な心情を変形して、一国独立、とりわけその重要な一部をなす実業＝商工業の推進のために利用しようとした。数百年来にわたる士族の「遺伝の教育血統」を現代に断絶するのは「智者の策」ではない（⑤230）という言葉に現れているように、これもまた一国独立のための「文明の方便」であり、「国家理性的」思考の所産であった。だが、武士的心情は一国独立だけに関わるわけではない。たしかに、実業に邁進する精神は一国のための「独立の気力」である。しかし、「独立の気力」はそれに尽きない。ここで想起すべきは、「独立の気力なき者は国を思ふこと深切ならず」、あるいは「内に居て独立の地位を得ざる者は外に在て外国人に接するときも亦独立の権義を伸ること能はず」という『すゝめ』三編の命題である。すなわち、一身独立のための「気力」こそ、一国独立のための報国心の基礎となる。一身独立のための気力とは、ひとことでいえば、「卑屈」の克服である。この「情」こそが、一身独立にとって、したがってまた一国独立にとって最も重要な要素となる。それは「名誉」と不可分の関係にあった。

第3節　名　誉

福澤は「自国の名誉」(『概略』)とか、「国の恥辱」(『すゝめ』)とか、「独立国の体面」(『通俗民権論』)とか、「自家の利益栄誉」(『瘠我慢の説』)といった形で、「一国の名誉」に頻繁に言及し、事変や戦争の折にも「自国の栄誉」について語った。平時にせよ戦時にせよ、報国心の喚起を狙ったものだ。しかし、一身の名誉の位置はどのようなものであったのだろうか。「朝鮮人民のために其国の滅亡を賀す」(明治一八年)で福澤はこう述べている。人間の身にとって最も大切なものは栄誉、生命、私有の三つであり、政府はこれらを保護するためにあるが、栄誉には二種類がある。国内の人民に貴賤貧富の差はあっても「国民たるの権利」は同等であり、人為の爵位身分のような虚名によってみだりに人を軽蔑することを許さないのが「内の栄誉」の保護である。それに対して、「外の栄誉」とは、政府が諸外国に対して国権を拡張し、些細なことにも栄誉を争うことによって、自国の人民が独立国民たる体面をまっとうできるように義務を尽すことを意味する、と(⑩379f. なお⑯88)。ここでは一身の名誉と一国の名誉は分離されており、一身の名誉は「権利」の平等ないし「人権」(⑤237. なお⑧123)を指している。

このような名誉観は早くからあった。『西洋事情外編』(慶應三年)では、「権利通義」は「生命を存し自由を求め身を重んじ物を保つ」ことであり、政府・国家の制度は生命・財産・自由を保つためにあるとしていた(①392, 416–418)が、『西洋事情二編』(明治三年)では、英国人民の通義を「天賦自由の通義」とし、これを、「身を安穏にするの通義」、「身を自由にするの通義」、「私有を保つの通義」の三つに分類し、身を安穏にする通義が、生命、身体、健康安寧、「名誉面目」の保持だと説明している[1]（①498. なお①506参照）。この論述は必ずしも整合的ではないが[2]、名誉が権利ないし人権に関わることは明らかである。『すゝめ』二編（六年）では（③37-40：B21-25）、人間の平等が有様ではなく権理の平等だとした際に、「権理通義」とは生命を重んじ、財産を守り、面目名誉を大切にすることだと明言し、面目名誉について、旧幕時代の士族がみだりに権威を揮い、百姓町人を罪人の如く扱い、百姓町人の方は無関係な士族に平身低頭した消極的事例を挙げ、三編では、すでに引いたように、江戸時代以来の「平民の根性」、「無気無力の鉄面皮」、「町人根性」を批判している。目上の威光・権威に平身低頭して恥じないというのは、「独立自尊」の精神の欠如、つまり人民の方から圧制を招くような「卑屈」を指しており（⑦189：B232参照）、それがすなわち名誉意識の不在なのである。したがって、名誉は、主体の側からいえば、「卑屈」の否定、あるいは「自尊心」そのものであるが、社会的にいえば、生命・財産とともに平等の確保の一環として位置づけられている。つまり、〈自尊心〉の確立と〈名誉の平等〉が権利ないし人権としての名誉論の中核をなしているのである。

もっとも、福澤における一身の名誉はこれに尽きるものではない。この節では、少し横道に入ることになるが、福澤における名誉、栄誉、栄辱、功名等の語の用例を可能な限り探索し、それを通じて武士的な心情が一国独立のみならず一身独立にとってもつ意味を明らかにしたい。

一　名誉の平等

〈人権としての名誉〉論がまっさきに標的として選んだのは、「官尊民卑」による名誉の不平等である。福澤は、些細なこと、たとえば官庁内における乗馬制限（⑪565f.）や、国会議員の死亡時の爵位官等の呼称（⑫601-603）を取り上げて、官尊民卑の風潮が人権中最も重要な名誉を毀損していると断罪する（なお⑮592f.）。あるいは、政府による名誉の独占（爵位）について、「独立自尊の心」をもってすれば、位階爵禄など犬に首輪をはめ、猿に衣装を着せるのと同断の児戯であり、まったく無用だという（⑯569f.なお⑥366, ⑫617）。他面、官尊民卑は人民側の「卑屈」にも起因する。だから、福澤は、地方政治における人民の人権（生命・財産・栄誉）の保障を訴えつつ、公用収用や家宅捜索に際する人民の従順さに見られるように、日本国民全体に卑屈心があって、人権の思想に乏しいことを指摘し、人民が私権を鋭意守り、その品格を高尚にし、同時に政府も人権を重んじるべきだと説くのである（⑪473-477）。

これらの〈人権としての名誉〉論で福澤はしばしば名誉が財産・生命より貴重だといっているが、これは、〈自尊心〉が平等の自覚、ひいては権利意識の促進にとってアルキメデスの点であったということを示している。〈自尊心〉ないし平等という要素を重視するならば、人権とはすなわち名誉そのものとなる。明治九年（富田『考証』下449）に大久保利通と会談した際に福澤はこう述べた（①64）。

元来国民の権利には政権と人権と二様の別あり、自分は生れ付き政事に不案内なれば政事は政府にて宜しきやう処理せらる可し。唯人権の一段に至りては決して仮す可らず、政府の官吏輩が馬鹿に威張りて平民を軽蔑し、封建時代の武家が百姓町人を視るが如くにして、人生至重の名誉を害するのみならず、其実利益をも犯さんとするが如き万々之に甘んずるを得ず……。

これは、大久保が福澤を民権論者の首魁とみなしたのに対して、自分のいう民権は政権を妨げるものではないとした際の発言であり、間接的に、参政権の一方に偏した、つまり政治偏重の「民権論」[3]（⑪195）を批判して人権の重要性を強調したものであるが、その人権の代表ないし象徴が「人生至重の名誉」だというのである。比喩といえば比喩であるが、福澤の名誉論の核心の一つが〈自尊心〉の確立と〈名誉の平等〉の実現にあったことはまずまちがいない。

だが、福澤は名誉論によって、個人の〈自尊心〉を確保するだけでなく、政治ないし官界の偏重に対して、「工商」、「宗教」、「学問」のそれぞれ内部に固有の「功名名誉」があれば、国中に「幾多の中心」を作ることになり、他人を羨望する念を薄めることができると考えた（⑪335f. なお⑤382f. 参照）。この、種々の領域への名誉の分配、いわば〈名誉の多元化〉を説いた例はきわめて多い。その時々の論旨は様々であり、またたがいに交錯しているが、あえて力点の置き所に従って分類するならばこうなるであろう。

第一に、個別領域の活性化を直接狙ったものがある。たとえば、封建時代の余弊としての平民社会の卑屈で吝嗇な状態を是正し、政府の社会と人民の社会の差別を克服すべくいう。文明諸国の人が銭を求めて汲々としているのは、銭で栄誉権力を買おうとするためであるが、日本の商人は銭一辺倒であり、これに対処するには平民の中に資産による「栄辱の標準」を作るべきだ、と。あるいは、「政府人為の官爵」一点張りを修正して、今後は銭の多寡を標準にしてこれを一種の爵位となし、栄誉勢力の源を銭に絞るようにすべきだともいう（⑩421f., ⑩278. なお⑩270, ⑩274, ⑩414, ⑪238f., ⑭11, ⑯570f., ⑯569ff.）。いずれも、文明の名において――「金力即ち栄誉面目たるべきは、文明進歩の定則」である（⑤534）――、あるいは英米社会の商を重んじる風潮を引き合いに出して（⑪332, ⑭9ff.）、「官」の名誉に財産・商売による名誉を対置するのである。

また、「学問」（学者）の領域についても、一方では朝廷の位階は官吏社会の一部に通用する内部の階級にすぎず、学者には学問の社会で「徳望の天爵」があるという論法をとりながら（⑫409）、他方では「高尚なる理論」からいえば位階勲章など最も俗なるものであるが、現実は必ずしもそうではないから、官吏だけでなく学者の栄誉の評価のために位階勲章を賜わるようにすべきだとしている（⑤383f. なお⑪485f., ⑬601）。さらに、資産のない官吏はひどく地位を重視するから、良家の子弟で生計に不自由のない者を高等官にすれば、「処世の名誉」のために立身を志すことになるとし（⑪471f.）、僧侶学者などの「不生産の種族」は、生産の種族のように肉体奢侈の快楽を得られないけれども、社会の尊敬という精神の快楽を得ることができ、官員も世人の尊敬を受け「功名の愉快」を覚えることができるといっている（⑪278, 280f.）。各領域の活性化という目的から、「官」の名誉ですら、平等に評価するのである。

第二に、主に「政談熱」や「官途熱」に対する処方箋として、複数領域の名誉の重要性を唱えた事例がある。たとえば、学者書生の政談熱は、名利を得るために政府に地位を得ようとして果たせないことに起因するとして、学問芸術、商工の事業に名利を与えるように提言し（⑧609. 同趣旨⑩281, ⑩284, ⑫380, 384）、政治重視の慣行に対して、政治・宗教・学術・商工のどれであっても、「富貴功名」のありかとして国民の随意に任せるのがよいと説く（⑧638）。あるいは、官吏となることが無上の栄光であり、政治こそ最高の栄誉だと考える封建士族末流の政治熱心の遺風に対して、西洋のように銭も学問も世間の尊敬を受けるべきだと主張し、「官吏たらば応さに日本に生る可し、金持たらば応さに西洋に行く可し」（⑩282f. なお⑩94f.）といい、官吏の職業ほど尊いものはないと思って仕官に熱中煩悶する見苦しさを指摘して、官途熱を冷まして尋常普通の商売工業に従事せよと論じている（⑤511, 527. 同趣旨⑫282, ⑭47f., ⑭73）。要は、「男子の目的果して功名富貴に在らば、社会の広き、事業の多き、功名富貴到る処に求む可し」というのである（⑭49）。

第三に、こうした主張は福澤の持論である「官民調和」論とも関わっている[(4)]。官民の軋轢を解くには官途熱の相対化が必要であるという趣旨から、福澤は、神官僧侶、学者、商工人の官途熱を批判し（⑧195）、とくに「爵位族称」は、人権の自由平等を妨げるばかりか、いたずらに世間の羨望を買うだけで、政治の実際には無用であるから廃止すべきだと論じ（⑫609）、「車馬衣冠の栄誉」は「一時凡俗に対する光明」にすぎないともいう（⑫342. なお⑫

110)。なお、政界の地位争いの緩和策として、人権を同等にするのみならず、政事・学事・商事やそれに従事する人を等しく尊重し、名利の範囲を広くし、「朝野羨望の焦点」を分つ工夫を施すべきだと主張した例もある（⑫275, また⑫287 参照）。

　このほかにも例はあるが[5]、これらの〈名誉の多元化〉論の底には、官尊民卑と人民の卑屈に対する福澤の激しい憤りがあり、その限りで〈名誉の多元化〉は〈名誉の平等〉と重なる。事実、〈名誉の多元化〉を主張した場合にも「人権」という言葉が出てきているし、官民調和論でも、栄誉・生命・財産のうち栄誉は至重のものであるとしている（⑬264f.）。実業の活性化のために工商の地位に名誉を付与するように提言した際にも、栄誉、生命、私有の順で尊重すべきことを説き、官尊民卑の風潮を叩いて、工商社会の者の卑屈を批判している（「蛆の如く虫の如くせられても銭を摑めば勝利なりとて、巧に人の股を潜る者を智者と称し……」（⑩526ff.））。いずれも〈名誉の平等〉論と同じ表現、同じ論法である。各領域の名誉の自立という発想そのものも、「栄誉権力の平均主義」[6]（名誉と権力との均衡論）に基づき、さらに一般的に「諸力の平均」論（④596）、「権力偏重」批判に、また——一事に「凝り固まること」（熱心）や惑溺を忌避する——「独立自尊」に通じるから、〈人権としての名誉〉と無関係ではあり得ない。「官」の名誉に対する「民」の名誉の対置にしても、個々人に関する限り、〈自尊心〉の基礎づけとなる。したがって、〈多元化〉論の名誉と〈人権としての名誉〉とを厳密に区別することは不可能に近い。

　しかしそれにもかかわらず、〈多元化〉論における名誉はしばしば強く「世俗的」な色調を帯びており、「高尚な理論」からすれば、卑俗きわまりないものであった。逆にいえば、だからこそ福澤は、爵位官等に代表される政界官界の名誉について、名を求めることは人類の天賦であり、そこに「恕す可きの情」があることを認め（⑧195）、国会議員等が「衣錦の俗栄」を名誉とするなど小児の功名心かもしれないが、いまの社会は哲学社会ではなく小児の群であるから、「其戯を咎む可きに非ず」と寛恕したのである（⑫514. なお⑫554f., ⑫607, ⑮447f.）。つまり、これらの世俗的な名誉はまったくの〈一時の彌縫策〉として認められたにすぎない。実業界の名誉の推進についても、たしかに商工業の活性化の意図があるが、部分的には徹底して世俗的なものとして位置づけられている。『尊王論』(明治二一年)では、利益よりも名誉を重んずるのが人の性情であるという認識の下に、「銭を以て名を買ふ」商人、「銭を第二着にして専ら名誉権利の一方のみに熱する」者、あるいは「功名症と名くる一種の精神病に罹る者」を俎上にのせている(⑥7-10)。

このような観点からすると、〈人権としての名誉〉のほかに、〈世俗的名誉〉という範疇で名誉論を見てみる必要があるが、それはとりもなおさず、名誉の源ないし基準は福澤にとって何であったのかという問に繋がってくる。

二　世俗的名誉

「私権論」(明治二〇年)で福澤は大略こう述べている(⑪375-383)。

封建時代には士族が名誉を独占する「士尊民卑」の陋習があったが、今日でもその変形として「官尊民卑」が私的世界にまで跋扈している。およそ栄誉の源は「智徳、財産、年齢」の三つにある。爵位官等を栄誉とする場合もあるが、これは官庁・宮廷の内部だけでしか通用しない。ところが、日本では社会全体の栄誉は公私を問わず、挙げて政府の官吏に帰している。この、日本人の骨身に徹した官尊民卑の宿弊は、個人同士の関係については害が少ないが、一国の政治に関わる場合には、文明世界にあるまじき弊害を生む。そもそも私有は生命・栄誉とともに貴重であるにもかかわらず、人民に「私権の思想」が欠けているために、たとえば土地の公用収用はほとんど抵抗なく行われている。こうした事態は官僚に責任があるように見えるが、むしろ問題は、「無智無力の小民」の多くが旧幕時代と同様に平身低頭するばかりか、「有智有力」の輩の中にも、私権を放棄して、官吏に迎合することで、官吏の権威名声を高めている者がいることにある。この輩に「男子の位の貴き」こと、「私権の重き所以」を悟せるならば、独立の方向をとって「私権の勢力」を高めるはずであるが、いまの学者にそれは望めない。富豪にしても、生計上はすでに「独立の紳士」であるのに、交際を官辺に求めて汲々としている。

ここでも、官尊民卑（名誉の不平等）を槍玉に上げているから、〈自尊心〉と結合した〈名誉の平等〉の発想がある。その根底には、私権（人権）としての生命・栄誉・私有の尊重がある。人民の卑屈を打破し、人権の思想を喚起することが「私権論」の一つの主題である。だが、それより目を惹くのは、ここで名誉の源泉として「智徳、財産、年齢」を挙げていることである。他の場所でも福澤は、政府の爵位勲等の権威が社会全体にいきわたり、年齢も智識も財産もすべて顔色をなくし、官吏でない者は「天然に一等を下だるもの」のようだ（⑪433）とか、日本社会では財産、智識、年齢は人の身の軽重を計るものではなく、名利のありかは官途だけに限られているといい（⑫291. なお⑩529f.）、あるいは、「官途社会」と「人民社会」は尊卑の分かれ目であり、智徳、財産、年齢の如何に関わらず、官途に就く者は尊く、民間の者は卑しいことになると指弾している（⑫486）。

いずれも、「私権論」と同様、「官」の優越に対抗して〈名誉の多元化〉によって「民」の名誉を推進しようとするものであり、またそれは人権や自尊自重とも無関係ではない（⑫488f., 493）が、問題は、「民」の名誉の源泉が智徳・財産・年齢とされていることである。たしかに、智徳は財産とともに独立自尊の貴重な礎であり、〈自尊心〉の糧となる。「人は生れながらにして貴賤貧富の別なし。唯学問を勤て物事をよく知る者は貴人となり富人となり、無学なる者は貧人となり下人となるなり」（③30：B12. なお⑪255f.）とか、「元来人の身分をして世に重からしむるものは智徳と財産である」（⑫620）というのであるから。また、「第二の門閥身分」の尊称に対して平民の「財産」、「知識徳義」を対置した例もある（⑫274）。だが、「智徳」は、たとえ〈自尊心〉と不可分であっても、人権や権義と呼ぶことはできない。まして「年齢」はどこから見ても（少なくとも明治時代には）人権や独立自尊と関わらない。むしろ一般的には「老尊壮卑」の「弊」が指摘される（⑩299ff.）。ではそれはどこから出てきたのか。

福澤は「国会準備の実手段」（明治二二年）において、日常の交際で官吏と民間人が接する場合、その人の年齢・智徳・財産に関係なく官吏は人民の上に位するかのようであると批判した際に、「郷党の私席には齢を尊び、商売工業の仲間には資力技術を尊び、学者士君子の会合には学識徳行を尊ぶ、誠に尋常普通のことなる可きに……」と述べ（⑫124f.）、別の場所でも、「朝廷には位を貴び郷党には齢を貴ぶ」としている（⑤384. なお⑪299）。「年齢」の由来は「郷党」という特殊領域にあったのだ。ここからは、智徳・財産・年齢は世俗的領域における名誉の源泉（の代表）であることが明らかとなる。

したがって、福澤の名誉論は、明確な線引きはできないが、〈自尊心〉を基準とする〈人権としての名誉〉と、「位階勲等」（官界、政界）およびそれに対抗する「智徳」（学問）、「財産」（実業界）、「年齢」（郷党）を源泉にした〈世俗的名誉〉との二つによって構成されていた。安西敏三（『西欧思想』277, 317）は、福澤には「他からの尊称の名誉」と「自己の内から出る尊称の『栄誉』」との区別があったとして、名誉の「外在的契機」と「内在的契機」との相違に言及しているが、この視点からいえば、〈人権としての名誉〉は、自尊心に基づく限り、主として「内的」な契機をもち、〈世俗的名誉〉は、他者による評価に依存する限り、「外的」な契機を帯びていたことになる。実際、福澤は、「本と尊卑は客観より生じ多数の所見に由て軽重するものなれば、自から尊くするも他人これを尊ばざれば則ち卑し」（⑧552）と述べているから、名誉の内外の契機をはっきり意識していた。

もっとも、一般に名誉観念は内的と外的の両方を具えていることが多いから、〈世俗的名誉〉にも内的契機（みずからを誇る意識）があり、〈人権としての名誉〉にも外的契機（他者による尊重）がある。逆にいうと、「内」と「外」だけを基準にすれば、〈人権としての名誉〉と〈世俗的名誉〉の境界は相対的に霞んでくるし、また必ずしも

「内」が優位に置かれるとは限らないということになる。事実、福澤はそのことを踏まえて論じていた。「私権論」で福澤は、「官尊民卑」を斬り捨てながら、返す刃で「民尊官卑」という傲慢不遜な「民心粗暴の弊」に立ち向かい、私権の拡張に歯止めをかけようとした。その対処策は、「世間独立の士君子が先づ隗より始めて処世の先例を示し、目に見え耳に聞く可き事実を以て他を導く」こと、すなわち、自労自食し、朋友の交際でも「我れは我が道を独歩して公に私に厘毫も枉ることなし」と覚悟を定め、民間同士の交際に努め、他者の智徳・財産・年齢に従って敬意を表するという処世の心得である（⑪383）。これは、官民の親睦調和を図るとともに、政治偏重の民権論を批判する（「人民の私権を堅固にするは立国の大本にして、之に政権を得せしむるは第二の要と云はざるを得ず」（⑪384））ための伏線となっているのであるが、同時に福澤の名誉論のもう一つの地平を示唆している。すなわち、智徳・財産・年齢という〈世俗的名誉〉の源泉は、官尊民卑や人民の卑屈に対抗する際にはみずから誇るべき内的なものとして機能するが、逆に民尊官卑や民心粗暴に対しては、他者による尊敬の基準という外的なものとして働くということである。

三　自然の名誉

「他者による尊敬」という外的観点からする名誉論は『福翁百話』（明治三〇年）の「人生名誉の権利」の項で披瀝されている。そこでは、「自由は不自由の間に在り」という、『概略』で権力偏重を批判した際（④145f.: B208）と同じテーゼを掲げ、名誉・生命・私有の権利は万人平等の自主自由の権であるとはいえ、他者の自由を重んじなければ平等の自由は得られないとした後、「謙遜辞譲」は美徳であるが、みだりに平身低頭するのは「身の重き」を忘れることになるばかりか、この種の人間に限って目上に対して丁寧で、目下に向かっては横柄な者が多いことを指摘して、目上の者に辱しめられて目下の者を辱める封建門閥時代の醜態を、江戸の敵を長崎で討つようなものだと評している（⑥376）。『概略』にいう、「恰も西隣へ貸したる金を東隣へ催促するが如し」である[7]（④165：B237）。

ここでも基礎にあるのは、自尊心と名誉の平等に基づく〈人権としての名誉〉である。だが、一文の主眼は権利の「レシプロシチ」を示すことにある。福澤は『すゝめ』で独立不羈の天賦人権を説きつつ、「互に人の妨をなさず」とか、「他人の妨を為さずして」とか、「互に相妨ることなき」とか、「他の妨を為さずして」とか、「人たるの者の分限を誤らずして世を渡るときは」とか、「他人の権義を妨げざれば」といった限定を執拗なまでに付している（③29, 31, 37, 38, 79：B11, 13, 21, 22, 75, ⑳49f.）が、それを積極的に表現したのが「レシプロシチ」である。ところが、封建時代の、またそれを引き継いだ現代の「卑屈」は、「目上の者に辱しめられて目下の者を辱める」というように、不名誉に甘んじること（卑屈）と不名誉を与えること（侮辱・横柄）がメダルの表裏になっている（なお④147：B210, ⑦189：B232）。別言すれば、名誉の権利主張（卑屈の打破）は他者に対する不名誉（侮辱）に繋がり、かえって名誉の平等を損なうということである。

事実、ここで福澤は、幕末の洋学者流が、江戸の敵を長崎に討つという習俗を憤ってひたすら門閥制度を破壊しようとしたのも、人間に固有の名誉の大義に「害」があることを知っていたからだというユニークな視点を披露して、こう続ける（⑥377f.）。維新以来四民同権平等の世の中になって、人民の中には、同権平等が「自重々他」であることを認識せず、おおいに威張って傍若無人に「唯我独尊」を気取る者が出てきた。人の尊いゆえんは、その人の「徳義品行、才学智能、地位職業、履歴功労、家の貧富、齢の老少」のように、「自然に」名声を博することであるのに、四民同権の一語を聞いて高慢になって人に無礼を働くなど、「半解半知文明の至愚」にすぎない。その例は無智な富豪の無礼不作法である。この、人を見下す「傲慢」な輩に対して福澤は、「心事を一転して学に志し、日進月歩の思想を自由にして眼中人なきが如くすると同時に、小心翼々其人の権利を重んじ」るように説くことによって、権利の「自重々他」を確保しようとする。「私権論」の処世の心得と同様、独立自尊を貫きつつ、同時に他者の名誉ないし権利を尊重せよ、ということである。

いいかえれば、福澤は、一方で、官尊民卑と人民の卑屈に対して「自重」としての名誉の権利を突きつけながら、他方では、人民（とくに富豪）の権利主張＝「独尊」から発する傲慢・横柄——民尊官卑や民心粗暴（「下々の者が謂れもなく妄に威張る」こと（④575））——に対して「重他」の義務を課すのである。福澤は別の場所で、政府が国民の私権に注意して「自尊の余地」を与えるように説くとともに、人民の方も、「自尊自重」が「他と共に尊重なるの謂」であることを悟るべきであり、官吏を侮辱することのないように警告を発しているほどである（⑪567）。『覚書』には、「競争は相抗するの義なり。同等同権の義なり。レシプロチ《ママ》の在る処なり。レスペクトの生ずる源なり。不自由の際に生ずる自由とは正に此辺にあるものなり」という記述がある（⑦658. なお⑭146f., ⑲993, ⑳470 参照）が、ここからしても、「レシプロシチ」は、「レスペクト」、つまり自己と他者の自由・権利・名誉の尊重（自尊と他尊、自重と重他）を意味していた。

ところが、『福翁百話』の論述で挙がっている名誉の源泉は、徳義品行、才学智能、地位職業、履歴功労、家の貧富、齢の老少であった。これは智徳、財産、年齢よりも幅広く、しかも遥かに「世俗的」な内容である。だが、このような野放図な拡大は重要な意味をもたない。「重他」、すなわち他者の尊重（外的名誉）を主題とする限り、名誉の源泉は何であってもさしつかえないからである。これらの名誉の源泉は、「重他」の具体的な標準ではなく、例示にすぎない。「一芸にても身に覚ある者は、人に交て自からレスペクトを得るに足るものなり。囲碁将棋三絃にても苦しからず」（『覚書』（⑦657））という一句が示すように、「重他」を意識した場合の名誉の内容は、他人の尊重を獲得できるものであれば何であってもかまわず、重要なのは、みずから名誉を誇る傲慢に対して、「自然に」

得られる名誉を対置することにあるからである。

さらに、『福翁百余話』（明治三四年）の「名誉」の項ではこう説明している（⑥416f.）。名誉は財産よりも大切だが、いたずらに名誉を求めるのではなく、みずから居家処世の義務を尽し、しかもただ「自尊自重」の原則を守るに留め、一身の名誉など度外視して忘れたかのようにしておれば、かえって人に知られ、「遠近の尊敬名誉」は自然に集まるものである、と。福澤はこれを「求めざるの名誉」ないし「自然の名誉」と呼び、天爵であれ人爵であれ、自然にその人に帰する名誉であれば尊敬してよいが、「有徳有智の君子」を気取るようなものは受け容れられないとしている。ここでは名誉の基準は示されていない。目的ははっきりと、傲慢な「独尊」に対抗する「他尊＝重他」にあるからだ。「自尊自重」は出てくるが、名誉の範疇に入らない。つまり、「独立自尊」を貫きつつ他者の名誉・権利を尊重する、かの処世の心得こそが名誉論の中心に置かれているのである。

「自然の名誉」論はさらに『福翁百話』の「銭の外に名誉あり」という項により純粋な形で出てくる（⑥358-360）。ここで福澤は、名誉を求めることは人間の「高尚」を示し、「銭一方の人」が世の尊敬を得ようとして衣食住を飾ったり、政治に乗り出したり、爵位を買おうとすることですら、名のために利を空しくする「高尚なる人心の働」であるとはいえ、なお一歩を進めて、むしろ「無銭」に「安心」の点を定め、そこにこそ名誉があることを知らしめたいとしていう。(8)

即ち其安心は人生の智識、徳義、才力、品行等の箇条にして、之を支配するに不羈独立の気概を以てするときは、発して処世の交際法と為り、居家の快楽事と為り、威武も恐るゝに足らず、富貴も羨むに足らず、心は天下最高の点に安んじて、身は熱界の俗塵に交はり、人の愚は侮らずして教へんことを謀り、人の悪は咎めずして却て之を憐み、迫らず急がず悠々自から居るときは、……自から世間の尊敬を博するや疑ある可らず。即ち是れ求めざるの名誉なり。

この「求めざるの名誉」は、「大名誉」とも「自から知らざるの名誉」ともいいかえられているが、内容は「自然の名誉」と寸分異ならない。「智識、徳義、才力、品行」は、「自然の名誉」論にいう「自から勤む可き」事柄、「自尊自重」の対象であって、他人に評価されるための名誉の基準ではない。さもなければ、「大名誉」は、「有徳有智の君子」の気取りと区別がつかなくなってしまうからである。「大名誉」の前提は、智徳の研鑽に励み「不羈独立の気概」を保持すること、つまり一身独立の努力と同じである。いいかえると、「大名誉」は、「自尊自重」さえまっとうすれば、その反射的効果として名誉は自然についてくる、ということだ。ある手紙でいうように、「他人の知ると知らぬとに論なく、見ると見ざるとを問はず、唯正直に勉る其間には、レピュテーションは自然に我身に帰」すのである(⑰725)。これもやはり処世の心得である。

四　不羈独立の気概

福澤の縦横無尽の筆致の誘うままに思わず深入りしてしまったが、ことほどさように福澤の名誉論は多岐にわたっているのである。あえてまとめるならば、こういうことになるだろう。

福澤にとって名誉は何よりも〈自尊心〉を意味しており、それと平行して〈名誉の平等〉論が引き出される。生命・財産よりも重んずべき〈人権としての名誉〉である。これは多くの場合、「官尊民卑」と「人民の卑屈」の打破を標的としていたが、「官」による名誉独占の打倒のためには、政界・官界以外の領域(実業、学問、宗教等)に名誉を付与する〈名誉の多元化〉論があった。その場合の名誉の典型は、智徳・財産・年齢を基準にした〈世俗的名誉〉である。だが他方で、〈世俗的名誉〉は、名誉心に内在する「独尊」の弊害を矯正するための「重他」、「他尊」、あるいは権利の「レシプロシチ」の主張のためにも動員された。さらに、この「独尊」の掣肘は「自然の名誉」論によっても果たされるが、「自然の名誉」そのものは〈世俗的名誉〉を超越しており、むしろひたすら「自尊自重」することによって、その反射的効果としておのずと得られるものであった。ここではもはや〈人権としての名誉〉には言及されない。それは「自尊自重」として語られているからである。

さて、ここでようやく前節から持ち越した本題に戻って、これらの名誉論が武士の気風なり気概なりとどのような関わりがあるのか問うてみなければならない。だが、そもそも福澤は「武士の名誉」をどのように捉えていたのであろうか。

さきに名誉の内外の契機の相違に言及したが、武士の名誉についても一般に同様の区別がなされる。池上英子（『名誉と順応』38, 224f., 348–351）によれば、元来武士の名誉観には「世間」からの評価、つまり外面（体面）の重視とともに、強烈な自我意識＝内面（意地、一分）の要素があった。また、つとに丸山眞男（『講義録』⑤76f.）も、武士の「名誉感」に外面性と内面性の二面があり、外面性（名声、評判）は「立身出世的（対世間的）」個人主義となり、内面性（自尊心）は「独立と自由」の個人主義になると見た。

福澤自身は、既述のように、一方で、一身の利益や一世の功名のために君主に尽したり、武士の面目のために討死や切腹をすることを消極的に描きつつ、他方では、「党与一体の栄光」を自己の栄光となす風習から生じた武士の第二の性たる「威武も屈すること能はず、貧賤も奪ふこと能はず」という気風をある程度積極的に評価していた。これはいうまでもなく内面的名誉である。また、福澤によれば、旧薩摩藩士の栄辱は、藩主のみならず「仲間」に対しても存在しており、戊申戦争でも人の指図で働くのではなく、「進めば仲間に対して栄と為り、逃れば仲間に

刊行案内

*

2005.10〜2006.4

*

名古屋大学出版会

感覚の近代　坪井秀人著
モンゴル時代の出版文化　宮　紀子著
中国歴史研究入門　礪波／岸本／杉山編
大君外交と「武威」　池内　敏著
嘘と貪欲　大黒俊二著
海域から見た歴史　家島彦一著
モムゼン　ローマの歴史 III　長谷川博隆訳
ダーウィン前夜の進化論争　松永俊男著

ホッブズ　政治と宗教　梅田百合香著
現代イスラーム世界論　小杉　泰著
産業化と商家経営　石井寛治／中西聡編
アメリカ新古典派経済学の成立　田中敏弘著
日本の経済学　池尾愛子著
社会経済学　八木紀一郎著
東アジアモンスーン域の湖沼と流域　坂本／熊谷編

■お求めの小会の出版物が書店にない場合でも、その書店に御注文くだされればお手に入ります。
■小会に直接御注文の場合は、左記へお電話でお問い合わせ下さい。宅配もできます（代引、送料２００円）。
■表示価格は税別です。
■小会の刊行物は、http://www.unp.or.jp でも御案内しております。

◎第27回サントリー学芸賞　カラヴァッジョ（宮下規久朗著）４８００円
◎第27回サントリー学芸賞　漢文脈の近代（齋藤希史著）５５００円
◎第27回サントリー学芸賞　属国と自主のあいだ（岡本隆司著）７５００円

〒464-0814　名古屋市千種区不老町一名大内　電話〇五二(七八一)五三五三／ＦＡＸ〇五二(七八一)〇六九七／E-mail: info@unp.nagoya-u.ac.jp

坪井秀人著

感覚の近代

―声・身体・表象―

A5判・548頁・5400円

公と私のあわいに浮かびあがる〈感覚〉という問題系をとらえ、眼差す・触れる・嗅ぐことから歌い踊る身体まで、日本の近代化のなかで変容していく感覚表象を通じて、文学・映画・写真・歌謡・舞踊など様々な芸術を、文化的＝政治的文脈に再配置しつつ横断的に読み解く新たな批評の実践。

4-8158-0533-4

宮　紀子著

モンゴル時代の出版文化

A5判・754頁・9500円

これまで「暗黒時代」とされてきた大元ウルス治下の文化政策と出版活動を、東アジアへの広範な影響も視野にいれ、多領域にわたる一次資料にもとづきながら、書物・言語・挿絵・地図等にそくして再検討、漢文化とイスラームの知識が融合し、かつてない活況を呈した時代の実像を描きだす。

4-8158-0526-1

礪波護／岸本美緒／杉山正明編

中国歴史研究入門

A5判・476頁・3800円

近年の史料状況の激変にともなう研究の新展開をふまえ、中国の歴史を中国史の枠組みだけでなく広く世界史の中で捉えるために、邦語を中心とする基本文献の紹介を軸に、歴史の意味や史料のあり方から、研究を助ける様々な知識まで、中国史研究のエッセンスを伝えるベーシックな研究入門。

4-8158-0527-X

池内　敏著

大君外交と「武威」

―近世日本の国際秩序と朝鮮観―

A5判・468頁・6800円

日本の近世外交は東アジア世界のなかでどのように成立・変容したのか？　唯一正式の外交関係を構築した対朝鮮関係を軸に、近世外交と「日本型華夷意識」の諸相を地域・時代・身分差をふまえて精緻化するとともに、近世「竹島一件」を初めて日朝関係の形成過程に実証的に位置づけた労作。

4-8158-0531-8

大黒俊二著

嘘と貪欲

―西欧中世の商業・商人観―

A5判・300頁・5400円

商人・商業への蔑視が肯定へと転換していくトポスの変容を、スコラ学文献・教化史料・商人文書に表れた徴利、為替、公正価格論などをめぐる逆説的な展開からたどり、中世経済思想の隠された水脈を捉え直す。徴利禁止から近代的銀行の源流・モンテ設立へといたる、壮大な商業の精神史。

4-8158-0532-6

家島彦一著

海域から見た歴史

―インド洋と地中海を結ぶ交流史―

A5判・980頁・9500円

東西にまたがる「大海域世界」論を提唱し、アジア・アフリカ・ヨーロッパの多様な地域が、イスラーム・ネットワークを通して相互に連関する全体史のなかで捉えられることを、船・港市・島や、様々なルート・海上商人の活動などに着目することで、文献と現地調査から実証した未踏の労作。

4-8158-0534-2

テオドール・モムゼン著　長谷川博隆訳

モムゼン ローマの歴史 III

―革新と復古―

A5判・454頁・6000円

稀代の碩学が若き才能を注ぎ込んだ歴史の一大傑作にして、ノーベル文学賞を受賞した情熱の書。鋭く核心を衝く洞察により、人間の営みの全体を描く。本巻では、地中海世界の覇権を握るにいたったローマが、元老院による統治体制の機能不全から革新と復古の間を揺れ動く混迷の時代を描く。

4-8158-0507-5

松永俊男著

ダーウィン前夜の進化論争

A5判・292頁・4200円

『種の起源』に先だつ一八四四年、一冊の書物がイギリス社会を揺さぶった。ジャーナリストによるこのベストセラーの何が問題だったのか。論争の丹念な分析を通して、進化論の争点と受容の過程を示すとともに、自然神学を背景に専門領域として確立しつつあった当時の科学のあり方に迫る。

4-8158-0529-6

梅田百合香著

ホッブズ 政治と宗教

―『リヴァイアサン』再考―

A5判・348頁・5700円

宗教抗争から近代国家へ――。近代政治学を生み出した『リヴァイアサン』の宗教論を徹底的に解読、歴史的コンテクストに即した解釈で、国家論の理解に新たな光をなげかける。内面の「自由」を確保しつつ、宗教問題の解決を導こうとするホッブズ国家論の真の課題に迫った画期的労作。

4-8158-0523-7

小杉　泰著

現代イスラーム世界論

A5判・928頁・6000円

わが国の現代イスラーム研究をリードする著者が、中東をはじめとする現代イスラーム世界の成立と展開、激動の現在と今後の展望を、国際社会との関係の中、思想と政治・社会・経済の動態的連関を軸に捉え、イスラーム復興が今日の世界にもたらした巨大な運動の全体像を描ききった労作。

4-8158-0535-0

石井寛治／中西聡編

産業化と商家経営

—米穀肥料商廣海家の近世・近代—

A5判・528頁・6600円

近世からの商家廣海家に残された膨大な経営史料の分析をもとに、近世商家の近代への移行を新たな水準で解明、日本の産業発展と大阪湾岸の地域経済に与えた影響を示すとともに、近代日本の展開過程における商取引・株式投資の役割を徹底的な実証により浮き彫りにした画期的成果。

4-8158-0528-8

田中敏弘著

アメリカ新古典派経済学の成立

—J・B・クラーク研究—

A5判・426頁・6000円

シュンペーターにより「アメリカ限界主義の父」と呼ばれた、アメリカ近代経済学の創始者J・B・クラークの経済学の全体像と形成過程を、マーシャルやヴェブレンらとの関係を含め、新資料を踏まえて明らかにし、アメリカ新古典派経済学成立時の知的ドラマを描き出したライフワーク。

4-8158-0530-X

池尾愛子著

日本の経済学

—20世紀における国際化の歴史—

A5判・366頁・5500円

安井琢磨、青山秀夫、森嶋通夫、赤松要など国際水準の経済学者を多数輩出した日本の経済学の歴史を、一般均衡理論の展開や応用経済学の確立を軸に国際的文脈のなかで描き出す。二〇世紀前半の理論・計量経済学の台頭から今日の標準的経済学への発展過程を日本から捉えた成果。

4-8158-0537-7

八木紀一郎著

社会経済学

—資本主義を知る—

A5判・256頁・2800円

絶えざる変化を示す資本主義の中心的メカニズムとは何か。再生産システムとしての資本主義を基本的しくみから解説、現代の社会編成のあり方を考える。経済学に社会的・歴史的視野を回復するとともに、マルクス経済学から社会経済学への大きな展開を示した新しいテキスト。

4-8158-0539-3

坂本充／熊谷道夫編

東アジアモンスーン域の湖沼と流域

—水源環境保全のために—

A5判・374頁・4800円

東アジアモンスーン気候帯に位置する琵琶湖と中国雲南省の高原湖沼との比較研究を軸に、地球温暖化による気候変動や人間活動が、湖沼・流域環境に与える影響について、地理学、生態学、陸水学、水文学などの幅広い視野から分析し、保全策を探る。

4-8158-0525-3

対して恥辱と為り、其栄辱近く比肩の同類中」にあった（④515）が、この「仲間」は、武士の体面の念頭にあった観念的な意味の「世間」（池上『名誉と順応』38, 89）ではないし、またその名誉観は、丸山のいう君主による「恩賞」を期待した功利的な個人主義とも異なる。福澤は、門閥や礼儀作法にこだわらない旧薩摩藩の「無礼無法」の気風に「人類自由の精神」（④514）を見出したが、薩摩藩士の「仲間」を意識した栄辱の観念は、この「自由の精神」に、あるいは「自由自治の風」（⑦680. 西郷につき⑥545参照）に近いものであり、その意味では自尊心に基づく〈人権としての名誉〉に属している。

『概略』で日本人の「無議」の習慣を批判した際に福澤はこういっている（④80f.：B118）。

今我日本は外国と利を争ふて理を闘するの時なり。内に居て澹泊なる者は外に対しても亦澹泊ならざるを得ず、内に愚鈍なる者は外に活発なるを得ず。……一国の人民として地方の利害を論ずるの気象なく、一人の人として独一個の栄辱を重んずるの勇力あらざれば、何事を談ずるも無益なるのみ。

この発言は、〈人権としての名誉〉の意識ないし〈自尊心〉がなければ、一国独立を達成することができないということを意味している。たしかに、この「無議」の習慣の欠如もまた徳川時代の遺産であり、その責任の一端は武士にあった。『概略』で福澤は、西洋中世のゲルマン人に「不羈独立の風」、「自ら認めて、独一個の男子と思い、自から愉快を覚るの心」、「大丈夫の志」、「一個の不羈独立を主張して一個の志を逞ふせんとするの気風」、「自由独立の気風」を見出した（④135f.：B194f.）のに対して、日本の戦国武士の「快活不羈」の気性が、「一身の慷慨」から発したものでもなければ、「一個の男児」を自認して「一己の自由を楽しむの心」でもなく、先祖や家名という「外物」によって生じたものであり、それゆえ「日本の武人に独一個の気象（インヂヴィヂュアリチ）なし」と断じている（④164, 166：B234, 238）。だが、これは西洋文明摂取を議論の本位として日本文明を評したものであり、「独一個」の栄辱の観念がまったく武士に欠けていたわけではない。『瘠我慢の説』では、「成れば其栄誉を専らにし敗すれば其苦難に当るとの主義を明にするは、士流社会の風教上の大切なることとなる可し」という観点から、国家百年の大計における「士風消長」をおもんばかって（⑥569）、戦国武士ないし三河武士の「情」である瘠我慢を積極的に評価した。福澤が勝の江戸開城について、人命・財産を救い、殺人・散財の禍を免れた功績を認めながら（⑥564, 565）、なおその出処進退を批判したのは、人権の三位一体をなしていた生命・財産・名誉の中で武士の名誉意識を際立たせようとしたからである。(9)

福澤は、廉恥を重んじる武士の気風を評価するだけでなく、内面的名誉観念を明治時代の士族にも期待した。(10) 明治一〇年前後の一文で福澤は、一身を立て、世間の交際をまっとうするには生命・栄辱・私有の「釣合」を得ることが肝心だと前置きしたうえで、私有＝富を重視する最近の傾向に鑑みて、富の欲も文明にとって貴重な手段であるとはいえ、これを人生最上の目的とするのは「中人以下」であり、学者士君子は栄辱を最高の目的となさなければならないと主張し、しかも学者士君子に限って栄辱を重んずべしというのは不都合なようであるが、「衣食未だ足らざる小民」やたとえ衣食は足りても「知見未だ発達せざる」者に栄辱を説く理由はないとしている(11)（⑳161）。

福澤は、「一命を抛つ」士気、「敢為活発」、「勇気」といった武士的心情を一国独立のために利用しようとしたが、武士の名誉心や廉恥心にも同じ役割を与えようとした。だがいうまでもなく、名誉論の中核としての〈自尊心〉は一身独立と不可分の関係にあった。というよりも、「一身独立して一国独立す」というテーゼからすれば、「独立の気力」（自尊心）はまっさきに「一身」に関わっていた。実際、名誉論に登場した「自尊自重」の精神、「不羈独立の気概」は直接には一身独立の精神を表していた。そして、ここで最も注目すべきことは、一身独立の気概が傍若無人に近い激越なものであったということである。

福澤は「私権論」で、「我れは我が道を独歩して公に私に厘毫も枉ることなし」という覚悟について語ったが、

『福翁百余話』では、「無形の独立」を、「社会の交際、処世法に、我思ふ所を言ひ、思ふ所を行ひ、満腔豁然洗ふが如くして秋毫の微も節を屈することなき」（⑥391）と表現し[12]、独立とは「我心に思ふ所を実行して苟も節を屈することとなし」ということだとか、独立のためには「都て他を顧ることなく、天地間に尊き物は自分一人なりと覚悟して」、「大節に臨んでは親子夫婦の間と雖も相互に会釈は無用なり」などといっている（⑥433. なお⑳51参照）。もっと明瞭な言葉は『福翁百話』第五二話にある（⑥291）。

独立とは先づ他人の厄介たるを免れ、一切万事自分のみに引き受けて自分の力に衣食し、親子の間にても其分界を明にして然る後に我思ふ所を言ひ我思ふ所を行ふの義にして、其基礎に立つ上は苟も本心に恥る所を犯して他に屈することを為す可らず。大事に臨んで節を枉げざるは無論、一言一行の微に至るまでも自分の気に済まぬことを等閑に付するは独立の旨に非ざるが故に、他に対して遠慮会釈はある可らず。世の中の人情に連れて余儀なく云々、一時の方便の為めに止むを得ず云々とて、右す可きを左し東す可きを西するが如きは、独立の真面目に非ずして、君子の愧る所なり。

「節を枉げざる」こと、「気に済まぬこと」をしないこと、他人に屈せず、遠慮会釈をしないこと、「自分一身の外には尊ぶ可き者もなし、愛す可き者もなし、仏語に云ふ天上天下唯我独尊と覚悟して思ふ所を断行す可き」こと（⑥435）、つまり「不羈独立の気概」である[13]。

こうした激情は、一切の権威を認めない文明人の精神と重なるが[14]、武士的な気風にも認められるものであった。福澤は〈平時の報国心〉について語る場合ですらやたら「一命を抛つ」覚悟を持ち出したが、「一身」についても事情は異ならない。「威武も屈すること能はず、貧賤も奪ふこと能はず」という武士の気風がその典型であるが、『日本男子論』（明治二二年）でも、「私権の思想」の第一の原因は自信自重の心にあるとしたうえで、「私権を張りて節を屈せざる」ことが、歴史的には、「義気凛然として威武も屈する能はず富貴も誘う能はず、自から私権を保護して鉄石の如くなる士人」に対応していると述べている（⑤624f.）。「権利」主張の根底に自尊自重の精神を置き、さらにその起源を武士の気概に求めるのである。西郷には「決死冒難、権利を争ふを以て人間の勇気と称す可きもの」、「勇徳」があった（⑥536）というのも同様のことを指す。またこれは一身に限らないが、「日本工商の前途如何」（明治一九年）では、官尊民卑の風潮に対して商工の独立拡張を論じた際に「元気」の必要を説き、「元気」とは自重の心から発生するものであり、「武士が自重自尊の心よりして一体の性質を成し、所謂士気の凛然たるものを示した」ものだとし（⑩531）、別の場所では、封建時代の武士道の精神には「独立心の尊ぶ可きもの」があったと述べている（「独立の精神」〔『立志編』所収〕3f.）。

したがって、名誉心・廉恥心のみならず、「一命を抛つ」士気、「瘠我慢」、「勇気」、「敢為活発」、「磊落無頓着」といった武士的心情は、一国独立＝〈平時の報国心〉のために動員されたが、それは同時に一身独立の精神のためにじかに利用することのできる伝統であった。一身独立のための、卑屈を排し、右顧左眄することのない、傍若無人、唯我独尊の——「磊落無頓着」に凝縮された——「不羈独立の気概」や自尊心は、武士的心情を積極的な媒介項としていた。

独立の気概は、政治的、社会的には権利や人権、あるいは私権として表現され、その中核をなしていたのが名誉であったといってもよい。福澤は『西洋事情二編』で、「ライト right」の字義について、「人生の自由は其通義なりとは、人は生ながら独立不羈にして、束縛を被るの由縁なく、自由自在なる可き筈の道理を持つと云ふことなり」と記している（①488）が、「法律の文字」（明治二二年）では、「Right を何と訳して然るべきや、古来武士の一分と申す其一分の字義に稍やこれに近きものなれども、武士より以下百姓乃至乞丐《きっかい》などに至ては所謂一分なるものあるを聞かず、遂に何人か権利と云へる新字を作り出して之に宛嵌めたるよし」（⑫213）として、「武士の一分」が権利に変形された事実を確認し、『通俗民権論』（一一年）では、武士が恥辱を被った時に「武士の一分が立たず」と怒った、その「一分」とは武士の「権理」ということであり、「分」と「権」の字の意味は符合しているとしている（④574）。権利は恥辱という内面的名誉意識を引き継ぐべきものであった。

たしかに、不羈独立の気概、あるいはそれに基づく権利や人権は「情」によってのみ担保されるものではなかった。初期の福澤が一身独立や自主独立を強調した際に直接の目的としたのは、「学問の勧め」であり、したがってまた「智」の自立であった。無論、それに加えて生計（衣食住）の独立がある。『すゝめ』三編でいう、「独立とは自分にて自分の身を支配し他に依りすがる心なきを云ふ」とは、十六編にいう「精神に就ての独立」と「品物に就ての独立」（③131：B143）である。そして、「自から物事の理非を弁別して処置を誤ることなき者は、他人の智恵に依らざる独立なり」という（③43：B29）ように、「独立の心」は「智」の自立のことであった。だが、一国独立における「敢為活発」や「勇気」について確認したように、一身独立の気概もまた決して「智」に尽きるものではなく、やはり「情」を必要とした。もし「智」だけでこと足りるのであれば、武士の気風に通じる激越な気概はほとんど意味をなさず、単なる比喩・強調表現となってしまうからである。

第4章 智と徳

福澤は『通俗国権論二編』（明治一二年）で、万人が「事物の理」に則って処世の方法を考えたならば、たとえ不条理な世の中でも安心の地位は得られるけれども、今日の事実においてはそうはいかず、人を制するものは「道理」ではなく「情」であると述べ（④652）、『民情一新』（同年）では、現在の人類はつねに「理」と「情」の間を彷徨し、細事は「理」に依頼して、大事は「情」による風があるから、その「情海の波」に乗せられて異常な振舞をするのもやむをえないことだとしている（⑤41）。あるいは、人間社会を支配するのは、情と理が半々（「徳教之説」一六年（⑨280））、七分の情に三分の理（「政略」二〇年（⑪333）、「士尊商卑」二四年（⑫621）、「貧富論」二四年（⑬104））、七、八分の人情に二、三分の道理（「維新党と局外党」二四年ごろ（⑳376））、十中の九は感情（『福翁百話』三〇年（⑥289））といい、また「我日本の社会は情を以て組織するものと云て可なり」（「『局外窺見』第四章原稿」一五年（⑲267））とか、道理は人情に勝つことができない（『尊王論』二一年（⑥23））とか、人間世界は感情の浮世だ（「同胞の感情を表す可し」二四年（⑬220））と繰り返している。

これらの発言から推して、福澤は明治一〇年代以降一貫して、明治社会における「情」の存在を、諸々の判断を下し政策を提起する際に顧慮すべき状況として前提していたと考えられる。そして、その「情」に基づくのが「徳」である（⑧552）から、道徳は無視することのできない領域であった。このことは「通俗道徳論」（明治一七年）で明らかにされている。ここでもやはり、人は「理」と「情」に支配されるものだとしてこう論じている。理は有形物を基本とするが、情は無形の心により生ずる。理の働く場は商工・法律・科学であり、情の働く場は家族朋友、一村一郡一国である。理学・科学や法律は理を基本にするが、現在の人間世界は学者の思うままにならないし、法律の支配は外面だけで内心に及ばない。この人情の世界に住みながら、ひたすら数理によって身を立て世を渡るのははなはだ「殺風景」であり、実際にも行い難く、いまの世が人情の世であることを知るならば、「其人情を其のまゝにして好きやうに支配し、少しづゝにても人情に数理を調合して社会全般の進歩を待つ」ほかない。しかるに、その人情を支配するのが「一片の道徳」である。道徳とは無形の人情を支配するものである、と（⑩113, 115, 116）。

現実世界がなかば、あるいはそれ以上に「情」により支配されているという認識に基づいて「徳」を顧慮する必要があるという論理は、国家理性論と同じく〈状況的方法〉による議論を生み出すことになる。もとより、「情」＝「徳」による支配は儒教の徳治主義に繋がり、文明の進歩、すなわち智の進歩を推進しようとする福澤にとってどうしても克服しなければならない対象であった。この、智と徳の複雑な関係を解きほぐして、福澤の道徳論の基底となる枠組を明らかにすることが本章の課題である。

第1節 『概略』の道徳像

福澤の思想における道徳を論じることは、見ようによっては余計なことかもしれない。早くに丸山眞男は、福澤における物理学の重視を、アンシャン・レジームの「倫理学」から近代の「物理学」への転回として鮮烈に描き出している（「実学」45f.）。たしかに、たとえば、「物ありて然る後に倫あるなり、倫ありて然る後に物を生ずるに非ず。臆断を以て先づ物の倫を説き、其倫に由て物理を害する勿れ」（『概略』（④44：B65））という一句を見ただけでも、福澤が「倫理学」＝儒教道徳から「物理学」へという展開を頭に描いていたことはたちどころに了解される。もっとも、「物ありて然る後に倫あるなり」というのだから、物理学に基いた倫理がそのつぎに登場するはずである。丸山も、こうした見方が倫理や精神の軽視ではなく、逆に「新たなる」倫理と精神の確立の前提であったと見ている。福澤は、無形の事物も究極的には因果法則に支配されるという見地から、いずれ一切の生活領域につき自然科学的定量性が可能になると期待していたらしいというのである（「実学」62）。本書でもすでに「人天並立」や「絶対の美」のユートピアに連なる〈自然主義的一元論〉を確認した以上、この見解に異を唱える理由はない。ただ、これはあくまで文明論の立場についていえることにすぎない。しかも、「人天並立」の道徳がどのようなものであるのかは皆目見当もつかない。それどころか、福澤がそもそも儒教道徳に全面的に敵対したことを否定する見解すらある。

福澤はすでに若いころに「一ト通り漢学者の前座ぐらゐになつて居た」（⑦12：B16）というから、儒教道徳の発想いや用語を自家薬籠中のものにしていたと見てよい。こうした自信があったからこそ、『概略』を書くに際して、いたずらに「儒教流の故老」に反対するよりも、かえって「之を利用し之を味方にせん」（①60）という腹案を練ることができたのである。『論語』や『孟子』等の漢籍からの多くの引用や儒教的な故事来歴の引証はそれを示している。しかしもちろん、福澤が儒教を受容したという説にわかに与することはできない。[1] 福澤は明治初年に北海道に出稼ぎに行く人に、「仁義道徳くそでもくらへこじきしながら青表紙」（⑳469）と書き与えている。無論戯れ歌であるが、儒教道徳を忌み嫌う心情の吐露とも受けとることができる。他方で、武士の気風と同じように、（儒教流の故老を利用することも含めて）儒教道徳を戦略的に利用した可能性も否定できない。福澤は、西洋文明を摂取するための「方便」を選ぶのに新旧を問わず、「新奇固より取る可しと雖も、或は旧物を保存し又これを変形して進取の道に利用す可きものも多し」と述べている（⑤17）が、旧物の「保存」と「変形」は儒教道徳とも無関係ではないであろう。[2] ともあれ、福澤は生涯にわたって儒教道徳と対質したが、[3] ここでもまた『概略』を出発点として選ぶことにしよう。

一　対儒教戦略

『概略』における福澤の儒教道徳ないし道徳一般に対する姿勢は、主として第六章「智徳の弁」と第七章「智徳の行はる可き時代と場所とを論ず」における議論に示されているが、その第六章にはつぎのようなくだりがある（以下④86f.：B123–125）。

未開状態で「私徳の教」が主張され、人民もそれになびくのは日本に限らない。野蛮な時代には、まず粗野残酷を制圧することが肝要であるから、社会の複雑な関係を顧みる遑などないからだ。ところが、文明が進み人事も繁多になって、私徳だけで人間世界を支配することなどできないようになっても、古来の習慣と「懶惰の天賦」によって「古を慕ふて今に安んじ、一方に偏して平均を失ふ」ことがある。もとより、「私徳の条目は、万世に伝へて変ず可らず、世界中に通用して異同ある可らず、最も単一にして最も美なるもの」であるから、後世に改変すべきではないが、「世の沿革」に従ってそれを用いる場所や方法を工夫すべきである。私徳と人心の関係は耳目鼻口と人身の関係のようなものであり、有用無用の議論の対象とはならない。人間には必ず耳目鼻口があるからだ。耳目鼻口の議論は「片輪者」の住む世界に行われるべきものであり、それ以上の地位に上れば論じるに足りない。神儒仏も耶蘇教も「上古不文の世」の「片輪の時代」の説であるから、その時代に必要なことはいうまでもないが……。

要は、「私徳の教」は野蛮時代でこそ必要であったが、「文明」の世では自明のものであり、わざわざ論じるには及ばないということだ（⑥372f. 参照）。しかし、福澤はこの後で、今日に至るまで世界中の人口のうち十に八、九は「片輪」であるから、「徳義の教」も決して等閑にし難いと付け加える。神儒仏の教えは「下流の民間」では最も緊要であり、無智無術の「愚民」に徳義がさほど尊重に値しないといえば、徳を軽蔑して奸智を求め、社会を破壊する恐れがあるから、こうした輩に向かっては徳義について云々すべきではないというのだ（なお⑧332 参照）。だが、さらに反転していう。とはいえ、「誠心一向の私徳」を修めて人類の本分とし、それによって万事を支配しようとすると、恐るべき弊害が生じるから、場所と時節を考慮すべきである。現代人として耳目鼻口があることは誇るに足りないことを知るならば、私徳だけを修めても人事を尽したことにならないのは明白だ、と。

見られるように、福澤は「愚民」と文明人、野蛮と文明の間を行きつ戻りつしている。いうまでもなく、基本は野蛮の「徳」から文明の「智」への進歩という未来志向であるが、同時に「愚民」の存在という状況に即して徳ないし徳教の一定の効用を認めるのである。

ところが、同じ第六章で福澤は、西洋と比べて日本の人民に徳義が不足して智恵があり余りとはいえないとしてこう論じている。神儒仏も耶蘇教も「善を善とし悪を悪とするの大趣意」につき同一であり、私徳の厚薄について西洋人と日本人との間に差異はなく、むしろ「不文なる日本人」の方が厚いくらいであるが、しかしたとえ徳が不足していても焦眉の急ではなく、智恵については西洋人の右に出ることはない、と（④106–108：B152–155. 同趣旨④528）。ここでも徳より智を重視する姿勢は変らないが、前の場合がグローバルな文明論を基調としていたのに対して、こちらは特殊日本——「道徳国」としての日本——の状況に即した具体的処方箋（西洋文明摂取論）であり、それゆえ宗教・道徳に対する批判がましい言葉はない。だが、さきの議論でも道徳は決して頭から否定されているわけではない。人間には必ず耳目鼻口（私徳）が具わっていることを認め、しかもそれは世界中同じであり、古今不変だという。しかし、いったいどれが福澤の意図するところなのか。私徳は文明社会で自明なのか、それとも「愚民」向けにとっておくものなのか。あるいは、そうした議論はそもそも些末なことにすぎないのか。このような錯綜から脱け出すためには、いったん第六章の議論の前提に立ち戻ってみなければならない。

第五章以前では、「文明とは結局、人の智徳の進歩と云ふて可なり」、「文明は人の智徳の進歩なり」、「世の文明は周ねく其国民一般に分賦せる智徳の現像［象］なれば……」、「一国文明の有様は其国民一般の智徳を見て知る可し」（④41, 51, 59, 68：B61, 75, 86, 100）というように「智徳」はセットになっていたが、福澤は第六章の冒頭で、これまで「智徳」を「熟語」として用いてきたけれども、この章では二つを区別すると宣言する（④83：B119）。その後、私徳、公徳、私智、公智の区別を経て、結局、「天下一般の人心」に従って、「聡明叡知の働」を「智恵」の概念の下に包摂し、「徳義」を「受身の私徳」に限定して、第六章と第七章ではこの趣旨で徳の字を用いることにするといま一度宣言し、そのうえ、この議論の際には「智恵と徳義とを比較して、智の働きは重くして広く、徳の働は軽くして狭く［描かれることになり、これは］、或いは偏執なるが如くなれども、学者若し爰に記す所の趣意を了解せば之に惑ふことなかる可し」と断っている（④85f.：B121–123）。

微細なことにこだわるようだが、「智」と「徳」の定義をしたとたんに、「智」の方が重大だといってしまうのは、結論を先取りした奇妙な一句である。これにつき学者の了解を求めているところからすると、実は別の観点では「徳」も「智」と並んで重要だという〈留保〉のつもりなのかもしれない。事実、この後でも（以下④87–89：B126–128）、「私徳を無用なりとして棄るには非ざれども、之を勤るの外に又大切なる智徳の働あるとの事を示さんと欲するのみ」という弁解めいた発言がある。あるいはいう。智恵と徳義は人の心を二つに切って、おのおの一方を支配するようなものであるから、軽重を云々することなどできない。二者を兼備していなければまともな人間ということはできないのだ。徳義偏重の学者の旧弊を改めようとして智徳の境界を明らかにし、それぞれの効用を示そうとすると、いきおい智の偏重だという批判が出てきたり、逆に徳義は無用だとする誤解を生む恐れがあるが、文明にとって智徳がともに必要なのは、人間の身体に「野穀」と「魚肉」が二つながらに必須であるのと同じである。ここで智恵の重要性を説くのは、不養生な菜食家に肉食を勧めるようなものである。誤解を恐れて智徳の弁別を語らない者もあるが、誤解を恐れて真実を告げないのは君子のなすべきことではなく、あえて智徳の差異を論ずる、と。

このように「徳」の意義を否定する意図はないということをくどくどしく語りながら、議論の内容は予告に違わず「智」を優位に置いたものであった。智徳を比較検討した結果はこうである（④112：B162）。

徳義は一人の行状にて其功能の及ぶ所狭く、智恵は人に伝ること速にして其及ぶ所広し、徳義の事は開闢の初より既に定て進歩す可らず、智恵の働は日に進て際限あることなし、徳義は有形の術を以て人に教ゆる可らず、之を得ると否とは人々の工夫に在り、智恵は之に反して人の智恵を糺すに試験の法あり、徳義は頓に進退することあり、智恵は一度び之を得て失ふことなし、智徳は互に依頼して其効能を顕はすものなり、善人も悪を為すことあり悪人も善を行ふことあり……。

どこから見ても圧倒的な「智」の優位である。こう結論を下す前にも福澤は、「徳は智に依り、智は徳に依り」とか、「智徳両ながら備わらざれば、世の文明は期すべからざるなり」と〈留保〉を繰り返しながら、つまるところ、私徳は「智恵に依頼せざれば用を為す可らず」とか、「無智の徳義は無徳に均しきなり」とか、「私徳は智恵に由て其公明を生ずるものなり。智恵は私徳を導て其功用を確実ならしむるものなり」というように（④103, 105：B148, 152）、「智」の働きが「徳」より効用をもつことを何度も強調している。いわく、「達磨大師をして面壁九十年ならしむるも蒸気機関の発明はある可らず」（④98：B142. 同趣旨⑫219. なお松本『伝統と近代』125 参照）。しかも、「徳は智に依り」を論証する箇所はあっても、「智は徳に依り」の具体例は『概略』のどこを探しても見つからない。

福澤がこのように、「徳も重要なのだけれども……」という〈留保〉の山を築き上げたのは、道徳を「受身の私徳」と定義したことについて「儒教流の故老」に対する言い訳をしたかったからではないか。たとえそうでなくても、「受身の私徳」の定義には意図的なものを感じさせる。福澤は、私徳を修めるのは「一身」のためであり、もし文明に裨益しても偶然の美事にすぎないといい、また、徳義は家族においてのみ力を発揮するのであって、「戸外」では無用だとする（④113, 127：B163, 182）ことで、「徳」の働きを一身一家に限定しているが、この定義は、徳が最初から戸外（国家・社会）に役立たず、したがってまた戸外のことを論ずるべき「智」に対して到底対抗できないように仕組まれていたきらいがある（私徳が一身独立に関係づけられていないのも同様の理由によるのだろう）。

何よりも、「一身の私徳」という規定は、「修身斉家治国平天下」や「五常」といった包括的な――政治を含んだ――儒教道徳をしりぞけるのにおあつらえむきであった。福澤は『概略』第四章で、孔孟の説が本来「修心倫常の道」、「無形の仁義道徳」を論ずるものであると規定したうえで、道徳は「一身の私」において功能が大であっても、有形の外物については機能しないにもかかわらず、孔孟が無形の議論を「有形の政」に適用し、古の道によって現代の人事を扱い、情実により民衆を支配しようとするのははなはだしい惑溺だと非難し、後代の学者は孔孟の道によって「政治の法」を求めてはならないと断じている（④62：B91f. なお⑨252）。儒教は「私徳」に関わる教説だと勝手に規定しておいて、それを理由に「有形」の（智が担当すべき）政治に容喙してはならぬ、というのだ。いうまでもなく儒教道徳は私徳に限定されず、『概略』の他の場所ではそれを認めているのであるが、[4]ここでは意図的に儒教を「私徳」に限定することで、政治論あるいは一般に文明論への領域侵犯を掣肘するという挙に出たのである。後の言葉を（文脈を離れて）[5]借りるならば、福澤は、儒教の「成分の七分は治国平天下を占め、残余の三分通りが独り道徳の部分」（⑨268f.）という認識に基づいて、儒教道徳を二つに分解し、道徳を、文明論・国家論にとって比較的害の少ない三分の領域＝私徳（一身・家族の道徳）に封じ込め、それを通じて智の優位を正当化し、智のための働き場所（国家・社会）を確保しようとしたのである。[6]その限りで、道徳＝「受身の私徳」という定義は、それ自体智の優位を証明するための戦略であり、〈留保〉の繰り返しはこうした戦略についての〈弁解〉であったと見られる。

しかし、かりにこういう解釈があたっているとしても、「受身の私徳」という道徳像をもっぱら戦略という地平で捉えきることができるのかどうか、あるいはまた、「智徳両ながら備わらざれば、世の文明は期すべからざるなり」という主張を一概に〈弁解〉にすぎないと切り捨てることができるのかどうか、つまりそこには福澤自身の道徳観もなにがしか含まれていたのではないかということを検討してみる余地はある。福澤は、文明にとって「智」が決定的な重要性をもっていることを強調し、「徳」の具体的効用についてほとんど論じていない。それは、智の対極に儒教道徳をはじめとする徳教を置いた以上、ある意味では当然の帰結であった。しかしそれにもかかわらず、

『概略』に現れた旧道徳の批判から福澤自身の積極的な道徳観を垣間見ることは不可能ではない。

二　内面性と主知性

福澤は『すゝめ』その他で、名分のみを主張してその実堕落した徳川時代の武士の「偽君子」、「虚飾の名目」、あるいは明治の漢儒者や洋学者の「口に修身論を講じて一身の徳を修るを知ら」ないような、所論と所行の乖離、「二つの心」、表の正義品行論と裏の挙動との「言行の齟齬」を断罪している（③96ff., 133f.：B98ff., 146f., ⑩573. なお⑥373f.）。『福翁百余話』でも、古今無数の徳教論者は、「内の根本」を等閑に付してもっぱら「外面」にのみ力を用い、孝行は表面の儀式となり、偽って泣き拝み、父母三年の喪に服しながら、その間に三人の妻妾が三子を産むのも珍しくないというが、孝行はもとより重んじるべきとはいえ、それを論じ行うには「儀式的の形容」を離れて「人間本来の本心」に訴えるべきだとしている（⑥406, 409）。

ここからすると、福澤は道徳の本質に「内面性」を見出そうとしたように見える。事実、『概略』第六章でもこう述べている（④89：B128）。

徳義は一人の心の内に在るものにて他に示すための働に非ず。修身と云ひ慎独と云ひ、皆外物に関係なきものなり。譬へば無欲正直は徳義なれども、人の誹謗を恐れ世間の悪評を憚りて無欲正直なる行を勉るものは、これを真の無欲正直と云ふ可らず。悪評と誹謗とは外の物なり。外物のために動くものは徳義と称す可らず。若しこれを徳義と云はゞ、一時の事情にて世間の咎めを遁るゝを得るときは、貪欲不正の事を行ふも徳義に於て妨げなかる可し。斯の如きは則ち偽君子と真君子との区別はある可らず。故に徳義とは一切外物の変化に拘はらず、世間の譏誉を顧ることなく、威武も屈すること能はず、貧賤も奪ふこと能はず、確乎不抜、内に存するものを云ふなり。

ここでも徳義＝私徳は「修身」や「慎独」といった儒教道徳の枠組で語られ、それに基づいて儒教道徳の偽善を衝くという論法をとっているから、「内面性」の強調を額面通り受けとることは危険である。だが、世間の毀誉褒貶をものともせず、「威武も屈すること能はず、貧賤も奪ふこと能はず」という精神は、すでに見た武士の気風の規定と重なっている。(7) つまり、ここには武士的心情に通じる「内面性」の要素が顔を出しているのである。

たしかに、儒教と武士とは切っても切れない縁をもっており、福澤も、理財の感覚の欠如、不品行、「外物」への依存、無智、士尊民卑の風潮、権力偏重、あるいは偽君子など、武士の気風の消極的側面をことあるごとに俎上にのせており、またこうした批判の多くは儒教道徳批判と重なっている。しかし、同時に福澤は武士と儒教の離間を図った。福澤が武士の気風を推奨したのは、一つには、根強く残っている儒教道徳に対抗するための方便であった。そのことは『概略』ではあまりはっきりしないが、「徳教之説」(明治一六年)では、儒教を「国民道徳」の標準としようとする傾向に対して、封建時代の士人は儒教を束縛して「自家固有の精神」を自由にし、それにより儒書は「封建の気風」と化したと反論し(⑨287, 293)、他の場所でも、日本の「大和魂」という宗旨は「儒者宗」の別派のようなものだが、信義のため「我意」のために漢儒をしきりに批判したという認識を披露し(⑳12)、儒教から切断された武士固有の気風としての「意地」の存在を浮かび上がらせている。いわば「封建道徳」という化合物を蒸留して儒教的なものを揮発させ、武士の気風ないし心情というエッセンスを抽出したのである。(8) たとえ武士の心情への評価が利用の域を出なかったとしても、儒教に比して格段の扱いの差がある。

しかも、『概略』第六章では、徳行とは「受身の私徳」であり、究極的には「一身の私欲を去り、財を愛まず名を貪らず、盗むことなく詐ることなく、精心を潔白にして誠のためには一命をも抛つもの」、すなわち「忍難の心」であるとしている（④101f.：B146）。つまり、福澤は、道徳を受動的な――文明論にとって消極的な意味しかもたない――位置に押し込める戦略を駆使しながら、よりにもよってそのように位置づけた私徳を説明するのに、「誠」のために「一命を抛つ」武士的な気概を持ち出しているのである。

『概略』と同じころの一文「恩威情実の政は政の美なるものに非ず」（以下⑳130-133）でも福澤は、儒教の五常、耶蘇教の十戒の「効験」はもっぱら私徳を進めるところにあり、その趣旨は不盗・不淫・不殺等、「誠の一字」に収斂し、「万一の節には命を抛つ」ことでしかないといっている。そこに「活発々地」の境地がないわけではないが、現在の日本では進取の気力を養うよりもむしろ退守に役立つにすぎず、いまの日本人は如何なる教えを施しても「受身」の趣意に解して積極的な働きに裨益するところが少ない、というのである。ここで福澤は、「受身」とは「忍難」の意味であり、決して等閑に付すべきではないとしながら、「人間一般の安全幸福」を謀ることを忘失し、公私を混同して「人たる者は夜は寝て昼は起き食事は一日三度たる可し」という類の、「恩威」による支配、政法と徳義を混同した「入らざるお世話」（⑥159）（いわゆるパターナリズム）を排して、「約束の政」を打ち立てようとする。政治は「公」で一身の心術は「私」である。政府の法＝「公」は人民の心術＝「私」を制してはならない。この区別を知ることが文明の進歩である、と（⑳132）。つまり、「受身の私徳」という像はこの結論（儒教道徳の私徳への縮減による、政治と個人の儒教からの解放）を導くための道具立てであったのだが、そうした文脈の中ですら、私徳に、命を抛つ「誠」という武士的心情の存在を認めるのである。

繰り返せば、儒教道徳と武士の道徳を厳密に分けることはできない[9]が、「受身の私徳」の一端を占める、「一命を抛つ」という激情は、武士固有のものであり、――犬死や愚忠に通じるマイナス面をもつとはいえ――一国独立の精神を説明する際の常套句であった。そこからは、福澤自身の道徳観に武士的心情、より一般的には「内面性」が看過することのできない要素としてあったのではないかと推察することができる。

他方で、『概略』の儒教道徳批判からは福澤の道徳論のいま一つの側面を見出すことができる。第七章にはつぎのようなくだりがある（④121f.：B174）。

智力発生する者は能く自から其身を支配し、恰も一身の内に恩威を行ふが故に他の恩威に依頼するを要せず。譬へば善を為せば心に慊きの褒ありて、善を為す可きの理を知るが故に、自から善を為すなり。他人に媚るに非ず、古人を慕ふに非ず。悪を為せば心に恥るの罰ありて、悪を為す可からざるの理を知るが故に、悪を為さざるなり。他人を憚るに非ず、古人を恐るゝに非ず、何ぞ偶然に出たる人の恩威を仰て之を恐怖喜悦することをせんや。

これも儒教的パターナリズムの克服を叙述する文脈中での発言であるから、やはり必ずしも額面通り受けとることはできないが、「智力」に基づいた「自主独立」の精神が自動的に善悪の弁別を行うことができるという論理からは、「智」を基礎にした、〈主知的〉な――あるいは〈文明論的〉思考方法に依拠した――道徳像が浮かび上がってくる。そのことはすでに智徳の比較論でも示唆されていた。「私徳は智恵に由て其公明を生ずるものなり。智恵は私徳を導て其功用を確実ならしむるものなり」とは、智恵が徳の支配・制御を行い得るということを意味しているからである。

しかも、右のように述べる前には（すでに触れたが）、「智」が天然の働きを意のままにすることができるようになった以上、「人為の力」を恐れる必要などなく、人民の智力が発達すれば人事の働きと原因を知ることができ、「満身恰も豁如として天地の間に一物以て我心の自由を妨るものなきに至る可し」としていた（④120f.：B173. なお⑧

626）。自然を客体として見る自然科学の精神は、人間が自然を制御することを可能にしたが、この精神は、社会事象に関して、天然と見まごうべき「習慣」（④3：B9）ないし「第二の天然」（④79：B115）となっている「人為の力」に抗し、因果法則の適用を通じて精神の自由を活性化する、というのである。「物ありて然る後に倫あるなり」という時の「倫」がここに目立たないながらそっと姿を現したといってもよいかもしれない。

もとより、『概略』にとって、新しい道徳像を描くことは目的ではなく、道徳論的発想を打倒して「智」の意義を際立たせることが第一の課題であった。そもそも、第七章の主題は、野蛮の時代の「徳」から文明の時代の「智」への進歩を描くことであった。すでに第六章で、私徳は野蛮の時代でこそ一定の効用をもつけれども、文明の進歩に従って役立たなくなるとしていたが、第七章でもいう。文明以前の社会では「徳」による「野蛮の太平」か、腕力による「野蛮の暴政」しかなく（「人事の法則に於て、無智の腕力は必ず私徳のある所に帰するを常とす。」（④240））、野蛮の時代には人間の交際を支配するものは一片の徳義のみであったが、智力がしだいに進歩するにつれて自然を支配し、腕力が権威を失い、智力がとって代るに至った、と（④119f., 121：B171f., 173f. なお④21f., 72, 140：B33ff., 105f., 201）。この観点を推し進めるならば、文明の世界では、徳教は無用の存在と化する（「若し事物の極度を見て議論を定む可きものとせば、徳行の教も亦無力なりと云はざるを得ず」（④99：B143））。既成の徳教をしりぞけた後に残るのは、唯一「智」のみである。

とはいえ、「智」によって徳教の束縛から解き放たれた自由の精神は、自動的に（「理を知るが故に」）善悪の判断ができるという言説からすれば、これを〈主知的〉道徳論と表現してもあながち誤りとはいえないであろう。ただ、その際、「善悪」の内容はまったく問題とならない。「智」を制約するパターナリズム的徳教と「智」に基づいた自由の精神との対立構図を示すことが眼目である以上、善悪の内容などおよそ関心の的とはなり得ないからである。この議論の地平では、「善を為せば心に慊きの褒あり」とか「悪を為せば心に恥るの罰あり」というように、人間の本性の「善性」（性善）が前提となっている。第六章でも、「人の生涯の行状を平均すれば、善悪相混じて善の方多きものならん」とか、「人の性は平均して善なりと云はざるを得ず」と繰り返している（④101：B146）。この場合には、徳教の働きなどせいぜい「善心」の障碍を除去して、本人の工夫によって「善に帰らしむる」ことにすぎないと主張すること、つまり徳教の働きを極小化して描くことが目的であり、したがってやはり「善」の内容はどうでもよいことである(10)。これは、私徳が「耳目鼻口」のように文明人に具わっていて当然のものだとしたのと同じ論理である。

もっとも、性善説はもっぱら儒教道徳の批判や掣肘のためだけに持ち出されたわけではない(11)。むしろ、人間の本性の存在を肯定する啓蒙自然法的な発想からするならば、人間は本来「善」であるばかりか、「智」（理性）を具え、「自由」であるはずである(12)。したがって、第七章の論述は、「智」の進歩を第一義に置いて、そこから生じる精神の自主自由を強調するものであり、この主張の反射的効果として、智が徳教に代って「善悪」の判断をなすことができるということを描出したに留まる。『概略』では道徳論（徳教）は基本的に不要であり、徳の内容も問題とはならない。その結果、当然〈主知的〉道徳論は道徳論としては現れない。

三　自主独立の精神と「大徳」

翻ってみれば、福澤は第五章以前で「智徳」を分けずに論じていたけれども、「智徳」は事実上「智」を意味していた。第三章で「文明は人の智徳の進歩である」と定義したが、智徳の進歩とはおおむね智の進歩のことであった。たしかに、「智徳」という「熟語」がまったくの冗語でなかったとするならば、「智徳の進歩」とは、「智」の進歩が「徳」の進歩をもたらすという意味を含んでいると解することができる。[13] だが、この「徳の進歩」は、一般的には人が野蛮を脱して上品になるという程度の意味であり、いま一歩を進めるとしても、結局、智の進歩によって自主独立の精神を獲得し、それにより善悪の判断を下すことができるということに帰する。[14] その意味では、「智力発生する者は能く自から其身を支配し、恰も一身の内に恩威を行ふが故に他の恩威に依頼するを要せず」というのと異ならない。

ただ、『概略』第二章の西洋文明の定義に、「身躬から其身を支配して他の恩威に依頼せず、躬から徳を修め躬から智を研」くとあったことを想起するならば、「恩威」からの脱却は「智」の自主独立と「徳」の自主独立の二つを意味する。そこには、「智」の独立による「徳」の独立、そこからする善悪の判断という〈主知的〉道徳論のほかになお、「徳」の自主独立がそれ自体として問題となる地平が示唆されている。おそらくこのことはさきに見た「内面性」の要素に関わっている。ゲルマン人の「不羈独立の気概」は「人類の本心」より生じたものである（④135：B194）が、「本心」という言葉はおおむね「良心」ないし「誠」を指している。[15]『すゝめ』では、人の「心身の自由」のためには、身体、智恵、情欲、「至誠の本心」、意思が必要だとしている（③78f.：B73f.）が、「至誠の本心」も「良心」のいいかえであろう（伊藤『論考』62，松沢「註」360 参照）。

なるほど、『概略』では「誠」も、儒教道徳の枠組で捉えられ、したがって智にとって克服すべき面を構成していた。たとえあふれるほどの「誠心」があっても文明はいっこうに進歩しないからである。だが、「誠」のために一命を抛つという武士的心情[16]（武士と「誠」の関連につき相良『誠実と日本人』155ff. 参照）は、たとえ「受身の私徳」の範疇内に席を占めていようとも、ゲルマン人の「不羈独立の気概」の日本版という面をもっているかに見える。もしそうだとすれば、「誠」を含んだ「受身の私徳」という道徳像は何から何まで儒教批判の戦略によって規定されていたのではなく、福澤自身の道徳観の「内面性」を部分的に反映していたと解することができる。

いま一つ、福澤自身の道徳観を『概略』中に見出すことのできる針の穴がある。第六章で福澤は、「聡明叡知の働」は「智徳」を支配するものであるから、徳義について論ずる場合にはこれを「大徳」と呼んでもよいといっている（④85：B121）。「聡明叡知」が智徳を支配することの一例は、すでに見たように、スミス経済学などの「物理学的」智が社会公共を益するということにあった。つまり、「大徳」とは「智」が社会公共に役立つことを意味する。第七章にはもう一回「大徳」の語が出てくる。文明社会における「規則」の意義を説いて、法律の厳正、商法、会社の法、租税の法、兵法、万国公法、民庶会議、著書新聞、万国公会を挙げた際に、これらは「規則を以て大徳の事を行ふものと云ふ可し」といっている（④133：B191）。規則は智の所産であり、したがって智はやはり社会公共の役に立つという意味で「大徳」なのである。これに即していえば、「智」はそれ自体「徳」ではないが、その働きにおいて、「自主独立」の精神を基礎づけるのみならず、社会公共に役立つという意味で「徳」をもたらすということになる。[17]

このように見ると、上述の戦略のための〈弁解〉らしき言葉はやはり一定の〈留保〉を含んでいたということになる。なるほど、福澤にとって「徳」は智に従属すべきものであったけれども、しかしだからといってまったく無視すべき存在ではなかった。自主独立の精神を支え、社会公共に資することは「徳」として捉えられており、そのことが「智徳」という熟語で表現されたのではないか。さもなければ、「私徳を無用なりとして棄るには非ざれども、之を勤るの外に又大切なる智徳の働あるとの事を示さんと欲するのみ」という一文はほとんど理解することができない。「私徳」を勤めるほかに「智徳の働」があるというのは、「受身の私徳」とは別に、「智」それ自体の働きと、それに基づいた、自主独立と社会公共への裨益という「徳」の働きがあることを示唆している。[18]

だが最後に、『概略』には道徳として語られていない道徳があった。『概略』では道徳を私徳としたために、「公徳」は第六章の智徳の分類論以外では、傍論としての若干の例外（後述第5章第1節参照）を除いてほとんど話題にのぼってこないが、「報国心」は、他の著作での発言から推しても、「公徳」に属している。

既述のように、報国心は、『瘠我慢の説』その他で「公道」、「公義」とされ、また『概略』でも幕末の攘夷家の心情に「公の心」を認めていた。しかも、福澤は『概略』第十章で報国心について論じた際、「昔の担当は唯窮屈に堪るのみのことなりしが、今の担当は窮屈に兼て又活発なるを要す。人民の品行を高くするとは、即ち此窮屈なる修身の徳義と活発々地の働とに在るものなり」としていた。これは、字義通り受けとれば、「忍耐だけでなくて智に基づく能動的な精神」（丸山『読む』下276）を意味する。「活発」という語は、すでに確認したように（第3章第2節）、「智」と不可分の関係にあるからである。しかし、興味深いことに、この「窮屈」の徳義と「活発々地の働」の二つながらの要求は、私徳の説明における「忍難」と「活発々地」の境地に対応している。私徳における「活発々地」は、あるいは武士の「敢為活発」や「有為活発」に含まれる気概と関わりがあるかもしれない。[19] 他方、『時事小言』や『通俗国権論二編』で、人民に外国交際の困難を知らしめることが「内安」（社会秩序の維持）に仕えると論じた際に、内安は「堪忍」によって得られるとしていること（④658, ⑤118. なお④666f. 参照）からすれば、「窮屈」と「堪忍の徳義」（④99 : B143）は同じものである。つまり、私徳とされたものの一部は「公」の事柄についてまったく無効ではなかったのである。そして、ここでの報国心とは、一国独立のために学問、実業等に励む〈平時の報国心〉であったから、「大徳」に通じていることになる。

以上、またもや込み入った解釈論になってしまったが、論点をいま一度整理しておこう。

第一に、福澤は『概略』において、「智」の「徳」に対する優位を論証するために、儒教道徳ないし徳教一般を批判し、またその働きを掣肘することを議論の中心に据えたが、そのために戦略的に道徳を一身一家に関わる「受身の私徳」に縮減し、道徳と「戸外」の関係を断ち、一身独立との関係にすら踏み込まなかった。

しかし第二に、『概略』の議論からは、智に基づいた「自主独立」の精神という〈主知的〉道徳観の存在を確認することができる。これは、本来の道徳論ではなく、あくまで「智」論の反射的効果としての道徳論である。

第三に、同じく自主独立の精神といっても、より道徳論に近いレベルで、「智」に解消することのできない、武士の気風に通じる「内面性」という要素が垣間見られた。

第四に、道徳を私徳に縮減したために、『概略』では「公徳」がはっきりした像を結んでいない。私徳と違って公徳は「外物」に関わっているから文明論もしくは自国独立論の射程内に入ってきてもおかしくはなかったのだが、儒教道徳の政治介入を拒否する以上、国家・社会を道徳的に論じることは、『概略』がみずからに課した禁じ手であった。だが、公徳もまた、社会公共のための智の働き（大徳）という形で姿を見せていた。

第五に、〈平時の報国心〉は、表現はともかく、明らかに公徳であった。

第六に、福澤は「愚民」向けに宗教や徳教の必要を認めた。福澤は、「天性」の善を前提として徳教不要論を説いたが、「智」の進歩によって容易に「性善」が実現されるとは考えていなかった。「善を好み悪を悪むは人生の本心なりと云ふも、人情世界は必ずしも然るを得ず」（『福翁百余話』（⑥401））という言葉からするならば、少なくとも〈主知的〉道徳論とは異なった地平の道徳論を想定しなければならない。

もちろん、これらは視野を『概略』に限定した結果にすぎず、最終的結論ではない。したがって当然、他の著作によって検証する必要がある。しかしその前に、道徳論の基本的枠組を、推測からもう一歩踏み出した地点ではっきりさせておくことにしよう。

第2節　道徳論の枠組——道徳の進歩

福澤は『概略』で、道徳や徳教は古今東西同じものであり、進歩することはないと断言した。[1] だが、これは「徳」に対して「智」の意義をクローズアップさせるための方便であった。何よりも、「智は徳に依り」が儒教流の「故老」向けのリップ・サーヴィスにすぎず、「徳は智に依り」こそが本旨であったとするならば、「徳」は「智」とともに進歩するはずである。たしかに、智と徳を対置する構図では、もっぱら智の意義が強調される。『概略』以外でも福澤は、今日の文明は「道徳の文明」ではなく「智恵の文明」だと明言し（⑫218f.）、日本の「モラリズム」（情実）に対して、西洋の「ラショナリズム」（条理）による「智慧の文明」を真の文明として突きつけ（⑫163. なお④478：B115）、あるいは、「旧慣」を廃するには「人情」を割かざるを得ず、人情を割くための利器は「道理」のみだとしている（⑧117）。無論、これは道徳一般の否定ではなく、知識がなければ自己の仁義道徳の判定もできないということ（②236）、智さえ獲得すればおのずと徳も具わるということである。『福翁百話』でいう。「我輩は……人情の素朴無邪気など云ふ消極の徳論を云はずして、唯真一文字に人の智識を推進し、智極まりて醜悪の運動を制せんと欲するものなり。善を好むは人の本性にして争ふ可らず。此事実を知りながら尚ほ悪事を働くは畢竟人の無智にこそあれば、其表裏の関係を明にして人を導くときは、文明進歩の実際に戻らずして徳行の進歩も亦これに伴ふ可し」と（⑥350）。ここでも「智」が徳論にとって代るべきだといっているが、性善を根拠にして「文明進歩」（智の進歩）に伴っておのずと「徳行の進歩」も生じるというのは、まさに〈文明論的方法〉による〈主知的〉

道徳論である。

しかし他方で、「善を好み悪を悪むは人生の本心なりと云ふも、人情世界は必ずしも然るを得ず」（『福翁百余話』）という認識からすれば、おのずと別の観点に立たざるを得ない。福澤は、日本がいまだ「道徳国」であるという認識の下に、あるいは一般に「愚民」状況に対処するために、既成宗教や旧道徳の意義を認めた。「富豪維持の説」(2)（明治二二年）ではこう論じている。今日の日本社会は徳義情実の旧套を脱却して「道理の新域」に移ろうとしているが、裏面では純然たる情実が相当広く支配している。何百年後にはしだいに「文明の新理屈」を発明し、それによりおのずと「文明の新徳義新情実」が生じ、理と情が「併行」すべきことは必定であり、もし「新道理」が発見できたならば、自分は「新徳義」に励むけれども、さもなければしばらく「旧徳義」に安んずるしかない、と⑫199f.)。趣旨は、西洋化の進展にもかかわらず、日本は依然として旧時の道徳国であり、理屈に拠る学者代言人と違って国民多数を相手にする時には、法律や理屈よりも旧道徳によって接するべきだというところにある⑫196f.)。つまり、「倫」から「物」への進歩とそれに伴う新しい「倫」の到来を脳中に描きながら、庶民の状況に鑑みて「旧道徳」を推すのである。「文明の新徳義新情実」は〈主知的〉道徳であるが、ここでは〈枕詞〉として〈一時の彌縫策〉を引き出す役割しか演じていない（類似の議論として⑤572, ⑪338. なお⑤628）。

だが、さらに付け加えるべき道徳論がある。既述のように、福澤は「通俗道徳論」（明治一七年）で、いまの世が人情の世であることを知るならば、「其人情を其のまゝにして好きやうに支配し、少しづゝにても人情に数理を調合して社会全般の進歩を待つ」ほかないとしていた。この「少しづゝにても人情に数理を調合」するという表現は、旧道徳や宗教に全面的に依存したまったくの〈一時の彌縫策〉と異なっているが、しかしだからといって道理による「文明の新徳義」を一気に実現しようとするものでもなく、徐々に「新徳義」の方向に進んでいこうとする姿勢を示している。この意味の「漸進的」(3)な道徳の進歩が福澤の道徳論においてどのような位置を占めるのかはまだまったく明らかではない。

一　道徳論の三層

『概略』に最も近い時点で「理論的」に道徳論に触れているのは『覚書』（明治八年～一一年）であり、そこでの論述を手がかりにしてみよう。

『覚書』で福澤は、「今人心の愚なること簡易明白なる理と雖ども、尚且日に之を察すること能はず。何としてもモラルスタンドアルドは、之を定めて人を導かざる可らず」としたうえで、こう述べている（⑦663, 664）。

> 博奕の得失をも解し能はざる此人間世界に、人々の自力を以て其向ふ所に向はしめんとは亦危からずや。故に凡そ道徳の手引となる可きものなれば、仏法にても神道にても、金比羅様にても稲荷様にても、人民の智識に従て其教を守て可なり。モラルスタンドアルドは人々の地位に由て幾十百段もある可し。次第に其地位を移して上の方に進み、稲荷様の信向《［ママ］》を止めて仏法を信じ、又これを止めて今の耶蘇を信じ、又これに疑を容れてウーチリタリスムなどを考へ、追々に惑溺を少なくするを得ば目出度し。結局宗教は人間に必ず存して必ず滅す可らざるものなり。其要は之を改進せしむるに在るのみ。

ここからは二つのことが重要な論点として浮かび上がってくる。

　第一に目につくのは、博打の是非判断もできない「愚なる」（⑦663）民衆の道徳を維持するためには、「自力」に頼らず、宗教を利用すべきだという主張である。この少し後にも、「斯る人民を教るには、何んでも構はず、神道にても仏法にても、稲荷様も水天宮様も、悉皆善良なる教なり。……モラルスタンドアルドは千段も万段もある可し。手を分けて教ゆ可し」とある（⑦668）。「愚民」に宗教を割りあてる発想は『概略』に出てきていたが、「宗教の必用なるを論ず」（明治九年）でも、望む所が必ずしも理屈に合わなくても事実においてたしかに効能があれば、それを善とし、利益あるものと認めざるを得ないと述べ、宗教を、「不徳を防ぐための犬猫」とまで貶めている（⑲585ff. なお⑲592）。「宗教の説」（明治一四年ごろ）でも『概略』とまったく同様に、神仏、耶蘇は「片輪の時代」に適した教えであるから、世の中に「片輪」のある限り有用であるとして、「酔狂立小便にポリス、夜盗に犬、いくじなし愚民に暴政府、馬鹿と片輪に宗教、丁度よき取合せならん」と侮蔑的な口調で語り（⑳232）、『通俗国権論二編』（一二年）では、「蛇も甚大切なり、十字架も亦甚必用なり」と述べて、これを愚民の品行を維持する方便として認め、「我輩は自から今の宗教を度外視すれども、人の為には之を度外視せざるものなり」としている(4)（④673）。

総じて現代の日本に宗教ないし徳教が必要であるゆえんは、「無形の警察」（⑯346）、「精神の法律警察」（⑩328）として、「世安」維持ないし「社会の安寧維持」（⑥405, ⑥406, ⑧552, ⑯61, ⑯91, ⑯114, ⑯283, ⑯501, ⑯547, ⑯682. なお宗教の代替としての帝室につき⑤265, 280）のため、「衆生の心を和する」（⑭190. ⑫198 参照）ため、あるいは「民心を和して法外に逸することなからしむる」という「経世の為」（⑨294, ⑪52, ⑬569,570, ⑳38）、「人心を収攬する」（⑪53, ⑩329）ためであった。つまり、宗教・信心は、社会秩序の維持という目的のための手段にすぎない(5)。そして、社会秩序の維持は「内安」に仕えるから、宗教問題は畢竟「一国独立」に帰することになる。福澤は、「智」の立場からは、「誰か山を祭る者あらん。誰か河を拝する者あらん。山沢河海風雨日月の類は文明の人の奴隷と云ふ可きのみ」と断言している（④120f.: B173）から、宗教・信心は愚民を御して社会秩序を維持するための典型的な〈一時の彌縫策〉であった。

だが、社会秩序維持の手段という観点からすれば、相手は「愚民」だけに限らない(6)。「通俗道徳論」（明治一七年）

では、徳心を養うのに上下の段があり、みずからの工夫によって身を修め、天下後世に愧じないことを目安にして徳を養う「自力の道徳」、古聖人の定めた徳教の法則に従って身を修める「他力の道徳」、山や禽獣や草木を拝む類の「下等」の道徳があるが、どの場合も道徳を守る「実」は同じであり、人の自然の徳心の現れとして評価することができるとしている（⑩124f.）。目的が信心による社会秩序の維持にある以上、愚民と無関係の「自力の道徳」も特別扱いされないのである。「徳教之説」（一六年）（⑨279f.）でも、道徳は宗教（禽獣魚介草木の類の崇拝、有形の偶像崇拝、無形の一神崇拝）や士族の気風や「理論」などによって維持されるが、元来道徳論の目的は社会の安寧にあるから、各人が徳を修め身を慎むならば、理由は問わないといっている。「理論」というのは西洋における進化論・功利論のことであり、福澤は、この主義が勢いを得たならば、宗教を離れて「理論上」道徳を維持する道も明らかになると予想しているが、しかしそういいながら、結局、進化論や功利論は「一種の理論」として学者の修行に残しておくとか、「理論学者にして宗教外に数理を説て安心の地位を得る者あらば、是亦固より留むるに非ず」（⑨281, 285）というように、突き放したような態度を示している。それは、一つには道徳と「数理」を無理に結合してかえって不信を招くことを恐れたためであるが[(7)]、また所論の目的が何らかの道徳論の比較ではなく、もっぱら社会秩序の維持にあり、「宗教の本体」ではなく、その「成跡」（⑳231）を追求しようとした結果である[(8)]。

しかし、前掲の『覚書』の一段には第二の視点がある。すなわち稲荷様から仏教へ、そこからキリスト教へ、さらに「ウーチリタリスム」への、「モラルスタンドアルド」の進歩という観念である。その進歩の内容は「惑溺」の漸減であり、したがって智ないし道理の進歩を指している。後年、福澤は、神仏儒が「社会人道」に裨益するところが多いとした際に、「智識」に上下があるように、宗教の信仰にも「唯一の真神、無形の教典」を信じるものから火や下等動物を拝むものまで段階があるとして、これを「智識の程度如何」による差異と表現している（⑯276）。すでに『概略』で、宗教は「文明進歩の度」に従って趣を変えることがはっきり認められていた。プロテスタントが盛んになったのはカトリックの「古習の虚誕妄説」を省みて「近世の人情」に応じて、その「智識進歩の有様」に適合したためであり、一向宗が興隆したのも天台真言の虚誕妄説を捨てたためである、と。文明の進歩に応じて宗教もいくらか「道理」に基づかざるを得なくなったというのである（④109f.：B157-159）。『通俗国権論二編』でも「蛇も甚大切なり」と述べる前に、人文が進歩すれば現在の宗教など無視してもよく、「宗教熱心の輩」も改めて「新説」を工夫するであろうと予測して、やはり真宗とプロテスタントの例を挙げていた(9)（④672. なお⑩58）。「従来の宗旨、新入の宗旨、何れも人の智恵次第なり」（「文明論プラン」8）というわけだ。ここには、「智」の進歩と平行ないし相応した宗教・道徳の進歩の観念がある。

『覚書』に見られる二つの論点をまとめるとこういうことになる。「社会秩序の維持」を目的とした場合、その手段はどのような宗教・道徳＝「モラルスタンドアルド」であってもよく、「自力の道徳」や進化論・功利論の「理論」もそのうちに数えられるが、「文明」＝「智」の進歩を射程に入れた場合、「モラルスタンドアルド」を徐々にであっても「智」の方向に進歩させることが重要となり、その限りでプロテスタンティズムや真宗、あるいは功利主義的道徳論は宗教・道徳の進歩の一里塚であった。

だが、『覚書』には「モラルスタンドアルド」につきさらにつぎのような記述がある（⑦672）。

人生の目的は天下太平家内安全一身静寧に在り。即ち教育の要なり。学問の旨は、事物の理を知り天然を制して此平安を致すの術を施すに在り。又この術を施さゞるも、事物の理を知るが故に、変に遭て心を動かすことなく、安心の場合あり。之をモラルスタンドアルド［と］云ふ。

この「モラルスタンドアルド」は、上掲の場合と違って絶対的な色彩を帯びている。福澤はこのすぐ後で、法律、国憲、宗教、道徳において是非は時代と場所によって異なるが、「天然を制する術」（化学器械学）の利害は古今万国を通じ同じであり、「人生の目的は天を知り天を制するにあり」と述べて、"Absolute good bad" と "Conditional good bad" の区別の必要を説き、さらに、世の論者が「天理人道」を「議論のスタンドアルド」にするのは「たわいもなきこと」であり、忠臣二君に仕えずとか、貞婦両夫にまみえずというのも、甲州武士が徳川に仕え、若い後家が再縁するのもともに「天理人道」であり、支那日本で亭主が威張るのは「支那日本の天理人道」で、西洋で細君が跋扈するのは「西洋の天理人道」であり、すべて「コンヂショナルグード」の部類だとしている（⑦672）。

ここで福澤は、「人天並立」や「天人合一」のユートピアと同じように、「絶対善」の観念によって現実の道徳的標準を相対化しているのであるが、このような〈文明論的〉思考に従うならば、功利主義的道徳もまた時と場所によって是非を異にする相対的な「モラルスタンドアルド」となる。この意味の「相対善」は、ある場合には進歩と無関係に「社会秩序の維持」という目的のために動員されたが、他の場合には相対的な意味の宗教・道徳の進歩としても是認された。いずれも〈状況的〉思考によるといってよいが、後者は「進歩」を含む限り、〈文明論的〉思考との折衷である。

ここから福澤の道徳論に三つの層を析出することができる。第一に、自然科学的真理としての「絶対善」である。これは、「人天並立」のユートピアと似ているが、しかし科学的真理と等置されていることからすれば、すでに現在でも存在しており[10]、「智」の進歩はこうした「絶対善」が拡大発展していくことにほかならない。その意味で、智の進歩は徳の進歩と重なる。これは「富豪維持の説」（明治二二年）にいう〈文明の新徳義〉である。第二に、厳密に自然科学的真理に属していないけれども、文明の進歩に、したがって智の進歩に即した「相対善」がある[11]。第三に、「智」とまったく無関係な純粋の彌縫策としての「旧道徳」がある。これも同じく相対的な善であるが、主として社会秩序の維持を目的とするものであり、また必ずしもその手段が旧道徳に限定されないので、〈公衆道徳〉と名づけておこう。以上三つのうち、〈公衆道徳〉の内容と機能についてはおおむね輪郭が明らかになったが、第一の「善」は自然科学的真理であるといっても、それが「人事」にどのようにして活かされるのかということは明らかではないし、第二の「善」もいまだ必ずしも明確な像を結んでいない。また、第一と第二の「善」はいずれも「智」の進歩に即した〈主知的〉性格をもっており、その相違をもっとはっきりさせなくてはならない。

二 天下太平家内安全

『覚書』では、「人生の目的」は、「天を知り天を制する」という物理学的なものとして説明されながら、同時に「天下太平家内安全一身静寧」とも表現されている。これは「絶対善」[12]よりもわかりやすい表現である。とはいえ、「天下泰平家内安全」は「民間普通の語」(⑳205. なお④401 参照)であるがゆえにかえって内容が曖昧である。それは具体的に何を意味しているのであろうか。

福澤は『福澤文集』(明治一一年)の「天理人道」の項で(以下④451-454)、浅草の観音、成田不動への信心が「世上の評判」に基づくことを指摘したうえで、『覚書』における忠臣二君に仕えず云々とまったく同じ例を引き、火葬の例も加えて、「天理人道」が古今、国々、「人の地位」により、また「数年の経過」によって異なり、それがどこにあるのか定かではないとしたうえで、つぎのように述べている。

我党の学者は古今に所謂天理人道なるものを信ぜずして、今正に安心立命の地位を求めんとする者なり。蓋し其目的は天下泰平家内安全にして、人々最大の幸福を享るに在りと雖ども、徳川の如き武力偏重、治法専制の泰平を以て泰平とするに非ず、又西洋諸国の如き財力偏重、智者専制の泰平を取るにも非ず。無気無力にして世に制せらるゝの家内安全は真の安全に非ず。無欲にして足るを知るの幸福は真の幸福に非ず。都て天地間の事物には自から順序を存して一定の法則あるものなれども、其法則の働を観察して之を実際に論ずること甚だ容易ならず。思想高尚なる者は之を観察すること高く、思想賤しき者は之を観察することも亦賤し。学問の要は唯思想を高尚にして実際を忘れざるに在るのみ。学者小成に安んず可らず。

ここでも福澤は、宗教や種々の「天理人道」と称するものだけでなく、西洋の「財力偏重、智者専制の泰平」までも時と場所によって相対化しつつ[13]、「絶対善」に即した原理として、事物の「法則」の知（それに基づいた実践）に繋留された「天下泰平家内安全」を提示しているが、やはりその内容について具体的に語っていない。ただ、それが「最大の幸福」といいかえられているのは示唆的である[14]。すでに見たように、「教育論」（明治一二年）でも、善悪を判断するための「本位」は「天下泰平家内安全」にあるとし、これを「人類至大の幸福」と表現していた。福澤は「教育論」から後は、管見の限りでは、「天下泰平家内安全」という言葉を使用していないが、「幸福」概念は終生頻繁に使用している。文脈はきわめて雑多であるが、眼についたものをいくつか挙げておこう。

これまで引用したものでは、「国の幸福」（「征台和議の演説」明治七年、「国権可分の説」八年（⑲531））、「幸福の源」（『概略』八年）、「人間一般の安全幸福」（「恩威情実の政は政の美なるものに非ず」八年ごろ）、「独立の幸福」（『分権論』一〇年）、「天与の幸福」（『外交論』一六年）、「一国の幸福の増進」（『学問之独立』一六年）、「独立の栄誉幸福」（「兵備拡張」一八年）、「自国の幸福」（「国交際の主義は修身論に異なり」一八年）、「最大多数の最大幸福」（『福翁百話』三二年）といった表現がある。このほか、「一身の幸福」（『西洋事情二編』三年（①487）、『すゝめ』九編、七年（③87：B86））、「人民無量の幸福」（『すゝめ』五編、七年（③60：B51））、「世上一般の幸福」（『すゝめ』十二編、七年（③110：B116））、「社会の安全幸福」（「家庭習慣の教へを論ず」九年（⑲561））、「富強繁昌の幸福」（『丁丑公論』一〇年（⑥545））、「中津之安全幸福」（一〇年（『書簡』②15f.))、「天下一般の幸福」(「人事は徐々に非ざれば進まざる事」一〇年前後(⑳181))、「社会の幸福」(『民間経済録』一〇年(④316)、『福翁百話』(⑥304))、「一家の幸福」、「人民幸福」(『民間経済録二編』一三年(④353))、「天下公の幸福」、「国の幸福」(『時事小言』一四年(⑤121,141))、「此［一身一家の］独立の幸福」(「本紙発兌之趣旨」一五年(⑧7))、「一国の幸福」、「全国の幸福」(「条約改正論」一七年(⑨524))、「自国一社会の幸福」(「開鎖論」一七年(⑨493))、「一国の栄誉幸福」(『士人処世論』一八年(⑤542))、「一身一家の幸福」(「元老に望む」三三年(⑯612))、「人間の安寧幸福」(『福翁百余話』三四年(⑥410))などがある。

安易に分類することはできないが、ここには「一身の幸福」と「一国(社会)の幸福」という二つの系列があり、前者は「家内安全」に、後者は「天下泰平」に対応していると見ることができる。そうすると、「天下泰平家内安全」とは、つまるところ、「一身独立」と「一国独立」を意味していたことになる。実際、『中津留別の書』(明治三年)では、「内には智徳を修て人々の独立自由を逞しふし、外には公法を守て一国の独立を燿か」すことを、「家内安全天下富強」と表現しているのである[15](⑳53)。

さてそうすると、一身と一国の幸福は、自然科学的真理である「絶対善」ではなく「相対善」に属することになる。いいかえると、「天下泰平家内安全」は「幸福」に席を譲ることによって、「相対善」に変貌を遂げたということになる。だが、幸福概念にはもう一つの系列があった。福澤は『福翁百話』で、文明進歩の目的は国民全体の「最大多数の最大幸福」、その幸福の「数」と「性質」をしだいに向上させることにあるとしていた。それはとりもなおさず物理学の進歩による幸福の拡大を意味している。そのほか、「人間の安寧幸福」、「人間一般の安全幸福」、「人類至大の幸福」という表現からしても、幸福概念は晩年に至るまで、「絶対善」=自然科学的真理との繋がりを保持していた。その意味では、幸福概念そのものは二重性を帯びており、一方では「絶対善」に繋がる目標を、他方では一国独立・一身独立という「相対善」の目標を意味していた。

もっとも、幸福概念は「物質的」幸福に関わる場合が多い。たとえば『概略』の西洋文明の定義に、「学問の道は虚ならずして発明の基を開き、工商の業は日に盛にして幸福の源を深く……」というのは、明らかに物質的幸福を指している。この点に着目すれば、文明論と自国独立論について見たのと同じように、区別そのものが流動的になってくる。たとえば、「人類一般の安全幸福」の現時点における実現は、科学技術や医学の成果によって個々人のみならず人類一般が幸福になるということだとすれば、それは同時に一身や一国の幸福でもある。ちょうど自国独立が〈手段としての文明〉を通じて文明の進歩に繫がっていたのと同じである。この面からすると、以上の幸福概念の相違は、「絶対善」と「相対善」の区別の可能性を示すに留まる。ただ、「絶対善」の相貌はこれによってほぼ明らかになったと思われる。「絶対善」は自然科学的真理そのものを指し、この普遍的真理に基づいて技術が開発され、現在の時点で最大多数の人類が最大幸福を享受するのである。そこで残るのは「相対善」の内容である。

本書第1章第2節では、「絶対の美」と〈一時の彌縫策〉との区別を論じた『福翁百話』第百話「人事に絶対の美なし」の大略を紹介した。そこには「文」と「武」、「仁」と「利」の相対的な〈一時の彌縫策〉が登場していたが、ほかにもいくつかの例が挙がっているので、まずそれを見てみることにしたい（⑥378–383）。

福澤によれば、現時点では「絶対の美」はあり得ず、是非得失を論ずるべき「標準」はない。たとえば、古代中国やイスラム諸国の「多妻主義」と西洋の「一夫一妻」の是非は定め難いが、世界の「上流多数」を是とするならば、現代の文明国の「一夫一妻の法」は道徳の本義となるし、「火葬」の風習は明治初年に「天理人道に戻る」と非難されたが、いまでは頻繁に行われ、「忠君愛国の主義」は、かつての「君の御馬前に討死、君の死後に殉死」から、「銘々に家業を勉めて先づ一家の独立を成し、細々の独立相集まりて一国の富源と為るの経済法」となる。しかしこの場合でも「経済と忠義」の対立はあり、さらには清貧の信心・衣食と「風流遊楽」、立身出世主義と反俗主義、あるいは天爵と人爵、貧と富、「官尊民卑」と「人民跋扈」、男尊と女尊、四海兄弟一視同仁と同類相食む生存競争との対立・矛盾等に照らしてみても、「絶対の美」は現代人の智徳では到底望み得ないから、せいぜい「三十年か五十年」を期して、利益得策と思うものを選んで実行するしかない。

これらすべてが道徳に関わるわけではないが、「絶対の美」と切断された〈一時の彌縫策〉の選択肢は多分に「相対善」に関わっている。だが、〈一時の彌縫策〉といっても、すべてが平等な選択の対象となるわけではない。たとえば「忠君愛国の主義」のうち、「経済法」とは、〈平時の報国心〉に対応した、福澤の持論というべき「国富論」であり（次章第1節参照）、こちらの方が討死・殉死の忠君愛国よりも「進歩」しているはずである。[16] すでに見たように、「学問のすゝめの評」（明治七年）では討死を文明の名の下に犬死、徒死として貶下していた。しかし、その進歩は「絶対善」＝〈文明の新徳義〉の進歩とは異なる。福澤はその名も「道徳の進歩」（二八年）と題する論稿で（⑮224f.）、文明進歩の世の中では道徳もまた「変遷進歩的なるもの」だとしているが、これは昔の単純な忠孝仁義論の批判を目的としたものであって、「絶対善」の意味の智の進歩を論じたものではない。しかも「道徳の進歩」の例は、殉死が「社会人文の進歩」とともに残酷さを悟って禁止になったことや、家のための身売りが近年では破廉恥とされるようになったことである。あくまで相対的な意味の「道徳の進歩」である。

「一夫一妻」についても同様である。『日本男子論』（明治二一年）で福澤は、「絶対の理論」では善悪正邪はいまだ定まっておらず、いわんや一夫一妻法と多妻多男法のどちらが正しいかは明断し難いといいながら、「開闢以来の実験」により、また「今日の文明説」に従うならば、一家一国にとって一夫一婦法の方が優っていると述べている（⑤630）。「絶対の理論」は〈枕詞〉であり、一夫一婦は自国自家という目的のための〈一時の彌縫策〉であるが、過去の経験と西洋文明の趨勢を根拠にして相対的によきものとされている。「元老に望む」（三三年）でも、一夫一婦は必ずしも「万世絶対の真理」ではなく、何千年後にはその妄誕を笑う日がくるかもしれないが、眼前の五、六十年を見る者としては、今日の世界で一夫一婦は「人倫の正道」であるとしている（⑯610）。「富豪維持の説」（二二年）では、一夫一婦を「天然の約束」だとしつつ、三十年来の流行である「西洋文明の説」から摂取した「文明の主義」であるとも表現している[17]（⑫190f. なお⑯505, 506, ㉑348 参照）。

したがって、「一夫一婦」もまた、「絶対善」と直接関わりのない道理・人倫や西洋文明に照らして進歩として是認された。福澤は蓄妾や花柳界での男子の不品行を頻繁に指弾したが、その際たとえば、現在の世界の大勢は「文明進歩」の方向にある以上、これに反すれば列強の交際から排除されることになるから、「西洋文明の習俗」で許容されない一夫多妻の醜行を一般の眼に触れないように「秘密」にすべきだといい[18]（⑯503f.）、あるいは蓄妾は「世界の文明国」に対して恥ずべき醜態だと評している（⑯495. 同趣旨⑪266, ⑬310, ⑯521, ⑯576）。ここにいう「文明進歩」、「西洋文明の習俗」、「世界の文明国」という語もやはり状況的な色彩を帯びている。その限りで、一夫一婦は〈一時の彌縫策〉であるけれども、なお相対的な意味で――おおむね西洋文明を基準とした――進歩として肯定された。これはとりもなおさず「少しづゝ」でも道理を取り入れ、西洋を模範に進歩を図る「相対善」、いわば〈文明の道徳〉である。しかしそれは、「絶対善」=〈文明の新徳義〉ではなく、まして旧道徳をそのまま採用する類の（ここでいえば「秘密」策のような）〈一時の彌縫策〉と区別される。

いま一度振り返れば、福澤にとって、はてしなく続く文明の進歩、その到達点としての「絶対の美」を信じる限り、道徳論など無用の存在であり、〈文明論的〉思考を徹底するだけでよかった。基本的には福澤は、智の進歩に伴っておのずと道徳も進歩すると考える楽観論者であった。だが、そのような「自然成長」だけに頼っておられないというところに福澤における道徳論の必然性があったというべきであろう。

『西洋事情外編』にはこういうくだりがある（①451）。

人の生るゝや無知なり。其これを知るものは教に由て然らしむる所なり。子生るれば父母これに教へ、先づ其知識を開て所得甚だ多し。既に父母の教導を受れば、次で又学校に入らざる可らず。故に天下の急務は学校を設けて之を扶持するより先なるはなし。蓋し人民、幼にして学ばず、長じて知識なければ、軽挙妄動、前後を顧みず、遂には罪科に触れ、人間の交際を害すること多し。人の知識を教導するとも、必しも之に由て其徳誼を養ふ可きに非らず。古来聡明穎敏の誉ある学者にして、却て大悪無道なるもの少なからず。然れども教育の法、宜しきを得て、徳行に進み聖教に化するときは、亦以て盛徳の士を出だす可し。

これになぞらえていえば、福澤は「智」が「徳」を導くという基本線を生涯にわたって崩さなかったが、それだけで十分とは考えずに「徳」を論じた。その核心部は〈文明の道徳〉と〈公衆道徳〉にあった。

第5章 文明の道徳——道徳論の諸相

序

前章第2節では、主として『覚書』に即して、福澤の道徳論に三つの地平があることを明らかにした。いま一度確認するならば、①自然科学的真理に対応した「絶対善」=〈文明の新徳義〉、②「智」の進歩と相携えて進歩し、西洋文明を模範とする「相対善」=〈文明の道徳〉、③主として社会秩序の維持を目的とする「旧道徳」=〈公衆道徳〉である。三者の関係は流動的である。〈文明の新徳義〉と〈文明の道徳〉は「智」の進歩という基礎を共有しており、〈文明の道徳〉と〈公衆道徳〉はいずれも一時の彌縫策である。①が文明論に通じるとすれば、②と③は自国独立論に属している。しかし、②は文明の進歩に即したものであり、そこからすれば、〈一国文明の進歩〉に定位している（本書第1章第2節参照）。方法論との関わりでは、①と③が〈文明論的〉思考と〈状況的〉思考を比較的純粋に表しているのに対して、②はその折衷である。したがって、ごく大ざっぱにいえば、〈文明の新徳義〉は智だけに依存し、また〈公衆道徳〉はもっぱら一時の彌縫策であり、その中間にある〈文明の道徳〉こそが福澤の道徳論の中心部を占めると見てよいであろう。

しかし、前章第1節で、『概略』からできる限り戦略的部分を削ぎ落として顕わになった六つの論点、すなわち「受身の私徳」としての道徳、〈主知的〉道徳論としての自主独立、道徳の「内面性」、「大徳」、〈平時の報国心〉、愚民向けの道徳論を無視するわけにはいかない。このうち、愚民向けの道徳論は〈公衆道徳〉にあたるから、これ以上追求する必要はないが、なお宗教・徳教以外の分野での働きがないかどうかを探ってみてもよい。「受身の私徳」という像は『概略』では多分に戦略的発想に根ざしていたが、『概略』以外においてもそうなのかどうかを確かめてみなければならない。「自主独立」の精神は、人間の本性として智の進歩に伴っておのずと達成されるという論理では、〈主知的〉道徳論＝〈文明の新徳義〉に属しており、本来の道徳論と無関係であるが、そこに含まれていた「内面性」の契機は、智に還元し尽くすことはできず、やはり〈文明の道徳〉との関わりを探ってみなければならない。社会公共に裨益するという意味の「大徳」もまた、智の働きに帰せられる限り、本来の道徳論には属さないが、〈平時の報国心〉と関わっている可能性がある。以下では、これらの点を踏まえながら、〈文明の道徳〉の具体的な諸相を考察してゆきたい。

第1節　愛と競争

福澤は『丁丑公論』（明治一〇年）で、「大義名分は公なり表向なり、廉恥節義は私に在り一身にあり。一身の品行相集て一国の品行と為り、其成跡社会の事実に顕はれて盛大なるものを目して、道徳品行の国と称するなり」と論じ（⑥535）、「政略」（二〇年）では、「私徳を根本にして之を公徳に拡め、社会生々の源を家族団欒の生活に取る」ように説いている（⑪338）。前者は公私を混同した大義名分論の批判によって西郷が「不徳」ではないことを証明することが目的であり、後者は政治家の不品行を叩くためであるから、同じレベルで扱うことはできない。ただ共通しているのは、福澤が揮毫などを求められた際に書いた「公徳由私徳生」（公徳は私徳に由りて生ず）（⑳471）という論理である。この論理は、『概略』における、「修身斉家」（私徳）と「治国平天下」（公徳）の分解戦略に反しており、むしろ「修身斉家治国平天下」から借りてきたかのように見えるが、しかしまた「一身独立して一国独立す」の鋳直しと受けとることもできる。いずれにせよ、即断は禁物である。まず〈公徳由私徳生〉論の構造を探ってみよう。

一　私徳と公徳――公徳由私徳生

『概略』では、私徳は貞実、潔白、謙遜、律儀など一心の内に属するもの、公徳は廉恥、公平、正中、勇強など外物に接して人間の交際上に現れる働きとされている（④83：B119）。だが、この定義は結局『概略』の議論でほとんど活かされなかった。徳を「受身の私徳」と再定義することで、話を「智」の優位にもっていったからである。その意味では、この定義から出発するわけにはいかない。他方で、すでに触れたが、『品行論』（明治一八年）にも公徳と私徳の定義が出てくる。そこでは、現代は文明諸国との交際の中で軽重を問われる時代であるから、文明世界の智徳の「標準」を知らなければならないとして、「パブリック・モラルチ」（外行）と「プライヴェート・モラルチ」（内行）の区別を紹介している。前者はもっぱら「人間社会の交際」、つまり「報国尽忠」、「政治の思想」、「民利国益の働」など、一身一家以外の利害に関わり、「国のために死し、人のために労苦し、公共のために身を苦しめ、世民の苦楽を喜憂する」ものであるが、後者は「一身の私」だけに関わる行い、たとえば「夫婦親子の間柄、一身の起居眠食逸楽の事等、全く社会公共に縁なき私の働」である（⑤549f.）。この定義はまず穏当であり、戦略もバイアスも含んでいないと見られる。

ところで、『品行論』の主題は男子の不品行を批判することにあるのだが、それを論ずる際に福澤は、一身の私徳が国家の体面（外国交際）にとって重大な意味をもつことを強調している。国とは「人の集りたる一体の名」であるから、あたかも富強の人が集まって富強国となるように、一国の「徳不徳」も国民各人の徳不徳に基づくとか、「一身の栄誉面目は細々積で重きを成すものなり、一国の栄誉面目も亦然り」と（⑤549，563）。『品行論』の執筆メモでも、「一国は猶一人の如し。貧富、強弱、賢不肖、人の品行の軽重、以て国の軽重を成す」とある（⑲268）。また、右に引用した「政略」でもほぼ同じように論じているし、他の場所でも、国風の維持、国の栄誉のために「不品行者は愛国心なき者として之を責む可し」(⑪445) と繰り返している。つまり、私徳はおおむね男女の品行に、公徳は「国家の体面」に関わっているのだが、そこに働いている論理は〈公徳由私徳生〉である。

同じく品行を論じた『日本男子論』(明治二一年) では、一身の私徳よりも交際上の公徳を優先する道徳論者に向かってこう論じている (⑤613-616)。私徳の歴史的起源は夫婦の徳義にあり、その後人間が国家社会を形成したことから「戸外の徳」(公徳) が生まれた。「居家の道徳」(私徳) が人情や誠を中心とするのに対して、「公徳」は道理 (「忠信礼儀廉潔正直」) に基づいているため、冷淡無情に陥る恐れがあるから、「公徳の美」を求めるならば、まず私徳を修めて人情を厚くし、誠意誠心を発達させることで公徳の根本を固めることが肝要である。ところが、古今和漢の道徳論者は、道徳を政治論に混ぜて政治に重きを置き、これに関する徳義は公徳であるために、私徳よりも公徳を優先するきらいがある。たとえば「忠義正直」は政治上の美徳だが、公徳の教示を優先して居家の私徳をないがしろにするのは根本の浅い公徳である。「一国の社会の維持」と「繁栄幸福」のためには公徳が必要であるが、そのためには私徳を堅めなければならない。すなわち、「国の本は家に在り」、「良家」の集ったものが「良国」であって、国力の源は家にある、と。

やはり〈公徳由私徳生〉論であるが、ここでは私徳の基礎は明確に家族、それも夫婦関係に置かれている。この〈私徳＝夫婦関係〉説に基づいて福澤は、儒教道徳の政治＝公徳の優位をしりぞけ、忠 (公徳) と孝 (私徳) との鎖を断ち切ったうえで、男子の不品行の「公的」害悪を批判し (私徳の紊乱は社会交際の公徳を害し、立国の基礎を揺るがす)、政治家の不品行を衝き (公共の政権を獲得し、維持するには私徳を修めなければならない)、品行を維持することを通じて「国の栄辱」、「独立の体面」を毀損しないようにする (⑤620, 625, 627ff.) という多重的論法を駆使するのである。

まったく同じように、「一国の徳風は一身より起る」（明治二二年）でも、個々人の富が多ければ富国と呼ばれるということを引き合いに出して、夫婦親子相親しむ「良家の集合体」を「良国又徳国」と称すると述べ、やはり「一人一家」の徳行徳風をさておいて「一国」の良徳美風により外面を飾ろうとする道徳論者を断罪している（⑫1f.）。さらに、「読倫理教科書」（二三年）では、政府の倫理教科書が「戸外公徳」を主とし、「家内私徳」に深く論及していないことを批判し、私徳（夫婦関係）を修めることが朋友関係、治者・被治者の関係、社会の交際法に裨益するという。社会は個々の家から成り、「良家の集合即ち良社会」であるから、徳教の究極目的が良社会を得ることにあるとすれば、良家を作らなければならない、というのである（⑫398）。これも政治（忠君愛国の公徳）を優位に置く儒教道徳を掣肘しようとしたものである(1)。

これらの例に見られるように、〈公徳由私徳生〉という論理は、夫婦（男女）関係の「私徳」を基礎にして、男子の不品行を批判し、あわせてひたすら忠君愛国という名の公徳に走る徳教論者を掣肘するために利用されている。そこで、この〈公徳由私徳生〉論、あるいはその基礎にある〈私徳＝夫婦関係〉説もまた、『概略』の「受身の私徳」と同様、戦略的な規定に留まるのか、それとも福澤自身の道徳観に根ざすところがあるのかどうかを検討しなければならないが、その前に触れておきたいことがある。

福澤は〈公徳由私徳生〉論を正当化するために、富強の人が集まって富強の国になるとか、個人の富が多くなると富国と呼ばれるなどの比喩を持ち出しているが、この比喩がスミスの『国富論』からきていることは明らかである。『西洋事情外編』を覗いてみると、「往古の碩学、始めて経済の事に付、書を著し、之を富国論と名けり。其説に拠れば、人は家法を節して富を致す可きが故に、之を大にして一国に施すときは、亦以て一国の富貴を成す可しと云へり」（①456）とあるが、他の場所でも〈国富論的〉発言は実に頻繁に顔を出す。すでに引用した文では、「一国の人民が農工商業を営み、個々の財産を集めて一国の富を致し……」（「道徳の標準」二八年）とか、「人々銘々に平素の業を励むの結果、一国全体の文明富貴を致して……」（「忠義の意味」二八年）とか、「先づ一身一家の独立を成して自然に立国の基礎を固くせん」（「日本臣民の覚悟」二七年）等々、挙げていけばきりがないほどである（④631, ⑤536, ⑥253, ⑥328, ⑩272, ⑩414, ⑩490, ⑩550, ⑪295, ⑭11, ⑯498, ⑰180, ⑱620, ⑲624）が、典型的な例だけを掲げておこう。

世間普通、国家の為、世教の為、私利を後にし公利を先にするなどと云ふは、悉皆偽徳の口実、不祥の言なり。公利を云ふには、自動の詞を用ひて、公利になると云はゞ可［な］らん。私利と公利と暗合してこそ始て真実の境界を見るべし。（「自他の弁」一〇年（⑳164））

凡そ人として私の利を思はざる者なし。今後我人民の次第に事に慣るゝに従て、次第に其利を永年に平均するを知り、次第に私利の大なるものを求るに至らば、特に富国の論を喋々せずして富国の実は言はざるの際に成る可きなり。（『通俗国権論』一一年（④636））

学問は人生の目的にあらず。学問を学び得て大学者に為りたりとて、其学問を人事に活用して自身自家を豊にし、又随て自然に国を富ますの基と為るに非ざれば、学問も亦一種の遊芸にして、人事忙はしき世の中には、先づ以て無益の沙汰なりと云ふ可し。（「学問の所得を活用するは何れの地位に於てす可きや」一九年（⑪112f.））

人々自ら己れの利を謀りて、他人に依頼せず又他人の依頼を受けず、一毫も取らず一毫も与へずして、独立独行の本分を守りたらば、期せずして自から天下の利益となり、天下は円滑に治る可し。（「漫に大望を抱く勿れ」二二年（⑫187））

如何して一身一家の独立を成し従て間接に一国の独立名誉を助成す可きか……。（「明治三十年九月十八日慶應義

塾演説館にて学事改革の旨を本塾の学生に告ぐ」三〇年（⑯106））

時期や議論の目的にかかわらず一貫して、市場秩序＝「公」が個々人の私利私欲＝「私」の追求から、自動的、間接的に形成されることを期待したのである。その最重要の目的は「一国の富」であり、したがってまたそれによる一国独立にあった。『学者安心論』（明治九年）では、人民が一国にあって「公」に行うべき事柄（外国貿易、内国物産、開墾、運送等、とくに学者の領分として学校教授、読書著述、新聞紙、弁論演説等）を「平民の政」と呼び、これらが奏功して「一般の繁盛」に至ることが文明の進歩だとしている（④218）。一文の目的は「政治熱心」の民権論の批判にあるが、「平民の政」を、政治に「間接」に参与する広義の国政（④219）と捉えているところに、「私」の営利追及がそのまま「公」（一国独立）に資するという〈国富論的〉発想が如実に現れている。

ここからすると、〈公徳由私徳生〉論は〈国富論的〉道徳論といいかえることができる。[2] もっとも、〈公徳由私徳生〉を正当化するために福澤が持ち出した論理は、「良家」が集まって「良国」、「良社会」になるというものである（なお⑫188, 190参照）。良家を支える私徳は、一身に関わるといっても、私利私欲や一身独立と直接繋がらない夫婦・男女関係である。また、良社会や良国の公徳は、内容上、良家の私徳の集積ではなく、国の体面の確保や社会秩序の維持を意味していた。したがって、〈公徳由私徳生〉は国富論そのものではなく、単なる比喩にすぎない。あるいは、「私徳修まりて公徳発達する」とは、居家の私徳（男女の倫理）が固まると家を成し、家が成ると天下の秩序も成るという意味である（⑪446f. 同趣旨⑥245, 247）という説明からすると、〈公徳由私徳生〉はひょっとすれば「修身斉家治国平天下」の焼き直しかもしれない。いずれにしても、〈公徳由私徳生〉論は、男子の不品行を社会秩序の維持という視点から抑制し（その限りで〈公衆道徳〉論に通じる）、忠君愛国優先の徳教論者をしりぞけるための一つの戦略であって、良家も良社会・良国家もその戦略の中に位置を占めるにすぎなかった。

しかし、ここでも戦略だからといって福澤の道徳観と無関係であるといいきることはできない。少なくとも、〈公徳由私徳生〉論の基礎にある〈私徳＝夫婦関係〉説は戦略に尽きない。何らかの他の目的と関わりのない「学校之説」（明治三年）では、「修心学」（『増補啓蒙手習之文』（六年）では「修身学」）を、「是非曲直を分ち、礼義廉節を重んじ、これを外にすれば政府と人民との関係、是を内にすれば親子夫婦の道、一々其分限を定め其職分を立て、天理に従て人間に交るの道を明かにする学問」と定義している（⑲379, ③20）。私徳は家族関係に限定されている。また、明治三年の手紙では、「［モラルの小冊子について］講義御聴聞被遊度、誠の道を求め一身を修るの術は他に有之間敷、先づ人倫の大本を立候様いたし度。大本とは夫婦なり」として「女大学」が婦人に対してあまりにも「気の毒」だと語っている（⑰93）。この場合も私徳の中核は夫婦関係である。あるいは、『中津留別の書』（同年）では、「人倫の大本は夫婦なり」とか、「夫婦の間は情こそある可きなり」として、妾を容認する儒教道徳を批判している（⑳50f.）。

したがって、私徳の中核を家族関係、とくに夫婦関係に見出すこうした初期の道徳論が、『概略』における「受身の私徳」論を経て、後の不品行批判となって現れたといってよいであろう。その際、「秘密」策のような一時の彌縫策も提起されたが、『品行論』に明言されているように、不品行を批判するための道徳の「標準」は西洋をモデルにした〈文明の道徳〉、一夫一婦、男女平等であった。

二　家族的ユートピア

このような家族的な〈文明の道徳〉の背後には確固とした社会観があった。『西洋事情外編』では、「人間の交際は家族を以て本とす」とか、「一夫一婦、家に居るは天の道にて、之を一家族と名く。然ば則ち衆夫衆婦人、相集るも亦天道の大義なり。斯く人の相集まり相交るものを一種族又は一国の人民と名く」という記述がある（㊀390f.）。これによれば、社会は家族を単位として構成されることになる。ところが、同じく『西洋事情外編』によれば、「人間交際の大本」は「自由不羈の人民相集て、力を役し心を労し、各〻其功に従て其報を得、世間一般の為めに設けし制度を守ること」であり、「人間の大義」は「人々互に其便利を謀て一般の為めに勤労し、義気を守り廉節を知り、労すれば従て其報を得、不羈独立、以て世に処し、始て交際の道を全す可き」ところにある（㊀393）。

つまり、たしかに家族的社会像というものが想定されていながら、それとは別に個人を基礎にした社会像が併存していたのである。この二つの社会像は、やはり『西洋事情外編』で、私欲の働きとしての、「互いに害をなさず」、「互に相励み相競て却て世間の利益を致す」という「競争」原理と、老幼小弱を助ける夫婦親子家族の「親愛慈情」（①391, 401）として表現されている。これはほかの著作でも確認することができる。『すゝめ』十一編（明治七年）では、家族関係をそのまま人間交際に拡大しようとする名分論を批判して（したがって「修身斉家治国平天下」（その偽善につき⑤570, ⑫9f. 参照）をしりぞけて）、「真の愛情」に基づく「親子の交際」という人間関係と、一国、一村、政府、会社における「大人と大人との仲間、他人と他人との附合」である「人間の交際」とを対置し（③96f.：B99）、『覚書』には、「情愛は競争の反対なり。情愛の極度は争ふの心なき極度なり。譬へば家族親子の間柄の如し」とある（⑦658）。そして『概略』でも、家族の交際には規則・約束、まして「智術策略」を必要とせず、もっぱら徳義によるが、政府と人民、会主と会員、売主と買主、貸主と借主、教師と生徒の関係など「規則」による交際は徳義の交際とはいえないとしている（④125, 129：B179, 185）。また「富豪維持の説」（二二年）では、家は法律ではなく「情」によって支配されるという（⑫192）。徳（私徳）＝情愛＝家族関係と、智（規則・法律）＝競争＝一般社会関係

〈市場関係〉との二元論は時期の如何を問わず存在していた。

このように市場関係とは別に、「愛」を基礎にした家族的社会像が一貫して認められることからすると、〈公徳由私徳生〉論も必ずしも戦略に留まらないような印象を受ける。かの良国・良社会は、額面通り受けとれば、夫婦・親子関係の「愛」という内面原理を拡大した公徳といえなくもないからである。

実は『概略』には〈公徳由私徳生〉論の原型らしきものがあった。第七章で福澤は「文明の太平」という名のユートピアについてこう語っている（④123f.：B177f.）。

徳義は文明が進むにつれて権力を失うが、その分量が減るわけではなく、文明の進むに従って智徳も量を増し、「私を拡て公と為し」、公智公徳が世間一般に広がり、しだいに太平に赴き、極度に至っては土地を争う者も、財を貪る者もなく、君臣の名義も消え、戦争も止み、刑法も廃止され、政府は無益の労を省くためだけに設けられ、約束を破る者も盗賊もなく、家内の「礼義」は厚く、教化師の説法を聞く必要もなく、「全国一家の如く、毎戸寺院の如し」といった状態になる。世界の人民は「礼譲の大気」に抱かれて「徳義の海」に浴するようなものである。こうした状態に至るのは何千万年後かもしれないが、もしこの太平の極度に達し得ることがあれば、徳義の功能も洪大無辺であるといわざるを得ない。

故に私徳は野蛮草昧の時代に於て其功能最も著しく、文明の次第に進むに従て漸く権力を失ひ其趣を改めて公徳の姿と為り、遂に数千万年の後を推して文明の極度を夢想すれば又一般に其徳沢を見る可きなり。

ここには、家族＝私徳の原理を集積して家族的国家＝公徳に及ぶという文字通りの〈国富論的〉道徳論、つまり徳教論者批判や品行論のための戦略の域を超えた〈公徳由私徳生〉論が示されているかに見える。たしかに、「私を拡て公と為し」という一句を「私徳を公徳へと拡げる」と解し、かつ私徳とは家族的「愛」を基礎にしたものだとするならば、「文明の太平」は、愛を原理とした家族道徳としての私徳が拡大して、いつかは公徳、つまり社会関係の道徳原理になるということを示唆したものととることができる。「文明の太平」は「全国一家の如く」とされているし、この少し後で福澤は、「人の説に家族の交は天下太平の雛形なりと云ふことあれば、数千万年の後には世界中一家の如くなるの時節もあらん歟」と述べている（④127：B182f.）。これは、徳義の働く場は家族だけだと論じた直後に、わざわざ「然りと雖ども」として出てくるのであるから、別の目的（儒教や男子の品行の批判）があってのことではない。『西洋事情外編』では、家族の間に競争心がないのは、「造物主の深意にて、家族の睦き情合を推し広め、四海の内を一家族の如くならしめんの趣旨なる可し」（①391）とあり、全国一家の如き「文明の太平」はあながち夢物語として片づけるわけにはいかない。翻ってみれば、『時事小言』（明治一四年）の「天然の自由民権」は、一千万年後のユートピアとされながら、同時に自労自食という、文明の現段階で目指すべき目標をも含んでいた（第1章第2節註(1)参照）。そこからすれば、「文明の太平」という〈家族的ユートピア〉論が現代にとっても有意味であったと考えてもおかしくはない。

もしそうであるならば、福澤は、一方で「政治的」儒教を打倒し、智の優位を説くための戦略として、「愛」を家族の私徳に限定したけれども、他方では、遙か未来に家族的「愛」を公徳とする社会を構想しており、後者の地平において〈公徳由私徳生〉は現実的な意味をもっていたということになる。(3)

『福翁百話』第九四話「政論」にはこの推測を裏付けるような発言がある（以下⑥364f.）。元来、人間社会の真の目的は、「私心」と「公心」が一致し、自他の利害を忘れ、自労自食しつつ、自己の苦楽と全体の喜憂となし、老幼病者は他人の助力に与り、貸借さえ無用になり、社会は親愛に満たされ、「恰も一家族の睦じきが如くなる」ことにある。「良家」とされる家には今日すでにその端緒が示されており、これを広く全社会に及ぼし、「世界一家の美」を達するだけでよいのだから、あながち望外の望ではない。こうした境遇に達した時には社会は真の自治となり、人民相互の約束は違約を罰するためではなく、失念を防ぐ方便にすぎない。世に犯罪もなくなるから、法律や政府も無用となる。かくて「世界は即ち一大家、人生は即ち兄弟姉妹たる可き筈なれども……。」

「良家」の集積が「世界一家の美」になるというのは〈公徳由私徳生〉論であるが、ここでは〈家族的ユートピア〉がいまにも出現しそうな口吻である。だが、こういった後で福澤は、現代の文明がまだ幼稚で、人類は無智であるから、人々はただ「私」を争うのみで、さもなければ自立できないといった状態で、国の内外を問わず生存競争に明け暮れている事実を指摘している。これは、かの、「一視同仁四海兄弟」という国際関係のユートピアと、弱肉強食の中で一国独立を優先する国家理性との対立と同じ地平にある。しかも、一文の主題は政府の形態にあり、ユートピアは、現実世界の相対性を浮き彫りにして、政体は「一時の方便」にすぎないから状況に即して適当なものを選べばよい（⑥367f.）という現実的姿勢を引き出すための〈枕詞〉にすぎなかった。つまり、〈家族的ユートピア〉を目標に据えるという意図はまったく存在しないのである。

『概略』の場合も、「文明の太平」のユートピアを語った後にはっきりと、「野蛮の太平は余輩の欲する所に非ず。数千万年の後を待て文明の太平を期するも迂遠の談のみ」と断じている（④124：B178）から、ユートピアは、私徳の働きを家族だけに留める現実的議論のための〈枕詞〉にすぎなかった。しかも、この後福澤は、「規則」の意義を際立たせるために、家族の間では「私有を保護するの心」、「面目を全ふするの心」、「生命を重んずるの心」もないとまでいっている（④125：B179）。生命を無視するとは穏やかではないが、いいたいのは、「一種の情合を存して互に身を棄て物を棄てゝ憚ることなき」というのが家族関係であるのに対して、家族外では「世人相励み相競ふの性情」が支配しているということ（①399）である。つまり、権利は生命・財産・名誉によって構成されていることから、規則（権利）＝個人との対照に基づいて徳義（情）＝家族の特徴を極端に描いたにすぎないのである。

たしかに、福澤の家族観は「愛」を基盤にしており、これを無限大に拡大したところに「世界一家」の家族的ユートピアが成り立つ。福澤は、「愛」を原理とした「家族的」表象によってユートピアを示し、それを私徳の公徳への拡大として表現したといってもよい。しかし、それは、現代または近い未来においてただちに家族の「愛」の拡大として公徳を創出することを狙ったものではない。家族的ユートピアは、悪くいえば弱肉強食の世界、良くいえば市場の競争原理によって成り立つ現代世界の中でなお見出すことのできる「愛」の部分を拡大して見せた絵空事であった。福澤は『すゝめ』二編で天賦人権論を家族愛的に説明している。人間が「互に相敬愛して各其職分を尽し互に相妨ることなき所以は、もと同類の人類にして共に一天を与に天地の間の造物なればなり。譬へば一家の内にて兄弟相互に睦しくするは、もと同一家の兄弟にして共に一父一母を与にするの大倫あればなり」と（③37：B21）。これは「一視同仁四海兄弟」の理想と同じであるが、しかしだからといって人権ないし権利が親子兄弟や夫婦の情愛によって担保されるわけではない。人権はあくまで、一方では政府＝法によって保護され、他方では人民自身によって主張されるべきものであった。

三　「仁」と「富」──慈善と公共性

いま一度確認しておけば、「愛」という内面的原理に基いた私徳は、一夫一婦に代表される〈文明の道徳〉の構成要素であったが、一国独立に直接資するものではなかった。福澤において「愛」はあくまで私的原理であり、社会的、公共的な機能をもち得なかった。しかし、「愛」と同義である「仁」はどうであろうか。「仁」は愛の対象を家族以外に広げたものであるから、〈公共性〉をもち得る。そこにもう一つの〈公徳由私徳生〉論が登場する可能性がある。(4)

『童蒙教草』（明治五年）第十四章「仁の事」では、「強き者は弱き者を助け、善き者は悪き者の心を改めしめ、大は小を扶け、富は貧を救ひ、文明開化の者は蛮野の文盲を導ひて其知識見聞を開かしむべきなり」とか、「天の人を生ずるやこれに授くるに仁の心を以てす。人にこの仁心あるは相互に其不幸を救はんが為なり」という記述がある（③228）。福澤は早い時期から、弱者救済ないし救貧・慈善のための「仁」の意義を認識していたのである。だが、これより前、明治三年の手紙では、貧民の救済策は金を与えるよりも、「智恵」を付与する方がよいとして、例によってそこから話を「学問の勧め」へともっていっている（⑰93）。救貧は道徳ではなく、「智」の問題なのである。さらに、『概略』では、窮民を救うという「徳義情合」とは、社会全体で行うべきことではなく、「仁者」が余財を散じて徳義の心を私に慰めることにすぎず、施主の本意は他人ではなく、自分のためにあり、時には窮民が施しに慣れてあたりまえのものと思い、施しが減ると施主を怨みすらすることを指摘する。そして、このことはまさに、「徳義の以て広く世間に及ぼす可らざるの一証」である（④127：B182）。私徳としての慈善・救貧は、社会に裨益しないという意味で〈非公共的〉なのである。これもまた、私徳の働きを過小評価することで智の意義を際立たせようとする戦略の一環であるが、しかしことは戦略だけに関わるわけではない。

『すゝめ』十四編（明治八年（③121f.：B130-132））で福澤は、「保護」と「差図」が二つながらに必要だと論じた際に、たとえば相手の人物や貧乏の原因にかまわず米銭を給付する救貧策は「保護」だけに留まり、失敗に終わることがあると指摘し、このような議論は算盤づくで薄情なようだが、厚薄のバランスを欠いて「名」のために「実」を失ってはならないとした後で、誤解を招かないために、と断ってこう述べている。

修心道徳の教に於ては或は経済の法と相戻るが如きものあり。蓋し一身の私徳は悉皆天下の経済に差響くものに非ず、見ず知らずの乞食に銭を投与し、或は貧人の憐む可き者を見れば、其人の来歴も問はずして多少の財物を給することあり。其これを投与し之を給するは即ち保護の世話なれど、此保護は差図と共に行はるゝものに非ず、考の領分を窮屈にして唯経済上の公を以て之を論ずれば不都合なるに似たれども、一身の私徳に於て恵与の心は最も貴ぶ可く最も好《よ》みす可きものなり。譬へば天下に乞食を禁ずるの法は固より公明正大なるものなれども、人々の私に於て乞食に物を与へんとするの心は咎む可らず。人間万事十露盤を用ひて決定す可きものに非ず、唯其用ゆ可き場所と用ゆ可らざる場所とを区別すること緊要なるのみ。世の学者経済の公論に酔て仁恵の私徳を忘るゝ勿れ。

ここでも、救貧・慈善は、経済＝「富」の——一国独立に、ある意味では「国の安危」に関わる（⑬142）——〈公共性〉と対立する一身の私徳であり、その点では『概略』と寸分異ならない。ただ、算盤づくの経済主義は「場所」をわきまえるべきことが説かれている限りで、「仁恵の私徳」はやや積極的な評価を受けている。

とはいえ、救貧・慈善の動機についてはこれ以後も『概略』の線が守られた。「自他の弁」（明治一〇年）では、人生の目的は自分のためにあり、人に恵むのも自分の心を満足させるためであるから、世を救うよりもみずから防御することの方が大切だとし（⑳164. ④313–316, ④630参照）、「教育論」（一二年）では、貧困を救助し文盲を教育する「仁人君子」は自利を棄てて人のためにするといわれるが、実際には棄てるものは財物か時間・心労であり、報酬は「我情を慰るの愉快」だと吐き棄てるようにいっている（⑳209）。たしかに、明治一七年には、徳教で最も大切なのは「愛」であり、「仁の一主義」は徳教の基礎となり得ると述べ、弱者・貧民の救済は文明の優勝劣敗に矛盾し、富強の進歩の妨げとなるからといって、不徳を勧めるわけにはいかないと述べている（⑨471）。だがもちろん、「富強」という経済の論理を忘れたわけではない。二三年になっても、慈善は人生の美事だが、「経世の眼」から見れば小児の戯にすぎず、社会に害を流すものであり、恵与は恵与者の一時的な慈悲心を慰めるだけだと繰り返している。慈善は「人生の至情」であり、「私」においては賞讃すべきものであるが、その組織が大きくなり「公共の意味」を含むようになると、かえって懶惰心を生み、他人を怨望する者が出てくる。経済論において「私恵」を是として「公恵」を非とするゆえんである、というのである（⑫444f.）。晩年の福澤にとってもなお、慈善は、「経済の数」を離れた「徳界の美徳」ないし「数理の外の義務」であり（⑥273）、「自分の慈善心を満足せしむるの方便」であった（⑥228）。

もっとも、最晩年の福澤は――「同盟罷工」や社会運動の興隆による社会不安に対処する必要も与って――、「慈善公共の事」に銭を惜しむ日本の富豪を指弾し[5]（⑯311, ⑯664. なお⑬88 参照）、弱肉強食は国交上の問題であって、国内についてはどこの国でも強者が弱者を助けるように注意を払っているのに、日本では軽視されていると批判している（⑯541）。ここに至ってついに慈善・救貧の〈公共性〉を承認したのである。ただ、それは、「富」＝経済と「仁」＝道徳を秤にかけて金輪際「仁」を優先したということではない。福澤は明治三三年に、人の富は国の富であるとして富豪の重要性を訴えながら、「一般の人情」は貧富の懸隔を批判し、富豪の責任を追求する状況にあるから、富豪は「公共慈善」に尽すべきだと述べている[6]（⑯668）。慈善は世の中の「状況」の変化に即して私徳から公徳へと衣替したのである。

このため、経済社会の進歩を前提として提示された福澤の救貧・慈善策は、しばしば補助的政策の域を出なかった。たとえば、「貧富論」（明治一七年）では、貧富の対立を緩和するための彌縫策として、第一に富の「新陳交替」、第二に「道徳の主義に基て貧者の窮を救恤する」こと、第三に祭礼により貧民の「鬱」を散じることを挙げ、第二策は救窮の小策であり、一時の外面を装うにすぎないが、人情を緩和するのに十分であるとしている（⑩84-86）。第二、第三は古代ローマの「パンとサーカス」であり、明らかに秩序維持が目的である。「富豪の要用」（二五年）では、富豪は「家道の行政」において冷徹に利を追求し、「私家」では慈善を行うようにというヤヌス的解決策を提案している（⑬594）。また、同年には、地方民を御するには「仁恵の要」を忘れてはならず、いわれなく他人に物を恵与するのは道理の許さないところであるけれども、「情を以て情に接す」というのが渡世の安全法であるから、恵与もまた家を守る一手段である（⑳381）という彌縫策を示している。

こうした慈善・救貧観は、『西洋事情外編』で、国富論の随伴物である「夜警国家」論を叙述した際に現れている。たとえば、国内政治を司る者はわずか数人で、その職掌は「民間の欠乏」に関知せず、また政府は国民に活計を付与してはならず、賃金の多寡を定めてはならないという原則から、窮民救済は政府の助成すべき事柄であるけれども、その方法を誤るとかえって懶惰に慣れさせる等の害を生じるから、これに関与してはならないといい、政府のなすべきことを、良民の保護、生命・私財の保護、教育、文化行政、保健衛生行政、警察治安等に限っている（①434, 437f., 441ff.）。この夜警国家論は後まで続き、明治一〇年には、政府は悪事の取り締まりや外交のために不可欠であるが、競争に基づく商工に政府が手を出しても決して成功しないといい（④333, 376）、二三年には、本来政府の仕事は、「兵馬」の権、国内の治安、民利の保護だけであり、民利を促進する場合でも、ただ害を妨げるにすぎないとしている（⑫456. なお⑫231 参照）。

かくて、福澤は「富」の立場から、初期以来晩年に至るまで一貫して「仁」を消極的な位置に置いたが、しかし状況によっては「仁」や「愛」を強調する議論も行った。その姿勢は、「人間万事十露盤を用ひて決定す可きものに非ず、唯其用ゆ可き場所と用ゆ可らざる場所とを区別すること緊要なるのみ」という一句が示している。「富」の立場からする福澤の消極的救貧論は、一時の彌縫策に留まるか、一国独立を目的とした、西洋流の経済論に則った〈文明の道徳〉として位置づけられる。ただ、最晩年になってはじめて福澤は、状況変化に応じて「仁」の公共性を認めた。結果としては〈公徳由私徳生〉の道徳論を肯定したのである。

四　法と道徳

「仁」に対する「富」の優先は、一般に「徳」に対する「法」の、「情愛」に対する「競争」の優先という形になって現れる。市場関係は、規則（法）＝利害＝一般社会関係という図式からすれば、福澤の社会観の中核を占めている。『概略』で規則の支配する人間関係の例として挙がっていたのは、会主と会員、売主と買主、貸主と借主、教師と生徒の関係である。また、「商売の規則」の遵守が文明の進歩を促進すると主張した際には、現代社会では政府も会社も商売も貸借もすべて規則によるとしている（④132：B190）。これを見れば、福澤が規則（法）の優位を説いた時、人民と政府の関係を別にすれば、主として市場関係が念頭にあったことはまちがいない。しかし、この問題についても福澤は是々非々の態度で臨んだ。福澤は、基本的に法を優位に置きながらも、既述のように、「通俗道徳論」（明治一七年）では、法の支配は外面だけであって内面には及ばず、人情を支配するものは「一片の道徳」のみだと述べていたからである（同趣旨⑨558）。

同種の発言は至る所に見出される。たとえば民法典・商法典の編纂につき福澤は、法は習慣より生じるというテーゼに基づいて、日本固有の風俗習慣を無視して「縁もなき」外国の法典を手軽に翻訳して新法を作ることに繰返し反対している（⑫204ff., ⑫558, ⑬385. なお①427, ④614ff., ⑥80f., ⑥150ff., ⑬85f., ⑬672参照）。これは杓子定規な裁判に対する批判にも繋がっている。欧米では、法律の制定や法律書の講義はともかく、実際の適用では「普通の人情」から乖離せず、人民を満足させていると指摘し（⑯392f.）、あるいは、法律が実業社会から居家世帯の些末にまで関わる重大事であることを認めつつ、武士の双刀と同様、万一の時以外は使用すべきではないと考え[7]（⑩435, ⑫197f., ⑯522）、さらに裁判外の紛争解決まで提唱している。福澤は、刑事事件はともかく、民事事件については裁判所に訴えるよりも、当事者間の「熟談」や、隣家の老人に曲直を相談する私的仲裁によることを勧め、すでに明治一〇年にそのための「自力社会」という結社を創り（④449–451. 石河『伝』②411ff., 村上「代言人」159ff., 岩谷「ウィグモア」237f. 参照）、「外面有形」にしか関わらない法律に対して、「無形の人情」を配慮するために「何組の親分」による仲裁の必要すら論じている（⑥8f. ⑤269f., 279, ⑧11, ⑪150 参照。「親分的」仲裁につき川島『法意識』155ff. 参照）。

この仲裁の勧めは、社会秩序の維持のための一時の彌縫策であり、道徳論としては、〈公衆道徳〉論と平行関係にある。日常的に人心を緩和する方法として福澤は、「法律外の余地」に働きかけ、とくに智識の乏しい人民の宗教心を喚起する策を提案している（⑫198. 同趣旨⑭190, ⑮574）。ここからすると、法は基本的に道徳に無関心であるけれども、〈文明の道徳〉と同じ地平に属している。『概略』第七章で福澤は、「規則」が徳義と無関係で無情であるけれども、そのゆえんと効果を見れば、「今の世界の至善」といわざるを得ず、今日の状況において文明を進める方法は規則しかないと述べているが、その際、「唯天下後世の為に謀るに、益この規則を繁多に為して次第に之を無用ならしめんことを祈るのみ。其時節は数千年の後にある可し。数千年の久きを期して今より規則を作らざるの理なし。時代の沿革を察せざる可からず」としている（④130：B186f.）。「数千年の後」を〈枕詞〉として、「今日の有様」に即して規則を文明社会の道具として受け容れるべきだというのであるから、規則＝法は相対的進歩を表す「相対善」と同じレベルにある。『時事小言』で〈枕詞〉としてのユートピアによって法律が復讐や富者保護の道具とされたことを想起されたい。

だが、市場秩序はまったく道徳に無関心ではなかった。たしかに、福澤は、「銭」が「武」の元になる時代であるからには、銭を貴び、日本を「銭の国」にすることが緊要だ（⑩276）とか、貨殖家の欲情が盛んになるほど富国の道は進展し、世界中の「大欲国」にしてはじめて「大富国」の名に値する（⑥311）とか、商売は「義」にも「理」にも関わらず、一片の利益を目的とするのみであり、その精神を酷評すれば、廉恥道徳をはずれて銭を貪るようなものだ（⑨552）といった、「拝金宗」教祖の名に恥じない言辞を弄している。だが、他方では、商売は銭づくで法律に違反しなければ方法を選ばないという考えをしりぞけ、現在の商売社会で効力のない「口約束」について、本来商人の社会で、「売る」、「買う」、「貸す」、「借りる」といったん口に出した以上、どれほど利害損益が変っても、食言は許されないというのが商売の徳義であり、それは封建時代に「武士の一言」として生命に代えても重んじたものにあたると述べ、さらにこういうエピソードを紹介している。在ロンドンの日本商人が日本に荷物を送る際に、いつものように海上保険会社に行くことができず、偶然出会った社員にその件を話しただけであったのに、船の沈没の憂き目にあったところ、社員は約束通り保険金を支払ってくれた、というものである（⑪21）。同じエピソードは、英国人や英商には「元禄武士の気質」があると述べた際にも出てくる[8][9]（⑭627f.）。封建武士や元禄武士の気風は、智に尽すことのできない気概を象徴するものであった。つまり、武士に二言なしという「徳」が市場秩序に不可欠であったとするならば、市場秩序は、法とは別に、〈文明の道徳〉を含んでいたのである。

総じて市場関係は福澤の最も強い関心の的の一つであったが、それだけを強調すると、「有形の独立」（経済的独立）のみが福澤の視野の全部を占めていたかのような誤解を生みかねない（坂本『市場』14, 同『新しい福沢諭吉』100f. 参照）。福澤は「無形の独立」を軽視したわけではない。そのことはすでに『概略』の西洋文明摂取論に明らかであるが、『すゝめ』でも、「国の文明は形を以て評すべからず」として、「無形の一物」（文明の精神）を重視し、「方今天下の形勢、文明は其名あれども未だ其実を見ず、外の形は備はれども内の精神は耗《むな》し」といい（③58, 92f.: B48, 93）、他の場所でも、文明の進歩が有形に留まらず無形にも及ぶ（⑥197）とか、独立は肉体、衣食住だけでは足りず、「精神の独立」の方がもっと重要だ（⑥404, ⑳162）とか、外国から得た文明とは外形に現れた品物ではなく、「無形の気風」のことだ（⑲521）と繰り返している。

たしかに他方では、近時の文明は有形の実物によって無形の心情を顚覆したものだという認識を示し（⑲263. 逆の主張として④408. なお⑲521)、また、まず有形の独立を得なければ無形の独立は望みがないといっている(⑥391f., ⑧60)。つまり、福澤は、例によって、その時々の目的と状況を勘案して反対の議論を展開したにすぎないのであって、一般論として「無形」と「有形」のどちらか一方を優先したわけではない。たとえば、世の学者が有形物の進歩を重視するのは間接的に人心に影響を及ぼし文明化を達成するという趣旨かもしれないが、これは本末転倒であり、たとえ有形の進歩は十分に達しても、無形においてこれに応じる心がなければ、有形物は死物に等しいと論じている(⑫162)が、世の学者とは他の場所での福澤のことである。福澤がいいたかったのはおおむね、一身独立のためには自力自活が必要であり、これが財産の貴いゆえんであるが、しかし単に財産だけに重きを置いて「知徳」が伴わなければ、財産も用をなさない(⑥394. 同趣旨⑥271)といったところであろう。『概略』でも、文明にとってさしあたり無形が重要であるが、しかし有形も等しく無視できない要素だといっていた。[10]

したがって、かりに有形の代表が「経済的、物質的」要素と法・政治等の「制度的」要素であり、無形の代表が「智」(学問)と「徳」(情)であるとすれば、[11]福澤は時に応じて有形と無形のどちらかに配慮を払い、無形のうちでは「智」を優位に置きながら、「徳」や「情」にも効用を認め、場合によってはこちらの方が重要だと主張した。まさにそれゆえに、道徳論はある時には〈公衆道徳〉として現れながら、他の場合には〈文明の道徳〉としての姿を見せたのであるが、そのことはまた、福澤において「経済」や「法」が万能ではなく、「徳」や「情」にも一定の役割が与えられていたことを示している。

第2節　義務論としての道徳論

道徳が「私徳」に還元されてしまうと、一般社会関係はもっぱら「智」の領分である以上、道徳（公徳）としてカテゴライズすることができない。『概略』の基本線はこれであった。それは晩年まで維持された。いいかえれば、〈私徳＝夫婦関係〉説、あるいは「受身の私徳」説は戦略の域を超えた福澤の持論であったが、それを前面に押し出した議論では、「一国独立」は積極的な意味の公徳として現れないばかりか、「一身独立」も私徳と関わりをもたない。だが、福澤は市場原理を中核とする一般社会関係についても、一切が智や規則や競争によって進捗するとは考えなかった。「一身独立して一国独立す」というテーゼのうち、一身独立は衣食住の独立を、一国独立は商工業、貿易、兵備等の進歩拡大を意味している。いずれも智の進歩に依拠し、また競争を必然的条件とする（⑥272参照）が、しかしどちらの場合も「独立の気力」、「精神の独立」が不可欠の要素であった。この気力や精神をも福澤は智に繋留しようとしたが、それでもなお不羈独立の気概は一身と一国の独立にとって、智に尽くされない情（徳）の内面的要素として残っていた。これを道徳論に組み替えた時、〈文明の道徳〉としての「義務論」が登場する。蓋し、義務論は内面的要素としての良心ないし誠の肯定に繋がり、したがって独立の気力の特殊道徳論的表現であるからだ。

一　内の義務と外の義務

「一身独立して一国独立す」というテーゼは、気概や気力といった内面性ないし「情」に着目するならば、道徳論としての相貌を顕わにする。たしかに、それをストレートに道徳論として語った例は少ない。福澤は『徳育如何』(明治一五年)で(以下⑤362f.)、明治以前の「相依るの風」に対して、現代の「公議輿論」である「自主独立の教」によって「先づ我一身を独立せしめ、我一身を重んじて、自から其身を金玉視し、以て他の関係を維持して人事の秩序を保つ」べきであり、「自主独立」の精神さえ確保することができるならば、君に仕え、父母に事え、夫婦の人倫をまっとうし、長幼の序を保ち、朋友の信を固くし、居家の細目から天下の大計に至るまで「一切の秩序」を包摂することができるから、周公孔子の教もまた「自主独立の中に包羅して之を利用せんと欲するのみ」としている。言い回しからわかるように、これは、『概略』の主知的道徳論と同じ論理であり、儒教道徳の換骨奪胎を狙ったものであるが、ただ『概略』と違って「智」を前面に押し出さず、自主独立の精神を「徳教」(道徳論)の原理としている。しかもここで、「一身既に独立すれば眼を転じて他人の独立を勧め、遂に同国人と共に一国の独立を謀るも自然の順序なれば……」としているのは、道徳論的表現に直せば、一身独立の「私徳」を修め、一国独立の「公徳」に進むべきだということを意味している(1)。

たしかに、この道徳論が儒教道徳を解体するための戦略以上のものであったと解する根拠はない。とりわけ、福澤の用語法で、「公徳」の語はしばしば報国心を指すが、「私徳」は、儒教的に「慎独」や「修身」として表現される場合を除けば、ほとんど夫婦関係・家族関係だけに使用されており、一身独立と関係づけられていない。それは、一身独立が多くの場合、衣食住と「智」に関わる以上、ある意味では当然のことであったかもしれない。ただ、管見の限りでは一つだけ例外がある。(2)『時事新報』発刊の辞（「本紙発兌之趣旨」明治一五年）にはこうある（⑧7f.）。

我同志社中は本来独立不羈の一義を尊崇するものにして、……勤倹以て一家の独立を謀り、肉体の生計既に安きを得るときは兼て又一身の品行を修め、俯仰天地に恥るなきを勉めて人の譏誉に依頼せず、以て私徳の独立を固くし、一身一家既に独立して私の根拠既に定まるときは、乃ち眼を転じて戸外の事に及ぼし、人を教へて此独立の幸福を共にせんことを謀り、我学問は独立にして西洋人の糟粕を嘗るなきを欲し、我商売は独立して彼の制御を仰ぐなきを欲し、我法律は独立して彼れの軽侮を受るなきを欲し、我宗教は独立して彼れの蹂躙を蒙るなきを欲し、結局我日本国の独立を重んじて、畢生の目的、唯国権の一点に在るものなれば……。

ここでは「一身一家の独立」が「一身の品行」、「私徳の独立」という道徳論の形式で語られている。「公徳」の語は欠けているが、「戸外の事」が公徳にあたることは自明であろう。

しかし、かりに私徳が一身独立を意味するとして、それは一国独立の公徳とどのような関係にあるのだろうか。まず、「一身独立して一国独立す」というテーゼそれ自体は、国富論のアナロジーと見てよいであろう。というよりも、「一身独立」の中味が衣食住（富）である場合、「一身独立して一国独立す」は国富論の言い直しにすぎない。ただ、福澤は必ずしも一身独立が自動的に一国独立に繋がるとはいっていない。『すゝめ』三編では、「気力を慥に先づ一身の独立を謀り、随て一国の富強を致すこと」と表現し、「今の世に生れ苟も愛国の意あらん者は、官私を問はず先づ自己の独立を謀り、余力あらば他人の独立を助け成す可し」としていた（③43, 47：B28, 34）。さらに「還暦寿莚の演説」（明治二八年）でも、「先づ一身一家の独立を固くして乃ち戸外の事に及び、千思万慮の末いよ〳〵立国の利益なりと心に決したる上は直に着手して端を開く可し」とまでいっている（⑮337）。

これらの発言は、一身独立も一国独立もともに重要だが、何よりも一身独立を確保し、その後で一国独立へ進むという展開を想定しており、厳密には国富論的とはいえないので、[3]便宜上〈擬似国富論的〉論理と呼んでおこう。そうすると、「一身独立して一国独立す」のテーゼは、一方では《一身独立さえ確保することができれば、一国独立は自動的に確保することができる》という〈国富論的〉論法によって、他方では《まず一身独立を確保して、余裕があれば一国独立に進む》という〈擬似国富論的〉論法によって正当化されたということになる。

　これは道徳論にも応用することができる。上掲の『徳育如何』では「一身既に独立すれば眼を転じて他人の独立を勧め」といい、『時事新報』発刊の辞でも「一身一家既に独立して私の根拠既に定まるときは、乃ち眼を転じて」とあるから、これを〈擬似国富論的〉道徳論と呼んでもよいであろう。それに対して、家族関係に関わる〈公徳由私徳生〉論は別として、一身独立の私徳を修めることが自動的に一国独立の公徳になるという〈国富論的〉道徳論は、そのままの形ではどこにも出てこない。ただ、「独立の気力なき者は国を思ふこと深切ならず」（『すゝめ』）とか、「一人の人として独一個の栄辱を重んずるの勇力あらざれば、何事を談ずるも無益なるのみ」（『概略』）といった発言は、少しずれるけれども、〈国富論的〉道徳論に近いものだということができるであろう。

　呼称はともかく、一身独立と一国独立がそれぞれ道徳論的側面をもっていたことは明らかである。『概略』における自主独立の精神は内面に力点を置けば、道徳論になり、社会公共に資する「大徳」は、「智」によるとはいえ、道徳である。あるいは、明治一二年ごろに、慶應義塾の本旨は、「社会の中に居り躬から其身を保全して一個人の職分を勤め以て社会の義務を尽さんとするもの」だといい（⑲391）、晩年には、「苟も同類群を為して浮世の衣食住を共にする上は、我一身一家を維持すると共に同類に対するの義務も免る可らず」と述べている[4]（⑥236. なお⑥372参照）。「社会の義務」や「同類の義務」という言葉は道徳論に属する。そして、実は晩年を待たずとも、すでに『すゝめ』には義務論がはっきり姿を現していた。

　『すゝめ』九編・十編（明治七年五月・六月）で福澤はこう繰り返している。みずから衣食住を確保すること（独立の活計）は人間にとって重大事であるが、それはさほど困難なことではなく、これをなしたからといって「人たるものゝ務」を達したとはいえず、衣食住が豊かなことで満足せずに、「人間交際の義務」に努めなければならない。学校で勉強して商工人や小吏になって妻子を養って満足するのは、他人を害しないだけであって、「他人を益する」者ではない。衣食住の独立という「内の義務」を果たした者は「一家独立の主人」であるが、いまだ日本国の独立のための「外の義務」を果たす「独立の日本人」とはいえない、と（③85f., 89, 92：B84, 88, 89, 93）。

ここに出てくる「人間交際の義務」、「外の義務」は「処世の義務」、「世を益するの大義」ともいいかえられている[5]（③94, 95：B95, 96）（以下〈処世の義務〉と表記する）が、これらの「道徳論的」表現によって福澤が考えていたのは、おおむね商工業なり学問教育なりによって社会公共あるいは一国独立に貢献する気概、すなわち〈平時の報国心〉のことであった。九編・十編では重ねていう。一身の衣食住で満足すべきだというならば、人間の渡世はただ生れて死ぬのみであり、同じことを続けて百代を経ても村は同じ村であり、「公の工業」を起す者も、造船・架橋を行う者もないであろう。人の性は群居を好み、広く他人と交際を行うものであるが、その交際では当然「義務」があり、学問、工業、政治、法律などもすべて人間交際のためである、と（③86-87, 94：B84-85, 95）。『品行論』では、「外行」（公徳）の例として「民利国益の働」を挙げているが、『学者安心論』でも、人民が一国において「公に行ふ可き事」として外国貿易、内国物産、開墾、運送等を例示している（④218）から、〈処世の義務〉は明らかに「公徳」のことである。『概略』でも、「今の文明」の定義には一身独立とともに、商工を盛んにし、「幸福の源を深く」することが入っていたから、公徳としての〈処世の義務〉論が登場してしかるべきであったが[6]、言葉のうえでは「報国心」と表現されたに留まる。その意味で、『すゝめ』九編・十編の〈処世の義務〉論は〈平時の報国心〉の「道徳論的」表現であった。

右の引用だけを読むと、『すゝめ』では一国独立のための〈処世の義務〉だけが話題になっていたかのように見える。たしかに、『すゝめ』九編・十編では一身独立のための「内の義務」については詳しく論じられていない。しかし、道徳論の形式こそとっていないが、『すゝめ』初編以下では「独立の気力」が重視されていた。これは、福澤が力点の置き所を意識的に変えたことを示唆している。『すゝめ』三編（明治六年一二月）では、「先づ自己の独立を謀り、余力あらば他人の独立を助け成す可し」という形で〈擬似国富論的〉に語っていた。「余力あらば」というのであるから、何よりもまず一身独立を達成すべきだというニュアンスが強い。それに対して、九編と十編では、一身独立の必須の要素である「衣食住の独立」を相対化するような形で〈処世の義務〉を説いていた。この論じ方の差異はどこから出てきたのであろうか。またしても少し横道にそれるが、いくつか解釈の可能性を示しておこう。

二　衣食の独立と処世の義務

一つには、語りかける相手の違いを挙げることができる。福澤は五編で、『すゝめ』は元来「民間の読本または小学の教授本」用であったから、初編～三編は俗語を用い、文章を読みやすくし、逆に四編（明治七年一月）と五編（同）は難しい文字を用いたけれども、六編からは元に戻ると予告している（③57：B46）。ところが、〈処世の義務〉を説いた九編・十編は「中津の旧友に贈る文」と題されており、内容的にも「学者」向けである。九編末尾は「学者世のために勉強せざる可らず」という言葉で飾られ（③90：B90）、十編でも、「苟も処世の義務を知る者は、此時に当て此事情を傍観するの理なし。学者勉めざる可らず」とか、「学者小安に安んずるなかれ」と繰り返している（③94, 95：B95, 97）。そこからすれば、福澤は、民衆に向かっては、主として一身独立を力説しつつ、なお「余力」

があれば一国独立のために尽すようにいい、学者（おおむね学生・知識人）に対しては、〈処世の義務〉、つまり一国独立のために鋭意努力すべきことを強調してみせたととることができる。

第二に、このことと一部重なるが、『すゝめ』三編、四編・五編、九編・十編がそれぞれ別の形で一国独立を論じていると解することができる。三編は初編・二編を受けて、一国独立を一身独立との平行関係で捉え、人民の気力の必要を強調しているが、四編・五編では、「無気無力」の人民の気風を一掃して一国の文明を進めるために、「人に先つて私に事を為し、以て人民の由る可き標的を示す」ことを「学者の職分」として掲げ（③50, 51 : B37, 39）、九編・十編では一身独立との対比において一国独立の重要性を際立たせている。いいかえると、四編・五編は、人民の気力の喚起という目的を三編と共有しつつ、その具体的手段として学者が人民の先頭に立って模範を示す義務を提示するのだが、この学者の義務は、九編・十編でより一般化されて、〈処世の義務〉として提示されたのである。このように見るならば、福澤にとって、〈擬似国富論的〉論理と〈処世の義務〉論との間に矛盾はなく、ただ論じ方が異なっていただけだということになる。とりわけ、九編・十編が「人民の気力」を後景にしりぞかせているのは、三編および四編・五編との明白な差異である（なお飯田『著作集』⑥76f. 参照）。

福澤はこのことをはっきり意識しており、十編で〈処世の義務〉を説いた際に、学者たる者は、「不羈独立以て他人に依頼せず」、たとえ一人でも日本国を維持する気力を養い、世のために尽すべきだと述べている。不羈独立の気概（独立の気力）が一国独立のための気力となるというのは三編と同じ論理であり、これによってなお「気力」を忘失したわけではないということを強調したのである。ただ、福澤はこれに続いて、「余輩固より和漢の古学者流が人を治るを知て自から修るを知らざる者を好まず。これを好まざればこそ、此書の初編より人民同権の説を主張し、人々自から其責に任じて其力に食むの大切なる」ことを論じたとしている（③94 : B95f.）。ここにもう一つの解釈の可能性が出てくる。

すなわち第三に、一身独立の強調は、「人を治る」こと（政治）にかまけて「自から修る」ことを忘れた「古学者流」を叩くという地平をもっていたということである。この後でさらに福澤は、「自食の説」が、旧習に慣れ、衣食や「富有」の由来がわからず無為に食して、これを自然の権義と思い込んできた「徒食の輩」に告げるものであって、学者にいうべき言葉ではないとしている（③94f.：B96f.）。「徒食の輩」とは、「貧は士の常、尽忠報国などゝて、妄に百姓の米を喰ひ潰して得意の色を為し」、「和漢書を読めども天下国家の形勢を知らず一身一家の生計にも苦しむ者」（③119：B127）である。[7] したがって、「衣食独立」（つまり「内の義務」）の強調は理財をわきまえない――封建制下の「門閥坐食の輩」（⑳249）を引きずった――旧態依然たる士族や政治に惑溺する徳教論者に対して向けられたものであったが、他方で〈処世の義務〉論は新進の「学者」を念頭に置いたものであった。

一身独立し、余力があれば一国独立に奉仕するという〈擬似国富論的〉論理もまた同じような批判的機能をもっていた。たとえば「新島襄氏の卒去」（明治二三年）では、「独立の男子ありて然る後に独立の国を見る可きなり」と〈擬似国富論的〉に語っているが、これは、「一身の独立の実なくして漫に国家の独立」を唱える「流俗」に対する警告であった（⑫360）。〈国富論的〉主張も同様であり、上掲の「自他の弁」（二〇年）では、「国家の為、世教の為、私利を後にし公利を先にする」「偽徳」を掣肘しようとする意図を示していたが、「私の利を営む可き事」（同年）でも、町人が私利を追求するのはあたりまえのことなのに、「御国の為」とか「公益を謀る」と喋々するのは山師の奇計だと批判している[8]（⑲633）。

要するに、一身独立を強調する〈国富論的〉ないし〈擬似国富論的〉論理は、いたずらに公徳＝愛国心を喧伝する和漢の復古主義や排外主義に、あるいは時に「政治熱心」の民権論に陥る危険を踏まえたものであり、このような危険を払拭したうえで、はじめて「衣食の独立」を超えた〈処世の義務〉について語ることができたということである。逆にいえば、こうした配慮があったからこそ、福澤は『すゝめ』で「公徳」とか「報国心」ではなく、

〈処世の義務〉その他の独自の道徳的表現を使ったのであろう。

しかし、第四に、もう一つ興味深い解釈があるので紹介しておこう。『すゝめ』初編〜八編までの基本的枠組は、「一身独立して一国独立す」に代表される〈個人―国家〉カテゴリーにより組立てられているが、九編以降の福澤は『概略』と並行してそれを捨て、個人ではなく社会を認識対象とする「方法的自覚」に、すなわち〈人間交際〉カテゴリーにたどりついたという米原謙の解釈（『近代思想』85ff., 97f., 102）である。しかし、この解釈では、福澤がなぜ『概略』で「人間交際の義務」論を全面的に展開しなかったのかを説明することができない。また、福澤は〈個人―国家〉カテゴリーを捨てたどころか、既述のように（本書第2章第1節）、終生「一身独立して一国独立す」のテーゼを堅持していた。反対に、福澤が明治七年にいきなり〈人間交際〉カテゴリーにたどりついたともいえない。この言葉自体はすでに『西洋事情外編』に出てきている。もしカテゴリーの違いをいうのならば、『すゝめ』九・十編は道徳論に強く傾斜していたために〈人間交際〉は義務の対象として現れたが、『概略』では「智」の意義が前面に押し出され、〈人間交際〉は「実証主義的方法」により分析される「社会」という対象（米原）を主としていたという方が説得力があるように思われる。

以上、『すゝめ』における〈処世の義務〉と「一身独立」の関係について立ち入って考察してきたが、あまり表現にこだわらずに、全体を見渡していえることは、ここでも福澤は決してどちらか一方を重視したのではなく、議論の目的や相手、時と場所によって重点の置き所を変える議論の仕方をしたということである。〈擬似国富論的〉論理は、一身独立も一国独立もどちらも果たすことを論じているが、相対的に一身独立に重心を置き、〈処世の義務〉論は、一身の衣食の独立よりも一国独立のための義務を力説するけれども、独立の気概まで相対化するものではなかった。逆にいえば、〈処世の義務〉論は、〈擬似国富論的〉主張では第二次的であった一国独立のための気力を取り出して道徳論的に強調したものであった。そして、「一身独立」=「内の義務」の強調は、民衆や復古主義的な徳教論者、あるいは「徒食」の士族を名宛人にしていたが、〈処世の義務〉は主として文明の「学者」に対して向けられたメッセージであった。

福澤は〈処世の義務〉論を『すゝめ』だけで展開したわけではなく、形を変えながら説き続けた。それは〈平時の報国心〉のいいかえであったから、至る所にその痕跡を見出すことができるが、ここでは人間類型論とでも呼ぶことのできる一連の叙述を紹介しておこう。

「三種人民の長短所を論ず」（明治一〇年）（⑲623-624）で福澤は、人の世話にならず、人を妨げないだけでは人間とはいえず、進んで善をなし同類の人間のためを図らなければならないとして、単に善良なる人を、「沈香も焼かず屁も放らざるの人」と呼び、さらに仮称として大名族、藩士族、平民族の三分類を立てたうえで、「公共の為を謀る者」の多くは藩士族に属するものだという。一編の趣旨は、士族は人の世話になりながら「国安」を害する点では憎むべき存在であるとはいえ、国内の文明を進め対外的独立を維持することを可能にする「気力」の一点において「徳義上」功績がある、ということである（⑲625）。『すゝめ』における学者の〈処世の義務〉を士族の「公共的」機能として描いたのである。

また、『福澤文集』（明治一一年）の「滔々たる天下横着者の遁辞」と題する項では（④418f.）、人間を三様に分ける。第一類は、無学文盲無智無法で、この世にいなくてもさしつかえのない、人の世話になる人、第二類は、「沈香も焚かず屁もひらず」、働いて喰って眠るだけの、社会にとってはいてもいなくても妨げとならない人、第三類は、一身一家を始末し、「兼て又世間の為にその働の余を用る人」（学者、医者、商人、大百姓、政府貴要の役人等）である。所論の目的は、第三類の学者士君子の言行の齟齬（偽君子）を叩くことにあるが、間接的に〈処世の義務〉が示されている。さらに、明治一八年に福澤は二人の老人類型を描出している。甲は、とくに教育を受けず「尋常一様の生計」を営み、平々凡々として老い、社会にとって害も益もないから死んでも惜しむ者もないような人物、乙は、一身一家のためだけでなく、広く「公共の利害」のために尽し、その一挙一動は衆人の言行挙動に影響し、天下の禍福を支配するほどの人物である。いうまでもなく、乙によって「社会公共」のために尽すことの重要性を訴えようとしたものである（⑲690f.）。

晩年の『福翁百話』でも、生来屈強の身体がありながら何の才能もなく、安閑として飲食し、ひどい場合は放蕩無頼を尽す有害無益の「最下等の人」と、さほど人の世話にもならず、家族とともに衣食するのみで、一国の良民であっても戸外のことに関わらず、一軒の家に生れて死ぬのみの「中の種族」に対して、「最上等」の種族は、教育もしくは天賦の才により活発に働き、一身一家の独立をなしたうえで、なお一歩を進めて他人の相談相手となり、社会の利害を案じ、商工業、政治、地方振興、宗教に関して居家と処世の「公私両様」のために尽力する者だとしている（⑥313f.）。一国の良民を相対化している限りで〈処世の義務〉論と同じであるが、まず一身一家の独立を達成したうえで、戸外のことに進むという点では〈擬似国富論的〉である。

もう一つある。福澤は明治二四年の慶應義塾での演説で、「独立自由」とは、「他人の厄介にならず又他人に依頼せずして一身を処し、我思ふまゝに此世を渡る」という意味であり、「我心に思はぬことならば如何に他人に誘導勧告せらるゝも枉げて之に雷同することなく、其要は自分の本心に背かざるに在るのみ」とか、「人は人たり、我れは我れたり、苟も他の妨害を為さゞれば我事足ると云ふものの如し」と、例によって不羈独立の気概を激越な筆致で描きながら、これに満足することができないとして、またしても三種の人物像を挙げる。第一は、知恵も財産もなく自力で生活できない者、第二は、智恵も財産もそこそこあるが、「自力自立」のみで人のために益することのない者、第三は、知恵も財産も余力があり、それを他人のために使い、「人間社会の禍根たる貧富賢愚の不平均」を和らげ、幸福の範囲を広げる者、つまり一身の独立自由で満足せずに、他人を助けて独立自由に導こうとする最上等の種族である（⑬206f.）。ここでも、「自力自立」を相対化する点では〈処世の義務〉論と同じであるが、わざわざ「不羈独立の気概」を別個に際立たせたうえで、公徳の意義を強調していることからすれば、〈擬似国富論的〉である。

これらの人間類型論に登場する理想的人間像は、福澤が一国独立のために尽す〈処世の義務〉という道徳論を生涯倦まずに説き続けたことを示している。おそらくそれは、一身独立さえ確保できれば自動的に一国独立を達成できるという〈国富論的〉論理の不十分さを自覚していたからであろう。もちろん、福澤は「一身独立して一国独立す」というテーゼを捨て去ったわけではないし、また一身独立と一国独立の双方を貫く内面原理である「不羈独立の気概」の意義を最期まで見失わなかった。そのことは右の慶應義塾での演説ではっきり示されている。ただ、表現にこだわるならば、「私徳の独立」や「内の義務」という言葉は例外に属しており、その限りで一身独立のための気力は道徳論になじみにくく、道徳――無論〈文明の道徳〉である――といえば、夫婦関係・家族関係の私徳か、それとも国家・社会の公徳かどちらかに関わるものであったということができる(9)。

三　公議輿論と道徳――学者魁論

福澤は必ずしも道徳論を道徳論として展開しなかったために、ともすると福澤には道徳論がなかったかのような印象を与える。右に確認した道徳の内面性にしても、〈文明の新徳義〉のような主知的道徳論を福澤の主旨と解したならば、ほとんど見えてこない。他方で、道徳論を標榜した論述のみを追いかけても、一面的な結論に陥りやすい。「旧道徳」に代表される〈公衆道徳〉論は概して秩序維持を目的としており、内面的要素を問題としない。ここでは、こうしたことを踏まえて、福澤の道徳論において内面性の原理が不可欠の要素であったことを別の角度から照射し、さらにそこから派生してくるもう一つの道徳的義務論である学者の義務論に射程を広げてみたい。

福澤は「徳育余論」（明治一五年）で、「自主独立」さえ確保すれば儒教の徳目も実行できるという趣旨の『徳育如何』（同年）の文を引いたうえで、こう述べている（⑧465f.）。

然りと雖ども彼の自主独立なるものは本来主観の文字にして、此を実際に施さんとするは甚だ易からず。君子は其独を慎むと云ひ、屋漏に恥ぢずと云ふが如き、何れも皆主観の働にして、苟も其人の内に自から恃む所のものあるに非ざれば、心の此品位に達すること決して得べからずして、尋常一様の人に向て望む可きことに非ず。左れば今主観の独立を以て身躬から其徳義を修るは難きこととして、爰に客観の一方より工風を始め、社会の士人をして各自から其公私の徳義を重んぜしむるの風儀を生ずるには如何して可ならんと其方便を求むるに、我輩の見る所にては天下の公議輿論をして次第に高尚ならしむるの一法あるのみと信ず。然かも其公議輿論なるものは、学者社会の議論に非ずして、下流無数の人民中に行はるゝ気風を以て最も有力なるものとす。例へば袒裼裸裎《たんせきらてい》は君子の自から愧る所なりと雖ども、其これを愧るや主観の自心より生ずるもの歟、客観の外見に制しられて然るもの歟と尋るに、百万中の一、二を除くの外は客観の外見より来るものと云はざるを得ず。

ここで福澤は、「主観の自心」に基づく道徳行為（内面的制裁）よりも「客観の外見」に制しられる道徳行為（外面的制裁）を重視している。これでは、道徳に内面性は不必要だと受けとられても文句はいえないであろう。

はたせるかな、坂本多加雄（『市場』56）はこの論述について、福澤においては道徳的行為の動機が「主観の自心」という個人の内面的義務感情よりも、「客観の外見」という個人の対社会的名誉の保持に求められていたと読み込んだうえで、それを、「個人の効用」を原理とする福澤の道徳観の功利主義的性格の現れと位置づけ、福澤は道徳規範を、無条件の命令であるカントの定言命法のようなものとしてではなく、個人の効用増大という原則に服するものと見ていた、としている。だが、これは、日本政治思想史でしばしば卓見を披露した坂本にしては、いささか不用意な解釈であるといわざるを得ない。他の場所での福澤の道徳論に配慮していないことは不問に付すとしても、この解釈は「徳育余論」と『徳育如何』の読み方自体に問題がある。ポイントとなるのは、客観の外見を導く「公議輿論」の位置である。

たしかに福澤は『徳育如何』でも、「天下の公議輿論に従て之〔=品行〕を導き、自然に其行く所に行かしめ其止る所に止まらしめ、公議輿論と共に順に帰せしむること、流に従て水を治むるが如くならんこと」を望むとしている（⑤359）。だが、これは、「今日の徳教」を「輿論に従て自主独立の旨に変」じ、「自主独立の輿論」に従わせることを狙った発言である（⑤363）。いいかえると、『徳育如何』における「公議輿論」は実はあらかじめ「自主独立」という方向性を含ませてあった。だからこそ、周公孔子の教をも「自主独立の中に包羅して」利用するという方便が成り立ち得たのである。つまり、『徳育如何』は「主観の自心」を否定したのではなく、むしろ自主独立の精神という「自心」を積極的に肯定しているのである。それに対して、「徳育余論」一編の目的（⑧465, 469）は、「尋常一様の人」は自主独立に達することが無理だという前提の下で、官立学校による儒教教育を排して、宗教による民衆の徳育を推進しようとするところにある。宗教は「下流人民の徳心を養ひ、其徳心の集りて一体と為り、所謂公議輿論の姿を成したる上は、無限の勢力を有する」という言葉が示すように、ここでの「公議輿論」の重視は、宗教による徳育という結論を導き出すための伏線となっている。[10]そして、その宗教としての「公議輿論」はといえば、『徳育如何』と違って自主独立とは何の関わりもないのである。

要するに、『徳育如何』と「徳育余論」の二編は、儒教道徳（ここでは宗教と区別される）を排するという目的を共有しているが、論法は異なっており、文脈を無視して両者の論述をいっしょに扱うことにはどうしても無理が伴うということである。〈文明の道徳〉と〈公衆道徳〉という二つの道徳論の地平が福澤にあることを心得ているならば、おそらくこうした読み違いは起りようがなかったであろう。

「ミル手沢本」(①113) では、宗旨も輿論も恥辱も栄誉もすべて「外物」であると規定して、「天命、人心ニ従フ」という「他力ノ誠心」をしりぞけ、「同類ノ裨益ヲ謀ル心」は「人力ヲ以テ十全ニ達ス可キナリ」とか、「人ヲ待ツニ及ハズ独立ノ気象トハ蓋シ此辺ニ存スルモノナリ」とか、「モラルサンクションハ人ニシテ人ナリト思フ一点ニテ懌［澤］山ナリ」と記している。これは、道徳に関して、「外物」に依存した外面的制裁を拒否して、内面的制裁を優先しようとする姿勢を示している。ここからすれば、公議輿論を拠り所にした道徳・宗教は「他力ノ誠心」に属する。やはり「ミル手沢本」(②104, 105) で、ミルが功利主義的道徳論における義務の内面的制裁＝「良心」の存在を肯定している箇所に、「忠義モ可ナリ信心モ尤モナリ其際ニ様々ノ品物ガ交ルユヘ妙ナ物ナル〼ナレ𪜈一片の情誠ハ人心ノ内部ヨリ生スルモノナリ」と記しているが、そのすぐ後で、「木石ノ如キ馬鹿者ハ宗旨トカ世間ノ評判ト云フモノニテ制スルノ外ニ術ナシ」と記している。この「宗旨」ないし「世間ノ評判」に基づく道徳は、「徳育余論」における宗教（公議輿論）による民衆の道徳教化論と一致しており、それゆえこの二句は、もっぱら「人心の内部」に拠り所をもつ道徳と「外物」により規制される道徳との鮮やかな対比となっている。いうまでもなく、「愚民」を相手にした〈公衆道徳〉と、一身独立と一国独立を中核とする〈文明の道徳〉との差異である。

もっとも、坂本の誤解を生んだ原因は、「公議輿論」に対する福澤の評価を積極的に捉えたところにもあるのかもしれない。福澤が「公議輿論」を相対的な眼で眺めていたことを知るならば、『徳育如何』と「徳育余論」における議論がきわめて戦略的なものであったということを理解できたはずである。

福澤は「公議輿論」を無条件で肯定しなかった。「所謂公議輿論をも銭を以て買ふの手段なきに非ず」(④631) というのは福澤一流の極論だとしても、「公議輿論の名実」(明治二七年) では、世に公議輿論とされるものは「真実に」公議輿論として認めるべきものもあるが、名のみで実を具えないものがしばしばあるとしている (⑭365ff.)。

名のみの公議輿論とはここでは「排外論」を指しているが、総じて福澤は、公議輿論を持ち出して自己の主張を正当化することもあったが、民衆の気風・慣習としての公議輿論については慎重に対処した。「人の説を咎む可らずの論」（七年）では、「学者は国の雁奴なり」として、世人が時勢とともに変遷する中で、学者は「独り前後を省み、今世の有様に注意して、以て後日の得失を論ずるもの」だと述べている。これは、異端妄説がしばしば世に容れられないことを例に挙げて、識者が議論を「時勢」に合わせようとする傾向を批判したものである（⑲513f.）が、「時勢」を「公議輿論」に読み替えるならば、すでにここに公議輿論の相対化の芽が萌していた。翌年の『概略』第一章では、世間とともにうつろう「世間通常の人物」の立てる議論（世論）をバックに異端妄説を排する傾向に対して、そのような画一主義をとれば、「かの智者なるものは国のために何等の用を為す可きや。後来を先見して文明の端を開かんとするには果して何人に依頼す可きや」と論じた（④14：B23）。

これらの発言には、「公議輿論」の生みの親は「学者」でなければならないという発想がある。それは「学者は国の雁奴なり」という言葉に現れている。「雁奴」とは、「群雁野に在て餌を啄ばむとき、其内に必ず一羽は首を掲げて四方の様子を窺ひ、不意の難に番をする者」（⑲513. ⑧112参照）である。つまり、「雁奴」としての学者とは、いたずらに民衆の意見（輿論）に追随しない孤高の性格をもっており、また言論によって民衆を先導する役割を担っていた[11]。これは〈学者＝魁〉論といってもよいであろう。実際、「国権可分の説」（明治八年）では、人民の知見が遅れた国で政治改革を行うと「衆庶の暴発」を招く恐れがあるという主張に対して、複雑な事柄や利害を論ずることができるのは「智力ある人」だけであり、世の議論は決して「下流の細民」から生じ得ず、「智者魁を為して愚者これに靡くを常とす」といい、またその際、至文至明の英国でも「下流の人民」は他を顧みる遑などなく、古来の習慣によって「上流の人」に雷同して「衆論」も定まる、としている（⑲525ff., 532）。

この主張も『概略』で繰り返されている。既述のように、その第四章で福澤は、歴史を動かすのは「時勢」（人の気風）であるとしながら、現代の政府の事務がうまくいかないのは「衆論」のせいであるから、これを改めなければならないと論じ[12]、第五章では、「衆論は必ずしも人の数に由らず、智力の分量に由て強弱あり」という命題を立て、ヨーロッパでは国論や衆説はすべて「中人以上智者」の説であり、他の愚民はこれに雷同するのみであり、また明治維新の変革をもたらした衆論の出所は「必ず士族の党五百万人の内なり」と捉えることによって、「人間交際の事物は、悉皆この智力の在る所を目的として処置せざる可らず」と結論づけている（④68, 70, 74, 76 : B100, 102, 109, 111. なお⑤143参照）。

さらに『覚書』には、「栄辱は衆議輿論に対してのものなり。輿論変ずれば栄辱も変ず可し。而して衆議輿論は実学者流の首唱に由て動く可きものなり」とあり[13]（⑦659）、「掃除破壊と建置経営」（明治一五年ごろ）では、「学問は洋学、政治は民権論」とする世間の「流行」を批判するためにこう論じている。なるほど、公議輿論とは天下衆人の多数が是認する主義であるけれども、明治維新は、学者が西洋の学問政治を流行させて全国の公議輿論を一変したものであり、公議輿論は「天然の一定」でなく、「人為の流行」であり、時々に変るものであるから、学者の職分はつねに人事の前途に目を注ぎ、時によって流行を矯正したり、新たに流行を「始造する」工夫が必要である、と（ここでも学者を「雁奴」としている）（⑳243f.）。あるいは、「学者の議論」（一六年）でも、古来輿論に抵抗した少数の異端説こそ真理を示したと論ずる文脈で、社会は多数の愚者により成り立っており、「公議」や「輿論」といっても必ずしも真理を含んでいないとしている（⑨205）。

これらの多くの発言から見て、福澤が一貫して公議輿論や衆論や世論を絶対視せず、とりわけ「下流の人民」の意見としての公議輿論を、「雁奴」（魁）としての学者に繫留しようとする意図があったことは明らかである。したがって、自主独立の意味を付与された『徳育如何』の公議輿論はともかく、「徳育余論」の公議輿論は、「下流の人民」に属するにもかかわらずあえて是認されたのである。

ところで、公議輿論の批判ないし相対化と連動した〈学者＝魁論〉は、一方では明治七、八年の段階の明六社における民選議院設立論議を念頭に置いたものであり[14]、他方では文明史的な一般論として、世論から異端妄説としてそしられる学者の「理論」こそ、後世の文明の進歩に寄与するという主張を含んでいたが[15]、しかしそこにはいま一つ、道徳論的な地平もあったことを看過するわけにはいかない。

福澤は「人事は徐々に非ざれば進まざる事」（明治一〇年前後）でこう述べている（以下⑳181f.）。人事の進歩は天ではなく人によるものであり、その源は個々人の発意にあるのだから、いやしくも中人以上学者の地位にある者は、人間社会の「魁」として文明進歩の源を開かなければならない。たしかに、社会は個人の集合体である以上、一人の人間の望みが容易にすべての人の心を変えることはできない。古今の英雄豪傑が世の中の「魁」をなして「妄誕の議」を受けたのはその証左である。とはいえ、人間社会の進歩は個々の進歩の集合であるから、個人の「智」が集積して「天下の智」となるはずである。社会を救うには個人によるほかなく、学者は、社会の貧、卑屈、淫風を憂うならば、みずから産をなし、独立し、貞潔を守るべきである。いまの学者の責任は社会の「魁」をなして文明の源を開くことにある。進歩が遅々としていることをものともせず、やかましい世論にも屈せず、すぐに成果を挙げようとせずに百年後の成果を期し、いまの世の「譏誉」に動かされず、自から満足するところがなければならない。

社会は個人の集積であり、個々人の働きは微々たるものにすぎないけれども、人事（善、幸福）の進歩は個人の意図に発するのであるから、学者は世論や世間の毀誉褒貶にひるまず、社会の諸問題を解決するために〈魁〉として率先躬行すべきだというのである。主張の骨格は上掲の諸例と異ならないが、ここでは卑屈や淫風といった道徳問題にも触れていることが注目される。ことに「学者若し社会の卑屈なるを患ひなば、己れ躬から活発にして独立の権を張る可し」という発言は、独立の気概と深く関わっている。つまり、〈学者＝魁〉論は単に「智」だけを念頭に置いたものではなかった。「ミル手沢本」（㊀104）には、「大幸福ノ旨ハ苦痛ヲ去テ楽ニ富ムニ在リ而シテ其幸福ノ性質ヲ判断スルニハ自誠自存ノ習慣ヲ兼テ事物ノ実験ニ富ミ利害得失ヲ比較スルノ働アル人物ヲ要ス／結局世ニ先テ人ヲ導キ一般ノ手本ヲ示スハ学者ノ職分ナリ今ノ学者決シテ迂闊ニ日ヲ消ス可ラズ行状ハ正シカラザル可ラズ働ハ活発ナラサル可ラズ」（斜線は引用者による。斜線より前はミルの原文の要約、後は福澤の感想）とある。道徳問題に関して「一般ノ手本」を示すように「学者」に「正しい行状」と活発な働きを義務づけるのである。[16]

この考えは前項で見たようにすでに『すゝめ』四編・五編に登場していた。いま一度詳しく内容を見ておこう。四編では、文明を進めるには人民の卑屈の気風を一掃しなければならず、そのためには人に先立って「私」にことをなし、人民の拠るべき「標準」を示すことが必要であり、中人以上の地位、中等の地位にある我輩がみずから端を開き、愚民を先導し、また卑屈の気風を脱しきれない洋学者流のために先駆して方向を示し、みずから実例を示すべきだとしている（「百回の説諭を費すは一回の実例を示すに若かず。」（③51, 53：B39, 42f.））。「自分が其［独立の］手本」（⑦243：B297）になるという一身独立のための〈魁〉論である。また五編にいう。西洋諸国において工夫発明は、国民の中等の位置にあって智力によって世の中を指揮する「ミッヅルカラッス」の一人の心に宿り、それが「私立の社友」を介して人民無量の幸福を万世に遺したが、それと逆の日本の現状を克服するためには、「ミッヅルカラッス」にあたる学者が商売、法律、工業、農業、著書・翻訳・新聞等の文明をわがものとして、「国民の先」をなして政府とともに一国全体の力を増大し、独立を確固不動のものとしなければならない、と（③60f：B51, 53）。一国独立のための〈魁〉論である。

かくて、〈学者＝魁〉論は、「中等」階級に属する学者が「智」はもちろんのこと、一身独立と一国独立のための〈文明の道徳〉を言論によって説き、それを率先して実行し、模範を示すことによって、人民に普及するという義務を含んでいた。福澤は『福翁百話』で「絶対の美なし」と論じて〈文明の道徳〉の相対性を指摘しつつ、「不完全ながらも其信ずる所のものを躬行して敢て他の標準に供」することを表明したように、〈文明の道徳〉、ことに「内面的」道徳論は〈学者＝魁〉論と不可分の関係にあった。このことは「啓蒙」の戦略に関わってくるが、その点は次章で詳しく見るので、ここでは、道徳の「内面性」の原理が学者の実践躬行によって有効となるものであったということを確認しておきたい。

補論　『修身要領』

ここで、これまで個々の切り口から見てきた道徳論の内容がどの程度まで正確であるかを測る一つの目安として、福澤が晩年に高弟に編纂させた『修身要領』（明治三三年）を瞥見しておくことにしよう（以下㉑353-356）。これは、福澤の「平素の言行」に基き、その大要を述べて福澤の「閲覧」を経ており、しかも「徳教は人文の進歩と共に変化する」から、「日新文明の社会には自から其社会に適するの教なきを得ず。即ち修身処世の法を新にするの必要ある所以なり」というのであるから、基本的に旧来の道徳を超えた独自の道徳像が念頭にあったと想定することができる。

その内容は二九箇条にまとめられている。第一条は、「人は人たるの品位を進め智徳を研きます〳〵其光輝を発揚するを以て本分と為さざる可らず。吾党の男女は独立自尊の主義を以て修身処世の要領と為し、之を服膺して人たるの本分を全うす可きものなり」とある。総論である。ついで第二条に、「心身の独立を全うし自から其身を尊重して人たるの品位を辱めざるもの、之を独立自尊の人と云ふ」として、いま一度人間の「品位」と「独立自尊」を強調しているが、それ以下は「心身の独立」の内容説明が続き、しだいに社会・国家の領域に移行していく。

すなわち、「自労自活」（第三条）、心身の「健康」（第四条）、自殺の禁止（第五条）、「敢為活発堅忍不屈」ないし「進取確守の勇気」（第六条）、「他に依頼せずして自から思慮判断するの智力」（第七条）、「互いに相敬愛」する男女の「同等同位」（第八条）、「一夫一婦終身同室相敬愛」（第九条）、「親子の愛」（第一〇条）、成人以前の父母による「教養」（第一一条）、成人後「学問を勉め知識を開発し徳性を修養するの心掛」（第一二条）、社会の基礎としての「一人一家の独立自尊」（第一三条）、自己のみならず「他人の権利幸福」をも尊重すること（第一四条）、怨み・復讐の禁止（第一五条）、「自から従事する所の業務に忠実」である義務＝「責任」（第一六条）、「人に交る」に際しての相互の「信」（第一七条）、「敬愛の意を表する人間交際の要具」としての「礼儀作法」（第一八条）、「博愛」の美徳（第一九条）、動物虐待・殺生の禁止（第二〇条）、「文芸の嗜」（第二一条）、国民の「身体生命財産名誉自由」を保護すべき政府に対し軍役・納税の義務を負うこと（第二二条）、立法への参与と予算執行の監視（第二三条）、「国の独立自尊」のために「生命財産を賭し敵国と戦ふの義務」（第二四条）、国法遵守と国法執行の幇助と「社会の秩序安寧」維持の義務（第二五条）、他国人の蔑視の禁止（第二六条）、文明福利の増進と子孫への伝達（第二七条）、「智」を強化するための教育（第二八条）、以上の点を広く社会一般に広めること（第二九条）である。

この中には、愛（仁）、義務（義）、礼儀作法（礼）、智、信が出てきており、儒教的枠組に対応しているようにも見えるが、たとえそうだとしても、それは「独立自尊」の原理により換骨奪胎されている。全体をあえて私徳（修身）と公徳（処世）に分けるならば、(17)第三条〜一三条は、「修身」の徳＝私徳であり、第一四条以下はおおむね「処世」の徳＝公徳にあたる。そうすると、「独立自尊」は私徳の基礎であるが、同時に公徳にとっても重要な原理となる（第一条）。さらに、「智」の要素は不可欠である（第一、七、一二、二八条）が、「情」に属する要素としては、私徳にあたる部分では「敢為活発堅忍不屈」ないし「進取確守の勇気」と「敬愛」（男女・夫婦）、「愛」（親子）があり、公徳にあたる部分では「生命財産を賭」す覚悟、「敬愛」、「博愛」が出てくる。「敢為活発堅忍不屈」や「進取確守の勇気」は、私徳の領域に登場しているとはいえ、かの〈平時の報国心〉である「満身の鋭気」と同じものであり、武士的な気概に通じている。それに対して「生命財産」を賭す覚悟は、ここでは〈戦時の報国心〉として現れている。「名誉」は政府の保護すべき権利として位置づけられている（第二三条）が、第一五条では「恥辱を雪ぎ名誉を全うするには須らく公明の手段を撰むべし」となっており、廉恥・名誉と自尊心との関連を示し、言外に決闘・仇討を否定している。

これらはすでに見た福澤の道徳論の内容とおおむね符合している。第一に、ここでも道徳の原理は、私徳と公徳とを問わず、「独立自尊」ないし「自主独立」の精神であり、そこに「智」とともに「情」の要素が含まれている。第二に、「一家より数家次第に相集まりて社会の組織を成す。健全なる社会の基は一人一家の独立自尊にあり」（第一三条）というのは、家族的社会論のようであるが、「一人一家の独立自尊」は事実上「一身独立」を意味しており、個人を単位とする社会観を基礎にした〈国富論的〉なものであろう。そして、『すゝめ』にいう〈処世の義務〉（人間交際の義務、外の義務）は公徳全体に関わっているが、とりわけ、「吾々今代の人民は、先代前人より継承したる社会の文明福利を増進して、之を子孫後世に伝ふるの義務を尽さざる可らず」（第二七条）という形で表現されている。

ただ、「博愛」の美徳（第一九条）や「博愛の情」（第二〇条）は公徳の領域に属しており、その限りで「仁」の〈公共性〉が認められている。しかも、第一九条では、「己を愛するの情」を押し広げて「他人」に及ぼし、「其疾苦を軽減し其福利を増進する」という〈公共的〉ないし利他的な観点がはっきり登場している。晩年の状況判断が反映したのであろうか。ともあれ、私徳の量的、領域的拡大としての公徳という発想は慈善・救貧に限って認められている。なお、男女同権については、相互の「敬愛」が「独立自尊」の確保に繋がるとされている（第八、九条）が、これは、「社会共存の道は、人々自から権利を護り幸福を求むると同時に、他人の権利を尊重して苟も之を犯すことなく、以て自他の独立自尊を傷けざるに在り」（第一四条）という権利の「レシプロシチ」を応用したものである。

ここには千万年後の「絶対の美」への展望はもとより、現時点における「絶対善」の意義もほとんど示されていないようだ。たしかに第一条と第二条の「人たるの品位」という表現は文明論的色彩を帯びているが、その他の箇条の徳目の多くは、三十年か五十年後を目した一時の彌縫策であるといってよい。無論、この彌縫策は、宗教・徳教のような〈公衆道徳〉ではなく、動物愛護（二〇条）に象徴されるように、西洋文明に即した、「相対的」な意味の道徳の進歩を目指す「文明流の道徳」（⑯599f. 参照）、本書でいう〈文明の道徳〉である。[18] 第二八条に、「教育は即ち人に独立自尊の道を教へて之を躬行実践するの工風を啓くものなり」とし、第二九条には、「吾党の男女は自ら此要領を服膺するのみならず、広く之を社会一般に及ぼし、天下万衆と共に相率ゐて最大幸福の域に進むを期するものなり」とある。「最大幸福」は、絶対善＝〈文明の新徳義〉ではなく、相対善としての〈文明の道徳〉である。しかも、これを実践躬行して世に普及させようとするのは〈学者＝魁論〉の表明でもあった。

第6章 文明の作法

序

『西洋事情外編』（慶應三年）には、「野鄙固陋の風習を脱して礼義文明の世に居るは人の欲する所なり」とか、「莽昧不文の世に在ては、礼義の道未だ行はれずして、人々自から血気を制し情欲を抑ゆること能はず。……世の文明に赴くに従て此風俗次第に止み、礼義を重んじて情欲を制し……」とか、文明の世では「人皆是非を知り礼義を重んずるが故に、人を害して自己の趣意を達することなし」とあり（①394, 395, 399）、『万国一覧』（明治二年）や『世界国尽』（同年）でも、世界の国々を、混沌、蛮野、未開（半開）、文明開化（開化文明）に分け、文明開化とは、「礼を重んじ義を貴ぶ」もの、「礼義を重んじ正理を貴び、人情穏にして風俗やさし」きものだとしている[1]（②464, ②663f.）。無論、これらは翻訳ないし翻案中の言葉であるから、福澤自身の見解を示したものではないが、たとえばフランス語で「文明」の観念が「礼儀」から発酵したこと（エリアス『文明化の過程』上114ff. 参照）、あるいは慶應三年の英和辞典でも“civilization”が「行儀正シキ事、開化スルコト」とされていたこと（柳父『文化』36）からすれば、「文明」と礼儀作法との結びつきは当然のことであった。

しかし、翻訳時代を経た後の福澤の文明論にはもはや「礼」の語はない。野蛮から文明へという基本線は維持されているものの、礼儀と文明の関係は断ち切られた。『概略』では、「旧慣に惑溺せず」、「古を慕はず」という姿勢を鮮明に打ち出しているが、惑溺とは、「実を棄てゝ虚に就き、外形を飾らんとして却て益人を痴愚に導く」ことである（④35：B52）から、礼儀作法も当然否定の対象になる。事実、福澤は、位階服飾文書言語のすべてにおいて上下を設ける「周唐の礼儀」を「虚威に惑溺したる妄誕」として斬り捨て、「礼は以て長上を敬するを主として自から君威の貴きを知らしめ、楽は以て無言の際に愚民を和して自から君徳を慕ふの情を生ぜしめ、礼楽以て民の心を奪い……」と表現している（④34, 117f.: B51, 169）。礼儀作法は身分制度の必然的随伴物であり、文明はその束縛を脱して智を進歩させることを意味する。それを尖鋭に示したのが「磊落無頓着」の肯定であった。

ところが、「磊落無頓着」は両刃の剣である。不羈独立の気概として身分社会を破壊し、実業の精神を活性化する積極的な働きをするとともに、外面の無視を生み出すからである。典型的な例は男子の不品行である。だが、磊落無頓着は単に不品行を生み出すだけでなく、外面一般を唾棄することによって、文明社会の積極的建設を阻害する恐れがあった。福澤は「掃除破壊と建置経営」（明治一五年ごろ）で、いまや身分社会の破壊の時期を過ぎ、文明社会の建設に取り組むべき時であることを宣言し（⑳248）、明治二五年には、「今日の社会は礼儀文明の社会にして、一般の風儀も次第に静粛に帰し、亦旧時の殺伐磊落を許さゞることとなれば……」と明確に述べている（⑬310）。

この問題は内面に依拠した〈文明の道徳〉だけでは解決されない。西洋に倣って礼儀文明の社会を作り上げるためには、文明社会の外面への配慮、すなわち〈文明の作法〉が必要であった。〈文明の作法〉は、〈文明の道徳〉に比するならば外面道徳であり、〈公衆道徳〉に似通ったところがあるが、しかし単なる表面上の礼儀作法に留まるのではなく、〈文明の道徳〉と同様に相対的な意味で智の進歩や西洋文明に即したものでなければならなかった。さらに進んでいえば、内面と外面において〈文明人〉となる方途を示すことが、遅くとも明治中期以降の福澤にとって大きな課題となる。本章では、まず社交論と処世論について、ついで教育論と啓蒙論についてこの問題に対する福澤の「解法」を見てみることにしたい。それによってはじめて、福澤の思想が文明の「智」の進歩（それに基づく物質的、技術的進歩）だけを目指したものでもなければ、「一国独立」一点張りでもなかったということが明らかになるであろう。

第1節　文明の処世・交際法

福澤において「交際」という語は、「社会（関係）」という意味の「人間交際」を別にすれば、おおむね市場関係、政府―人民の関係、家族関係、外国交際の四極によって構成されているが、もう一つの重要な極として、「社交」（狭義の交際）の領域があった。これまで出てきた言葉では、「朋友の交際」、「世間の交際」、「処世の交際法」、「日常の交際」という表現があり、ほかにも「世上の交際」（①401）、「尋常の交際」（⑮499. なお③135：B149）、「日常書生間交際」（⑨86）、「君子の交際法」（⑪434）、「戸外朋友の交際」（⑬159）等がある。これらの言葉は、市場関係や実業界での交際という意味も含んでいるが、ごくふつうの意味の交際、「社会の一人として人に接する」（⑮501）ことを意味している場合が多い。福澤がこの「社交」に着目し出したのは、破壊から建設に切り替えた明治一五年ごろ（同趣旨⑧59, ⑧161, ⑧459）ということになりそうだが、しかし「掃除破壊と建置経営」では、自分の一身につき品行を慎んで「唯内を守て外を攻めん」と尽力したのは明治八、九年のころまでだといっており（⑳249）、また『時事大勢論』（一五年）では、明治八、九年ごろに至って「掃除破壊の事も漸く終りて、官民共に無事に苦しむものゝ如し」となったことを認めている（⑤238. なお①60参照）。ほかでもない、その明治九年に福澤は『すゝめ』十七編「人望論」で本格的に社交論を展開した。

一　言語容貌とレトリック

「人望論」は、表題通り名誉論であるが、その概要はこうである（以下③139–141：B154–156）。「人望」はその人の「活発なる才智の働と正直なる本心の徳義」によって得られ、したがって「智徳」に属するものであるが、藪医者が玄関を広大にして繁昌するような場合がままあり、他方で見識の高い士君子が世間に栄誉を求めず、あるいは浮世の虚名として避けるのは心がけとしてりっぱである。しかし、智徳は花樹、栄誉人望は花のようなものであるから、これを隠す必要はなく、むしろ勉めて求めるべきであり、ただその際に「分に適する」ことが緊要である。栄誉人望は人間の「正味の働」を示すものでなければならない。儒教の悪影響で引込み思案や「奇物変人無情無言」の陋習が生じたが、これを改めて、「活発なる境界に入り、多くの事物に接し博く世人に交り、人をも知り己をも知られ、一身に持前正味の働を逞ふして自分の為にし、兼て世の為に」することが肝要である。

「人望」は、「正味」の智徳さえあれば容易に得られる花だというのであるから、「自尊自重」さえまっとうするならば、その反射的効果として自然についてくるとする「自然の名誉」と同じことである。たしかに、ここでは人望は求めるべきものだとされており、「求めざる名誉」たる「自然の名誉」とは異なる。けれども、それは、ここで福澤が意識的に「活発」を前面に出そうとした結果である。ここでいう栄誉人望は、「正味の働」[1]に即したものであり——人に知られるとは「我真実の値」を公衆に示して相当の評価を得ることである（「交詢社に新年を賀す」明治一九年（⑲692））——、その点でも、智徳その他に安心点を見出す「自然の名誉」と同じである。栄誉人望は、たとえ求めるものであっても、〈世俗的名誉〉とは直接繋がらないし、平等の貫徹を目指す〈人権としての名誉〉とも隔たりがある[2]。いわば「活発」を強調した「自然の名誉」である。

さて、こうした名誉観を前提として、福澤は、「一身に持前正味の働を逞ふして自分の為にし、兼て世の為に」するための三つの方策を提示する（③141–144：B156–161）。第一は言語を学ぶこと、とりわけ弁舌の上達に努めること、第二は「顔色容貌」を快くして、一見して人に嫌われることのないようにすること、第三に「多芸多能」にして「一色に偏せず」、様々の方向で人に接することである。さらにいう。たしかに「巧言令色」は戒めるべきであるが、顔色容貌の活発愉快は「徳義の一箇条」であり、人間交際の最も重要なものである。フランスが文明の源、智識分布の中心とされるのも、一つには、国民の挙動がつねに活発気軽で、言語容貌ともに親しみやすい気風があるためである。言語容貌の働きは天性に属するように見えるが、しかし人智の発育の理からすれば、人の心身の働きの一つであり、放置しておけば発達することはない。古来日本ではこの大切な心身の働きが忘却されてきたが、今後これを「徳義の一箇条」として等閑に付することのないように望む、と。

福澤がここでフランスの例を引き、また、儒教の悪影響による「奇物変人無情無言」の陋習を指摘し、古来日本国中の習慣において言語容貌という大事な心身の働きを顧みる者がないと慨嘆していること（③142：B158）から見て、叙述全体のモデルは西洋にある。

「演説」という訳語が福澤の創案にかかることはあまりにも有名であるが、ここでの「言語弁舌」一般の重視も西洋仕込みであった。『すゝめ』十二編で福澤は、西洋諸国では政府の議院、学者の集会、商人の会社、市民の寄合から冠婚葬祭・開業開店の細事に至るまで、人が集まる所で必ず演説が行われることを指摘し、その効用は「了解すること易くして」「衆心を感動せしむ」るところにあるとしている（③102：B105f.）。これは西洋のレトリックないし雄弁術の伝統に符合している（以下西村「レトリック」133ff., 同「社交術」175ff., 同『文士と官僚』62f. 参照）。伝統的レトリックの主要部分は、「教示すること docere」（論証）、「人の気を引くこと（楽しませること）delectare」、「感動させること movere」にあったから、福澤の要請と合致している。また、アリストテレス『弁論術』（41ff.）の、聞き手に即した三類型（法廷弁論、審議弁論、演示弁論）に照らしていえば、政府の議院での弁舌は審議弁論にあたる。演示弁論は、古代以来中世を経てバロック時代に至るまで、とりわけ頌詩という形で冠婚葬祭の際に利用されたばかりか、近世では宮廷社交術として花開き、一八世紀には「啓蒙のレトリック」へと換骨奪胎されるとともに、一般市民の処世法、より特殊には社交術の基盤となった。福澤の市民の寄合や冠婚葬祭、開業開店の挨拶はこれにあたる。欠けているのは法廷弁論だけである。

福澤は「明治七年六月七日集会の演説」で、演説の「便利」を五点にまとめて説明している。第一は学問の流布、第二は翻訳を話し言葉にできることである。第三に、いまの日本人が人に出会った時に寒暑の挨拶も満足にできず、ことに朋友の送別、祝儀、不祝儀など、大勢の人に向かって改まって口上をいうことができないことを補正すること、第四は日常的に婦人・子供にも役立つことであり、第五は書面によるよりも議論がしやすいことである（㉑57f.）。これらのうち、第三点と第四点は社交に関わり、第一点、第二点、第五点は啓蒙のレトリックである。無論、福澤は書面による啓蒙を軽視するわけではなく、演説と著作はともに「智見を散ずる」術であり、その究極目的は「見識の賤しき」国民を導いて高尚の域に高めることだとしている（③103, 104 : B107）。これまた文字通り啓蒙のレトリックである。

福澤には「通俗」を冠した著作がいくつかあり、またたとえ「通俗」と称していなくても、『福翁百話』とか『福翁百余話』といった数多くの民衆向けの著作がある[(3)]。それは、福澤が「聞き手」ないし「読み手」を顧慮したレトリックの術を利用しようとしたことを示している。この点を意識した発言を引いておこう。

おしゃくの芸者が客に酒を勧むる如く、威力を用ひず種々の方便にてどうやらかうやら国中の人を文学に酔はしむるやう取持度事に御座候。（濱口義兵衛宛書簡、明治二年（⑰67））

世間一般の人情に於て、文書言語の実を云ふは甚だ面白からず、特に人心を感ぜしめんとするには必ず多少の装飾を要するものなり。之を達意の文飾と称す。殊に下等社会の人民又は少年の輩に対しては最も此文飾を用るを緊要なりとす。譬へば軍談師の如し。其武人の勇力を語るに、身の丈け一丈有余にして七十貫目の鉄の棒を水車に振廻はし、大声一喝、雷霆の轟くかと疑はれ、百万の敵は蜘蛛の子を散らすが如しと云へばこそ、聴衆にも面白けれ、若しも軍談の高座に於て学者先生が事理を談じて一事一物も其証拠如何を求るが如きあらば、誰か之に耳を傾る者あらんや。（「民情一新補遺」明治一二年（⑲261f.））

今日に於いても世の先進先達の士が、人を開明に導かんとして不如意も多からん、其時には正面より論破して却て之を激せしむることを止め、寧ろ其裏面に廻はりて本人の天賦に好む所、習慣に慣るゝ所を視察し、其道筋より次第に近づき次第に深入して、遂に之を化するの法ある可し。（『福翁百話』（⑥319））

口頭の談論は紙上の文章の如し。等しく文を記して同一様の趣意を述ぶるにも、其文に優美高尚なるものあり、粗野過激なるものあり、直筆激論、時として有力なることなきに非ざれども、文に巧みなる人が婉曲に筆を舞はして却て大に読者を感動せしめ、或る場合には俗に真綿で首を絞めるの効を奏することあり。（『新女大学』三二年（⑥507f.））

相手（聴衆、読者）によって異なった表現法や論法を採用するのはレトリック（弁論術）の原則であるが、福澤にはこの術を「下等社会の人民」の啓蒙のために利用しようとする明白な意図があった。『民間経済論二編』（明治一三年）でも、著述は「人心の赴く所に従ひ自から其所望に応ずるもの」だとして（④357）読者の動向を重視すべきことを示唆しているが、「著述の説」（一一年）でははっきりこう述べている。著述とは「所知所見を書に著はし述べて知見狭き者へ告げ知らすること」であるから、自分のためではなく、もっぱら他人のためにするものである。つまり、他人が主、旦那であって、自分は客、従者といってよい。それゆえ、著述の要は、読者の心を推量し、知見の深浅、智愚の有様を洞察して、その人のために役立つように勉めることにある、と（⑲639. なお③611 参照）。すべて啓蒙を意図してのことである。(4)

さらにいえば、「顔色容貌」もレトリックと無縁ではなかった（松崎『語り手』148 参照）。人の気を引き、感動させるためには、言語表現・文彩のみならず、語り手（弁論家）ないし著述家自身の立居振舞や容貌・表情といった「外面的」要素を配慮しなければならないが、これを理論化したレトリックの「外面的適切性 aptum」説（西村「レトリック」167 参照）は、「顔色容貌」というきわめつきの外面重視と重なっている。『福澤文集二編』所載の「明治十一年一月十七日集会の記」は「社交術としてのレトリック」論の白眉といってもよい（以下④482f.）。「高尚ならざる俗世間」に「高尚なる学問」だけで接しようとするのは、銘刀を調理に使うようなものである。もとより、銘刀の鋭利をしりぞけるのではなく、刀の形を包丁のようにして厨房に適するようにすることが肝要である。これは今日「処世の要訣」である。福澤はこう述べて、例として、雅俗の文体、手跡の巧拙、写本の醜美、演説、応対進退、顔色容貌、書き物の読み方、対話の語気、語音の正否を挙げている。そしてやはり、著書新聞もまた、自己の所見を人に告げて同じ方向に導こうとする趣意であるから、人間交際の一法であり、相手の「人品」、つまり読者の心を推し量るべきだといっている。「人望論」で「顔色容貌の活発愉快」を「徳義の一箇条」に含めたのは、おそらくこの社交術の公共的機能と無関係ではないであろう。

福澤が理論としての西洋レトリックの伝統をどこまで踏まえていたかは定かではない。福澤の周辺では西洋レトリックの摂取が見られたが、福澤自身はレトリックの理論や哲学には触れなかったようである（平井『コミュニケーション』63）し、具体的にレトリック的発想をどこから得たのかもわからない。ただ、福澤は「福澤全集緒言」で、著作や翻訳で「平易」を旨としたのは緒方洪庵の影響であり、また翻訳にあたって蓮如上人の『御文書』の平易な仮名混じりの文章を参考にしたと語り（①5, 7）、さらに、『すゝめ』では、日本にはスピーチの「伝法」はないが、寺院の説法などはこの類のものだろうといい（③102：B106）、「明治七年六月七日集会の演説」では、日本に古来存在するスピーチの慣行として、「坊主の説法」、「寄席の軍談講釈」、「滑稽落語」を挙げている（①59. なお⑥320）。福澤は演説のコツを覚えるために寄席に通って、講談師や落語家の話術を研究したという（伊藤『論考』52, 松崎『語り手』142）が、案外、「日本のレトリック」の伝統を踏まえているのかもしれない。しかし、たとえそうだとしても、日本のレトリックの伝統には「啓蒙」論も「社交術」も備わっていなかったから、一般的には西洋からの影響が決定的であったといってよいであろう。[5] 福澤によれば、封建時代には何ごとも古格旧例に従って変化せず、交際も狭く、極端な場合、無口無言がかえって世に重んじられることもあったが、現代社会では交際法も繁多にならざるを得ず、言語弁舌は第一の要用である（④496. なお⑪47 参照）。「唖の如く為りて始て仁に近しの聖意に叶ふ」という儒教的伝統を否定して（④497）、西洋流の社交法に倣うことを推奨するのである（なお⑪24 参照）。

最後に、第三の「多芸多能」も社交の重要な手段である。「人望論」では、交際を広くするために「多芸多能」を挙げた際に、「友を会する方便」として学問、商売、書画、碁将棋等を挙げ、さらに芸能のない者ならともに会食喫茶し、力自慢の者は「腕押し、枕引き、足角力」を交際の一助とするのもよいと語っている（③144：B160f.）。すでに引用したように、『覚書』では、一芸でも人のレスペクトを得られるとしていたが、その後で、「精神は多方に用ひざる可らず。世の中に困りものは彼の無芸無言無筆無識なる摺子木野郎なり」と記している（⑦657）から、多芸多能もまた文明流の「活発」の表現であった。

さて、これらの外面に関わる社交術は、たしかに内面道徳の観点からすれば、唾棄すべきものに属する。福澤自身、「人望論」で巧言令色や虚飾を戒め、『概略』では偽君子を論じて、「巧言令色、銭を貪る者は論語を講ずる人の内に在り」としている[6]（④94：B135）。しかし他方では、「巧言令色も亦是れ礼儀なりと云ふ可し」という発言もある（⑪26. なお⑪464）（「巧言令色亦是礼、温良恭謙奈人侮」（⑳472））。これは誇張だとしても（しかし論語に対する「交ぜっ返し」（小泉『福沢諭吉』192）ではない）、日本人の「内向き」の傾向を批判し、文明流の外面重視を突きつけたものと見られる（「都て日本人は万物の裏を大切にして、西洋の人は表を重んずる。」（⑪245））。福澤は、日本人の惑溺、虚飾を拒否しつつ、西洋にも偽善・虚飾があることを認めていた（⑫163）から、社交についても西洋の外面重視の欠陥を知りながら、あえてそれを「輸入」しようとしたといってもよい[7]。「士流の本分を忘る可らず」（明治二六年）では、顔色言語や礼儀の重視は、人に媚びて意を迎えるためではなく、「野を去りて文に就く」の意味であるのに、世の中の軽薄の徒が誤解して巧言令色で偽善を働くのは言語道断だと憤慨している（⑭83）。「言語容貌」等の推奨はまさに野蛮を去って文明＝西洋文明に赴くこと、西洋の〈文明の作法〉に倣うことを意味していた。

二　文明の礼儀作法

「巧言令色も亦是れ礼儀なりと云ふ可し」という言葉からもわかるように、福澤にとっては、礼儀作法も交際にとって決して無意味ではなかった。というよりも、言語容貌は礼儀作法と不可分の関係にあり、逆に礼儀作法は社交術の一要素であるから、礼儀作法は社交にとってある意味で中心部を占めていた。そのことは、右に見た「明治七年六月七日集会の演説」の第三点と第四点からも推量することができるであろう。

礼儀作法といえば、日本には儒教道徳の「礼」もあれば、武士固有の「作法」もあったから、状況なり「情」なりをつねに考慮に入れた福澤がこうした〈旧礼儀〉を参照したと想像するのはあながち荒唐無稽ではない。だが、儒教道徳についてはそのような痕跡を見出すことは困難である。むしろ、儒教的な「礼」が儀式主義・虚礼・虚飾に繋がり、また圧政と「智」の圧迫をもたらすという認識がほとんどである。ある場所で福澤は、人に礼儀の心があるのは耳目鼻口があるように「人の天性」であり、これをまっとうしても誇るに足りないと語っている（⑳131）が、これは『概略』の儒教道徳批判と同工異曲である。儒教の「孝悌忠信」の徳目と同じく、礼儀の心も、それだけでは不十分であり、「智」を活発に用いなければならないという趣旨である。さらに別の場所で道徳に凝ることを戒めた際に、人が紳士として居家処世において品行を守り、交際において信義を守り礼を重んじ、報国のために尽すのは「人倫の本分、社会の義務」であって、こうした「徳心」は不可欠のものであるけれども、それをもって紳士の「品操」として誇るべきことではない、としている（⑪189f.）。

福澤は単に儒教の「礼」を否定するだけでなく、武士の作法を含めて礼儀作法一般に反感のようなものをもっていたようである。たとえば、すでに触れたように、薩摩武士の門閥格式や礼儀作法にこだわらない「無礼無法」の態度に「人類自由の精神」を見出している。これは少し極端であるとしても、慶應義塾では、粗暴無礼は禁じるが、塾舎の内外で教師や先輩に向かって丁寧に辞儀する必要はないとか、益もない虚飾に時間を費やすのは学生の本分ではないという趣旨の掲示を出している。古来の国民の気風を「活発」にするにはお辞儀の廃止も「一時の方便」だというのである(8)（⑦171f.：B211f.，⑲382）。福澤は自分の家でもほとんど礼儀作法を無視するかのような態度をとっていた（⑦231：B283参照）。

このような反形式主義・反儀式主義は、「磊落無頓着」に連なる「簡易簡素」や「敢為活発」への積極的評価を意味しており、また外面と内面の齟齬を衝いた偽善批判にも繋がっている。後者についていうと、福澤は、磊落率直は日本人固有の気質であり、内実は醜いのに表面の美を飾るのは偽君子のやることだとして（⑮543）、磊落と偽善を対置した。それどころか、言行の磊落淡泊は人間の交際にとって最も必要な性質であり、そこに才智の不足のきらいはあるにしても、この一種の「愚」も人と交わるには一定の価値があるとすら述べている（⑪189）。本来社交など意に解しない「磊落」も社交上、外面を飾らない簡易簡素として有益であることを認めるのである。無論、乱暴・不品行に通じる「磊落」がつねに賞讃されるはずもない。別の場所では、「君子盛徳は容貌愚なるが如し」という考え方が、些事など無頓着に高尚な徳心を養い、悠々自得すべしという意味だとしても、それは「仙人」に当てはまることであって、少年子弟の品行を戒めるべき時代ではいたずらに放逸無頼の習慣を助長することになり、文明の世に合った教えとはならないと主張している(9)（⑥297f.）。これは、「天下の大人は細事を顧みずなど称して独り自得」するような人物（⑥299）に対する批判であるから、裏を返せば当然、顔色容貌や礼儀作法の重視に繋がる。

たしかに、福澤は、儒教道徳を中核とした伝来の格式張った〈旧礼儀〉を原則としてしりぞけた。それは、偽善として現れるにせよ上下関係を固定化するにせよ、「智」の働き、文明の「活発」にとって障碍となるからであった。しかし、同じく文明を推進する立場から福澤は礼儀作法や顔色優美を肯定した。今日の社会は「礼儀文明の社会」であり、交際では「虚礼虚飾」を止めて、「簡易軽便」の礼儀作法をとることを勧めるのである（「礼儀作法は忽にす可らず」（『立志編』所収）152f.）。あるいはこうもいう（⑩127）。現代の少年は礼儀を知らないといわれるが、日本は開国以来変化が激しく、文明の進歩は忙しいから、「人間交際の礼儀、言語応対の風」が変化して、若輩が先輩に丁寧に会釈せず、話し振りが殺風景であるのも当然であり、繁忙の世の中で「天保弘化の閑楽世界」に行われた儀式に倣うことなどできない。とはいえ、礼儀は「閑楽世界」だけで行われるのではなく、繁忙の中にも相当の「新礼儀」が生じ、しだいに外見の美を呈するようになってくる。たとえば、謁見の礼を見ても、徳川時代と違って、今日は天皇陛下の御前で立礼を行い、行幸の途中でもただ会釈するだけで、平伏する必要はない、と。この後福澤は、「表面の礼儀作法」と同様に「内心の徳義」も徐々に変化していくであろうと予測している（⑩128）から、内面道徳の進歩とともに外面道徳たる礼儀も進歩すると信じていたことになる。はたせるかな、「疑心と惑溺と」

（明治二二年）では、「昨日の失礼は今日の失礼ならず」という人心の混雑は、旧から新に移る際に免れないことであるから、とがめるべきではなく、古来の習俗を吟味して、「条理ある」ものはしばらく許し、「条理なき」ものはその「不条理」を敢然と批判すべきだと断言している（⑫138f.）。

これらの発言から見る限り、福澤は、条理＝智を基準として〈旧礼儀〉を取捨選択し、できる限り西洋文明流の、条理に合った――つまり「簡易軽便」な――〈新礼儀〉を取り入れようとしたといってよい。あるいは、実際に障碍がないと認めたならば人情風俗の「変化」に勉めるべきであり、冠婚葬祭の礼、花鳥風月の楽事、遊戯の趣向については、ひどく民情を害する恐れがない限り、「文明流」を採用するように説き（⑯29f.）、さらに、開国以来有形物が旧弊を脱し、無形物もこれに従い、いまやようやく「人間の居家、社会の交際法」に及び、冠婚葬祭の礼に至るまで趣を改めようとして、「進退の半途に彷徨する」ような状況にあることを認めたうえでいう。当初は道理に基づいた旧物廃止を行っていたのが、いまでは旧物一切をしりぞける破壊的傾向が見られるが、一般に「徳を進る」ことは難しく、数千百年来基礎が定まった徳を破壊するのも容易ではない。「徳義の敗頽」は実際には社会表面の一部だけであり、裏面にはまだ確固として動かないものがある、と（⑪440f.）。ここでは態度は明確ではないが、結論は現在の徳義に「加ふるに智力を以て」することである。

しかし他方で、前掲の「疑心と惑溺と」では実は、古習の惑溺を一気に解体しようとすると、かえって民衆の信仰を固くさせ、素朴な感情を害するだけに終る危険があるという認識を披露していた（⑫139）から、礼儀作法についても〈旧礼儀〉を守ろうとする姿勢があった。「極端論」（明治一五年）では、自分は仁義道徳を蔑視せず、西洋作りの家に住んでいても冠婚葬祭の礼を守るといい（⑧393）、「学生の帰省を送る」（三〇年）では、冠婚葬祭の儀式や「郷党に行はるゝ遊楽の習慣等」は概して無害無毒であるから否定するに及ばないとしている（⑮573. 同趣旨⑨95, ⑯93）。冠婚葬祭の「礼」については旧式のままでよいというのである。福澤個人にとっては、冠婚葬祭の形式は宗旨と同様にどうでもよいことであった。[10] ただ、福澤は葬式が流行に左右されて転変のあることを指摘するとともに（⑤219）、葬祭・墓碑の華美に流れることを戒めている（⑫151ff.）から、やはり可能な限り簡易を旨としたといってよいであろう（伊藤『論考』334参照）。

したがって、福澤は、文明社会の建設のためには、礼儀作法や風俗習慣を「条理」に則って変革することが必要であると考えつつも、その形式を一気に破壊しようとするとかえって民衆の反撥を招く恐れがあるので、徐々に変えていくか、場合によってはしばらく〈旧礼儀〉によることに甘んじた。これは道徳一般についての姿勢とほぼ同じである。つまり、「少しづゝ」でも人情に道理を混ぜて社会全般の進歩を待つという観点から、道理を考慮に入れた――実質上「簡易軽便」を基本とした――〈新礼儀〉を〈文明の作法〉として基本的に肯定しながら、同時に〈旧礼儀〉を保存する〈一時の彌縫策〉も是認したのである（ただし、礼儀作法につき〈文明の新徳義〉に対応するようなものは見あたらない）。

かくして、「言語」、「容貌」、「多芸多能」、それに「礼儀作法」は文明流の社交術として、[11]「礼儀文明の社会」のために「野」を去って「文」に就くこと、あるいは一身の「風采挙動」の「品位」を高めると同時に「国の品格」、「国の体面」を守ること（「礼儀作法は忽にす可らず」（『立志編』所収）154f.）に繋がる点において、一時の彌縫策でありながらなお一国文明の進歩を追求する〈文明の作法〉であった。

三　伯夷其心而柳下恵其行

〈文明の作法〉の要訣は「言語容貌」という外面にあった。しかし、福澤には内面性を中核とする〈文明の道徳〉

があった。この両者は衝突するわけにはいかなかった。しかし、だからといって両者を容易に合体できるわけでもない。〈文明の道徳〉の内面性は激越な不羈独立の気概であり、磊落無頓着に通じるところがある以上、そこから〈文明の作法〉をストレートに引き出すことはできないからである。

不羈独立の気概が他者の容喙を許さない峻厳な性格をもっていることは、本書第3章第3節の名誉論で見たところであるが、その表現の中には、「独立自由とは、他人の厄介にならず又他人に依頼せずして一身を処し、我思ふまゝに此世を渡るの意」であるとか、「社会の交際、処世法に、我思ふ所を言ひ、思ふ所を行ひ、満腔豁然洗ふが如くして秋毫の微も節を屈することなき……」というものがあった。これは単なる強調表現にすぎないようにも見えるが[12]、しかしたしかに、不羈独立の精神をもって世を渡ることは、「卑屈」の精神を打破することによって政治や実業の世界で身を処するのに有効な処方箋となり得る。とはいえ、こうした激越な心情は、政治や実業であれ、日常生活であれ、尋常平穏の交際あるいは処世においてはかえって障碍となる。そうした事態を念頭に置いて福澤は、権利の「レシプロシチ」と平行する形で、不羈独立の気概を確保するとともに、他者への尊重を怠らない、「自尊尊他」という処世の心得を提起していた。同種の処世法ないし交際法を説いた例はほかにもある。

『福翁百余話』第十九話では、不羈独立の気概を強調しつつ、平生人と交わるのに「寛仁大度」を旨とするようにいい（⑥433．同趣旨⑥401f.）、『福翁百話』第六一話では、世間の交際では、自己の独立を妨げない限り、「言行の鋭き鋒」を包んで「風采を優に」するように説き（⑥304）、第五二話では、独立とは心の底に納めてみずから守る主義であって、これを妨害する者があれば親友・骨肉でも敵に回すべきであるとはいえ、現実にはこうした激しい場合はないから、他人に対しては寛容な心をもって交際し、「人に接するの法を柳下恵にして自から守る心を伯夷叔齊にする」べきだと述べている（⑥291）。また、第九八話でも、士君子は一身を慎み、独立の根本を固めて、他人との交際では自由を妨げないようにすべきだが、このように身を慎んで「他の標準」として世を益することが、

「心を伯夷にして行を柳下恵にする」ということの意味であり、たとえ心事に「伯夷の潔白」があっても、同時に「柳下恵の大度量」がなければ、いまの不完全な文明世界に処することはできないとしている（⑥374f.「寛容」につき③236, 246, 297 参照）。

ここに出てくる「伯夷（叔齊）」と「柳下恵」の比喩を福澤は好んで使った。用例を見ておこう。まず、右の二例と同様に、「伯夷其心而柳下恵其行」（其の心を伯夷にして其の行を柳下恵にせよ）（⑳471. なお④113, 119：B162, 171 参照）という形で、両方とも積極的に評価した場合がある。他方で、士族が実業界に転じたことを、「昨日の伯夷は変じて今日の柳下恵と為り」（⑥153）と評している。これはどちらかというと伯夷より柳下恵を評価したものである。「公利」のために商売に失敗しても「黄泉の下、伯夷叔齊に恥ぢず」と居直る愛国心をしりぞけ、「誰か銭を目的にする商売に従事して、伯夷叔齊を学ぶ者あらんや」（④468）というのも、伯夷に好意的ではない。それに対して、洋行した学士が帰朝早々は自由独立を唱えながら、いつの間にか俗流に混じって「少官」、「薄給」に甘んじるようになったことを、「伯夷忽ち装を改めて柳下恵となり」（「独立の精神」（『立志編』所収）5）とするのは、伯夷を評価し、柳下恵を貶価するものである。維新の際に静岡に赴いた幕臣を無数の伯夷叔齊の出現と表現し、これを「我日本国の義気」と捉え、その幕臣が明治政府に仕えたことを、「今日一伯夷の官に就くあれば、明日は又二叔齊の拝命するありて、首陽頭復た人影を見ず。昔日無数の夷齊は今日無数の柳下恵となり……」と述べている（⑥540, 541. なお⑤562, ⑦241f.：B295f., ⑲258, ⑳253, ㉑334f. 参照）のも同様である。

目的に応じて評価は異なっているが、積極面に注目するならば、「伯夷」はおおむね高潔な武士的心情を指し（伯夷叔齊は「高潔の士人」である（⑦213：B262））、「柳下恵」は商人的な処世術、もしくは一般に寛容な処世・交際法を指している。これは、既述（第3章第2節三）の、「心術」を元禄武士にし日常の「働」は小役人のように、という比喩とも重なる。福澤は自分自身の処世法についてもよく似た発想を披瀝している。「掃除破壊と建置経営」

（明治一五年ごろ）によれば、福澤はかつて門閥に対して「自労自食独立不羈の一主義」によって攻撃を加えたが、自分一身については、品行を慎み、質素倹約、衣食住の外面を飾らないようにしてきたし、いまでも「修身の気節は元禄の武士に倣ひ、品行は顔淵閔子騫を学び、其日常の働は則ち町人の如く小吏の如くして、始めて我友なり」を金言として守っているという（⑳249）。また、『福翁自伝』では、自分は一身一家の独立を保持しながら、「交際を広くして愛憎の念を絶」ってきたと述懐している（⑦222：B272. なお⑦20：B25 参照）。

したがって、〈伯夷其心而柳下恵其行〉という処世・交際法の一般的な意味は、《他者の存在を無視して憚らないほどの不羈独立の気概を内に湛えつつ、世間での交際ではつとめて寛容ないし鷹揚に振舞うように》ということであった。そして、容易に推測されるように、「柳下恵」の振舞は言語容貌等の外面を重視する社交論を一般化したものである。いいかえれば、「伯夷」は〈文明の道徳〉を、「柳下恵」は〈文明の作法〉を表現しており、福澤は処世法においてこれらを二つながらに確保することを狙ったのである。もっとも、実際の議論においては、この二つがつねに共存していたわけではない。

福澤は「今日は無事にあらずして無人なり」（明治一九年）と題する一文で、如何なる学者であっても、現代の社会で事務に従事しようとするには、「容貌顔色」を穏和に、「言語挙動」を活発にし、度量は「寛大」にして、才知を鋭敏にしなければならないと述べている（⑪24）。これは直接には、「後進の壮年」の就職に関わる人物論（今日風にいうとリクルートのマナー論）であるが、「容貌」、「言語挙動」、「寛大」と並べてみると、「柳下恵」と重なるから、処世・交際法に対応している。また、その続編である「立身の道は近きに在り」（同年）でも、文明のことにあたるべき人物は、まず「西洋普通の知見」をもち、ついで「芸能」の心得、つまり筆算、手紙の書き方、飯の炊き方等の「鄙事多能」を必要とすると述べ、さらにこう続けている（⑪25f. なお⑧558ff. 参照）。

今の学者人物と称する者は其心事至極高尚にして、所謂君子は細行を顧みざるもの歟その交際の法、甚だ殺風景にして、曾て礼儀を重んぜざる者の如し。……其相手の誰れ彼れを撰ばず、其用談の何事たるを問はず、言語容貌に文飾なきのみか、態と殺風景なるを以て自得する者少なからず。……蓋し此輩、悪人に非ず。其心事を尋れば本来正直なるが故に、自ら其正直を頼み、拙者の心中は俯仰恥る所なし、唯正直の二字を以て人間社会を罷り通る抔の意気込にて、俗世間を見下し、俗人を軽侮して然る者ならんと雖も、如何せん、文明の万事は僅に正直の二字を以て包羅す可らず。正直を骨にして人情を肉にし、尚ほ之を覆ふに文飾の皮を以てし、人間の交際を全うして、俗世界の事務に当る可きのみ。

ここに見られる外面の顧慮（礼儀、言語容貌）はやはり〈文明の作法〉に相応している。だが、この外面の一面的強調は例によって議論の目的や状況に根ざしていた。

ここで批判の対象となっている「学者人物と称する者」は、心事高尚で、「俯仰恥る所」のない正直な人、ひとことでいえば「道徳的」な——私徳に凝り固まった脱俗の——人である（なお⑥374参照）。「俯仰恥る所なし」という形容は、他の場所ではたいてい独立の人士の武士的心情の、つまり「伯夷」の心情の積極的評価を表現するのに使われていたが、ここではその心情が言語容貌や礼儀といった外面的振舞の、つまり「柳下恵」の無視ないし軽視に繋がるとされている。しかし、これは、ちょうど〈処世の義務〉論と同じように、「処世の交際法」の意義をクローズ・アップさせることが目的であって、不羈独立の気概や一身一家の独立をないがしろにせよという意味ではない。そのことは他の事例から明らかとなる。

この「学者人物と称する者」は、文明の学を学び、文明のことに精通していても、封建士族の子孫、漢学者流の末葉として「祖先の遺伝」から逃れられない後進生（⑪24）である。つまり、知識はあっても、儒教道徳ないし武士の旧習に染まっているために交際法など意に介さない人物である。あるいは別の場所で福澤は、「庭前を掃除せずして天下の塵を掃はん」と放言したり、「英雄小節に拘はらず」などといって家庭の始末を怠り、交際の礼法を顧みない者を欽慕する漢流の書生輩（⑨211f.）を俎上にのせているが、これは、身は潔白で一点の私もなく、古流の主義を誠心誠意唱える「漢学者国学者流の頑迷輩」（⑭502. なお⑩359f. 参照）の影響を受けて、庭前の掃除（一身一家の独立）も交際法もわきまえず、ひたすら天下の掃除（政治）を志す書生のことである。この天下と庭前の掃除という比喩も福澤は好んで使っている。

たとえば明治二二年に、治国平天下の術を論じるのもよいが、「天下は掃除すれども庭前は顧るに遑あらず」というのは度を超しており、古人が「小成に安ず可らず」といったのは、庭前の掃除をして、なお余暇があれば治国の術も講ずべし、という意味だと述べている（⑫185, 187）。これもやはり政治熱心を戒めようとするものであり、後に、『福翁百話』で、忠君愛国など唱えてみだりに天下を論じる少年に対して、自労自食の大義に則り、まず一身一家を治め、それによって自然に忠臣孝子となるように説いた（⑥295）のと異ならない。

他方、『すゝめ』では、昔支那人が「庭前の草を除くよりも天下を掃除せん」といったのは、社会のために裨益する志を述べたものだと解することによって（③87：B86）、天下の掃除に積極的な意味を与えている。こうした事例の総括ともいえるのは『概略』の場合である。そこでは、「天下を洒掃すれども庭前は顧みるに足らず」といって治国平天下の術を求めて得るところがあっても、一身一家を修めることのできない者と、律儀を守って戸外のことは関知せず、極端な場合には身を殺して世に裨益しない者という、二つの――「聡明の働」に乏しく、大小軽重をわきまえず、「修徳の釣合」を欠いた――「道徳的」人間類型を挙げている[13]（④84f.：B121）。一方は「政治」という名の公徳に、他方は「脱俗」という名の私徳に凝り固まった儒教的人間である。ここでの目的は儒教道徳における「智」の欠如を指摘することであるが、前者に対しては、道徳を私徳に縮減することによって「戸外」における智の活動を確保し、後者に対しては逆に、人事の処理は私徳だけでは足りないことを強調するのである[14]（④87f.：B126）。

これらの例から見る限り、福澤は、主として儒教道徳やその影響を念頭に置いて、「政治」（公徳）に凝る者と「脱俗」（私徳）に凝る者の両極端を俎上にのせ、ある時には「一身独立」の、他の場合には〈処世の義務〉の意義を強調しつつ、また別の時には、「智」の必要性を導き出したのであるが、同じ論法によって「処世の交際法」の重要性をも浮かび上がらせた。どの場合も、一方に「凝り固まること」（熱心）を忌避して、他方を強調するという論法をとっているのである。したがって、最初に挙げた、「俯仰恥る所なし」と表現された心情（伯夷）は、もっぱら処世・交際法（柳下恵）を前面に押し出すために消極的に評価されたにすぎなかった。

福澤は『すゝめ』十六編で（以下③133ff.：B146ff.）、「人の心事」（言、志、説）は内にある自由なものであって制限を受けないが、思ったことを外に表し、外物について処置を施すこと（行、功、働）は外物に制しられて自由にならないものだとして、一方で「働」のみ活発である人は、ことの大小軽重を弁別し、有用無用を明察し、場所と時節をわきまえることができず、他方で「心事」のみ高尚遠大で「事実の働」のないのもはなはだ不都合なものであると評しているが、その際、後者の類型が世の中に多いことを、日常交際で「言語容貌活発」な人物は世上に稀である、と表現している。所論の目的は、「心事」と「働」の二つが齟齬しないように「正しく平均」すべきだというところにあるから、元禄武士と小役人の比喩と一致しており、また（「働」を「振舞」に読み替えるならば）〈伯夷其心而柳下恵其行〉の格率に対応しており、あたかもこの処世法の比喩の原理論がここで示されているかのようである。

しかし、ここでもまた福澤は、「心事」と「働」のバランスを理想としながら、現実世界で天秤が一方に偏った時に、他方に重石を置くようにわざとしむけた。実はここで心事のみ高尚で働きに乏しい者として描かれているのは、もっぱら「己を知る者なきを憂」う儒者、「己を助ける者なきを憂」う書生、「立身の手掛かりなきを憂」う役人等々の不平家や、傲岸不遜などのために「人に厭はるゝ者」（③135f.：B149f.）であり、心事は高尚とされながら、実際には「伯夷」のマイナス面だけに関わっている。つまり、ここでの実質上の力点は「働」の方にあった。無論、「心事」が積極的な意味の伯夷、つまり志の高邁さとして現れる場合には、「心事」と「働」は、伯夷と柳下恵を「両つながら」[15]に充足する交際論と一致したものとなる。たしかに、処世・交際論の性質上、多くの場合福澤は柳下恵を優位に置き、伯夷を貶価した。しかし、それは、主として「道徳的」人間や「政治的」人間の跋扈する状況に即した判断である。その意味で、福澤が本来目指したのは〈伯夷其心而柳下恵其行〉という――次元を異にするものを二つながらに評価するという意味で――二元的な処世論であった。これを一般化するならば、〈文明の道徳〉と〈文明の作法〉の二元論ということになる。〈状況的方法〉は、「熱心」を相対化してことの大小軽重を状況に応じて判断する装置であるから、状況に応じて伯夷と柳下恵のいずれかに重きを置くことになるはずだが、そのどちらにも偏らない（凝り固まらない）で二つながらに肯定するのは、〈バランス感覚〉の働きだといってもよい。

四　熱心と戯

もっとも、誤解のないようにいっておけば、福澤は「熱心」をつねに否定したわけではない。そのことは「熱心」と「戯」の二元的処世論からも明らかとなる。福澤は、明治二五年に慶應の学生への演説でこう述べている（⑬572）。

生ある者は必ず死せざるを得ず、人生朝露の如しとあれば、浮世の栄枯盛禍福吉凶は唯是れ一時の夢にして、論ずるに足るものなしと雖も、既に現世に生れたる上は其死に至るまで心身を労して経営する所なかる可らず。是亦人情世界に在る一生涯の義務なり。爰に老生が奇語を用れば人間万事小児の戯と云ふも不可なきが如し。戯と知りながら其戯を本気に勉め、戯の間に喜怒哀楽して死するのみ。深き意味あるに非ず。……心を潜めて深く思案し、真に其戯たるを知るにあらざれば、大事に臨んで方向を誤り、由なきことに狼狽して人品を卑くし、万物の霊たる位を失ふことある可し。

この「本気」の生き方は「熱心」に通じる。人間万事「戯」であるとはいえ、何ごとかをなすにあたってはそれに「熱心」して辛苦勉強するのは当然の義務であり、こととしだいによってはそのために命を犠牲にすることすらある。だが、その熱心の間にも時に心事を一転して「人生に常なきの原則」を思い出し、みずからもこの憂き世の戯の中で人とともに戯れる者だと悟るならば、「熱する」ことがあっても「狂する」には至らず、たとえ事情によって家を滅ぼし、身を殺したとしても「安んずる所」があるだろう。それが「人間安心の法」だ、というのである(⑬574)。「熱心」は福澤の用語法では否定的なニュアンスで使われることが多いが、ここでは「狂する」ほどの熱心と区別されて当然の義務と表現され、あまつさえ命まで棄てる気概として説明されているのである。[16]

「熱心」と「戯」の二元論は福澤の人生論と評されることもあるが、「心術の修行処世の工風」、「心術の修業」といいかえられている(⑬574, 575)から、処世の心得といった方がよいであろう。[17] 同様の処世の心得は『福翁百話』の第七話でも繰り返されている。人間は無辺の宇宙から見れば、蛆虫同様の小動物にすぎないが、人生は本来「戯」と知りながら、真面目に勤め、「貧苦を去て富楽に志し、同類の邪魔せずして自から安楽を求め」、「父母に事へ夫婦相親しみ、子孫の計を為し又戸外の公益を謀り、生涯一点の過失なからんことに心掛る」ことこそ蛆虫の本分、否、万物の霊として人間のみが誇り得るものである、と（⑥223）。また第十話でも、人生は蛆虫と同じであるから、何ごとも軽く見て過度に「熱心」に陥らないようにすることを「安心法」として胸中に収めつつ、今日の浮世を渡るには、浮世の務を果たし、苦よりも楽の多いことを願い、自分のためだけでなく家族朋友のため、さらには天下公衆のために尽すように説いている[18]（⑥225f.）。

これらの場合も、「戯」と「熱心」のどちらか一方を優位に置いていない。福澤は明瞭に、「一心能く二様の働を為して相戻らず」といっている。人生を戯と認めながら、その戯を本気で勤め、それによって「社会の秩序」をなすとともに、本来戯と認めているからこそ、大節に臨んで「安心」を得ることができる、というのである（⑥226f.）。「伯夷」と「柳下恵」と同様、〈バランス感覚〉の現れである。

他面、「熱心」と「戯」の二つながらの肯定は、「当時正道」と「空理」、あるいは〈一時の彌縫策〉とユートピア、〈状況的方法〉と〈文明論的方法〉の二つながらの肯定とも並行している。なるほど、〈状況的方法〉は目的に関して「熱心」（一方に偏すること）を回避しようとするものであった。しかし、その場合の「熱心」の排除は、一方に傾いた天秤を他方に傾けること、「人事の平均」を図るものであった。だから、たとえば、「今日において文明を語る者は、万歳を謀らず千歳を問はず、唯僅に十数年の間に見込みあれば熱心して之に従事せざるを得ず」（『民情一新』）というように、現実的な姿勢を「熱心」と表現するのである。いいかえると、〈状況的方法〉は、「目的」定立の際、一方に偏ることのないように配慮するが、しかしいったん現実的目的が定まった以上、これに「熱心」することの勧めを含んでいるのである。すでに引用したが、『ひゞのをしへ』では、「何事にても、じぶんの思込しことは、いつまでもこれにこりかたまり、くるしみをいとはずして、成し遂ぐべし」としていたが、『時事小言』でも、「固有の才力を活用して平生の志を達せんとする」情は「壮年進歩の輩」において最も旺盛であり、これが「所謂熱心なるもの」だと述べている（⑤153. なお⑤196参照）。

もちろん、「戯」の視点はほかでもないこの「熱心」の相対化のために持ち出されたものである。義塾学生への演説の主目的は、学問にのみ凝り固まって己が信ずるところに偏することを戒めることであった（⑬574）し、『福翁百話』第十三話では、事物の一方に凝り固まって、ついにはことの軽重が見えなくなることのないように釘を刺している（⑥229）。このような、「熱心」を相対化する「戯」の視点を支えているのは、広大無辺の宇宙、あるいは諸行無常、「生者必死」（⑬573）の浮世という認識である。これは、自然科学的「法則」によって認識された宇宙像の逆立である。「黄金世界」や「人天並立」のユートピアに対する〈逆ユートピア〉といってもよい。『福翁百話』の別の場所で、「熱心」の輩は現代文明を過大評価して、「天道の広大無辺」を知らないとしている（⑥287f.）ように、無限の宇宙に対する讃嘆と、その裏面というべき無常観は同じ働きをしており、その限りで――つまり現実を超える視座を確保する限りで――〈文明論的方法〉と似通っている。しかも、〈逆ユートピア〉は本来虚無であるにもかかわらず、福澤はそこに「安心の法」を見出している。これはユートピアがもっている、現実的議論の「相対化」と並ぶもう一つの機能、すなわち、「人天並立」の未来を構想して、「天道人に可なり」という「物理学」の進歩を信じることによってもたらされる「安心」、かの『覚書』にいう、事物の理を知るならば「変に遭て心を動かすことなく、安心の場合あり」に通じている（なお小泉『宗教観』267ff. 参照）。この逆立した〈文明論的方法〉の構造はつぎのようなものである。

福澤は、『福翁百話』の第一話〜第六話で自然科学的「法則」観によって「天道人に可なり」と文明の進歩を高らかに謳い上げながら、第七話に至って突然掌を返したように、「宇宙の間に我地球の存在するは大海に浮べる芥子の一粒と云ふも中々おろかなり。吾々の名づけて人間と称する動物は、此芥子粒の上に生れ又死するものにして……」（⑥222）とまるで真宗の僧のような語り口で「蛆虫」論を提起した。広大無辺の宇宙の裏面を強調したのである。その際、第六話末尾に注記していう（以下⑥222）。以上の議論は「凡俗中流以下の人」には解し難いところがあるかもしれない。解しないのはよいが、半解によって「人間世界に神も仏もなし、報恩礼拝一切無用なり」と早合点して信心を失う者が出現し、「世安を害する」恐れがある。信心を妨げずに「愚民の徳心」を維持することこそ、いまの俗世界において智者のなすべきことであり、以上の「学者流の思想」は決して宗教界の迷信を一掃しようとするものではない、と。

いいかえると、『福翁百話』の最初の数話で、まず〈文明論的方法〉による「正面突破」の作戦を敢行しつつ、ついで「愚民」を考慮に入れて、一種の宗教心に繋がる無常の世界（逆ユートピア）を描き出し、「高尚にして仏者の説に似た」もの[19]（⑬573）を提供するという——「愚民」を相手にした宗教論と同じ——論法を駆使したのである。福澤は、本来なら宗教に代って物理学が「安心」を提供するはずであるが、「凡俗中流以下」に対してはそれでは無理であると判断し、しかしだからといって宗教をそのまま提供することも憚られるということから、逆ユートピアによる「安心」を説いたのである[20]（なお坂本『精神史』115参照）。

たしかに、福澤がこのように周到に作戦を立てたと断言することはできない[21]。本書の随所で試みたのと同じように、これも一つの解釈に留まる。しかし、もしこの解釈が妥当であるとするならば、「処世論」といういわば周辺的な領域においてすら、福澤の議論の仕方が貫徹していたことになり、その限りで特筆に値するであろう。

話が議論の方法に逸れたが、こうした「戯」と「熱心」という処世の心得もまた、「心事」と「働」、「伯夷」と「柳下恵」の二元的な処世・交際論に対応したものであった。繰り返すならば、福澤は、言語容貌、多芸多能、礼儀作法を含めた、外面に関わる〈文明の作法〉をしきりに唱えつつ、なお「不羈独立の気概」に通じる内面道徳＝〈文明の道徳〉の必要をはっきり認めていたのである。そこで、つぎの問題は、福澤がこうした〈文明の作法〉と〈文明の道徳〉をどのようにして〈文明人〉の養成に結びつけ、ひいてはそれらを国民の間に普及・定着させようとしたのかということである。

第2節　教養と作法——文明人の養成

「慶應義塾学生に告ぐ」（明治二三年）で福澤は、学問を学ぶ者を、「学者」（学問を生涯の本職とする人）、「学術の事業家」ないし「専門の芸術家」（専門の一学科を学んで人事に応用し、自他を利する人、技師や代言人）、「普通学者」（富豪を念頭に置き、財産の維持や貨殖の方法を図るために智識見聞を広くし、普通学（物理学と人事学）の要略を知る人）の三類型に分けている（⑫100f.）。いうまでもなく、福澤にとって重要なのは、「普通学」を修めた「普通学者」であった（なお⑥258参照）。教育学者の天野郁夫（『大学』180–182）は、この「普通学者」のための教育論を捉えて、漢学に基礎をもつ支配階級の伝統的な教養が武士とともに消滅し、しかし西洋流の古典学・人文学が代替となり得ない「教養の空白」状態の下で、福澤はこの空白を埋めるものを近代西欧の科学、とりわけ新興の社会科学（政治経済学）に求め、それを産業化の担い手である「ブルジョアジーの新しい『教養』」にしようと考えたとしている。この位置づけはおおむね妥当であると思われるが、しかしこれだけでは福澤が具体的にどのように「教養」ある人間を育成しようとしたのかは判然としない。また、それ以前に「教養」の内容は政治経済学に尽きるものではなく、とりわけ「物理学」を含んでいることに留意しなければならない。その意味で、福澤のいう実学がはたして通例「教養」として観念されるもの（西村「教養観念」351ff. 参照）と一致するのかどうかも確かめておかなければならない。[1] それによって〈文明の作法〉と〈文明の道徳〉が「教養」ある人間、すなわち〈文明人〉の育成にどのように関わっていたのかということが明らかとなるであろう。

一　実学的教養と「遊芸」

「普通学」は物理学（おおむね理系学問）と人事学（文系学問）の両方を含んでおり、その点では今日の日本の大学でいう「一般教養」の観念に近いが、より正確にいえば、それは文字通り「普通教育 general education」の対象であり、国民一般を念頭に置きつつも、とりわけ「富豪」ないし「良家」の子弟に的を絞ったものである（⑧60参照）。すでに明治三年に福澤は、洋学教育の順序として、「エビシ」二六文字、読本、地理書、数学、窮理学、歴史、修心学、経済学、法律書を挙げ、これらは人生に不可欠の学問、あるいは学問というほどのこともなく、「人たる者の心得」であり、これを経た後に士農工商の学を勤めるべきであると述べ（⑲377–379）、『増補啓蒙手習之文』（明治六年）では一般に、学校の教えは「低く」、「普ね」くを旨とするとしている（③20）。これは主として初等・中等教育に関する「普通教育」の要諦であるが、高等教育(2)についても基本は異ならない。

高等と中等とを問わず、福澤は一貫して普通教育の基礎に「物理学」を据えた。「物理学の要用」（明治一五年）では、慶應義塾は初学者のためにもっぱら物理学を置き、諸課の予備とすることを闡明にし（⑧52. ⑩354参照）、「慶應義塾学生に告ぐ」（二一年）ではこう述べている。社会の「改良富実」を求める方法は実物にあり、実物の数・形・性質を講究するのが西洋物理学の本色であるから、洋学を志す者は諸学科の根本として物理を学ぶことが緊要であり、無形の道徳論や政治文学論であっても、立言の趣旨が物理から逸れたら学者社会に見捨てられてしまう。義塾で物理学の専門は設けないながら、もっぱら「普通の課業」として奨励するのもそのためであり、物理は就学の始めに必須の課目である、と（⑪462）。教学の順序に関しては、読書について、「有形学及び数学」（地学、窮理学、化学、算術等）から始め、ついで史学、経済学、修身等、諸科の理学に移るべきであるとし（⑲391）、学則は「有形の実学」を基礎として「文学」に終ることを旨とし、義塾の主義は、「文」を論じ、世事を語る場合でも西洋の「実学《サイヤンス》」を根拠とするとしている（⑲414f.）。あるいは、晩年の『福翁百余話』でも、物理学は万事を包摂する学問であり、政法、商工、海・山・川・森など何であれ専門を修めようとするにはその大本である物理学の講究を忘れてはならないと繰り返している（⑥431）。

要するに、教育の中核は実生活に役立つ「実学」であるが、その基礎をなすのが「物理学（窮理学）」である。物理学を基礎に置く理由は、それが「造化」の秘密を明らかにして「浮き世の快楽」を大にすること（⑥235）、つまりいわゆる科学技術の功能にある。といっても、物理学を修めた者がただちに技師になって発明工夫をするというわけではない。物理学は諸学の基礎であるとともに、日常生活に応用のきく〈実学的教養〉であった。すでに初期の『窮理図解』（慶應四年）で、「物の理」を知らなければ身の養生もできず、親の病気の介抱の方法もわからず、何につけさしつかえが多いことを指摘している（②235. ⑲378 参照）が、他の場所でも、日常の一挙一動につき物理の主義を等閑に付さず、ランプ・火鉢の始末、下駄・傘・靴の用法を看過せず、飲食・衣服に「生理学」の原則を活用し、写真屋に行けば「化学の理」を考えるなど、「居家の経営、戸外の事業」のすべては物理の範囲に入り、何ごとにつけ数理を忘れないように勧めている（⑪463. ④442, 445, ⑧51 参照）。

こうした考え方を支えていたのは、有形無形を問わずすべての事象を物理学によって捉えようとする〈自然主義的一元論〉である。ただし、福澤は現時点ですべての学問が物理学によって規定されているとは考えなかった。物理学とは、「天然の原則」（自然法則）に基き、物の性質を明らかにし、その働を洞察し、人事の用に供する学であり、おのずと他の学問に異なるところがある。たとえば経済学や商学は、自由主義や保護主義の対立に見られるように、国によって異なった「道理」に基づいているから、いまだ完全に天然の原則によるものではないが、それに対して「物理」は天地開闢以来今日まで世界古今まったく同一であり、変遷などない（⑧49）。「無形究理」の学科の中で最も進歩している経済学ですら、その議論はいまだ「一時一所の域」を出ず、まして政治や法律は激しく変化しており、「無形の学」はまだ試験中だ、というのである（⑫60）。

　これは狭義の物理学と人事学との違いをいったものであるが、他面、「物理学」や「物理」という言葉は必ずしも厳密な意味における自然科学的真理や法則を意味しない。福澤は、西洋の文明はすべて物理の法則に基づいており、日本でも開国以来この新しい方法を採用して医術、砲術、航海術をはじめ、商売工業、軍制を改革してきたけれども、たとえば貿易をしようと思って外国に倣って会社や銀行を興す者が必ずしも経済書や商学を研究せず、海外の歴史地理の大要や「理」を知らずにことにあたっていると批判している[3]（⑧229f.）。あるいは、洋学には「万古不易の原則」があり、如何なる学科もこの原則に基づき、何を論じてもこの原則と結果が一致しなければ「一条の説」となすことができず、たとえば政談を行う場合も、この原則に基づいて論旨を立て、最後はこれを「統計表則ち結果」に照らして、符合しているかどうかにより論旨の是非曲直を判断しなければならないとしている（⑳271f. 同趣旨⑨250）。これらの発言によれば、物理学は、普遍的「原則」に基づき、それを検証することのできる学問というほどの意味である。これが広義の物理学である。無論、広狭いずれの物理学も実用性をもっている。さきの例に即していえば、ランプ・火鉢の始末、下駄・傘・靴の用法等は狭義の物理学の知見に基づくが、居家の経営や戸外の事業には広義の物理学が関わっている。福澤は、普通学（物理学・人事学の要略）は、雇人・小作人の扱い、世間の交際、金銭貸借、商売取引、組合の事業、会社の組織、不動産売買等の繁多な事業のための繁多な「知見」であり、経済・法律はもちろんのこと機械のことを知らずして事業を興すことなどできない、としている（⑫101f.）。

　したがって、普通教育の一半である――狭義の物理学と区別された――「人事学」ないし「文学」[4]は広義において物理学的であることを要請される。「人事学」は、詩文章、史学、哲学、修身学、経済学、あるいは心学、法学等から成る（⑨249, ⑫100）が、「慶應義塾暑中休業に付き演説」（明治一八年）では、「理学」と「文学」の必要性に優劣はなく、いまの日常に切要なものは、言語文章の稽古、歴史、経済、法律、商売に関する諸「芸術」から人心学、社会学、哲学等まで及び、要するに「人間社会の雅俗の庶務」を包摂し、それゆえ一家の政なり公共の事柄を行うのに不可欠なものであると述べている（⑩353f.）。人事学は厳密な意味で「物理学的」ではなくとも、学問の体裁を具え、日常の居家処世に役立つという意味で「物理学的」な〈実学的教養〉であった。

こうした〈実学的教養〉の観念からすれば、「専門」と「普通」とを問わず、西洋文明の学問ないし文明の実学であっても、実用性を欠けば容赦なく批判にさらされる。たとえ「実学」や「科学」と称するものであっても、学問は一身と社会・国家のための実用性を具備し、居家処世に役立たなければ、「遊芸」にすぎず、学者も「天下の遊民」にすぎない。とくに「専門学」は目の敵にされた。「文明学の専門学士」であっても、専門に閉じこもり世事にうとければ、囲碁将棋の先生と異なるところはない、と（⑩355, ⑩557, ⑪112f., ⑪198, ⑪462f., ⑫361f., ⑬574. なお⑩555, ⑪61参照）。専門への警戒は一つには「熱心」への反撥からきている。「忠孝の熱心」を槍玉に上げた際に、多端無限の文明の人事に対処するには「一芸一能一智一徳」ではこと足りないといい（⑩568）、「教育の熱心」を批判した時には、如何なる「専門芸能の学士」も殖産に適さなければ、碁客将棋師と同じく一家と一国の富を興すことができないと論じ、あまつさえ義塾の教育法は、実学を勉め、西洋文明の学問を主にし、真理原則を重んじ、「学問教育を軽蔑することも亦甚だし」いところがあるといっている。学問教育の「軽蔑」とは過激であるが、要は、学問を神聖視せずに「通俗の便宜」に供せよということである（⑩551f.）。別の場所でも、学問知見のために「精神の或る部分を犯されたる者」が「学問病」にかかった時は、他の部分に思いが至らず、専門の学事を喋々して自己の生計すら忘れることになるといっている（⑫530. 同趣旨⑱250, ⑱767）。

まして「文学」は実用的でなければならず、さもなければ文字通り遊芸の烙印を押される。狭義の文学、とくに詩文は当然の如く抑制の対象となる。周知のように、『すゝめ』では、学問とは、単に「むづかしき字を知り、解し難き古文を読み、和歌を楽み、詩を作るなど、世情に実のなき文学」をいうのではなく、最も重要なのは、いろは四七文字、手紙の文言、帳合の仕方、算盤の稽古、天秤の取扱い等に始まり、地理学、究理学、歴史、経済学、修身学等に及ぶ「人間普遍日用に近き実学」であるとして、「実のなき文学」を二の次としてしりぞけた[5]（③30：B12f.）。

詩文だけではない。およそ「風韻」に関わる事柄はすべて非実用的なものとして排除される。「学校之説」（明治三年）では、「学問は高上にして風韻あらんより手近くして博きを貴とす」と断言している（⑲374）が、「遊楽風韻に就いて」（九年）では、人生の職分は、①一身の保護、②生計のための学問、③子供の教育、④「社会の勤」、⑤「遊楽風韻」にあるが、いまの日本人は①～④を尽しておらず、現代では「風韻の遁辞」を許してはならないという（⑲702）。古文古歌の古事は浮華に流れやすく、言語は優美でも「淫風」に逸し（⑳313）、骨董趣味は酒色の遊興と同断とされる[6]（『修業立志編』146f.）。また、「我文明は進歩するものには非ずや」（一六年）では一歩譲って、茶の湯書画等も、「風韻」の点から見ればすこぶる高尚なもので、人生の無用物ではなく、「社会の人事に猶予あらば」これを心がけるべきであるが、現代は西洋文明と競争しようとする繁雑多事の中で「風韻」に時間を費やす暇などないと述べている（⑨141f.）。

これらの発言は、総じて一身独立と一国独立、あるいは文明化を目的に据えて、学問は居家処世の方便でなければならない――極論すれば、教育の要は「金儲けするに必要欠くべからざるものである」（⑲727）――という観点から、旧来の漢学者の「春風秋月の楽」が「物理の実数」を忘却し、「琴棋書画の風韻」が「器械学の元素」とまったく相反すること（⑨95. なお⑱937参照）、あるいは封建士族が「生計」に無縁の学問をこととし（⑩557）、「無責任の学問」、目的なき学問として「遊芸」同様についでながら勉強したにすぎないこと（⑪196, 197）に対してアンチ・テーゼを突きつけたものである。少年時代に「詩作小品文ノ如キハ竊ニ蔑視シテ学ブ意モナシ」（⑳425）と考えていた福澤は、〈実学的教養〉としての「文学」を積極的に肯定しながら、「風韻」に類する和歌、古文、茶の湯、活花、謡曲義太夫、管弦、囲碁将棋、書画骨董等（⑥413参照）といった「遊芸としての教養」、あるいはこれに深く関わる儒教的＝武士的教養(7)を、親の仇のように斬り捨てようとしたのである。

福澤が実用性の観点に立って「一芸一能に達したる専門の学者」（⑩530）を批判した際に使用した「遊芸」という言葉は無論、比喩的表現にすぎない。それに対して、もっぱら「風韻」に属する「遊芸」はいわば本物の遊芸として最も唾棄すべき対象であった。ところが、例によって福澤は逆のことを平気でいう。「遊楽風韻に就いて」（明治九年）と同年の論稿「家庭習慣の教へを論ず」で福澤は、「人間が世に居て務む可き仕事」としてさきの①～④と同じ内容を挙げ、最後に、月見、花見、音楽舞踏など世の中の妨げとならない「娯み事」は活力を引き立てるのに緊要であるから、仕事の暇の折に求めるのもよいとしている（⑲561）。少し後の『福澤文集』（二一年）でも、世の学者先生は、遊山見物は無益で祝儀祭礼は俗だというが、臨時の家族の遊戯、宴会等は「新鮮の活力」となると述べている（④397）。

この姿勢の違いはどこから出てきたのであろうか。実は、「遊楽風韻に就いて」でも福澤は、「人又云く」として、人生には「風韻」が必要であり、風月、詩歌、音楽、書画などはすこぶる高尚なものであり、「人事の至極」といってもよいと述べながら、それにもかかわらず「有用無用」の観点から風韻をしりぞけたのであった。それに対して「家庭習慣の教へを論ず」一編は、教育が読み書きを教えるだけのものではなく、家庭教育が重要であることを示そうとしたものであり、五つの箇条はその前置であった。つまり、家庭教育では風韻も遊楽も一定の意義があるということだ。たしかに、福澤の実学的な学問・教育論からすれば、「遊楽風韻に就いて」の方が首尾一貫した主張であるといってよいが、しかし「家庭習慣の教へを論ず」の発言にもそれなりの根拠があった。それは、「猶予あらば」人生の無用物ではないものとして涵養される価値があったからである。だが、仔細に見るならば、詩文や風韻は、単に余裕の問題ではなく、実用性の観点から積極的に評価されるべき「教養」に属していた。

二　社会的教養と交際の教養

福澤は「慶應義塾暑中休業に付き演説」（明治一八年）で、文学士で獲得した知識を実用化しようとする者は一芸一能をも等閑に付さずにまじめに学ぶことが必要であるが、学芸のほかに「社会なる大学校」の人事全般に関心をもたなければならないと述べている（⑩354. なお⑱65）。ここからすると、福澤の〈実学的教養〉は学校教育の枠を超えていたように見える。別の場所でも、自己専門得意の芸能のほかに一般に人間社会の事情に通暁するとともに、「気転活発去就自由」にして往々凡俗の意表に出るような――しかも事柄の「大小雅俗」に関わらない――「芸能の繁多」の必要を説いている（⑰106）。ただし、「雅俗」に関わらないといいながら、例示されている芸能は、左官屋根屋、醸造、冶金、染物、織物、金銭の出納、売買の記録等、実生活で有用な、どちらかといえば「俗」なる技術である（なお⑥258参照）から、「雅」なる詩文はもとより、風韻や遊芸とも距離がある。この「芸能の繁多」は、既述の「鄙事多能」(8)（筆算、手紙の書き方、飯の炊き方等）や『すゝめ』の「人間普遍日用に近き実学」（手紙の文言、帳合の仕方、算盤の稽古、天秤の取扱い）と重なる。しかし、これらの一部は明らかに学校以外で修得すべき「芸能」である。

そこで、こうした学校外の〈実学的教養〉は、具体的にどのようにして獲得されるのかということが問題となるが、それと同時に、「芸能の繁多」の重視は「雅」なる風韻とはたしてまったく無関係であったのかどうかということも確認しておく必要がある。福澤は『概略』で「文明の方便」を論じた際に、「秀美精雅は奢侈荒唐の如くなれども、全国人民の生計を謀れば日に秀美に進まんことを願はざる可からず」とし（④211：B303）、『分権論』では「陋醜野鄙を避けて文雅秀麗に赴くは、実に文明の最大一箇条なれば、其文秀と奢侈との区別に至り頗る困難なる場合ありて……」と述べており（④260）、決して「雅」を一切合財否定したわけではないからである。

まず、「社会なる大学校」、あるいは学校外の学校という発想はかなり頻繁に登場する。年代順に追ってみると、「国法と人民の職分」（明治七年ごろ）では、人の精神を磨きその方向を定めるのは教育の力であるが、ここにいう教育とは「父母学校」の教育だけではなく、ほかに「祖先伝来家風」の教育、「親戚朋友」の教育があり、とくにその国一般の「情意習慣」の教育、すなわち「全国に充満する空気」の教育が最も有力であると述べ（⑳95）、「文明論プラン」(9)には、「全国を一場の学校の如く為す可し」とあり、『福澤文集』（一一年）では、「一人の教育」（親による教育）と「一国の教育」（社会のことを慮る有力者が教育の方向を定めて後進の少年を導くこと）とを分けたうえで、「一家は習慣の学校なり」とか、「家内は社会の学校なり」とか、社会を改革するためにはまずその「学校」（家内）を改革すべきだといっている(9)（④398ff.）。また、『福澤文集二編』（一二年）では、「文字の学問」と「人事の学問」を区別し、後者につき大都会は「諸君の為めに恰も一大学校」だと述べ（④484）、あるいは「政事と教育と分離す可し」（一六年）では、「社会の気風」は家人、朋友、学校を教えるものであり、そこからすれば天下は「一場の大学校」、「諸学校の学校」といってもよいとしており（⑨309）、「社会の形勢学者の方向」（二〇年）では、「教育の熱心」を排除して、教育は読書推理、学校の科目に限定されず、「人間万事学問として学ぶ可らざるものなし。人間世界は活学問の大学校なり」といっている（⑪199）。いずれも、所論の目的は異なるが、福澤が一貫して、教育という言葉によって学校教育のことだけを考えていたのではないということがわかる。

無論、福澤は学校教育でも日常生活のための配慮を怠らなかった。ただ、学校の教科である普通学が日常生活の技術に関する能力・知識、または日常生活に応用することのできる「知見」（法律学、経済学、物理学の概要）であるのに対して、「社会なる大学校」で得られるのは日常生活の技術そのもの（左官屋根屋、醸造、冶金、染物等）であった。後者は普通学と同様「非専門的」で「実用的」な教養であるけれども、学問・学校教育に直接関わっていないという意味で、〈社会的教養〉と呼ぶことにしよう。

学校外の学校とは「社会」そのものである。そこでの「芸能」は、職人ならざる身にとって、どのようにして獲得できるのか。福澤は教育論ではこれに直接答えていないが、「社会なる大学校」の中核として考えられていたのは、おそらく「私的結社」であった。もっと具体的にいえば、福澤が明治一三年に創設した「交詢社」こそが〈社会的教養〉の学校であった。交詢社は憲法草案を掲げる（『憲法構想』281ff., 300ff.）など、部分的に政治活動を行ったこともあるが、福澤によれば、「智識を交換し世務を諮詢」し（⑲660）、それによって居家処世の方法に役立たせることを目的とし（⑲695f. なお⑭39, ⑭355 参照）、その諮詢の内容は、学問上の質疑から商工の営業、日常居家の細事にまで及んだ（⑲673f.）から、〈社会的教養〉の機関といってよい。

福澤は交詢社第七回大会（明治一九年）で、専門の学業は大切とはいえ、現代の「専門熱心」の傾向は、古今の儒教流のように、学理の偏重、技芸への耽溺をもたらし、人事の「実」を忘却させる恐れがあるが、交詢社は「知識交換世務諮詢」を目的とするから、学問を根本に置くけれども、「世務」に携わり、実知識を交換し、諮詢する世務もすべて人間実際の事務だと述べている（⑲694f.）。また、第一三回大会（二五年）では学校教育との違いを強調する。学校教育は人間生活の一小部分で、読書推理だけに関わり、学校で学んだ智識見聞を「居家処世終身の資」に供することはできない。居家の法、交際の法から商売工業、政治に至るまでの生涯の学問を学ぶ場は「社会学校」である。そこでは決まった教師がいるわけではなく、みずから工夫し、社会状況を観察し、物事に直接触れて見聞するしかなく、百姓の一言や車夫の嘆息がこの学校の教師であるが、交詢社も、教師などなく、社員相互に百姓の一言を聞くことを目的とするものである。つまり、交詢社は、社会が学校であることを踏まえて、その学校に規律を設けて、教授法を便利にしたものである（⑬354f.）。

交詢社（一般に「非専門的」な私的結社）は、「専門熱心」を是正してひたすら「実用性」（主として経済的ないし殖産興業に関わる技術・知識・経験（⑲660, ⑲696））の集積と交換を目指す、〈社会的教養〉のための、学校外の「総合」学校であった。この私的結社のモデルは日本には存在しなかった。福澤によれば、日本には学問、商売、工芸、宗教などそれぞれ「会同の法」があるが、とくに領域を限らずに人生全般の事について知っていることをたがいに交換して、自他のためにし、居家処世の安心便利を図るような工夫などこれまで思いもよらないものであった。あらゆる知識が独立して存在し得ない現代にあっては、知識を得るためには相互の連絡により知識を交換するという方法しかなく、この点で交詢社は「百師の叢淵、千知識の本府」といってよい、というのである（⑫103f.）。

さて、もう一つの問題は「芸能の繁多」（鄙事多能）と「雅」なる風韻との関係である。交詢社は経済を中心とする実用的な〈社会的教養〉の機関であるが、しかしまた、原則として階級身分を超えた――「士農工商官民」の別なく（⑲698）、「其の人の思想を問はず」（⑲699）会員を集めた（なお⑪240ff., ⑲664f. 参照）――「社交」機関の性格をもっていた。[10] したがって、その諮詢の内容には、ことの「公私細大」や「雅俗」に関わらず、家政の処置、地方の事情、物産製作、商売運輸、学芸法律のみならず、「詩歌風流」も含まれていた（⑲665）。いいかえれば、「風韻」や「遊芸」は、経済・実業という観点からすれば非実用性の極みであるけれども、社交の観点からすれば実用的な〈社会的教養〉となるのである。[11] 既述のように、「人望論」で福澤は、「多芸多能」が交際を広くするのに役立つとした際に、「友を会する方便」として学問、商売、書画、碁将棋などを挙げ、さらに芸能のない者であればともに会食喫茶し、力自慢の者は「腕押し、枕引き、足角力」を交際の一助とするのもよいと語っていた。これらもまた雅俗とりまぜた、社交のための実用的な〈社会的教養〉であるが、これをとくに〈交際の教養〉と呼んでおこう。

この〈交際の教養〉については、明治一二年のある結社[12]（後の交詢社）の趣意書が参考になる。そこで福澤は、慶應義塾の本領は学問上の教育にあるけれども、その究極目的は「社会の風俗」の改良、「居家処世の路」の確保にあることを確認し、後者の目的を達成する方法が学校教育ではなく、「君子の交」にあることを示し、さらにはこの「交際」の適切な手段として高尚な「遊楽」（読書、史論、新聞奇談、琴棋書画、歌舞管弦、たがいの技量の見聞、室内での談笑、戸外での遊戯）を提示した（⑲401f.）。つまり、まるで『すゝめ』その他で実学を強調して風韻を唾棄したことなど忘れてしまったかのように、高尚な「遊楽」を社交のために推奨するのである。

明治二一年の義塾での演説（⑪498f.）で福澤は、自身の才智を耀かして名声を得ることを「一身の広告」として義認し、その方法として、まず外面を示して後に内部を知らしめ、近浅の細事から始めて遠大の力量を発揮することを提案し、例として顔色と言語の温和、交際の礼儀、周旋、挙動の活発優美、手跡の醜美、書翰の文段の巧みさといった、「人物の品評」の標準となるべき箇条を並べている。これは、「人望論」とまったく同じ議論であり、しかもここで福澤は、学者の中には武骨殺風景を得々として礼儀を欠き、「美術文学」の要を忘れる者がいることを指弾している。「知見の高尚」にかまけて人事を忘れてはならず、「心事の高尚」とともに「鄙事に多能にして、外部の活発優美ならんこと」を祈るというのである。ここでは、「人望論」に登場しなかった、「心事の高尚」=「伯夷」の要素が「働」=「柳下恵」とともに二つながらに必要とされているが、これについてはすぐ後で触れることにして、言語容貌や礼儀作法と並んで雅俗取り混ぜた「鄙事多能」が明確に〈交際の教養〉として語られているのである。

三　紳士の資格

しかし、〈交際の教養〉においてはたして「雅俗」の別はまったく必要がないのであろうか。交際に役立つという基準を堅持する限り、雅俗を問う必要はない。「芸能繁多」や「鄙事多能」はたしかに雅俗取り混ぜた〈交際の教養〉を表している。だが、それは同時に、「専門に凝ること」を是正して実用性を強調する任務を帯びていた。いいかえると、「芸能繁多」は専門主義の忌避の副産物として、もしくは交際のための実学的要素として〈交際の教養〉の中に位置を占めていたが、純粋に社交だけを考えるならば、「雅」の要素がかなり強くなってくるはずである。社交、とくに「君子の交」において、遊楽は高尚でなければならず、言語容貌は優美でなければならなかったし、「美術文学」は必須とまではいかなくとも重要な要素であった[13]。

実際、「人物の品評」の基準としての言語容貌や礼儀作法、あるいは「雅」なる遊楽等の〈交際の教養〉は基本的に文明の紳士の養成を目的としていた。福澤は「慶應義塾学生に告ぐ」（明治二一年）で学生に向かって、物理学を中心とした学問の刻苦勉励を説いた後で、こう述べている（⑪464）。

> 人は即ち人にして死物にあらざれば、書生中にも自から交際なからざる可らず、又他人に接するの要用もあることなれば、常に自から紳士の資格を失はず、博識多芸に兼て礼儀を重んじ、言行優美にして苟も他の軽侮に逢ふことなきを勉めざる可らず。……俯仰天地に恥るなき独立の君子にして、人に交るに言語を巧にし顔色を令《よ》くし其風采の秀たるは、紳士の美徳として最も慕ふ可きものなり。

これまた、独立の気概をもつ「伯夷」（文明の道徳）と、言語容貌・礼儀作法を心得た「柳下恵」（文明の作法）との二元的処世法である。「士流の本分を忘る可らず」（明治二六年）でも同様にいう。書生などの顔色がいかめしく、言語挙動の粗野殺風景は、現代の文明社会で「士人」たる者の風采ではなく、実業社会に入って多数の人を相手にするには最も慎むべきところである。人と接する際には顔色を穏やかにし、言語を丁寧にし、礼儀を重んじて嫌われることのないようにしなければならない。顔色言語云々は媚を売って迎合することではなく、従来の殺風景を止めて温良恭謙にするうちにも、おのずと「文明士人たるの品格」を失わないということである。およそ士流学者は、「高尚なる智徳」を内に蓄えながら、言行挙動を通俗にして俗事にあたってこそ、「無智文盲の素町人」を超えることができるものだ、と（⑭83）。通俗とは雅に対する俗ではなく、実際的という意味である。

このように、福澤は、「未来の紳士」である学生に向かって、独立の気概＝〈文明の道徳〉を堅持するとともに、優美な言語挙動、顔色容貌、礼儀作法、博識多芸といった〈文明の作法〉を具えることによって「文明士人」たる紳士としての資格を獲得するように説いたが、こうした処世の交際を重視する姿勢は早くからあり、すでに慶應四年に芝新銭座に塾を移して慶應義塾と名のった時に頒布した冊子では、「才を育し智を養ひ、進退必ず礼を守り交際必ず誼を重じ」ることを希望し（⑲368）、三田に移ったころにも、塾は読書のみの場所ではなく、「善き習風」を作るためにあるとしていた（⑲381）。また、明治二五年には学生に対して「知字推理」のほかにさらに大切な「心術の修行処世の工風」を要求している（⑬573f.）。そして三〇年には、義塾は四十年来文明の主義を首唱し、政治論から個人の「居家処世」に至るまで一切西洋文明の「新」を求めてきたと回顧している（⑳404）。

たしかに、慶應義塾の指導者である福澤にとっては、専門学者ではなく、財産維持・貨殖法を心得た、「鄙事多能」の普通学者、すなわち〈実学的教養〉を具えた実業家の養成が目標であったから、「紳士」といっても実際には実業家のことが念頭にあったといってよいであろう。しかし、たとえ実業家の養成だけに目標を絞っても、「文明士人たるの品格」は決して無視することのできない事柄であった。したがって、実業家に関しても、二元的交際法が要請されることになる。これはすでに本書第3章第2節で触れたことであるが、いま少し事例を紹介しておこう。

福澤は政治熱ないし官途熱を批判した際に、商工業は恥ずべきものではなく、学者の手に帰することによって「品位」を増すと述べ（「教育の流行亦可なり」明治二六年（⑭44））、岩崎彌太郎が実業を素町人から士君子の「品格」にまで引き上げたことを賞讃している[14]（「一覚宿昔青雲夢」同年（⑭74））。あるいは、「今の学者は商売に適するものなり」（二九年）ではこう論じている（⑪116–118. なお⑥153参照）。文明の商人には、「学識気義」と「多芸多能」が必要だが、学者は学校で学識を獲得し、士族の末裔として気義を具えながら、実用性を欠き、とくに言語容貌がひどく無骨である。気義は「祖先の遺伝」、家風、朋友等によるもので、にわかに得ることはできないが、言語容貌や応対進退のような芸能はただ「外面の装」を新たにするだけで簡単に習得することができるから、俗物に学者を学ばせるよりも、学者に俗物を学ばせるのがよい、と。ここでも福澤は、岩崎がこの策を実行に移して「学者流の人物」を用いたことを引き合いに出している。このほか多くの機会に、実業人に「人品高尚」、「廉恥」、「気品の高尚」、「品格」、「義心」、「学者的」な「気品」が必要であることを主張している（⑥151, 156, 158, 191, ⑪119f., ⑪207, ⑯498）。

ここに出てくる「気義」や「気品」、「品格」[15]といった精神的要素は、元禄武士や戦国武士の気風に通じているが、他方では文明人、とくにイギリス紳士とも無関係ではない。福澤は、イギリス人の高尚着実な気風は中等種族の力のおかげで維持されており、日本でも社会の気風、一国の「風儀」は封建時代の中等種族＝「士族の流」によって維持されてきたことを認め、その品行の高尚を現代に甦らせようとし（⑯572–574）、逆に、既述のようにイギリス人やその商人に元禄武士の気質に相応するものを見出したが、明治二九年の慶應義塾卒業生の集会で「気品の泉源智徳の模範」と題してこう語っている（⑮533）。

> 我党の士に於て特に重んずる所は人生の気品に在り。抑も気品とは英語にあるカラクトルの意味にして、人の気品如何は尋常一様の徳論に喋々する善悪邪正なる標準を以て律す可らず。況や法律の如きに於てをや。固より其制裁の及ぶ可き限りに非ず。恰も孟子の云ひし浩然の気に等しく、是を説明すること甚だ難しと雖も、人にして苟も其気風品格の高尚なるものあるに非ざれば、才智伎倆の如何に拘はらず、君子として世に立つ可らざるの事実は、社会一般の首肯する所なり。

「カラクトル」という言葉からただちに察知できるように、念頭にあるのは英国流ないしアングロ・サクソン流の教養人＝紳士である。

したがって、紳士の要件は、外面的な〈交際の教養〉と「カラクトル」という精神的要素、つまり〈文明の作法〉と〈文明の道徳〉の二つであったということができる。もとより、〈実学的教養〉や〈社会的教養〉が実業人としての紳士の必須の要素であることはいうまでもない。いいかえれば、福澤における「教養」は、〈実学的教養〉や〈社会的教養〉、あるいは〈交際の教養〉、すなわち広義の実用的教養を身に付けた文明の紳士を養成するための手段であったが、〈文明の道徳〉という精神的要素もまた紳士にとって不可欠の条件であった。

ところで、〈実学的教養〉と〈社会的教養〉を具えた人間、つまり実用的人間の養成が学校なり「社会の大学校」なりによってなされ、〈交際の教養〉も「社会なる大学校」や私的結社によってなされることは、おおむね了解されるであろうが、「気品」のある〈文明人〉の育成方法は必ずしも自明ではない。たしかに、福澤は慶應義塾で学生に向かって「気品」のある士人の必要を説いたのであるから、その育成はさしあたり学校で行われるべきことであった。大阪同窓会の演説で福澤は、喧嘩と見れば戸を閉めて内から窺う大阪人の気質を捉えて、「大阪人士には精神《スピリット》が乏しい。精神が乏しきが故に高尚な《ノーブル》気品《ハート》がない」と表現し、これを獲得するには教育を重んじ、文明の考えを養って「気品」を高尚にするほかないとしている（⑲724. なお大阪人につき、⑦56：B69, ⑬479f. 参照）。ここでいう「高尚な気品」とは「気義」とか「義心」とか「廉恥」の精神を指している。しかし、これがどのようにして教育されるのかということはいまだ明らかではない。それは、士族の「祖先の遺伝」によるしかないのか、それとも「浩然の気」の如く、およそ説明がつかない漠然としたものでしかないのか。さらに、「気品」のある人間の養成は「中等以上」の人間だけを念頭に置いたものであり、「中等以下」の人間は「品位」や「気品」については蚊帳の外に置かれたのだろうか。

第3節　徳育と啓蒙

「品位」や「品格」は、福澤がいうように、通例の道徳論の善悪の基準によって律することができないとしても、「徳」に属している以上、その涵養は基本的に「徳育」の範疇に入る。『概略』における徳育論はつぎのような内容であった（④93：B134. なお⑤241f.）。

> 徳義の事は形を以て教ゆ可らず。之を学て得ると得ざるとは学ぶ人の心の工夫に在て存せり。譬へば経書に記したる克己復礼の四字を示して其字義を知らしむるも、固より未だ道を伝へたりと云ふ可らず。故に此四字の意味を尚詳にして、克己とは一身の私欲を制することなり、復礼とは自分の本心に立返て身の分限を知ることなりと、丁寧反覆これを説得す可し。教師の働は唯これまでにて、他に道を伝るの術なし。此上は唯人々の工夫にて、或は古人の書を読み或は今人の言行を聞見して其徳行に倣ふ可きのみ。所謂以心伝心なるものにて、或はこれを徳義の風化と云ふ。

この発言は、儒教道徳をはじめとする既存の徳育が外面のみに関わっているために、往々にして言行不一致の偽君子を生む——儒学者に「巧言令色、銭を貪る者」がおり、キリスト教徒に「無智を欺き小弱を嚇し名利を併せて両ながら之を取らんとする者」がいる——が、それは結局「徳義の働」が人を制することができないことの証左であるということを示し、それを通じて「智育」の優位を論証するための伏線となっていた。「智恵は之を学ぶに形を以てして明に其痕跡を見る可し」、「智恵の事に就ては外見を飾て世間を欺くの術なし。不徳者は装ふて有徳者の外見を示す可しと雖ども、愚者は装ふて智者の真似を為す可らず」、「徳義は形を以て人に教ゆ可らず、形を以て真偽を糺す可らず、唯無形の際に人を化す可きのみ。智恵は形を以て人に教ゆ可し、形を以て真偽を証す可し、又無形の際に人を化す可し」(④94ff.: B135ff.) 等々、いずれも智育の優位に導く対儒教戦略の一環である。だが、すでに見たように、『概略』における道徳論は何から何まで戦略によって彩られていたわけではない。徳育についても、何らかの積極的要素が隠されていた可能性がある。右の文の傍点を打った箇所はそれを示唆している。

一　似我の主義

『概略』以外の場所でも福澤は、儒教批判の戦略としての徳育論を展開している。たとえば『福澤文集二編』(明治一二年) では、「孝悌道徳」は「形」によって教えることができず、ただ教師の品行がりっぱであり、知らず知らずの間にその気風を生徒に浸透させることができるにすぎないとしている (④493)。これは、福澤の父の親友であった中村栗園が「智」に偏った小学教則を改訂して「孝悌の道」を重視するように勧めたのに対して答えたものであるが、福澤は「孝悌の道」を否定しないながらも、徳育の欠陥が教師のせいであることを難詰する形で、智育優位の現状を肯定するのである。「通俗道徳論」(一七年) ではもっと明瞭にこう述べている (⑩130f.)。

道徳の教は、書籍に依る可らず、器械を用ゆ可らず、又教師の才能を頼む可らず。……故に其教授法の極意は似我《じが》の主義に存するものにして、教師が夫れ是れと教授の方法を工風して、書籍を撰び講義の法を巧にするも、詰る所は我れに似よと云ふに過ぎず。徳教の先生、教場に出席して経書を開き、孝悌忠信の義を講釈するも、其意味は甚だ解し難きに非ず、嘉言善行の例を示すも成程と思はざるものなしと雖ども、扨其教を受る者の身になりては、唯教師の人物を目的とするのみにして、教師の父母長者に事ふる有様と、君に忠にして朋友に信なる事情を察し、其古人の嘉言善行を服膺するの虚実を視て、只管これに傚ひ之を真似せんとするより外ならず。

ここでも、博徒や遊冶軽薄児に数学や物理学を学ぶのはニュートンから学ぶのと何ら異ならないが、彼らを「経典の教授」にすれば逆効果になると語っているから、智育を優位に置き、同時に儒教流の偽君子を排除する意図が底にあると見てまちがいない。

しかし、ここに出てくる「似我の主義」という発想は注目に値する。たしかに、それは明確に徳教批判の戦略に組み込まれている。たとえば、「智育」はたいてい「実物」ないし器械書籍等によって口授すれば、これを聞いて知識を得ることができるから、教授者は誰であってもよい（「盗跖に学ぶも伯夷に学ぶも……異同あることなし」）が、「徳育」は教授者の人物によって学ぶ者の感動を左右するといい、また、「智育は耳より入り徳育は目より入ると云ふも可なり」として、徳教論者の言行の齟齬を衝き（⑪443f.）、あるいは、子弟の徳心を養うには教師の講義も父兄の訓戒も頼りにならず、ただ教える者がみずから徳行者となって、「実践躬行」して子弟の目に手本を示すことこそ肝要である、と（⑫9）。このほか、口に徳教倫理を唱えて醜行を省みない道徳論者の偽善を批判した例は多い（⑩573, 575, ⑫11, ⑭216参照）。これを見ると、徳育論における「似我の主義」は、儒教の徳育論（とくに明治一四年以降の政府の儒教教育の復活強化政策（⑧462f., ⑬575f., ⑯607f., ⑯632参照））に対抗して、「智育」の優位を表現するための方便であった。「徳」の進歩は「智」の進歩に伴うという文明論からすれば、徳育などとりたてて論じる必要などなかった。福澤によれば、慶應義塾では「道徳の課」についてはとくに主義を定めず、ただ教師・朋友相互の「責善談話」を根本とし、読む本は随意に任せ、実際に嘉言善行が盛んになるように勉めるだけであった（⑩552）。

だが、「似我の主義」は戦略に解消することはできない。福澤は「徳育余論」（明治一五年）その他で、上流の人士は「私塾家塾」によって、下流の人民は宗教によって徳育を行うという策を提案し、官立・公立の学校の生徒は、教官の徳を慕ってではなく、学校の名によって入学してくるのであって、教官と生徒との間に「師弟の親情」、「無形の徳心」、「人情の働」、「微妙の以心伝心」が欠けているけれども、私塾や家塾では、塾主がじかに生徒に接し、教室での教育以外に「一種名状す可らざるの精神」を伝えることが可能だとし（⑤241, ⑧467–470, ⑩131）、宗教による民衆の徳育についても、宗教の師が実践によって導くこと（「実行を他の眼前に示して之を服せしむる」こと（⑯284）、「徳行模範を示して先導すること」（⑫67）、「自身の品行を正して其実を眼前に示す」こと（⑯290））を期待した。いずれも「似我の主義」の応用論である。

たしかに、このように具体化された「似我の主義」にも、智育優先の発想や徳教論者の言行不一致への批判の視点が絡まっており、また「私立」を優位に置こうとする明らかな意図がある（なお⑲376参照）。しかし、福澤はすでに明治三年に、子供を教える方法は学問・手習いがあるが、「習ふより慣るゝの教」におおいに依存しているから、父母の行状を正しくしなければならず、口で正理を唱えても、行いが卑劣であれば、子供は父母の言葉より行状を見習う、と無前提に語っており（⑳51f.）、九年には、やはり父兄の言行不一致を戒め、「一行」の手本が「百言」の説諭よりも重要であり、「書」による教えよりも「善例」を示すことの効用を述べ（⑲570. なお⑲561–563参照）、一一年には、「教るよりも習ひ」という諺を引いて、家庭教育の重要性を訴え（④399）、さらに二〇年と二二年には、女子の徳育につき、耳ではなく目から入ることの重要性を訴えている（⑪322f., ⑥509. なお⑪445参照）。

いずれも言行不一致をしりぞける点では前掲の諸例と異ならないが、相手は漢学者や洋学者ではなくふつうの父母であり、「似我の主義」は他の目的のためではなく、もっぱら「徳育」の手段として提示されている。総じて福澤は明治初期に、家は一種の学校であり、風俗、動作、身振、話し方、世間の交際など成人に至るまで亀鑑となるべきことを父母の例によって示すべきだと考えていた（㉑390, 391, ㉑393）が、晩年になっても、いまや封建制度はなくなったとはいえ、子供の養育については昔年の武家のように家風を重んじることで品格を維持することができるといい（⑥270f.）、父母の品行、言語挙動が知らず知らず子女を感化するのが「徳育」の唯一の方法だとしている（⑥395）から、一貫して「似我の主義」を唱えており、しかもその基礎は家庭教育論にあったようだ。[1] それは、家庭が「社会なる大学校」の一つであったことと対応している。しかも、子供の身の「独立自尊法」は父母の教育によってのみ進退する（⑳472）と述べていることからして、「似我の主義」は単に既成道徳の遵守を説くものではなく、〈文明の道徳〉の徳育に関わっていた。

もっとも、「似我の主義」は福澤の自前の装置ではない。それは、儒教の「先生の筆法を真似する」こと、つまり一切「自己の工夫」の介在しない「精神の奴隷（メンタルスレーヴ）」（④162f.：B232f.）に通じていた。[2] 福澤によれば、「憂世の士君子」は、西洋の新主義のために徳風が衰え、人民が拠るべき標準を失い、一身一家から人事・政治に至るまで、西洋流の智識主義に則って智に偏し、徳を忘れていることを憂えて、支那の儒道によるべきことを主張しているが、これは、士君子みずからかつて儒書を読んで感動した経験から、人もまた「己れに倣ふて儒書を講じたらば似我の第二世を生ず可し」と憶測したものである（⑨293）。また、『時事大勢論』（明治一五年）や『福翁百余話』では、「似我の主義」による徳育を説いた際に、「徂徠の門人は徂徠に類し、仁斎の門下には仁斎に似る人多し」とか（⑤241）、「東涯先生の門弟子に於けるも此種の感化法なり」というように[3]（⑥393）、儒者の師弟関係を引き合いに出している。「似我の主義」は、敵＝儒教道徳の方法（「模範主義教育」（丸山『読む』下145））を巧みに変形した戦略という側面をもっているのである。

しかしそれにもかかわらず、家庭教育については「似我の主義」は明確に積極的な意義をもっていた。また、家庭教育以外についても、「似我の主義」は、上掲の『概略』の一節にあるように、「学ぶ人の心の工夫」ないし「人々の工夫」を組み込んでおり、「メンタルスレーヴ」とは微妙な違いがある。「メンタルスレーヴ」は「自己の工夫」を欠いていた。同じく『概略』で、「一度び心に圧制を受れば之を伸すこと甚だ易からず」という命題の例として、一向宗の輩が一心一向に念仏を唱えるほかに「工夫」なく、漢儒者が経書を繰り返し読むほかに「工夫」なく、和学者が古書を詮索するほかに「工夫」なく、洋学者がバイブルを読むほかに「工夫」がないことを挙げている（④102：B184）。それに対して、「徳義は一心の工夫に由て進退するものなり」とか、「徳義は教へ難く又学び難し、或は一心の工夫にて頓に進退することあるものなり」（④96, 98：B139, 142）という場合には、なお各人の「工夫」の余地が残っている。

たしかに「工夫（工風）」にも色々ある。『概略』で福澤は手段の選択について様々に工夫をめぐらすように説き、また西洋文明の特徴が「自由に事物の理を究め自由に之に応ずるの法を工夫」することにあるとしていたし、智徳の比較論でも、「智恵」は「自から工夫して人に学ぶ路もある可し」と述べている（④96：B138）。あるいは、別の場所で、およそ学問の考えがなければ農工商業も可能ではなく、人物が卑しく世に嫌われるだけでなく、「新案工風」をめぐらして時勢とともに進歩することができないとしつつ、たとえ実業の根本が定まってもまだ「之を潤飾するの心掛け」が必要であると述べているが、「潤飾」とは、通俗世界の人情に適応しようとする「工風」のことであった（⑬554, 556）。ここでは「工夫」は、一般的に表現すれば、「智」の応用術であり、「人事の軽重大小を分別し軽小を後にして重大を先にし其時節と場所とを察するの働」としての「聡明叡知」のことである。

それに対して、「徳」の領域における「工夫」は別の意味をもっている。諸橋『大漢和辞典』によれば、「工夫」とは、①「手段を講ずる」こと、「思慮をめぐらす」こと、②「心の修養・意志の鍛錬等に心を用ひること」であり、『広辞苑』（岩波書店）でも、①「いろいろ考えて良い方法を得ようとすること」、②「精神の修養に心を用いること」となっているが、智の「工夫」は①に、徳の「工夫」は②に対応している。これも既述のように、福澤は「通俗道徳論」で、徳心を養う方法の一つとして、「自身の工夫を以て身を修め、天下後世に愧ぢざるの点を目安に定めて、以て徳を養ふ」という「自力の道徳」を挙げていたから、「工夫」は、自主独立を原理とした福澤流の道徳のための「自己陶冶」（松沢「註」335f. 参照）として機能する可能性があった。(4)

たしかに、「人々の工夫」や「一心の工夫」について一定の方法が明示されているわけではなく、個々人がみずから修めることを意味するにすぎない。ただ、これについてわずかながらヒントがある。福澤は「士流の本分を忘る可らず」（明治二六年）で「言語挙動」という外面の重要性を指摘したが、そこでは同時に、「士人」があまりにも俗化して「智徳」（内面的なもの）を忘失してしまう危険を指摘していた。士人が身を慎むのは自己の本分を自覚するからであり、封建時代には神仏への信心、武士道を重んじる精神、あるいは年長者への畏敬心に依拠して身を慎んでいたけれども、今日の社会には、これらの「身を検束するもの」はなく、ただ「文明智徳の士人」が自己の「体面品格」をみずから重んじるしかないのであるから、文明の教育を受けた少年子弟は本分を忘れることなく、身を慎まなければならない、と（⑭84）。いいかえると、儒教道徳や武士道という、「内面」を覊束する道徳規範が消失してしまった現代においてそれに代るものとしては、自尊自重しかないのであるから、士人はこの意味で修養に努めるべきであり、それを通じて外面の堕落を防ぐことができる、というのである。福澤はあまり「修養」という言葉を使っていないが、『修身要領』第一二条には、「独立自尊の人たるを期するには、男女共に成人の後にも自から学問を勉め智識を開発し徳性を修養するの心得を怠る可らず」（㉑354）とある。この「修養」は「一心の工夫」ないし自己陶冶と同じ意味である。

しかし、みずからの工夫だけでは独立自尊の徳は完成しない。『修身要領』の第二八条には、「教育は即ち人に独立自尊を教へて之を躬行実践するの工風を啓くものなり」（㉑355f.）とあるように、教育は自主独立の実践の工夫を教えるものであった。これは、その前に「智」の強化を唱えているから、主として智育に属しているが、しかし独立自尊は智育のみならず徳育にも関わっているとも見られる。

既述のように、福澤は『概略』で、「徳義の風化」について語り、また徳育が「無形の際に人を化す可き」ものだとしていたが、しかし智恵についても、「智恵は形を以て人に教ゆ可し、形を以て真偽を証す可し、又無形の際に人を化す可し」と述べていた。あるいは、「世上に智恵の分量饒多なれば、教へずして互にこれを習ひ、自から人を化して智恵の域に入らしむること、猶かの徳義の風化に異ならずと雖ども……」（④95：B136）ともいっている。つまり、「人を化すること」、「風化」についてはは智育と徳育の間に差異を設けていないのである。他の場所でも、学智の流布について、「国内一般に風化を及ぼす」と表現し（⑲374）、あるいは、「洋書を読むには先づ文を以て人を化すべし、其の文を以て人を化するには事を易くし及ぶ所を広くすべし」ともいっている（⑰65）。「風化」とは本来、「良い教へで人を善に導く」こと、「上が善教を垂れて下を化すること」（『大漢和辞典』）、「徳によって教化すること」（『広辞苑』）であり、「智」にはなじまない言葉であるが、福澤は精神の「風化」を徳のみならず智についても認めるのである。このことは、「似我の主義」が徳義だけに関わっていなかったことを示唆している。それはほかでもないかの〈学者＝魁〉論に繫がっており、智にも徳にも及ぶものであった。

二　「魁」と啓蒙

〈学者＝魁〉論は、すでに見たように、文明の進歩にとっての「異端妄説」の意義を強調する際に登場したが、同時に一般に公議輿論（世論）を先導すべき学者の使命をも表していた。たとえば、「都て世の中に、入組みたる事を論じて、入組たる利害を弁ずる者は、必ず智力ある人に限ることにて、無智者の能する所に非ざれば、世の議論は決して下流の細民より生ず可らず。智者魁を為して愚者これに靡くを常とす」（「国権可分の説」明治八年）とか、「苟も中人以上学者の地位に居る者は、人間社会の魁を為して文明進歩の源を開かざる可らず」と（「人事は徐々に非ざれば進まざる事」一〇年前後）。さらに「学者の議論」（二六年）でもこう述べている。

社会なる者は之を自然に放任し敢て人為の方便を以て其発達を促さゞるも、常に幾分か進歩改良して漸く文明の佳境に進入することならんと雖ども、若し之が先導者ありて一切万事社会に先鞭を着け、改むべきの弊習は速に之を改めんことを極論し、採るべきの美風は直に之を用ひんことを主張し、消極に積極に社会の改進を促すことあれば、自から其進歩駸々乎として、又之を自然に放任したるが如くならざるは、古今欺くべからざるの実事にして、又争ふべからざるの真理ならん。（⑨204）

ほかにも類似した発言がある（③31：B13f., ⑥304, ⑥414, ⑧5, ⑪173, ⑪432, ⑬369, ⑬568, ⑯323f., ⑰91）が、それらの発言から見て、〈学者＝魁〉論は明らかに文明の進歩を推し進める啓蒙の一環をなしている。

しかし、〈学者＝魁〉論の核心は、「一般ノ手本ヲ示ス」こと（「ミル手沢本」明治九年）、「世間独立の士君子が先づ隗より始めて処世の先例を示し、目に見え耳に聞く可き事実を以て他を導くの一法」（「私権論」二〇年）、「陰に陽に下流人民の為めに標準を示す」こと（「慶應義塾商業倶楽部の演説筆記」二五年（⑬569））、「躬践実行して実例を示」すこと（『新女大学』三二年（⑥511））にあった。その点では徳育に通じるものがある。福澤は、「人事は徐々に非ざれば進まざる事」（一〇年前後）で、「学者若し社会の卑屈なるを患ひなば、己れ躬から活発にして独立の権を張る可し」といっていたが、『福翁自伝』（三二年）では、立身の道が官途のみにあるという迷妄を醒まして、「文明独立の本義」

を知らせるには、「天下一人でも其真実の手本を見せたい、亦自から其方針に向ふ者もあるだらう、一国の独立は国民の独立心から湧いて出ることだ、国中を挙げて古風の奴隷根性では迚も国が持てない、……自分が其手本にならって見やうと思付」いた（⑦243：B297）と語っている。この点において〈学者＝魁〉論は徳育の「似我の主義」と異ならない。

福澤によれば、「学者」が文明の進歩のためになすべき分野は学校教授、読書著述、新聞、弁論演説（④218）である。いずれも啓蒙の手段であるが、〈学者＝魁〉論の特徴は、文筆・弁論といった「言」のみならず、「行」に関わるというところにある。「行」はつきつめていえば、「人格」ということである。明治二二年に福澤はこう語っている。明治時代の人間は「則」を後世に伝えるべき義務を負っているが、ヨーロッパと違って維新以前の日本の先例古俗（本田平八郎の大胆不敵、大岡越前守の機智裁判、赤穂浪士の挙動等）は「新日本人」の心に訴えてその「言行の模範」となるのに適していないから、我々はみずから「明治時代の本色」を作り、これを後進の人に示してその「実行の新手本」となすべきである。これこそ我々の時代に対する責任であり、政治、学問、道徳、商工業等の要路にあたる者は「明治士人の品格」を高め、後世子孫に対して「明治時代新造の人」たるに愧じない決意を抱かなくてはならない、と（⑫252f.）。これは直接には日本における「社稷の臣 Statesman」の欠如を論じたものであるが、政治だけでなく道徳を含めたあらゆる領域において「言行の模範」、「実行の新手本」となるべき人間の創出こそが課題であった。

もっとも、「新造の人」といっても、まったくの無から有を作り出すわけにはいかない。ここでは伝統的＝武士的人格の理想像を断ち切った新時代の〈文明人〉の模範の必要を強調しているが、明治士人はその名の通り、少なくとも部分的に武士の伝統を引き継ぐものであった。福澤は、士族流の人は政治、学術、殖産において「全国の魁を為して人民の標準たるべき者なり」とか、「士族は国事の魁にして社会運動の本源」であると語り、士族の子供を養育すれば、道徳のみならず、学術技芸、軍事等、百般のことについて「常に他の魁たらざるはなし」と述べている（⑤222, 230. 同趣旨⑦277. なお『書簡』②15f. 参照）。ここでいう「士族」は封建時代に世禄を食んで帯刀した者だけではなく、浪士、豪農、儒者、医師、文人等、「其精神を高尚にして肉体以上の事に心身を用る種族」（⑤221. なお④74：B109）であり、あるいは、旧藩の士籍になかった者でも「近代の教育を受けて常に天下国家の事に志し、尋常一様の営業を事とせざる人物」（⑫36）であるから[5]、大幅に「学者」と重なり合う。福澤は、すでに封建時代の武士において「権利あれば又これに伴ふの義務なかるべからず」（⑩463）という格率（ノブレス・オブリージュ）の存在を認め、これを現代の士族に、したがってまた学者に引き継がせようとした。

さて、その担い手が学者であるとしても、実践躬行して模範を示すには具体的な「場」が必要である。その一つはここでもまず私的結社であった。既述のように、福澤は明治一二年の結社趣意書で、慶應義塾の本領が学問上の教育にあるけれども、その究極目的が「社会の風俗」の改良、「居家処世の路」の確保にあり、後者の目的を達成する方法が学校教育ではなく、「君子の交」にあることを示していた。だからこそ、交詢社は、「天下の標準」（⑲699）を示すべき存在として、あるいは「社会の指南車」（⑭39）として位置づけられたのである。

無論、学校（私立学校）の教師も相応の役割を果たす。福澤はすでに明治三年にこういっている。私塾には「黜陟《ちゅっちょく》与奪の公権」がないから、人生天稟の礼譲に依頼して塾法を設け、生徒を導くしかないが、人の義気礼譲を鼓舞しようとするには「己れ自らこれに先だゝざるべからず。ゆへに私塾の教師は必ず行状よきものなり」と（⑲375）。また、学生については二六年に、もし諸君が塾のために尽力し、その命脈を保つことができるならば、「自から人の拠る可き模範」を示して民心の運動を制御し、それを通じて「天下風紀の中心」となることは決して難しくないと語っている（⑭183）。「気品の泉源智徳の模範」（二九年）では、慶應義塾は鉄砲洲以来今日に至るまで「固有の気品」を維持してきたけれども、これは、仏教用語を借りるならば「以心伝心の微妙」、義塾の中に「充満する空気」のようなもので、畢竟、「先進後相接して無形の間に伝播する感化」のことだとしている（⑮534）。「気品」の伝達も徳義一般と同様に、「以心伝心」の感化（風化）によるしかないことを認めるのであるが、その前提は、教師や先輩が模範となり標準となることであった（前述のように、官立学校では教官と生徒の間に「微妙の以心伝心」が欠けるとしていた）。

したがって、私的結社のみならず私立学校もまた〈魁〉として国民の「気品」の向上に貢献しなければならなかった。だから、福澤は同じ場所でこうもいう。自分は慶應義塾を単なる学塾にしておくつもりはない。その目的は、日本全体の「気品の源泉」、「智徳の模範」となること、すなわち居家処世・立国の本旨を明らかにして論じるだけでなく、「躬行実践」して「社会の先導者」たらんとすることにある、と（⑮534, ⑳476）。要するに、私立学校の目的は、直接的には学問上の教育を行うことにあるけれども、間接的には、教師や学生・卒業生が社会の〈魁〉として、一身独立と一国独立の原理を言論によって啓蒙するだけでなく、それを実践に移すことを通じて社会の風俗を改良することにあった。学校は智育のほかに、〈魁〉による徳育という任務を担っていたのである。

「教育の力」（明治八、九年ごろ）で福澤はこう述べている。教育は植木屋の仕事のようなものであり、人間に本来ないものを授けるのではなく、すでにあるものを発生させてやることが肝心である。如何に巧みな植木屋でも、草木の天性に具わるものをみごとに成長させることができるだけであり、それ以上の工夫があるわけではない。教育は大切だが、その力を実際より過大視することは世の通弊である、と（⑳155）。「文明教育論」（二二年）でも、学校は人にものを教えるところではなく、天性を発育させるための道具であると述べ（⑫220）、『福翁百話』にも同様の見方が出てくる（⑥270, ⑥321. なお⑲759）。こうした教育観の背後には、自主自由を含む人間の天性への信頼があった。だが、教育は何もしないでよいというわけではない。「同窓の旧情」（二三年）によれば、学校教育は、園丁が草木を培養するのと同様、人間の天賦の能力にいささか「潤飾」を加えることにすぎない。義塾卒業生が政治社会の指導者になったのも、封建世禄のもたれあいの風を変えて、「自主独立の気象」を養ったためである。世の無数の学校もすべて「人品潤飾の場所」であって「智徳製造の妙器械」ではない（⑫536）。「人品」とは自主独立の精神であり、これを「潤飾」するのが教育であるとすれば、この教育はまさに徳育である。『福翁自伝』で（以下⑦167f.：B206f.）福澤は、古来「富国強兵、最大多数最大幸福」の一段については東洋国は西洋国に劣っていたが、それは国民の教育に起因し、東洋に欠けていたのは有形において「数理学」であり、無形において「独立心」であるとしている。「数理学」は物理学を中核とした智育に相応し、「独立心」は徳育にあたるが、このことを福澤はこう表現している。

元来私の教育主義は自然の原則に重きを置て、数と理と此二つのものを本にして、人間万事有形の経営は都てソレカラ割出して行きたい。又一方の道徳論に於ては、人生を万物中の至尊至霊のものなりと認め、自尊自重苟も卑劣な事は出来ない、不品行な事は出来ない、不仁不義不忠不孝ソンナ浅ましい事は……出来ないと、一身を高尚至極にし所謂独立の点に安心するやうにしたいものだと、先づ土台を定めて、一心不乱に唯この主義にのみ心を用ひた……。

しかも、この後で福澤は、慶應義塾で数理をもとに教育方針を定め、独立論を唱え、著述演説でこれを説き、またみずからも色々工夫して「実践躬行」を勉めてきたが、今日でも塾の卒業生が社会に出て「物の数理に迂闊ならず、気品高尚にして能く独立の趣意を全う」していると聞くのは老余の一楽事だとしている。

かくて、自尊自重の精神は「気品」の高尚を生み出し、それはまた著述・演説という本来の啓蒙の手段や学校教育と並んで、〈魁〉としての実践躬行を通じて国民に普及伝達されるべきものであった。たしかに、福澤がまっさきに念頭に置いたのは富豪（ブルジョワ）の子弟である。「カラクトル」としての「気品」の高尚は紳士の養成が目的であった。言語容貌や礼儀作法といった〈交際の教養〉もまた、実業人とその卵を紳士にするための方便であった。「不羈独立の気概」と「言語容貌」等との二つながらの肯定である〈伯夷其心而柳下恵其行〉という格率はまさに、内面的徳と外面的徳を二つながらに具えたイギリス型の教養人の理想を表現したものである。とはいえ、福澤の構想では、そうして養成された教養人は、「ミッヅルカラッス」、「中等種族」、「学者」、「士族」であり、みずから模範となって自尊自重の精神を民衆に示す義務を負っていた。

福澤によれば、『福翁百話』一編は、「俗界にモラルスタンドアルドの高からざること」を終生の遺憾として、何とかそれを高い方向に導く方便を探して「走筆」した所産である（⑱727）が、これは『福翁自伝』末尾の一節に対応している（⑦258–260：B315–317）。そこで福澤は、みずからの衣食の独立（一身独立）と「新日本の文明富強」（一国独立）の二つの大願を成就したことを満足げに語った後で、これから生涯のうちに行いたいと思う三箇条を挙げている。第一に、「全国男女の気品を次第々々に高尚に導いて真実文明の名に愧かしくないやうにする事」、第二に、宗教により「民心を和らげるやうにする事」、第三に、「高尚なる学理を研究させるやうにする事」である。三つの課題のうち、後二者（宗教による秩序維持、学問の進歩）も『福翁百話』で論じられているが、「モラルスタンドアルド」を高めることにじかに関わっているのは、民衆の「気品」を高尚に導くという課題であった。それは、「智」によってもなされることであるが、とりわけ、西洋文明の気品に「少しづゝ」接近する〈文明の道徳〉を「ミッヅルカラッス」が修得し、それを「民衆化」することを意味していた。

福澤は『概略』緒言で日本の文明を「始造」する意図を語っている（④4：B11）が、それは、精神の変革の困難とそれを克服しようとする意気込みの表現であって、現実には有形無形を問わず文明は西洋から輸入しなければならなかった。〈文明人〉の養成についても事情は異ならない。「智」であれ「気品」であれ、すべて西洋が模範であった。「智」の基礎たる物理学も「気品」の核心をなす独立心も東洋にはなかった。とはいえ、「都て人生、事を為すに、本来無きものを造るは、既に有るものを利用するに若かず」（⑳200）という発言（これは華族制度に関する評言だが）を借用するならば、独立心にも「既に有るもの」＝伝統があった。

福澤は、文明人の不可欠の要素としての独立心や不羈独立の気概を説明するに際して、「義気凜然として」とか、「威武も屈すること能はず、貧賤も奪ふこと能はず」といった武士の気風を引き合いに出した。もとより、それは「変形」しなければならなかった。つまり、武士の気風を文明に適合的な形にしなければならなかった。しかし、それは、逆にいえば、西洋文明を日本に適合的な形にすること、たとえば「カラクトル」を「気義」と翻訳して説明することを意味していた。新渡戸稲造は、クリスチャンとして日本の「西洋化」（日本のキリスト教化）を展望しつつ、西洋の「日本化」（キリスト教の日本化）という形で日本の文明化を図ったが[6]、福澤による武士の精神の変形も、日本の西洋化を企図しながら、西洋文明を「日本化」しようとする試みとして理解することができる。福澤は権利や人権について直接論じながら、武士の一分、意地、自尊自重、栄辱、廉恥、名誉についても語った。それは技術的な意味の翻訳ではなく、伝統の変形であった。そして、この西洋文明の日本化は、文明化の担い手である士族や学者が〈魁〉として模範を示すことによって「民衆化」されるはずであった。

民衆の「気品」を高尚にするものは、「智」や独立心だけでなく言語容貌や礼儀作法といった〈文明の作法〉も含んでいたから、これもまた〈魁〉を通じて民衆化されるべきものであった。〈魁〉論は「言行」の模範を提供しようとするものであり、したがって言語容貌や礼儀作法という外面的な振舞におおいに関わっていた。「世間独立の士君子が先づ隗より始めて処世の先例を示し、目に見え耳に聞く可き事実を以て他を導くの一法あるを信ずるのみ」（「私権論」明治二〇年）というように、〈魁〉論は処世法・交際法にも及んでいた。あるいは、「似我の主義」の原点ともいうべき家庭教育については、「風俗」、「身振」、「咄しぶり」、「世間の交際」、「言行挙動」等が挙がっていたから、「似我の主義」と重なる〈魁〉論は〈文明の作法〉にも妥当するものであった。

ただ、福澤は独立の精神の説明のために戦国武士や元禄武士をしきりに動員したが、〈文明の作法〉については、言語（演説）に関して「坊主の説法」、「寄席の軍談講釈」、「滑稽落語」の伝統を引き合いに出したに留まる（本章第１節参照）。礼儀作法については武士的＝儒教的伝統があり、それを変形して利用することは十分可能であったはずである。武士の精神については、多くの欠陥を知悉しながら絶讃を惜しまなかったのであるから。しかし、福澤は、彌縫策としての〈旧礼儀〉の温存を別にすれば、日本の礼儀作法の伝統を活かそうとはしなかった。言語容貌にせよ礼儀作法にせよ、〈文明の作法〉に関してはほぼ西洋化に終始した。その理由は、言語容貌、ことに顔色容貌の場合にはほとんど伝統を欠いていたことにあるが、礼儀作法についてはおそらく、儒教道徳と連動した門閥制度の固定的な上下貴賤の意識や卑屈な精神、非実用的な形式主義・儀式主義、そこからくる「偽善」（偽君子）に対する根強い反感、あるいは総じて「智」の活発の妨碍への危惧があったからであろう。福澤にとって、武士的＝儒教的な作法や立居振舞は、武士の精神と違って、日本の文明化にとっては変形するのに適していないものであり、したがってまた民衆化されるべき対象でもなかった。

このことは今日に至るまで日本の礼儀問題にとってのアルキメデスの点を示しているように思われる。明治以来、学校教育では修身と並んで礼儀作法が推進され、「立礼」に代表されるような洋式の礼儀もそこに組み込まれたが、それは必ずしも国民の間に定着しなかった(7)。少なくともその一因は、日本における教養が作法を含んでおらず、そのために一般国民が参照すべき模範が形成されなかったことにある。もはや本書の枠を超えているが、最後にこれについて少しだけ触れておくことにしたい。

福澤の死に遅れること一六年、すなわち一九一七年にマックス・ウェーバーはつぎのように論じた。真の貴族階層は、その高貴さの理想や方向において「国民全体の鋳型」となる。なぜなら、平民階層は貴族階層の「振舞」を尺度とするからである。ロマン系民族の人間類型を下層民に至るまで支配している「作法 Formen」は一六世紀以来発展した「騎士の振舞」であり、同じく下層民の人間の鋳型となっているアングロ・サクソンの習律も、一七世紀以来の支配層たるジェントルマンに由来する階層の社会習慣から出てきたものである。どちらの貴族の作法も模倣可能なものであり、「民主化」された。だが、ドイツでは、これに対応する作法が存在せず、あるのは官僚を中核とする教養層が「学友会」で培った作法、とりわけ軍人をモデルとした「決闘」の作法であって、これらの作法は「民主化」することができない。ドイツにはもともと「貴族主義的な作法」や「上品な社交の作法」などなく、教養層が自慢する「決闘応諾資格」は市民層の成りあがり根性を示すにすぎない、と（「選挙法と民主主義」289f., 298f., 302ff. なおエリアス『文明化の過程』上 88ff., 下 452f. 参照）。

ウェーバーの眼目は市民層の「封建的僭望」（『ウェーバーの大学論』115ff. 参照）を衝くことにあったから、福澤の教養論や作法論とは文脈を異にしている。とりわけ、二〇世紀初頭のドイツでは教養市民層はすでに爛熟期を過ぎて凋落期を迎えていたから、いまだ教養層の形成途上にあった明治日本と同一視することはできない。ただ、ウェーバーがドイツ教養市民層に作法の伝統が欠如しており、その穴埋めに軍人的な作法を取り入れたことを批判しているのは、福澤が、儒教道徳や封建的旧習に染まって過激に排外主義や復古主義を唱えるばかりか、一身一家の独立を忘失し、不品行を働き、交際法など意に介さない士族（当時にあっては教養層）を批判し、儒教的＝武士的礼儀作法を模範として仰がなかったこととよく似ている。しかも、この武士の精神の裏面である心性は、明治後期以降、旧制高等学校の「籠城主義」、あるいはバンカラや弊衣破帽の気風（竹内『学歴貴族』193ff. 参照）として現れることになる。それはまさにウェーバーのいう学友会の作法に相応したものであった。しかも、こうした気風に対峙した「教養派」（いわゆる大正教養主義）もまた、唐木順三（以下『現代史への試み』81ff. 参照）によれば、西洋風に（とりわけドイツ的教養思想の影響の下に）[8] もっぱら内面にこもり、政治や社会はもとより、外面や形式を等閑に付した。その意味で、福澤がイギリスのモデルをそのまま採用する形で、「教養」の中に〈文明の作法〉を組み込んだことは特筆に値する。

だが、福澤の構想は実現されなかった。唐木順三は、維新前に生れた世代には、教養派と違って、武士や儒教の伝統を引いた実践的な「修養」ないし「型」があったことを強調し、その一人である森鷗外が大正七年に、旧礼が滅んで新しき礼がまだ作られていない状況を眼前にして、旧礼が崩壊したのは「形式」だけを保存しようとしたためであり、重要なのはむしろ形式の中にある「意義」を保存しつつ、「新なる形式」を確保することだと述べた（「礼儀小言」567）のを受けて、この「新なる形式」は今日（一九四九年）に至るまでまだ形成されていないと嘆じた。それからさらに六〇年の歳月を経た現代においてもなお「新なる形式」は作り出されていない。しかし、福澤やウェーバーの視角に倣っていえば、問題は新しい形式の創出にあるのではなく、国民一般の模範となるべき、「作法」を包み込んだ教養人の欠如にあるのではないだろうか。

結　語

福澤の思想を簡潔にまとめることなどおよそ不可能だといっても過言ではないが、それを分析した本書の内容もおよそ要約するにはふさわしくない。そのことは序でも触れた。そこでここでは、本文で必ずしも十分に述べることができなかった点を中心に全体を振り返ってみることにしたい。

問題の大小軽重、性質に関わらず、福澤の姿勢はしばしば二元的であった。道理の正当性を認めつつ、弱肉強食の現実を冷徹に見つめる。「智」に働きながら、「情」に掉さす。何はさておき一身独立こそ達成すべきだと公言したかと思うと、一身独立など「沈香も焼かず屁も放らざる」程度と形容して処世の義務を説く。国権皇張が畢生の目的だと強調しつつ、天下国家のことは「庭前」の掃除をしてから論じるべしという。無形は文明の核心だといいながら、有形の文明を達しないうちは無形を喋々するなかれという。数理による平時の報国心を説きながら、瘠我慢を旗幟に掲げる。西洋文明の摂取こそ日本の焦眉の課題だと論じつつ、「開化先生」を揶揄する。「耶蘇の宗旨もクソデモクラヘ」と罵言を吐きながら、キリスト教の積極的受容を勧める。徳教による支配は野蛮の太平だと断じつつ、愚民には宗教が必要だという。道徳を重視しながら、「仁義道徳くそでもくらへ」とこきおろす。宗教などどれをとっても古今東西同じものだときめつけたかと思うと、耶蘇教と真宗に道理を認めて宗教の進歩を肯定する。門閥打破と実業の精神のために武士の「磊落無頓着」を肯定する一方、そこから生じる不品行を叩く。学問による立身出世を説きながら、政治熱心の書生を眼前にして「脅迫教育の法」をしりぞける。「官尊民卑」を唾棄しつつ、

「民尊官卑」を指弾する。人爵を犬の首輪にたとえながら、世俗的名誉心を銭以上のものとして讃える。一夫一婦を人倫の道としながら、臭いものに蓋よろしく不品行を秘密にせよという。「銭」一辺倒を讃美しつつ、「誠」の必要を説く。学問を勧めながら、実学ですら遊楽にたとえて貶下する……。

これらは、本書で触れた二項対立（時には多元的対立）の一部を思い出すままに並べたにすぎず、同様の例は枚挙に遑がない。二つの見解の矛盾対立は、部分的には時間の推移に帰することができるが、ほとんどは時間と無関係に福澤の生涯にわたる主張として受けとることができる。個々の局面ではどちらかに重きを置いた議論が圧倒的に多いが、全体として見れば、福澤は両極を統合せずに「二つながらに」肯定した。「伯夷」と「柳下恵」、「智」と「徳」（情）、「一身独立」と「一国独立」は、一方では分離されてそれぞれ一面的に評価されながら、他方では「二つながらに」是認された。

たしかに、二つを融合した事例を無視するわけにはいかない。『概略』第十章冒頭では、〈自国独立論〉ははっきり〈文明論〉に統合されている。それを一語で表現したのが〈一国文明の進歩〉である。ほかでもない「一身独立して一国独立す」というテーゼも、一身独立が自動的に一国独立となるという〈国富論的〉論理によって統合された。また、道徳論における〈文明の道徳〉は「物理学的」な〈文明の新徳義〉ともっぱら状況に基づいた彌縫策である〈公衆道徳〉との折衷のようなものであり、やはり〈一国文明の進歩〉の枠に収めることができる。こうした中間的な姿勢こそ、ひょっとすれば、「人事の平均」を唱えた福澤の思想の「真実」に最も近いのかもしれない。こちらを例外と見るか、「二つながらに」を例外と見るか、どちらとも決め難い。人の思想は学者が考えるほど杓子定規なものではない。とはいえ、たとえば〈一国独立の進歩〉ですべてを片付けようとするならば、福澤の思想の多様な側面を切り捨てたのっぺりした像しか残らないことになる。どれだけ切り詰めても、ぎりぎりのところ二項対立は残しておかざるを得ない。

対立項の「二つながら」の肯定というのは、福澤が諸々の対象に関して Double Standard で臨んだという意味ではない。そこには「説得のレトリック」（松沢「解説」377. なお坂野『思想の実像』13ff. 参照）というべきものが働いていた。状況を顧慮し、「読者」や「聞き手」である民衆を意識して説得を行う「啓蒙のレトリック」の存在についてはすでに詳しく見たが、レトリックを駆使する相手は民衆に限られなかったし、関わる対象は「智」だけではなかった。福澤は、明治一八年の甲申事変の際に『時事新報』が強硬論を唱えたために発行停止処分を受ける恐れが生じた時、川村純義（海軍大臣）に斡旋を依頼した手紙で、事変についていいたいこともあるが、政府の「御都合」を拝察し、かつまた日本国のためを思って、「時としては心に思はぬ事」までも書いたほどであると述べている（⑰719）。これは目的からして阿諛追従の類であるかもしれないが、しかし他の場合にもその時々に「心に思はぬ事」を記したと思われる。具体例は繰り返さないが、『覚書』にはこうある（⑦681）。

著書新聞演説の本趣意は、世人一般政府までをも我説に導入るゝに在り。之を敵視するは器量の小なる者のみ。議論を以て戦う斗りは益もなきことなり。何等の説を立るも何等の方便を用るも、相手の者を我方に引入れさへすれば之を勝利と云ふ可し。○此考に従へば、都て文章言語はグードセンスを用る方、便利なるに似たれども、人心騒擾其方向の未だ覚束なき者を兎に角に我味方にせんとするには、仮にバッドセンスに従ふ可し。一時の権道なり。

人はここにマキャヴェリスト福澤を見出すかもしれない。福澤は文章言語によって世人のみならず政府に対する影響力の行使を狙った。しかも、手段を選ばず、「バッドセンス」を用いてまでも、味方に引き入れ、勝利を収め、時勢を変革しようとした。文字通り「権道」である。それは〈状況的〉思考に、したがってまた国家理性論にまっすぐ通じている。

だが、これはいわば「ジャーナリスト」福澤の相貌である。「学者」福澤は「グードセンス」に拠り、「理論」をもって世人にも政府にも対した。かりに単純化して古代知としてのレトリックと近代知としてのカルテジアニズムを対峙させるとすれば（さしあたり中村『問題群』14ff. 参照）、福澤は一身にこの二つを背負っていた。余人がどう見ようとも、それは福澤自身にとって矛盾ではなかったであろう。つまり、方法に関しても福澤は〈状況的方法〉と〈文明論的方法〉を「二つながらに」肯定する姿勢を示したのである。しかし、ここでも福澤が Double Standard で対処したというのは適切ではない。重要なのはあくまで「説得」であった。

福澤はつねづね、「余は作者で、筋書を作るのみである、其筋書が舞台に演ぜらるゝのを見るときは愉快に堪へないけれども、其役者の如きは誰でも構はず……」と語っていたと伝えられている（石河『伝』③340）が、言論著作の現場では福澤その人が役者であった（丸山「人と思想」203 参照）。『概略』で福澤は、文明は一大劇場のようなもの、制度・文学・商売等は役者のようなものだといっている。上手な役者は劇の趣意にかなうように、場所と時節を踏まえて「真情」を写し出すというのである（④38f.：B57f.）。これになぞらえていえば、学者が役者ならジャーナリストも役者であり、肝心なのは、舞台である著書、新聞、雑誌、講壇、結社等において目的に応じて如何にうまく役を演じこなすのかということであった（なお⑥106f.,⑯567f. 参照）。そう考えるならば、福澤が眼前に現れる諸々の問題に即して、その時々の状況や名宛人を意識しつつ、〈文明論的方法〉を適用したり、〈状況的方法〉を利用したり、はたまた両者を融合したりしながら、時に一方に偏する極論を吐き、あるいは「心に思はぬ」類の多様な論拠を持ち出すことによって読者聴衆を説得しようとし、その結果場合によって正反対の結論を導き出したとしても何ら不思議ではない。こうしたレトリック的発想は、方法的には〈状況的方法〉に近いけれども、それに留まらずメタ方法的次元において議論の仕方を選択することを可能にしたのである。

おそらく福澤には唯一絶対の「理想」などなかった。福澤がまちがいなく最も尊重した「自主独立」の精神はしばしば秩序維持のために犠牲にされた。あるいは、「自国独立」は、それと同じく福澤畢生の目的であった「文明の進歩」によって時に相対化された。しかし、その「文明の進歩」やその基礎にある科学的「真理」も逆に諸々の現実的議論のために何度となく楽屋裏に引っ込まされた。福澤の究極的理想を探りあてようとすると、待ち受けているのはこうした堂々巡りでしかない。これは、相対主義の泥沼と評されるかもしれないし、逆に「主体的」決断に裏打ちされた多元論と持ち上げられるかもしれないが、そのどちらでもなく、一方に偏することによって生じる危険を回避しようとする〈バランス感覚〉の所産であったと見ることができる。

福澤に理想がなかったというのではない。何かに没頭する熱情を欠いていたわけでもない。むしろ、理想の実現のために福澤は孜々努力したし、「惑溺」をしりぞけながらも「熱心」の意義を認めた。しかし、理想だけでことは運ばないというのが福澤の思想の基底にあったのではないか。何よりも、説得の相手である当の人間が「愚民」でもあれば「万物の霊」でもあり、あるいはそのどちらでもあるという認識が福澤にあったことはまちがいない。何らかの理想ないし目的の実現のためには、その手段が「言葉《ロゴス》」に関わる限り、相手と状況を考慮に入れて説得しなければならないと考えたのは、近代日本に限っても福澤一人だけではない。しかし、とりわけ福澤はそのことに敏感であり、それをこなすだけの「賢慮 prudenita, Klugheit」を持ち合わせていた。「賢慮」は実践哲学の要諦をなし、たとえば法の実践的な智恵（iurisprudentia, Jurisprudenz）として現れる（植松「レトリック法理論」103ff. 参照）が、政治的には「国家的賢慮 Staatsklugheit」、すなわち国家理性に通じるばかりか、「社交」や「作法」とも無関係ではなく（西村「クルークハイト」292, 304ff., 315,「レトリック」175ff. 参照）、もっと一般的にいえば何らかの目的を実現するための「戦略」の核心をなしている（現代につき野中他『戦略の本質』357ff. 参照）。政治的実践の領域では手痛い失策を犯し（明治一四年の政変や甲申事変）、内外の政治的展開に関する見通しの甘さもしばしば指摘される福澤であるけれども、思想家としてはこの意味で「賢慮の人」であった。

註

第1章第1節

(1)『概略』の構成を見ても、第三章「文明の本旨」以下、第四章「一国人民の智徳を論ず」、第六章「智徳の弁」、第七章「智徳の行はる可き時代と場所とを論ず」と続いており、文明の最終定義にある「智徳」をめぐる議論が中心を占めている。加えて第八章は「西洋文明の由来」、第九章は「日本文明の由来」と題されている。最後の第十章を除けば、どこから見ても〈文明論〉である。ここからは第十章の〈自国独立論〉を「例外」とみなすことも可能である。たしかに、第十章でのみ〈文明論〉が明確に相対化されているし、第二章の西洋文明の定義や第三章の最終定義には「自国」の語も「独立」の語も見あたらない。ただし、このように解すると、『概略』一書の体裁はひどくアンバランスなものになる。一般に一冊の本で最終章が結論となることが多いが、その部分が例外というのは少なからず違和感がある（丸山『読む』下 203. なお飯田『批判精神の航跡』254f., 268f. 参照）。

(2)「国体」とは、「一種族の人民相集て憂楽を共にし、他国人に対して自他の別を作り、自から互に視ること他国人を視るよりも厚くし、自から互に力を尽すこと他国人の為にするよりも勉め、一政府の下に居て自から支配し他の政府の制御を受るを好まず、禍福共に自から担当して独立する者」、「ナショナリチ」のこと（④27：B40f.）であるから、「国体」論は〈自国独立論〉そのものである。

(3) またいう。何ごとを達成するにも多くの「術」を必要とするが、この術の用法を誤らないように注意しなければならない。その術と目的との関係が直接であるか間接であるか、あるいは間に別の術を置くべきか、第二の術があればどちらを優先すべきかなど、色々工夫して「最後最上の大目的」を忘れないことが緊要である、と（④212：B304）。

(4) これとはやや異なるが、第三章では、「今日の文明」はいまだ半途にも達せず、現代の世界で「文明の極度」を要求するのは完璧な健康人を求めるようなものだという（④41f.：B62）。ユートピアを〈枕詞〉にして現実的議論を正当化するのであるが、この場合、文明の進歩という目的は依然として視界の中にある（「文明は……今正に進歩の有様に在り」（④41：B61））。あるいは、政治の良否を判断するにはその国民の達し得た「文明の度」によるべきであるが、いまだ「至文至明の国」も「至全至美の政治」も存在し得ず、「文明の極度」に至ったならばともかく、いまの世では文明は進歩の途中にあるのだから、政治もまた進歩の途中にある（④49：

B72）という論じ方も、〈枕詞〉としてのユートピアによって現実的議論を誘引しながら、文明の進歩を肯定している。

（5）　これは後に詳しく見るが、ここでは、「蓋し文明の進歩とは智力の分量を増加するの謂なれば……」（⑲603）と、「文明を達せんとするには此惑溺を払はざる可らず。これを払ふの術は智を研くに在り」（「文明論プラン」7）という発言を挙げておく。

（6）　この主張は少数意見の尊重（丸山『読む』上86）や言論の自由の擁護（⑥309, ⑨206, ⑲515参照）、あるいは「多事争論」とも無関係ではない。

（7）　この枠組は『概略』第三章で実際に使われている（以下④43–45：B64–67）。「君臣の倫」は支那日本では「人の天性」とされ、孔子もこれを究める道を知らなかった。だが、君臣関係は後天的なものである。「人の性のまゝに備はるものは本なり、生れて後に出来たるものは末なり」というのである。しかも、「地動は本の天性なり、現像［象］は末の験なり」というように、「本末」論は、たとえ儒学の基本的範疇である（松沢「註」308f.）としても、自然科学的方法に関わっている。さらにこの後、福澤は、君臣の義は偶然の所産であり、「便不便」を論じることができ、したがって改革可能であるから、君主制の改変如何は文明にとっての「便不便」で決まると述べている。文明は必然的な「本の天性」として前提され、政体は文明を基準にした「便不便」（利害得失）の問題となるのである。

（8）　本章のはじめに触れたように、丸山眞男は、福澤が自然を、「鉄の如き必然性」としてよりも、「人間の主体的操作」によって技術化されるべき素材として見たとしているが、正確にいえば、福澤は自然と人事に必然的法則性を認めたうえで、それに即して改革を行おうとしたというべきであろう（松沢『西洋経験』328参照）。たとえば、右に引用した『西洋事情外編』にあるように、経済学は、自然法則が人為によって妨げられないようにするのであるから、必然的法則に則って自由を推進することになる（①460, 463参照）。『概略』第四章でも福澤は、「衆論」の方向を改めることを説いた際に、時勢の必然性を肯定するからといって、いっさい人力を加えてはならないというのではなく、国のために政府も学者も商人も「文明の進歩」を妨げないように力を尽すべきだといっている（④66ff.：B97ff.）。ただ、福澤は人事に関してまったく自然科学モデルだけに依拠したのではなく、ここに出てくる、「衆論」と学者の職分の関係からは、「学者＝魁」論という道徳論が生じることになる（第5章第2節参照）。

（9）　「文明の進歩は、天地の間にある有形の物にても無形の人事にても、其働を詮索して真実を発明するに在り。」（③123：B134）「西洋近時の文明は悉皆智学の成跡にして物理の原則に出でざるものなし。」（⑧229）「文明は学理と共に歩を与にし、学問上の真理原則を人事に応用すること、いよ〳〵広くしていよ〳〵密なれば、之を文明進歩の相と名づけ、其学理を知る者を文明の人と云ふ。」（⑥257）

（10）　また、すでに翻訳『経済全書』（明治元年）では、「学とは何事にても人知を以て造化の定則を発明し此定則の次序を正しく排列したるもの」と一般的に規定し、「経済学は人と物との間に存する造化の定則を正しく排列するもの」としていた（⑲204）。あるいは、

『時事小言』でもいう。ヨーロッパでは「有形物理の学」がつとに発展し、百般の事象につき「実物の原則」を基礎にしてしだいに進歩し、物産製造、運輸交通、農工商一切の事業から居家日常の細事に至るまで、物理学の原則によるものが多い。舶来の製造物はたいてい器械化学に基づくが、これは「物理の原則を研究し、千古不易天然の約束を知て之を人事に施したるもの」であり、「物品の運転売買の法」も西洋では学問に基づき、その「大体」を論ずるには「経済学」があり、実用的には銀行、保険、会社、簿記の「法」がある、と（⑤109–111）。

(11)　「通俗道徳論」では、「理」＝「大小軽重長短多寡」は世の中のことにあてはめれば「利害損得に係る働」だとし（⑩113）、「『文字之教』草案」でも、「利害得失とは物事のよしあしと云ふことなり」とある（⑲252）。また「学問のすゝめの評」（明治七年）では、「変通は智慧の働なり、時勢の沿革事物の軽重を視るの力なり」とか、「時勢の沿革なり、文明の前後なり、都て時代と場所とを考への外に含くときは、何事にても便ならざるはなし、何物にても不便利ならざるはなし。変通の道とは正に此辺にある者なり」としている（①44）。ここにいう「智慧の働」は『概略』の「聡明叡知」と同じものであるが、やはり「軽重」と「便不便」と両様に表現されている。「変通」は、別の場所で、目的を見失わずに、状況に応じて柔軟に手段を考えることとされている（⑲547参照）から、目的を前提とした利害得失の判断と受けとることもできる。なお、『概略』第一章の方法論議でも、「軽重是非」の判断は、「一身の利害」、「一年の便不便」（別の場所にいう「局処の利害得失」（④3：B9. なお④211：B303, ⑧233参照））をしりぞけるために前面に押し出されたものであったから、逆に大局における「利害得失」の判断は「大小軽重」の決定に通じる。

(12)　『すゝめ』十六編（明治九年）では、囲碁将棋の技芸は天文、地理、器械、数学等と比べて、「用を為すの大小」という点ではまったく異なるとしている（③134：B147f.）が、この「大小」は「利害得失」を指している。なお、『概略』第六章では、「智恵」は徳義と異なり外物の「利害得失」を考えるものだとして、駕籠から馬車、馬車から蒸気機関車への発達を「智恵の働」と表現している（④89：B128）。「利害得失」の判断と「智恵の働」が等置されているのである。

(13)　またいう。西洋諸国では「知学」の基礎は「自然原則」であるが、これは「実物の形と実物の数と其動静の時間」を根本に定めたものであり、西洋の学問は政治経済等、無形に属するものまでもこの原則に包摂して、「形と数と時」に帰着せしめようとする、と（⑳246）。あるいは、「恰も物理学の原則に時の長短と物の軽重と相対して力を量り……」ともいう（⑲690）。聡明叡知の「時節と場所」はこれらの場合の「時」と「区域」と同一物とはいい難いが、その応用と解することは可能である。

(14)　むしかえすようだが、いま一度用語法を見ると、『すゝめ』十六編では、前掲（註(12)）の「用を為すの大小」のほか、「人の働」として「大小軽重の別」と「場所と時節」を察することの重要性が訴えられている（③134f.：B147f.）が、前者の例は学者と役者の仕事の大小（尊卑）の弁別であり、後者の欠けた例は宴会の最中の道徳の説法であるから、「物理学的」判断とは直接関係をもっていない。なお、前者は「明智」とされており、「聡明叡知」との関わりを推測させる。ただ、こういう発想の出所が物理学にあったということまで否定することはできない。

(15)「時勢の緩急を察し私智を拡て公智と為す……」(④84：B120) というように、「時節と場所とを察する」ことは「時勢の緩急」の考慮に等しい (④116：B166参照)。そして、第四章に見られた「時勢」は自然科学的進歩法則と無関係ではなかった。また、「事物の顚末を糺し大小軽重前後緩急を明にして道理を唱ふる」(⑫163) という表現に見られるように、「前後緩急」は「大小軽重」と密接不可分である。しかし、たとえば大久保利通は、幕末から明治初年にかけて、政治的判断における「大小軽重」、「時勢」、「緩急順序」、「臨機応変」の重要性を指摘しており (佐藤『死の跳躍』202. 松本『明治思想史』11, 24, 26)、「時勢」の観念に至っては江戸時代の儒学に存在していた (植手『近代思想』210ff.) から、福澤の場合にも「物理学的」契機のみを強調することはできない。むしろ、福澤のこうした要素の重視は、大久保の場合と同様、「国家理性的」なものであったと見ることもできる。

(16) 後に宮内省図書頭九鬼隆一が古物の取調のため高野山で大秘蔵の霊像霊物を披露させたことにつき、福澤は、ことの軽重はその「当局者の意」によるのだから、美術を重視する「局部」から見れば宗教など無視される、としている、(⑪532)。これも「大小軽重」の主観性・相対性を示している。

(17) たしかに、「状況」のうちの「時」の要素は自然必然的な法則観念と繋がる可能性がある。しかし、そこに自然科学的な必然性の要素があるかないかということが、二つの方法の区別にとって重要となる。

(18) 他方で、手段に関わる判断については、それが「物理学的」かどうかは議論の方法にとって重要なことではない。目的を定立した以上、その目的に即して、「物理学的」観点からであれ「非物理学的」観点からであれ、適切と思われる手段を選択すればよいからである。

第1章第2節

(1)「人間の正道」としての「自から労して自から衣食し、一毫も取らず一毫も与へず……」という原理は、福澤の信念である「自労自食独立不羈」(⑩431, ⑫95, ⑳52, ⑳249) と重なっている。〈枕詞〉として使われていても、ユートピアの内容は夢物語とは限らないのだ。法律にしても、「人の栄誉生命私有を保護するものにして、貧富強弱智愚の別なく各その処を得せしむるの精神」であるけれども、「今の人事の実際」では概して「社会の上流」を利するものが多いといい (⑬385) ながら、逆に、法律は「無情」であるけれども、人民が政府の専制を防ぎ、自己を保護する手段、「一国の文明を進める」ものだともいう (④130f.: B186, 188)。あるいは留保ぬきで、もっぱら小弱を保護するものとした例もある (⑨553. なお⑲754ff.)。

(2) 例は以下の論述中で多々登場する。ここではそれ以外につき、〈枕詞〉だけを掲げておく。「千万歳に期す可らざる想像社会」(⑤17)、「文明開化の極度」(⑤218)、「哲学流の眼」(⑥252)、「哲学流」(⑥311)、「文明の大活眼」(⑥367f.)、「万年の後、彼の所謂黄

金世界」（⑫63）、「円満の黄金世界」（⑫331）、「哲学社会」（⑫514）。

（3）なお、津田真道は明治七年の「開化ヲ進ル方法ヲ論ス」で、学問には二種類があり、一つは「高遠ノ空理ヲ論スル虚無寂滅若クハ五行性理或ハ良知良能ノ説」としての「虚学」であり、他は、「実物ニ徴シ実象ニ質シテ専確実ノ理ヲ説ク近今西洋ノ天文格物化学医学経済希哲学」のような「実学」だとしている。これによれば、福澤のいう「空理」（あるいは「高遠」の議論）は、儒学の「空理」に物理学の「空理」を対置したものである（松本『明治思想史』49 参照）。

（4）『国会論』（明治一二年）でも、一利があれば一弊があり、利と弊の「平均」が重要だと論じ、その際、民権家につき「傲慢過激―剛毅朴訥」と「温良従順―巧言令色」の対を提示し、現今の日本はなお旧道徳に棲息する者が多いから、どちらが文明の進歩に適すべきか容易に判定できないと述べ（⑤74）、『概略』では、田舎の百姓の「正直―頑愚」と都会の市民の「怜悧―軽薄」、改革家の「穎敏―軽率」と古風家の「実着―頑陋」の対比に言及し（④12f.：B20f.）、『すゝめ』では、「誹謗―弁駁」、「驕傲―勇敢」、「粗野―率直」、「固陋―実直」、「浮薄―穎敏」が場所、強弱、方向により徳とも不徳ともなるとしている（③110：B114）。また、「日本国会縁起」（二二年）では、性質が「従順温良」でよく長上の命令に服して艱難に堪えるのは日本人の特色であり、これを「日本人の卑屈」という者もあるかもしれないが、よく艱難に忍耐して乱れないものは「順良」と呼ばざるを得ないとしている（⑫45）。福澤には珍しく「卑屈」を肯定しているのだが、しかしこれは、国会開設にあたって人民は狼狽せず、議場が混乱することもないだろうと予測した文脈中での発言であり、この前に、「卑屈」は「順良」に、「軽躁」は「活発」に伴うものであるが、「我輩の悪評」に従えば日本人は活発でなく卑屈というのが穏当であるけれども、「卑屈」は「軽躁」の弊を免れている限りで「順良」ということができ、したがって日本人の性質はよくいえば「順良」、悪くいえば「卑屈」であり、どちらにするかは「時と場合とに従て評論者の処見」に任せばよいといっている（⑫43）。これらは、福澤の「二元的」な思考（本書結語参照）を如実に示している。なお、福澤は、外国人との関係について、謙遜辞譲は美徳であるが、「謙遜の凹処」と「傲慢の凸処」という関係になりがちであり、日本人は「万事に付けて凹性を帯び、殆ど対等の交態を失せんとする」場合が多いとしている（⑪229f.）。

（5）『福翁百話』第六三話では、理屈をつきつめれば、各国が利を争い、殺し合い、国法が貧富苦楽の差異を生み出すのは不可解であり、結局人類も「無智不霊の動物」にすぎないが、こうした「空想」はむやみに人に語るべきものではないとはいえ、「実行の原案」であり、人間社会の進歩はすべて「空」から「実」を生んだものであるとして（⑥307f.）、「空想」＝「空理」によって現実を相対化している。

第2章序

（1）前述のように、「余輩が理論の域を狭くして、単に自国の独立を以て文明の目的と為すの議論を唱る由縁なり」といっているから、文字通り受けとれば、自国独立論も「理論」である。なお、〈枕詞〉として登場する「哲学的」や「哲学流」といった言葉は、実践ないし現実と区別された「理論」、「物理学的理論」を指すことが多い。

（2）なお、福澤は政治的実践に関与せず、「間接に国の忠臣」となろうとする意図を表明しながら（⑧112, ⑧216, ⑯603, ⑳250）、よく知られているように、朝鮮独立運動に関係し、大久保利通、伊藤博文や大隈重信などと接触した。

（3）「学生処世の方向」（明治一六年）では、「学問を以て身を起こす者」と「学問を以て家を守る者」を区別しているが、前者は「国の用を為す者」（開業医、法官、代言人、学校教師、著述者、新聞記者等）であり（⑨329）、ジャーナリストを含んでいる。ちなみに、福澤の用語法では、「学者」は学生を含む「知識人」を指すことが多い。福澤がよく使う「学者士君子」や「士族学者」や「士流学者」という表現は、「知識人」の場合もあれば、「士族」（後述第6章第3節参照）と重なる場合もある。それに対して、「畢生を委ねて学理の研究又は教育の事を勉むる」「純然たる学者」（⑤387）とか、「人を教る者これを学者と称す」（⑩94）とか、「農と為り、商と為り、学者と為り、官員と為り……」（③94：B95）というのは現代の学者と重なる。伊藤正雄（『論考』66）は、「世の学者は大概皆腰ぬけにて」（③57：B46）というのは「専門学者」であり、「今の学者たる者は決して尋常学校の教育を以て満足す可からず」とか「学者小安に安んずる勿れ」（③94, 95：B95, 97）というのは「学問修業中の少年子弟」だという。

（4）「政を談じ」たと称する「局外窺見」にはこういう一節がある。「我輩が今の日本社会に居て守る所の主義は、西洋の文明を取て我国の固有と為し、我本来の文明に併せて之を独立せしめ、国民の智徳を次第に高尚に進めて進歩の秩序を誤ることなく、開国以来無欠の金甌をして千万年も欠ること無らしむるのみならず、尚進て国威を世界中に燿かさんとするの一事のみ。」（⑧220）これは『概略』の自国独立論と異ならない。その意味で自国独立論はそれ自体として時務論なのである。

（5）ただし、『時事新報』は『福翁百話』の元になった文明論をも掲載しているから、もっぱら自国独立論を展開するための機関であったわけではない。明治前半の日本ではまだアカデミズムが確立しておらず、福澤のジャーナリズムは後の講壇学問を包みこんでいた。別言すれば、福澤には「本店」と「夜店」の区別（丸山眞男）などなかった。ただ、福澤には強い科学信仰があり、それが未来に関わる「理論」と現在に関わる「政談」の区分を生んだといってよいであろう。

第2章第1節

（1）丸山は一貫した思惟方法の存在を示した際に、福澤の「基本的な考え方ゆえに起った推移」は射程に入れるが、「基本的な考え方にも拘らず起った変化」については度外視し、「転向」説については、他日の機会に譲ると断っている（「哲学」67f.）。だが、ここで丸山は事実上「転向」説を論駁していた。福澤は一方で「イデアリスト的」発言を行いながら、「マキャヴェリスト的な口吻」を洩らしている。これは一見矛盾しているようだが、福澤にとってはいずれも一定の実践的目的のための「条件的」認識である。福澤は、「文明は国家を超えるにも拘らず国家の手段となり、国家は文明を道具化するにも拘らず超越せられる」という相互性を意識しつつ、歴史的状況によって議論の「使い分け」を行ったのだ、と（「哲学」74–80）。この説はある意味では本書の立場と近い。したがって、この説を放棄した後の丸山にも、またこの説を『概略』に限って正当と認める遠山茂樹（『福沢諭吉』140）にも賛同することができない。

（2）　なお、丸山は、「彼［福澤］の思想自体のなかに転向がふくまれている。彼の物の考えかたが状況論的発想なんですね」と語っている（『座談』③150）。

（3）　姜尚中（「丸山真男における〈国家理性〉の問題」23）によれば、晩年の丸山眞男は、福澤の国際社会観は、万国公法が支配する自然法的理解からマキャヴェリ流の国家理性に変ったのではなく、最初から国家理性的発想があり、『唐人往来』では攘夷鎖国論に対抗するためにわざと戦術的におめでたい平和主義と開国論を説いたという趣旨の話をしたそうである。だが逆に、やはり晩年の丸山は、福澤が「晩年にも軍事力の偏重を戒めて、国際規範が主権国家に対して持つ力というのを認識しなきゃいけないということを、しばしば説いている」ことを認めた（「福沢諭吉の『脱亜論』とその周辺」47）。

（4）　明治八年の手紙でも福澤は、外国の圧制、外国人の乱暴について語り、「誰れか西洋諸国の白人を文明と云ふ。正是れ人道外の白鬼なり。耶蘇の宗旨もクソデモクラへ、無用の坊主を我国に遣していらざる人を教化するより、人間らしき公使コンシュルでも置て、泥坊と強姦の始末などする方、遙に優るべし」と酷評している（⑰183f. なお⑰187f. 参照）。なお、念のためにいっておくが、富国強兵論は福澤にとって隠蔽したり弁解したりすべき事柄ではなかった。欧州の「富国強兵天下一、文明開化の中心と名のみにあらず……」とか、「彼の産業の安くして彼商売の繁盛し兵備整ひ武器足りて世界に誇る太平」とか、「［フランスは］国富み人の多ければ保護の兵も多く……西洋一の強兵と名を得しも理なり」（『世界国尽』（②611, 616））という表現からわかるように、富国強兵は羨望の的であった。

（5）　岡義武（「国際情勢」87, 89）によれば、明治一二年～一四年の自由民権運動では、「弱肉強食」が国家の本質であり、「万国公法」は単なる強国の「利法」とする見解が多数派を占め、稀にいた、「条理」や「理」を信じる論者は、「国際情勢に対する前時代の無理解」がいまだ清算されていなかったことの証左であった。そうすると、福澤は新部隊の先鋒であり、旧部隊の殿軍でもあったということになる。

（6）　明治二年の手紙では、「兎角人に知識乏しく候ては、不羈独立の何物たるかを知らず。一身の独立をも知らざる者を相手に為し、何ぞ天下の独立を談ずべけんや。方今の急務、先づ文明開化抔の話は姑く擱き、人民知識の端を開き候義と奉存候」（⑰66）とか、「然ば則方今人生の急務は唯無知文盲の域を免れ、人々の才徳に応じ独立不羈の生計を求るより他事無之……」（⑰73）とか、「世の文明よりも一身の文明専一と存じ、他は顧るに暇あらず候。洋学校御取建被成候はゞ、治人の君子を御引立相成候よりも為人治の小人を導き候よふ御注意被遊度、方今世の中には治国の君子乏しきにあらず、唯欠典は良政府の下に立ち良政府の徳沢を蒙るべき人民の乏しきなり。……災害下より起れば幸福も亦下より生ぜん。小民の教育専一と奉存候」（⑰89）といった「一身独立」を優先する主張が目立つ。いずれも「学問の勧め」であり、直接「民権伸張」を狙ったものではない。

（7）丸山眞男はこのくだりを、「バランス」喪失のかなり決定的な証拠と見て、ここにおいて国際的視点の優位は国内政治に対する「無関心」ないし「軽視」という形で表現されるようになったとする（「解題」158）。だが、この文は、政府の一人の有力者に実権を与えて方向を定め、人民に対しては、人権を尊重して法律を公平にし、たとえ政権は与えなくても、「治権」を与えて公共の事柄を考える習慣を養えば、他日政権に参加する時に役立つという「案」をかつて考えていたという文脈の中で、この案を「専制政府の巧みなるもの」と評する者に対してなされた弁解にすぎない。しかも、この後、人民参政の思想の活発化によりこの専制風の案が実行できないと悟ったとしている（⑧123–125）。これは国際的視点の優位の表明でも、国内政治の軽視でもない。「背後の具体的状況から切断された言説のみを問題にするならば福沢のなかから幾多の奇怪な矛盾を拾い出して来ることはきわめて易々たることである」（丸山「哲学」74）と戒めたにしては、上手の手から漏れた水というべきか。なお、福澤は後に、「藩閥寡人政府論」における官民調和論が、民間の新聞から政府寄りだと攻撃されたが、他方では政府によって治安妨害として発行停止処分を受けた（⑯87）と、まるで後世の批評をあざ笑うかのようにいっている。

（8）明治一二年の手紙で福澤は、「都て男児の為す所は、其流儀は時と場所とに従て変易するあるも、其主義は確然不抜、毫も動揺せざる様致し度」いと語っている（⑰329）。ただし、ここで主義というのは「旧時の攘夷論」の「夷」を「異」に換えたものだという。

第2章第2節

（1）『ひゞのをしへ』（明治四年）には、「よのなかに、むづかしきことをするひとを、たつときひとといひ、やすきことをするひとを、いやしきひとゝいふなり。ほんをよみ、ものごとをかんがへて、せけんのために、やくにたつことをするは、むづかしきしごとにて、しゃくわんやのつちをこねたり、じんりきしやをひいたりするは、こゝろにしんぱいなくして、やすきことなり」とある（⑳72）。また、「字を知り理を弁じ心を労するものを君子として之を重んじ、文字を知らずして力役するものを小人とするのみ」ともいう（『西洋事情初編』①290. 同趣旨①397f. ③172. なお⑰77））。さらに、「農に告るの文」（七年）では、「石室に住居して馬車に乗りたくば智恵分別を出して銭を取る可し。富貴の門に門はなきものぞ。門もない其門へ這入ることを得ざる者は、必ず手前に無学文盲と云ふ門ありて自から貧乏の門を鎖し、自分の勝手にて娑婆の地獄に安んずるなり。若しもこの地獄を地獄と思はゞ、一日も早く無学文盲の門を破る可きものなり」と露骨に述べている（⑲311. なお③582）。ところが、福澤は明治一七年と二四年の「貧富論」で、「経済論の主義」に従えば人の貧富は痴愚によるけれども、今日の貧民は無智のために貧ではなく、貧のゆえに無智の場合が多いとし（⑩82, ⑬69）、「貧富痴愚の説」（二二年）でも、智は富の元であるという説は教育家の「方便の言」であり、実際には必ずしもそうではないと述べている（⑫64. なお⑪311f., ⑫156ff.）。『すゝめ』の〈メリトクラシー〉論と矛盾するこうした発言は、しかし、学校を出ても就職できずに「政談」に走りがちな「後進の学者」の輩出（⑩90ff.）、優勝劣敗の感覚が鈍く、清貧素朴を誇示する「士族書生の流」の不満（⑬99. なお④259 参照）、「貧にして智ある者」の不平の爆発（⑫60）といった状況に対処しようとしたものである。

「財」と「智」を切り離すこの論法は「変節」の結果だという「歴史的」解釈もあるが、しかし福澤は時間の経過とともに〈メリトクラシー〉論を放棄したわけではない。明治九年には、「人の貧富と貴賤とは唯其人の心身を労すると否らざるとにあるものなり」という説に賛成し（⑲600-602. 現実はそうなっていないが、原因は先祖の家産田地を子孫に譲る風俗（「所謂貧富の封建世禄」（④577. なお④629）にあるという）、一〇年には、人の生活は資本の有無だけではなく、「身の勉不勉」にあると主張し（⑳162）、一一年にも、「門閥」には「弊」と「実」があり、智のある者が実際に勢力をもち、門閥をなすのは当然であると述べ（⑲642）、一二年にも、「凡そ世の中に難き仕事をする人は至当の価を受けし上に人に尊敬せらるゝを常とす」といい（④333）、一三年の書簡には、「今の時節に学問不致候ては、自然に世間の侮を受け、遂には家を保つ事も六ヶ敷様可相成、……今日は居家の要、専ら学問に在ると申す世の中に相成候事也」とある（⑰436）。もっと後になると、たしかに教育より衣食を優先する議論が目だってくる。たとえば二一年にはこういっている。「例の教育家の道理」によれば貧乏は不学のためだが、他方で貧民を代弁して、才学は貧乏のためということもできるし、国民の教育は衣食が足りてからのことだということもできる。したがって、「脅迫教育の法」には賛成できない、と（⑪199f.）。また、同年に、愚者を智に導くのは本人の利益になり社会の禍を防ぐことになるから、教育を強制してよいとする「強迫《［ママ］》教育説」は一理あり、我輩も「時と事情」によってはおおいに賛成するが、衣食さえ不足する極貧の場合は、ひたすら労働するほかなく、子供の教育など顧みる遑もないとしている（⑪488. 同趣旨⑪465f., ⑪466ff. ⑪469ff.）。しかし他方、「教育費」（二九年）では、日本の教育はすでに過度に及ぶように見えるけれども、西洋文明の国民と比べるならばまだ及ばないことを認めている（⑮357）。しかも、ここで批判しているのは、土百姓がなまじ教育を受けたために家業を顧みず、政論に走るのは「過教の弊」だとする説である（⑮356）が、これは別の場所での福澤の説である。まったく同様の議論は『福翁百話』の第七三話（⑥323f.）と第七四話（⑥325f.）にも出てくる。見解を変えたのではなく、一方に「凝り固まる」ことを忌避し、「時と事情」と主題に応じて説を取り替えている様子が手にとるようにわかるであろう。

（2）「国交際の無情にして権利是れ争ふの状は……」（⑩236）という時の「同等同権」、「権利」には〈規範的〉意味はほとんどない。

（3）「我文明をして西洋の文明の如くならしめて之と並立する歟、或は其右に出」る（④4：B11）とか、「東洋新に一大英国を出現して世界万国と富強の鋒を争ひ、他をして三舎を譲らし」める（⑤128）とか、「欧米諸国に対して並立の権を取り、欧米諸国を制するの勢を得」るという（⑳148. なお⑲226）。

（4）「権義を伸る」とは弱者の位置から脱して強者と対等になることを意味するならば、「権義」概念は限りなく規範的色彩を失い、'Might is Right' に近づく。「大砲弾薬は以て有る道理を主張するの備に非ずして無き道理を造るの器械なり」（『通俗国権論』（④637））という発言を、丸山眞男は「露骨なマイト・イズ・ライトの主張」だという（「解題」146）。ただし、後述のように、福澤はここで一面的な戦争讃美を行っているわけではない。なお、福澤は、西周が外国人の内地旅行を許した場合の弊害を防ぐための箇条書が事実上役に立たないとした際に、「宜しからぬ事なれどもパワ、イズ、ライト権力は正理の源なりと云ふ諺あり。之を思はざる可らず」といっている（⑲546）。

（5）『通俗民権論』冒頭では、「権」とは、「強き者が弱き者を無理無体に威し付けて乱暴を働くの義に非ず、又弱き者が大勢集まりて無理無法なることを唱立て其勢にて乱暴を働くの義にも非ず」としている（④573）が、これにつき柳父章（『翻訳』103ff.）は、当時の日本語の「権」はここで否定されている意味を含んでいたのに、福澤は当時の「権」＝right という通念にとらわれていたためにこういう定義を行ったと解している。しかし、福澤がそれと知ってこう説明した可能性もある。『通俗民権論』は〈道理による政治〉を説くことが目的であり、したがって「民権」の字義が「下々の者が謂れもなく妄に威張る」ことと誤解されないように（④575）配慮していたからである。

（6）なお、『時事小言』には、「民権の伸暢は唯国会開設の一挙にして足る可し」とか、民権論者の主張につき（批判的にだが）、「政務の権力を縮めて民人の権力を伸ばさんと欲する者」とか、「只管政権の退縮を祈て、之を名けて民権の伸暢と称」する者といった表現がある（⑤98, 119, 123）。また『士人処世論』（明治一八年）では、「政治の思想とは、一国の人民がその政府に対するの関係は如何なるものかと之を吟味し、政府の権力の及ぶべき限りと人民の権力の伸ばすべき限りと其分界を明にして、相互に其境を守り相互に侵入を許さず……」といい（⑤541f.）、『国会の前途』（二五年）では、「君民同治立憲の政体」を説明して、「君主と国民と相対して、一方に伸る所あれば他の一方に縮む所なきを得ざるは自然の数理なるに……」としている（⑥36）。

（7）「強大にして無理なるものは害なり。此害を除けば、小弱にして正なる者よく其所を得可し。天然を以て文明に至る可し」（「文明論プラン」8）というのは、上述のように（第4章第1節も参照）、自然科学の精神に則り人為の障碍を除くならば、人間の智は解放され、自然ばかりか人事も自由に変えることができるということを意味するが、国家のレベルでいえば、智に基づいた文明が国を富強にするという観念となる。福澤は、西洋の一八〇〇年代に「近時の文明開化」が起った際のことを、蒸気電信の利器を発明して「社会の旧機関を顚覆して、之を兵事に用れば小弱却て強大に克ち、之を商工に用れば貧富忽ち主客の地を易へ……」と描写している（⑤115）。

（8）福澤は、ドイツの膠州湾占領に際して、いまの世界では万国公法とか国際の礼儀など表面を飾る虚礼虚文にすぎず、実際には弱肉強食こそ国交際の真面目であり、頼むべきは武力のみだとしつつ（⑯163）、ことを決するのは武力のみというのは「最後極端の場合」であって、平和の国交際にはおのずと文明国の守るべき礼儀があるから、ドイツに対して「国交際の常法に戻りたるもの」と非難することができるとしている（⑯158f.）。「道理」の利用の勧めである。

（9）丸山眞男（『座談』⑦236f.）は、国家理性が「経験理論」の問題であるとしたうえで、福澤において国家理性は「否定できない現実」と考えられていただけで、陸羯南のようにそれを「理論化」しようとしていないと見ている。また、坂本多加雄（『選集』㊀143f.）は、福澤が報国心を「非合理的な情動」として捉え、「ナショナリズムのロゴス化」をなすことができなかったとしている。しかし、福澤は後述のように、「平時の報国心」という形で、「理論化」とはいえないまでも、「ロゴス化」を行っていた。

（10）「世界の道理」や「万国公法」があるべき「規範」（自然法）だとすれば、それが実効性をもつためには、「世界中千万人の是とする所」とならなければならない。弱肉強食論はこの条件が満たされていないという事実認識である。逆にいえば、こうした規範は条件付きの手段であった。また、道理を固守すれば「敵は大国にても恐るゝに足らず、兵力弱くとも妄りに他人の侮りを受くること」もないとか、「道のためには英吉利、亜米利加の軍艦をも恐れず」というのは、弱小にもかかわらず「道理」によって「気力」を確保することが主眼となっているが、他方、「一国の富強を致すことあらば、何ぞ西洋人の力を恐るゝに足らん」というのは、「気力」を確保する手段を「実力」に求めたものである。

（11）『通俗民権論』では、「独立国の体面」をまっとうするには「智力」、「財力」、「一身の品行私徳」、「身体の健康腕力」が必要だとしている（④595）。

（12）『兵論』でいう。兵を強くして国を守るには民心の一致が必要だが、そのためには国民が政治の思想を抱いて護国の念を発する必要があるから、支那のような専制政府の下に強兵なしとするのは「腐儒の理論」である。この理論は、一国永遠の大計を目的として、百年の経世から見る時は正当であるが、「軍国兵馬の事」は百年の謀ではなく、圧制政府の兵でも自由政府の兵でも、強者は勝ち、弱者は敗れる。強弱は軍事の多寡、兵器の精粗、隊伍編制の巧拙、国財資本の厚薄によるのだ、と（⑤307）。他方、『概略』では、たとえワシントンを支那の皇帝にし、ウェリントンを将軍として鉄艦大砲で戦っても、火縄銃と帆前船の英国に負けるであろうから、勝敗は将帥にも器械にもよらず、ただ「人民の気力」による、としている（④66：B96）。「国家理性的」思考は、ある時には「人民の気力」を、他の場合には「兵力」とその基礎としての「財力」を前面に押し出すのである。

（13）ただし、丸山は決して国家理性一般を否定したわけではない。福澤との関連でいえば、明治前半の「国家理性」=「国家主義」は、昭和の軍国主義と違って、「道徳的」美辞麗句の衣装をまとっておらず、権力政治の自覚、権力行使の限界の意識をもっていたと捉えている（『集』⑮174ff.）。また、詳細は省くが、総じて政治的なリアリズムないし冷徹な状況判断として国家理性を評価し（『座談』⑤87, ⑦229, ⑧187,『集』⑦312）（戦国武士の、「situation（時、状況）によって軽重を使い分ける、比較考量の精神」（『講義録』⑤188）というのもその一つである）、そこから、政治における道徳的感傷主義とマキャヴェリズムをともにしりぞけて、マキャヴェリ自身に即した、政治における「徳」（あるいは責任倫理）として国家理性を肯定的に捉えた（『集』④246, ⑥240, 244, ⑦38ff., ⑦312）。戦国武士の特徴づけなど、丸山の福澤像とそっくりそのままといってもよいから、「丸山諭吉」という呼称（飯田『批判精神の航跡』323）もあながち荒唐無稽ではないわけだ。

（14）「智者」は知識人、あるいは「学」のある人という意味でも使われている（④70, 85：B102, 123）が、「物の外形を嫌ふて其の実の効能を棄るは智者の為さゞる所なり」（④130：B187）とか、「人智不完全なる今の小児社会に於ては、其神仏視する所のものをば其まゝにして懐古の記念に存するこそ、智者の事なる可し」（⑥20）とか、「自主独立の輿論は之を動かす可らず。既に其動かす可らずを知らば、之に従ふことこそ智者の策なれ」（⑤363）とか、「聴かれざるを知て論ずるは愚なり。行はれざるを見て運動するは粗暴なり。愚と暴とは智者の為さゞる所なれば……」（⑪103）とか、「自国の体面」を維持するために西洋に倣って不品行を秘密にすることは「智者の事」だ（⑤557. なお⑮546, ⑲268 参照）というのは「智恵のある人」という意味であろう。福澤は、政府がかつて急進的改革を行ったのに、いま民権論者の急進を押し留めようとするのは、「水火の盛なるを見て盛なるが故に衰へよと云ふに異ならず。智者の言に非ず」として、まず水火の性質を知り、その運動の原因を推究して救済の方略を練るべきなのに、「水盛なれば其流を止めよと云ひ、火盛なれば之を撲滅せよと云ふが如きは、智者の策に非ざるなり」と繰り返している（⑧138f.）。この場合、物の「性質」と運動の「原因」を探求するという点で、「智者」は物理学的思考をわきまえた学者という意味であろう。ただし、国家理性における「智」は策略や権謀術数に通じるから、「智者」もその意味を含んでいる。なお、福澤はルイ一一世の「狡猾」、「欺計」、「策略」といった「智力」についても語っている（④140：B201）。

（15）福澤によれば、政治経済学の用無用を決めるのは事物についての「是非判断の勘弁」如何であり、またおよそ事物についての「判断の明」を得るには、まずその性質を知らなければならない（⑧52f., 55）。あるいは、衛生、活計、社会の交際、一人の行状、食物の調理法から外国交際に至るまで無限の事物の性質を数年の教育で教えることは不可能だが、ことにあたって狼狽せずに「能く事物の理を究めて之に処するの能力」を育成することは可能であり、教育は記憶の能力のほか、「推理の能力」、「想像の働」を開発すべきものであるという（「文明教育論」二二年（⑫219f., 221））。いずれも「智」の働きであり、とりわけ「判断の明」と「推理の能力」は、「リーゾニング」（『すゝめ』）や「聡明叡知」（『概略』）に通じており、物理学的思考とも無縁ではない。だが、この「智」を物理学の精神と対応した自然法的「合理性」に包摂してしまうならば、「情」は克服すべき「非合理的」現実としてしか現れず、瘠我慢の肯定は、「非合理的」なものがかえって「客観的に合理的な結果」を生み出すという「逆説」としてしか捉えられないことになる（丸山「解題」149-151. なお『集』⑧6, ⑧205f.）。たしかに、福澤は、一方で「智」の進歩を推進し、「情」を克服すべき対象と見たが、しかし他方で現実世界で「情」が占めている重大な意味を考慮に入れ、「情」を思考の範囲内に取り込んだ。この後者の発想は、非合理的なものが合理的結果を生むという、「理性の狡知」（ヘーゲル）のようなパラドックスとは関係がない。「国家理性」は、「理性 ratio」である以上、「合理的 rational」な思考に属するが、物理学的＝自然法的合理主義と等置することはできず、福澤のいう「冷算（クールカルキュレーション）」に近い。これは、「商人が損益を平均して其中程の利益を目的にする」ようなものである（⑤516ff. なお⑤527 参照）。

(16) 榎本の降伏について福澤は明治二年当時の手紙にこう記している。「最初見込を立て事を起し力足らずして負けたり。負たるに由て降りたり。珍らしくもなき話に御座候。彌以勝タネバナラヌと申す約束にも有之間敷、負ても降ても男子は男子なり。天下の士人クヤシクモ初め脱走する位の胆力を具へたる者幾人ある哉。勝敗を以て人物を評する勿れ」と（⑰84）。「瘠我慢」の発想は早くからあったのである。

(17) 内村は後に日清戦争を讃美したことを悔やんで、「善哉彼れ正直者よ」と韜晦した（『全集』③233）。福澤のいう「結構人」である。しかし、同時に内村は、「楠正成は少なくとも主義の人なりし、彼は勝敗の赴く所を知りながら義務と責任とを避けざりし、大石内蔵之助は主義の人なりし。彼は国法を犯しても彼の人生観を実行せり、西郷隆盛は主義の人なりし、彼は国家にまさりて正義を愛したり」としている（『全集』③232）。この「主義」は福澤の瘠我慢と同じ心情倫理である。内村は『瘠我慢の説』が公表される前の明治三〇年に、福澤と同じような論理で勝海舟を批判していた（家永『近代思想史』191）。無論、内村の心情倫理はキリスト教に深く根ざすものである。内村は、明確に武士の子として「自尊」と「独立」の精神を称揚したが、それに対置したものは狡猾や不誠実、あるいは金銭欲であった（『代表的日本人』184）。

(18) もっとも、『兵論』では、王侯と賊の別は、道理から見れば「義」に基づくが、「人事の実際」では勝敗により決まるとして、「勝てば官軍負れば賊よ」を肯定している。ただ、ここで福澤は、国内に関しては「大義名分」を「公義輿論」に繋留することによって、兵力だけで時代は動かないとしつつ、対外戦争では、万国公法という「公義輿論」ではなく兵力が決定的であり、「勝てば官軍」（「勝則王侯敗則賊」）は一国内よりも世界各国の交際上に行われていると述べている（⑤302-304. なお⑧270, ⑩242f. 参照。また丸山『集』⑧202f. 参照）。つまり、国際問題にのみ国家理性的リアリズムを適用して「勝てば官軍」を肯定しながら、「内乱」は拒否するのである。なお、「公議輿論」については後述第5章第2節参照。

第2章第3節

(1) 慶應二年の手紙では、もし大名同盟論が実現すれば「随分国はフリーにも可相成候得共、This freedom is, I know, the freedom to fight among Japanese」として「大君のモナルキ」を推奨している（⑰31）。内乱の否定である。なお、この後で、大名同盟論者は一国の文明開化の妨害者であり、「即ち世界中の罪人、万国公法の許さゞるところなり」と述べているが、これは正当化根拠の一つにすぎないであろう。上述のように、福澤はすでにこの時点で、道理の裏打ちとしての「実力」を肯定していた。

（2）〈道理による政治〉論は、あるべき政治像であり（そこに専制政府容認のイデオロギーを認める見解（色川『明治の文化』71）もあるが）、原則として「抵抗権」を否定する（なお安西『西欧思想』295ff. 参照）。その点ではカントの抵抗権否認とまったく異ならない。たしかに、福澤は「国法と人民の職分」（明治七年ごろ（⑳93ff.））では、国法遵守を原則として承認しつつ、不当な法に対しては「国安」を妨げないように漸進的な改革を行い、悪法に対しては種々の手段を勘案して「最も穏なるもの」によるべきだとしている。これは一種の抵抗権の承認であるが、「過激乱暴」を認めるものではない。国法といえば何であれ唯々諾々と従うことを忌避して、「人民の心に活動の働」を惹起しようとするのであって、その意味では『丁丑公論』における「抵抗の精神」の評価と同じである。明治初年の福澤にとっては何よりも「精神」の変革こそが課題であった。

（3）福澤は明治二九年に、「武事」と「商事」を「修るの熱心」は同様であるけれども、「事実に発するの一段」については商事を優先すべきであり、実業は「即案即発進取活発、発して中らざれば再挙を謀り、百折不撓」を心がけ、武辺は「持満不発、万全を期し、万々全を見ても尚ほ容易に動かず、或は動かんとして更らに又中止するが如き、一見因循なるに似て沈勇深き処に在る」ものだとしている（⑱732）。

（4）ただし、「尚余力あれば我れより手を出して……」ともいう（⑩247）から、侵略的要素がないわけではない。なお、日清戦争後には、武力はみだりに外国と戦争するためでないばかりか、戦争の可能性を低減させるためだといっている（⑮91f. ⑯38. なお⑮282, ⑮518 参照）。「武装せる平和」論（⑯161）である。

（5）坂本多加雄は、西洋化の強調（「外交論」明治一六年）、英語教育の徹底化の主張（「開鎖論」一七年（⑨501ff.））、キリスト教受容論（「宗教も亦西洋風に従はざるを得ず」同年（⑨533ff.））を、長期的視点からする日本の文明化というよりも、条約改正を念頭に置いた、鹿鳴館式の文明国・日本の「対外イメージ」作りのためであると捉える（『選集』①132ff. なお伊藤『論考』208, 538, 小泉『宗教観』42ff. 参照）。そのように考えるのは誤りではないが、条約改正は、福澤が初期以来追求した課題であり、自国独立という長期的な目的に関わっていた。「対外イメージ」作りも、この時期だけに限定されず、やはり自国独立の一手段である。たしかに、キリスト教については、『時事小言』で、「人民護国の気力」を損なわないように、仏教保護によってキリスト教を排除する策を提起していた（⑤218. 同趣旨⑧33）のに対して、明治一七年には、「我人民が耶蘇教を信ずるが為に、内外の区別を等閑に附し、或は護国の気力を傷くるならんなどの考」をかつて唱えたのは「一時の過慮」であり、今日の時勢に適した工夫が必要だとして、「他［国］の疎斥を免れ」るためにキリスト教を受け容れるべきだと説くに至っている（⑨533, 536）。つまり、明らかに見解を変えたのだが、究極目的は「欧米文明の諸国に対して我独立の地位を保つ」こと（⑨532）であって、『時事小言』の場合と異ならない。また、キリスト教受容論もこの時期だけのものではなく、明治三一年にも、「国交上」の「非常の不利」を配慮して「外教の輸入」を訴えている。しかも、そう論じる場合でも、キリスト教の効用は他の宗教と同じく「世安の為め」（⑯501f. 同趣旨⑯113f., ⑯127ff.. なお⑩52ff., ⑩326ff. 参照）、つまり社会秩序の維持による自国独立（内安）の確保であった。したがって、状況的発言はそれ自体として歴史的状況に触発されたものであるが、それを支える背骨として自国独立論がつねに存在していたことを看過することはできない。なお、「外交論」における西洋化の肯定を、「対外侵略に積極的であるときにのみ、その手段としての西洋化に積極的なのである」という説（遠山『福沢諭吉』186）も首肯できない。福澤は、『概略』で西洋文明の摂取を説いたが、わずか一年後の『すゝめ』では、西洋の猿真似を排して、「西洋の文明固より慕ふ可し」とはいえ、「軽々之を信ずるは信ぜざるの優に若かず」といっている（③126, 129：B137, 141. なお④624, ⑤9, ⑦684）。また「開国論」（明治一六年）では、西洋癖批判は「局処随時の議論」であり、「永遠の得失」の観点からは、数年内に日本を純然たる一新西洋国となし、その文武によって旧西洋国を圧倒することが目的だと語り（⑧548）、実際にも様々な時期に西洋文明摂取論を展開した。ちなみに、西洋文明摂取につき、採長補短の姿勢（和魂洋才の意味ではない）も示している（③125, 129：B136, 142, ④532, ⑥451, ⑧221, 224. ただし⑨202f.）。

（6）丸山眞男は、『概略』を「体系的原論」ないし「原理論」としてその他の「時事論」から区別し、「脱亜入欧」論のうち、「入欧」は原理論で、「脱亜」は時事論にあたるとしている（『読む』下313ff., 322）。こうした区分は、自説に都合の悪い発言を「時事論」として片付けてしまう危険を孕んでいる（中野『大塚と丸山』215ff. 安川『福沢と丸山』134ff. 参照）。なお、断るまでもないが、本書にいう「理論」と「時務論」、「学者」と「ジャーナリスト」は丸山の区別とは無関係である。

第3章第1節

（1）「徳義上」の困難とは、外国人との同権が事実上存在しないという意味であり、「人民の品行に差響く」というのは、国民の品行を「卑屈」に導く恐れを指す（④197：B283 参照）。

（2）『時事小言』では、日本は開闢以来外国人の支配を受けたことがなく、人民はみずから自国を保護し、社会の上流から下流に至るまでよく「内外の別」をわきまえている（⑤208f.）としているが、これは、支那と比べて日本が「先人の遺徳」によって独立をまっとうしていることを強調したにすぎない。

（3）『分権論』でも、「人々をして日本国の所在を知らしめ、推考の愛国心を永遠に養ひ、独立の幸福を後世子孫に譲」るように説いている（④288）が、「推考の愛国心」とは、国民に「国事に参与せし」め、「公私の利害」を一にする、「人智の推考に源して道理に適ふ」（④276f.）愛国心のことである。これは、国民を導いて「公共の利害」に身心を尽させるために国事に参与させる「術策」であって、政権を人民に付与するのではなく、地方の人民に「治権」を分つことによって中央政府とともに「国安」を維持し、それを通じて人民に「日本国の所在を発見」させようとするものである（④278）。したがって、いわゆる「国民国家」論ではない。丸山眞男は、「主権」概念を、国家における最高権力のありかを示す「国家内の主権」と、国家の自主的な統治権・外交権を表す「国家の主権」（対外的主権）の二つに分け、福澤の課題が、日本を「国民国家」にし「主権国家」にすること、「国民的主権国家」の形成であったとしている（『読む』下248-251）。「国民国家」とは人民主権に基づく国家を指す。丸山は、福澤の「愛国心」を、「人民が主体となり、国を自分のものとして愛する」という西洋のpatriotism、すなわち「人民主権的思想と連動」したものとしている（『読む』下106）。しかし、福澤が人民主権を説いた証拠はどこにもない。福澤は、国民が「自国の存在」を知り、それを担うべきだという意味では国民国家の構築を目指した（「日本には政府ありて国民（ネーション）なし」）が、しかしこの意味の国民国家は人民主権を必須の前提としていたわけではない。

（4）平山洋は、この表現、正確には、「国に君臨する帝室の地位をして尊厳光栄ならしむる」という一句を、「皇室の尊厳のために日々の仕事に励むことが忠義である」と解釈したうえで、福澤は忠義の説明に「帝室の地位」など用いようとしなかったから、この一句は「忠孝論」（『立志編』所収）における忠義論と「正反対の理解」を示しており、この論説（「忠義の意味」）自体を、『時事新報』編集者であった石河幹明の思想の表れとしている（『福沢諭吉の真実』115）。だが、文脈を見ればわかるように、この論説の重点は「人民平時の忠義」にあり、それを形容する「皇室」云々の一句だけを取り出してこのように評するのは、枯れ尾花に幽霊を見る類の神経過敏ではないだろうか。無論、だからといって福澤が戦時に忠君愛国的報国心を否定したというわけではない。しかしまた、逆に天皇制を政治的に擁護したというわけでもない。福澤は、明治二六年に、「百千年の大勢より考ふれば、君主制は変じて民主制と為り、抑圧専制の政は転じて自主自由の政治と為る、事実に徴して明白なる所なり」と明言し（⑭145）、『福翁百余話』ではこういっている。君主とは、民心を一つのところに帰す必要から生じたものであり、君位の動揺は民心の動揺、一国変乱の不幸に繋がるから、そのような場合、「独立の士」は「平和」のために尽力すべきであるが、そのためには平生から「世安維持の天職」を勤めるべきであり、しかもその忠義の源は「自尊自重」、「自動」であって「他動」ではない、と（⑥406f.）。なお、『時事新報』掲載の福澤の論稿に関する平山の詳細な書誌的研究についてここで論評することはできないが、右の見解にも示唆されるように、一定の福澤像（『福沢諭吉の真実』160f.）を前提としているところに一番大きな問題があるということだけを指摘しておきたい。

（5）『分権論』や『時事小言』でも、商工業や学問技芸の戦争について語り（④289, ⑤109）、後にも、忠義を直接と間接に分け、現代では「学問の忠臣」、「商売工業の忠臣」も必要だとし（⑩491f.）、あるいは、「戦争の元気」を保存し、兵馬戦争の形を転じて国勢競争の戦場に赴くように説き、「平和の戦場」、「国勢競争の戦場」での戦いに勝利するように叱咤激励した（⑬138f. 同趣旨⑬140f.）。

（6）「ミル手沢本」（①312）には、「良将ガ討死シ義士ガ身ヲ殺スモ其不幸ヲ以テ他ノ不幸ヲ致サンガ為メノミ若シ然ラザレバ山伏ガ業ヲスルモノニ異ナラズ唯奇ヲ示スニ足ルノミ」という書き込みがある。

（7）「瘠我慢」はその一例である。なるほど、瘠我慢は犬死や愚忠の勧めではない。それは、立国に対する責任を自覚した国家理性の観点から義認されたものであり、したがって激情に駆られた無謀な忠義をそのまま肯定したものではない。しかし、瘠我慢は戦時の心構えと無関係ではあり得ない。たとえばいう。幕府の壊滅は国内のことだが、たとえ国内であっても戦端を開いた以上、敵は敵であり、その敵に敵することが無益・無謀だと考えて、もっぱら平和無事に誘導した士人を率いて、敵国外患にあたって辛苦に耐えさせることができるだろうか。「内［＝内乱］に瘠我慢なきものは外［＝外戦］に対しても亦然らざるを得ず」と（⑥564）。今後敵国外患の変事に臨んでは決して維新の挙動を学んで権道に就いてはならないという（⑥566）以上、「瘠我慢」は戦時に十分な威力を発揮するといってもよい。実際、福澤は、「立国立政府の公道」を行うのに「平時」はさして困難ではないけれども、国の衰勢にあたってこそ「瘠我慢」が発揮されるとしている。ただ、同時に福澤は、戦争の勝敗だけでなく「平生の国交際」においても「瘠我慢の一義」を忘れてはならないとして、「小国の瘠我慢」を称揚している（⑥560f.）。

（8）教育勅語を解説した井上哲次郎（『勅語衍義』（明治二四年）409f., 428）は、勅語の趣意は、「孝悌忠信ノ徳行」により国家の基礎を固め、「共同愛国ノ義心」を培って「不慮の変」に備えることにあり、これにより「民心ノ結合」をなすことができるとしている。これは、論理としては、福澤の、「人心の結合」を含んだ「報国心」とほとんど異ならない。ただ、井上の場合、「外慮」の脅威に対して「国家の為メニハ一命ヲ塵芥ノ如ク軽ンジ」る「公義心」を、まだその恐れのない間に「鼓舞」するといっており、基本的に戦争を念頭においた愛国心が問題であった。もっとも、その戦争のための愛国心も、「共同愛国ノ要ハ、東洋固ヨリ之レアリト雖モ、古来之レヲ説明スルモノ殆ンド稀ナリ、故ニ余ハ今共同愛国モ孝悌忠信ト同ジク徳義ノ大ナルモノタルコトヲ説明セリ」というように、必ずしも自明のものではなかった。たしかに、井上は、「愛国ノ心」は父母、子孫、兄弟、夫婦、朋友への「愛」の一切を含むとしている。これは、愛国心の独自の説明を放棄して、儒教道徳と愛国心の合体による「家族国家」の創出を狙ったものとされる（石田『研究』42. 参照）。しかし、儒教道徳にはもともと仁義礼智信の「五常」や「修身斉家治国平天下」の教理があったから、井上の主張はさして目新しいとはいえないのではないか。むしろ、井上を悩ませたのは、伝統的な儒教道徳に含まれる「君」への忠義ではなく、「国」への忠義としての愛国心であったように見える（なお松本『明治思想史』112f., 丸山『集』⑧224 参照）。

第3章第2節

（1）松沢弘陽（『西洋経験』335ff.）は、福澤は武士のエートスについて『概略』第九章では批判的でありながら、第十章では積極的に評価し、以後後者の見方が優勢となっていったと理解し、また伊藤正雄（『論考』175ff.）は、明治九年ごろを境に、福澤は西洋一辺倒を改めて、日本の伝統・習慣を評価し、武士の精神の維持を高唱するようになったとしている。武士の精神に対する積極的評価は、たしかに明治初期には見られず、『概略』以後に多くなる。しかし、他方で消極的評価が完全に消失してしまったわけではない（その例は以下でも何度か見るが、とくに第3章第1節註（7）参照）し、西洋一辺倒が改まったわけでもない（前述第2章第3節註（5）

参照）。

（2）福澤は、西洋文明の摂取といっても、無から有を生じるわけではなく、「有より有に変形する」ことが重要であり、日本にはすでに「固有の文明」があるのだから、これを棄てずに、「固有の智力を以て固有の事を行ひ、兼て西洋の事物を採て以て我固有のものと為」すべきだとしている（④624．なお④532，⑥51参照）。「智」の変形も認めるのである。

（3）『分権論』では、維新の際に武士が「文明開化進歩改進」をスローガンにして「文明の向ふ所、天下に敵なきが如く……」としているが、その文に註して、「固より文明と唱るものも、果して真の文明なるや否、甚だ疑ふ可きもの多しと雖ども、旧を棄てゝ新に向ふの義は頗る盛なりと云ふ可し。記者は唯世間の通用に従て爰に文明の字を用ひたるのみ」と断っている（④238）から、武士の気風の評価を鵜呑みにするわけにはいかない。たとえば、『実業論』では、「士族は国中智徳の最上たると同時に、衣食は世禄に依頼して曽て額に汗するの必要なく、仁義を先にして利を後にし、廉恥を重んじて得喪を軽んじ、世々代々唯精神の一方を琢磨して美を燿かした」としている（⑥147）が、これは、実業の進歩に関する士族の消極的評価を導き出すための論述であるから、額面通り受けとることはできない。他面、「外戦始末論」（明治二八年）でも、封建時代の士族が日本文明を進歩せしめた原動力であり、武士道を奨励して「廉恥」を重んじ、平民社会までその気風を及ぼし、国民として「肉体以上に尊ぶ可きもの」があることを知らしめ、内に夫婦親子骨肉の関係、外に社会交際の義理や「愛郷愛国の公徳」を育成したのは武士の賜であると述べている（⑮51）。この場合は、論旨（旧幕時代の武士を養う費用に比べれば今日の戦費などとるに足りない）には直接関係がなく、一般的な見解と見ることができる。

（4）福澤は、いまの士族学者は百姓町人の卑屈と比べればおおいに「活発」なようだが、その威力を恐れない態度は決して「理論上の大義」を理解してのものではなく、ただ生来の教育と風俗によって「強勇」の形を示しているにすぎず、無学では強弱ともに頼もしくないと述べている（⑦699）が、これも「智勇」を前提とした議論であろう。さらに、徳川二七〇年の泰平のために三河武士の「智勇」は地に落ち、今日では名実ともに存在していないといっている（⑨135）が、これは、「古学流行」によって社会の人心が倦怠に陥っていることを批判しようとしたものである（⑨133）。なお、福澤は、「智極て勇生ず」の「智」は必ずしも「事物の理」を考えて工夫するという意味だけでなく、聞見を博くして「事物の有様」を知るという意味（「インフォルメーション」）にもとるべきだとしている（⑤26）。

（5）同じ『福翁百話』では、勇気があり心事磊落な「熱心家」は、今日の弱肉強食の状況下で居家処世立国のために重要であるが、しかし忠臣愛国の志士が「武勇義烈」に熱し、ついに制御できなくなることは歴史上ままあり、現代でも志士の熱心を非とするわけではないけれども、その趣を改めて、宝刀を袋に納めて不時に備えるように、「熱度」を保存したまま腹に納め、外面では優美を装うようにするのが肝要だとしている（⑥293f.）。この勇気は、宝刀の比喩に見られるように、「非常の忠孝」にあたる。

（6）「潜勇」を「智者の事」というのは、時に応じて「情」も手段として組み込む「国家理性的」な智の働きを意味する（前述第2章第2節註（15）参照）。それに対して、勇気を「深遠の理想」により掣肘しなければ、「絶対の獣勇」に陥るから、「哲学理論」が必要だというのは〈文明論的〉な観点である。

第3章第3節

（1）植木枝盛が起草した憲法草案（明治一四年）の第四四条には、「日本ノ人民ハ生命ヲ全フシ四肢ヲ全フシ形体ヲ全フシ健康ヲ保チ面目ヲ保チ地上ノ物件ヲ便用《ママ》スルノ権ヲ有ス」とある（『憲法構想』389）。これは、『西洋事情二編』の「生命を保ち、四肢を保ち、身体を保ち、健康安寧を保ち、名誉面目を保つ」と酷似している。植木は明治七年に『西洋事情』を読んでいた（家永『近代思想史』123参照）から、両者の間に関連がある可能性は高い。

（2）これらの翻訳ないし翻案のいわゆる「種本」から福澤の意図を探るのも一つの方法である（安西『西欧思想』255ff.）が、ここでは広く福澤自身の著作に現れた名誉の意味内容と機能を確認するというアプローチをとりたい。

（3）「私権先づ固くして然る後に政権の沙汰に及ぶ可きは当然の順序なるに、我日本国民は未だ私権の重きを知らず、安んぞ政権の重きを知らんや」（⑫223）といい、「人権の重きを知らざる者は未だ与に政権の事を語る可らざるなり」（⑪474）という。ちなみに、『西洋事情外編』には、「国中の人各〻一己の私徳を修めざれば、仮令衆庶会議の法を設るとも、一国の公政を行ふ可らず」とある（①423）。

（4）福澤は明治三年に、慶應義塾の学生に「官途の心雲」を脱却するように説き（⑲376）、七年には、洋学者がもっぱら官途に就いていることを批判したり、「学者」の官途熱を指摘して、義塾の学生が政府と助け合うように勧めたりしている（③51f., 61f.; B40f., 82f.）。あるいは、明治九年ごろには、「官途に熱中奔走する者」を抑制して、「官私の不和」を止めようとしている（⑳159）。ここからわかるように、官途熱批判は「官民調和」論の一角を占めている。福澤によれば、官民調和の最重要の手段は、政治家・官僚の高い地位・爵位・俸給、広壮な邸宅や贅沢等が人民の羨望嫉妬、怨恨憎悪の的になっているのを是正して「質素簡易」を進めることにある（⑬669ff., 676）。あるいはいう。官民調和のためには、官尊民卑の宿弊を除き、政府は人民に敬意を表し、人民もみだりに政府を侮ってはならない。官吏と人民との関係は対等であり、職分に違いがあっても、身に軽重があってはならないから、ともに同じ進路に向かうべきである、と（⑪102. なお⑳413f. 参照）。官民調和論は、官途熱、官尊民卑、人民の卑屈に対する批判と連動しており（⑫489ff. 参照）、したがって名誉の分配論と密接に関わる（⑪122f., ⑪158ff., ⑪195, ⑬21, ⑬622 参照）。なお、福澤は『すゝめ』四編で、政府と人民の間に違いはなく、「政府は恐る可らず近づく可し、疑ふ可らず親しむ可し」ということをわからせることができれば、上下固有の気風もしだいに消え、そこにはじめて「真の日本国民」が生まれ、「国民の力と政府の力と互に相平均し、以て全国の独立を維持すべきなり」としている（③53f.：B43）が、伊藤彌彦は、この発言に、「人民と政府が相持ちで構成する国民国家（ネーション）観」を見出したうえで、一方で官民調和論がこうした「近代国民国家」創出の理想主義に固執した結果であるとしながら、他方では官民調和論それ自体は明治一四年の政変以降に「城内平和論による人心の統一」を目指したものであり、時代の政治状況のために遅くとも明治二六年には挫折に終ったと見ている（『維新と人心』168ff., 173-178, 206）。しかし、『すゝめ』の主張は、政府と人民がたがいに所を得て「全国の太平」を守る〈道理による政治〉論に基づいて自国の独立を貫徹しようとするものであって近代国民国家創出の理想主義とはいい難い。また、福澤は明治二六年に、「我輩の［官民調和の］説は徒に紙上の空論に帰して寸効を見ず」と慨嘆を洩らしている（⑬650）が、官尊民卑、官途熱、卑屈への批判は時期に関わらず（したがって二六年以降にも）見出される。ちなみに、丸山眞男は官民調和論を「独立自尊」の精神との関わりから見ている（「哲学」100参照）。

（5）交際の自由平等を説いて「尊卑の区別」を批判し（⑮499f., ⑮500）、世界レベルの名誉を引き合いに出して名誉の相対性を論じ（⑩465, ⑪110f. なお⑪104, ⑪167）、また、「直接」の忠義心を相対化して、「文明世界の学問技芸商売工業等」のどれを勉めても「人生の勲功」たり得るという（⑩490）。

（6）福澤は、「官」による名誉独占が封建時代の陋習であると指摘しながら、他面、徳川時代の「栄誉権力の平均主義」（「俗界に栄誉の高きものは実際の権力なく、実際に権力を逞ふする者は却て表面の栄誉に乏し」かったこと）をしばしば引き合いに出している（⑫615. 同趣旨（北条氏の例も含む）として④24ff.：B37ff., ⑥39ff., ⑧189-192, ⑧667f., ⑪336, ⑪433, ⑪486, ⑫127, ⑭320. なお丸山『読む』下97, 134参照）。

（7）『福翁自伝』では、中津藩の上士による下士への軽蔑について触れた際、自分も軽蔑された分だけ目下を軽蔑してやれば、江戸の敵を長崎で討って勘定が合うようなものだが、できなかったと語り（⑦140：B174. なお④198f.：B285f. 参照）、他の場所でも、幕吏が権威をほしいままにし、弱藩の士族として「我れも幕吏たらば之を学んで威張らんものを」と思ったことを引き合いに出して、いまや英国人が東洋で幕吏の代理を務めているが、「我輩の志願は此圧制を圧制して、独り圧制を世界中に専らにせんとするの一事に在るのみ」と語っている（⑧64ff.）。丸山眞男はこの発言を「彼の独立自尊の最も甚だしい逸脱の例」と評している（「解題」155）が、福澤は「独立自尊」にしばしば傲慢の色彩を与えており、それが外国人について示されたからといって、目くじらをたてる必要はないであろう。ちなみに福澤は、明治二三年に「工学会」の発会式の席順に「官民」の差別を設けることに憤り（⑳370）、翌年の大槻文彦の言海出版記念会の案内状につき、貴顕の後塵を拝するような記名の順序を批判し（⑱477-479）、年代不詳の手紙では、本願寺法談の会での貴賤の区別に反撥している（⑱903）が、これも独立自尊の逸脱というよりも、独立自尊の一つの現れである。

（8）「銭一方の人」が名のために利を空しくすることを「高尚」と認めながら、「大名誉」に導くというこの論法は、「ミル手沢本」（①117）に、「功名ヲ好ムハ銭ヲ好ムニ等シ少シク趣ヲ異ニスルモ結局コレヲ他ノ方便トシテ好ムニ非サルヿ多シ考レバ空ナルガ如クナレ𪜈人心ノ定則ナリ」、「馬ニ乗レバ馬ガ面白クナリ旅ヲスレバ旅ガ面白クナリ養生ノ為トハ思ハレズ」とあるのと符合する。乗馬や旅行が養生の手段であったのが自己目的と化するように、功名心も、金銭欲と異なるようだが、やはり自己目的となり「空」である、というのだから。「自然の名誉」論でも福澤は、商売の成功のためには、最初から利を期せず、これを度外視したようにするのがよいとしている（⑥416. なお⑧10参照）。しかも、「ミル手沢本」（①113）には、「幸ヲ求メザルノ誠心アリテ始テ幸ヲ致ス可シ金ヲ欲スル者ハ金ヲ得ズ名ヲ欲スル者ハ名ヲ得ズ」とある。

（9）福澤は、勝や榎本が「智謀忠勇の功名」を空しくして「富貴」に就いたことを批判して、「凡そ人生の行路に富貴を取れば功名を失ひ、功名を全うせんとするときは富貴を棄てざる可らざるの場合あり」としている（⑥570）が、『時事小言』でも、「自から強弱を揣《はか》らずして試に王師に抵抗し」て敗れた輩が、激動期が終って新政府の下に名利を求め、意気揚々としている様子を、「何ぞ不廉恥の甚しきや」と評している（⑤133. なお⑳250参照）。

（10）福澤は、封建時代の士族社会の気風は高尚であり、体面を重んじたが、文明開化のためか、「士族の遺流たる学者技術家の輩」がこのことを忘れて、素町人輩もなさないような不正卑劣を働いて、みずから恥じることを知らないことを断罪し（⑭184f.）、また、「技師」は車夫や料理人のような「無教育の輩」と違って、「学問技術を修めたる士人にして名誉廉恥の何物たるを解し得る人々」だという（⑮325）。

（11）『福澤文集』（明治一一年）でいう。「外物」を目的とする行為は「独立」と無関係である。名誉や利財のために刻苦勉励するならば、それが得られたとたんに努力をやめる。名のためでもなく、利のためでもなく、「独一個の精神」を育成するために勉強刻苦する者にしてはじめて「不羈独立の士」と称することができるのだ、と（④407）。ここにいう名誉は〈世俗的名誉〉であり、それに対置された「独一個の精神」は〈自尊心〉としての名誉に繋がり、おそらくまた武士の名誉観と関わる。

（12）ただし、こういいながらここでは「有形の独立」を優先すべきだと説いている。なお、「有形」と「無形」につき、後述第5章第1節参照。

（13）「一片の独立は生命より重し」（⑥291）という表現は、名誉と同様、独立の気概の重要性を物語っている。福澤は『概略』で、「一片の本心に於て私有をも生命をも抛つ可き場所」を外国交際に求めたが、そこに名誉が欠けていたのは、この精神自体が名誉と同じ地平にあったためと思われる。はたせるかな、『概略』の当該部分の草稿は、「一片ノ本心ニ於テ生命ヲモ面目ヲモ抛ツ可キ場所」（『草稿』229）となっていた。また、既述のように、『時事小言』では、「無事の日に之［＝外国交際］を忘れざるは勿論、一旦事あるに臨ては財産も生命も又栄誉をも挙て之に奉ずることこそ真の日本人なれ」と述べていた。

（14）『概略』でいう。「文明の人」に政府と人民との関係を尋ねたならば、こう答えるだろう。国君といっても同類の人であり、偶然の出生でその地位に就いたか、一時の戦争に勝った結果にすぎず、代議士も、選挙によって利用する「一国の臣僕」にすぎないのだから、彼らの命令に従って一身の徳義品行を改める者などいるはずもないし、「一身の私」には一切政府に容喙を許すわけがない。兵備や刑法典も我が身には無用であり、やむを得ずそのために税を出すのも、実は悪人に投与したものにすぎない。まして政府が宗教学校について差配し、農工商の法を示し、日常家計まで指図し、善を勧め、生業の方法を教えてやるから銭を出せというのは根拠のないことである、と（④122：B175）。無論これは福澤得意の極論である。たとえば税について、他の場所では、政府は国民の「名代」として国民の意思に従うのは、政府に善人保護の職務を勤めさせて、その代償として役人の給料や政府の諸費用を国民が賄うと約束したものだと説明し、人民が国を護るために費用を払うのは義務であり、これに不平を唱えてはならないとしている（③63, 73：B54f., 67. なお①506, ⑤106, ⑬225参照）。ただ、文明人の独立の気概を強調すれば、右のように表現されるということもまた無視することはできないであろう。

第4章第1節

（1）福澤は「漢籍排斥を唱えたけれども、福沢自身にたいする儒教の影響は抜き難いもの」であった（小泉『福沢諭吉』203）とか、「福沢の論じた個人のあるべき姿は……儒学における人間像にきわめて近い」（中村『福澤諭吉』178）という評価、あるいは、福澤は「儒教の教義を新しい時代の視点でとらえなおそうと試みたり、儒教の教義だけでは不十分として増補をこころみようと」したけれども、「儒教の教義そのものを根本的に否定した論述はきわめてすくな」く、「むしろ儒教の教義の多くを当然のものとしてうけとっていた」（安川『近代教育』367）という見解は、福澤の思考方法や議論の仕方を知る者にとっては、素直に受け容れ難い。なるほど、福澤はたとえば「儒教主義」（明治一六年）で、「日本は特に道徳の国と云ふも不可なきが如し」というばかりか、修身斉家治国平天下の点につき「一も申分ある筈なし」と述べ（⑨276）、あまつさえ外国交際・国権拡張を含んだ経書の増補版を出すように勧めている（⑨275）。しかし、これは、外国交際における儒教主義の欠陥をあげつらうのが目的であって、儒教道徳の延命を図ったものではない。他の機会（三一年）には、日本の排外思想が儒教主義の教育からきたものだと明言している（⑯271. なお⑯274f., ⑯646参照）。あるいは、「周公孔孟の教は忠孝仁義の道を説きたるものにして一点の非難もなきのみか、寧ろ社会人道の標準として自から敬重す可きものなれ」（⑯276）といいながら、そのすぐ後で、この点では神仏儒も変りがないとし、また儒教主義はすでに徳川時代以来腐敗していると論じている（⑯267ff.）。

（2）なお、儒仏の教はインド・中国に従属するものでありながら、古来我国権を害することができず、むしろそれを我国固有のものに「変形」したという（⑤217）。

（3）丸山眞男（「儒教批判」11ff.）によれば、福澤の儒教批判は明治一四、五年を境に、「イデオロギー曝露」から儒教主義教育の復活と条約改正問題に的を絞った、より非政治的な「イデオロギー論」に変化し、その間には批判様式の緩和化と批判範囲の局限性が認められるという。なるほど、明治一四、五年以前（以下便宜上「前期」とする）と違ってそれ以後（「後期」）には、少なくとも批判対象の限定を見てとることができる。ただし、ここでもいきすぎた歴史的図式主義を修正しておく必要がある。たとえば、修身治国平天下の構成は「実に当時の社会に於て已み難き自然の結果、一概には擯斥し難き理由なきに非ず」とか、「儒教主義は誠に周公孔孟の時代に適合したる教にして此時代には此主義なかる可らず」（⑨271, 273）といった「後期」の緩やかで相対的な表現は、「若し孔子をして真の聖人ならしめ、万世の後を洞察するの明識あらしめなば、当時の権道を以て必ず心に慊しとしたることはなかる可し。故に世の孔子を学ぶ者は、時代の考を勘定の内に入れて取捨せざる可らず」（③112：B118）という「前期」の発言とさほど異ならない。逆に、「後期」にも、『福翁百話』では、十数年前に古学復活の「奇相」が登場し、「嘉言善行忠勇武烈」といった極端の主義を奨励して天下の人心を刺衝し、その影響を今日に至るまで払拭することができないのは、畢竟「彼の儒魂の不滅」に由来するものであり、「是即ち我輩が……儒流の根底より排斥せんとする由縁なり」と述べ（⑥262）、また「漫言」ではあるが、「数百年来我日本の漢儒者流が陰陽五行の空論に迷ふて仁義礼智信の虚名に溺れ……」（⑧79）という例（明治一五年）もあれば、「仁義礼智信」を時候の挨拶程度の空虚なものとして侮蔑した例（一六年）もある（⑧583）。「後期」に属するとされる儒教評価は、「学問のすゝめの評」（七年）のつぎのような見方に胚胎する。時勢の沿革を考えれば、数百年前の人物に「今の文明の目的」が欠けているのは当然であり、何ら「古人の恥」ではない。また、今日文明の事物がりっぱであるといっても、「今人の面目」として古人に対して優越を誇る理由もない。「古人は古に在て古の事を為したる者なり。今人は今に在て今の事を為すなり。」（①41）。相手は儒教に限らないが、「古人」に対する「寛容」の姿勢を「時勢」の観点から認めるのである。かりに福澤の儒教論に変化が見られるとしても、それを、時と場所を考慮する〈状況的方法〉の現れとして捉えたならば、福澤の思想全体の中に位置づけることが可能となるであろう。

（4）『概略』でも、儒学は宗教と異なって「人間交際の理」を論じ、半ば「政治上に関する学問」ということができるとしている。これは、「今この学問にして変通改進の旨を知らざるは遺憾のことならずや」（④161f.：B231）というように、政治学としての儒学の「質」を正面から批判することを狙ってのことである。また、「儒学は政治学なり、儒者は政談家なり」とか、「儒教は人の道徳心に関係なきもの」という発言は、「少年輩」が政談熱に狂するのは洋学の影響だとして儒学を奨励しようとする動きを掣肘することを目的とする（⑳269f. なお⑤359f., ⑧663, ⑨203 参照）。

（5）儒教の「七分は治国平天下、三分は道徳」とした際、福澤は、本来「教」は有形物ではないから、分解することなどできないとしている（⑨268f.）。あくまで儒教を一体のものとして捉えようというのである。しかし、この発言は、青年子弟の政談熱を冷ますと称して政談の源たる儒教主義を持ち出す傾向を、火を消そうとして薪を投じるようなものだとしてしりぞけるためである（⑨270f. 前註参照）。

（6）福澤は道徳を「受身の私徳」に限定した際に、古来日本では「徳義」といえばもっぱら「一人の私徳」を指し、大事業を成し遂げた者を英雄豪傑として称揚しても、その徳義は私徳だけに関わっており、「公徳の更に貴ぶ可きものは却て之を徳義の条目に加へずして往々忘るゝがことあるが如し」としている（④85f.：B122f.）が、これは、福澤のいう「公徳」に「廉恥」や「勇強」が含まれていること（④83：B119）からしても、牽強付会のきらいがある。

（7）　植手通有（『近代思想』181f.）は、『すゝめ』四編における学者の私立の地位を強調した発言が、「儒教的な士大夫の理想」とラディカルに対立するリベラルな精神を打ち出すものだとした際に、『孟子』滕文公下篇に、「志を得れば民とこれに由り、志を得ざれば独りその道を行う。富貴も淫する能はず、貧賤も移す能はず、威武も屈する能はず、これをこれ大丈夫と謂う」とあり、儒教で士大夫の理想は、志を得て仕官し、人民に道を普及することであり、それができなければ隠退して独り道を守るというものだ、と解説している。「富貴も淫する云々」という福澤が頻繁に使用した一句は儒教に胚胎していることになるが、もとより、仕官も隠遁も福澤にとってはどうでもよいことであり、重要なのは、かのゲルマン人に認められた「大丈夫の志」であり、これは武士の精神に通じていた。

（8）　福澤は『福翁百話』で、士族を中心とする日本の上流社会は心事が淡泊であるという見解について、士族は宗教に淡泊であるとしても、数百年来儒教と封建の君臣主義に養われてほとんど「一種の宗門信徒」になっていて、「謬信淫惑」を免れないことからすれば、首肯できないとしている（⑥233f.）。だが、否定した当の見解は、福澤自身が「徳教之説」のほか、「明治十年以降の備忘録」（⑲331）、『通俗国権論』（④626）、『通俗国権論二編』（④670-672）、「通俗道徳論」（⑩122）、「文明の風を導くには取捨する所あるを要す」（明治一六年（⑨96））、「宗教の効能」（二七年（⑭582））、「宗教は経世の要具なり」（三〇年（⑯60））、「殺人事件と宗教」（三四年（⑯681））で開陳した説である。目的に応じて重点の置き所を変えたのであるが、儒教と武士の離間を図った説の方が多い。なお、福澤は『時事小言』で、中国と比較して、日本の儒教が仏教排撃のために「幽冥の説」を論駁し、「自家固有の陰陽五行説」まで忌むに至ったために「惑溺」に陥らず、かつ日本の儒者がたいてい武家出身で「快活の精神」を養ったために、改革の用意ができたとしている（⑤186. なお④159：B228参照）が、翌年の「物理学之要用」では、この一節を引いて、とはいえ日本の上流士人が惑溺を免れたのは、自然の真理原則を究めた知識の働きによるのではなく、ただ一時「仏者に敵するの熱心」に乗じたにすぎない、と斬り捨てている（⑧50f.）。福澤論における安易な引用の恐ろしさをまざまざと見せつけている好例である。

（9）　松沢弘陽（「解説」377）は、『概略』における漢学の用語・観念の使用が「批判と積極的評価」の両面を含んでいたと見ている。批判や「故老」を意識した場合には「説得のレトリック」が働いていたが、「慎独」、「屋漏に愧じず」、「心の内に愧し」といった「道徳の内面性の強調」の場合には、儒教の基本思想が福澤自身の思想の表現の形として用いられているというのである。「説得のレトリック」は、本書にいう議論の方法や戦略にあたるものであり、おおむね了解されるが、「道徳の内面性」については、必ずしも儒教道徳から採ったものとはいえないから、儒教道徳の「積極的評価」というよりも「積極的利用」という方が正確であろう。ただ、丸山眞男が佐久間象山に、そしてまたマキャヴェリにも見出した「古典の読みかえ」という視角（『集』⑨207f., 227, 246.『座談』⑤307ff., ⑦149.『読む』上8ff. なお植手『近代思想』38ff., 松沢「批判と伝統」303, 326ff.）からすれば、福澤が儒教道徳を「読みかえ」たととることはできる（ただし、福澤は象山のように儒学に拘束されていなかった）。ちなみに、松本三之介（『明治思想史』185ff.）は、福澤や徳富蘇峰が新時代の精神やモラルを西洋からの「直輸入」によって導入しようとしたが、陸羯南や中江兆民は古い儒教的精神やモラルの「読みかえ」によって新しい精神を取り入れたと解している。しかし、福澤の場合も「直輸入」だけではなかった。

(10) 他方でいう。もし人類の天性をまっとうすることができるならば、「甚寒の悪心」など脱して遥か「上流」に位置するはずで、不盗不詐など人類の品行に数えることなどできず、貪吝詐盗大悪無道の者は人非人であって、私徳はわずかにこの人非人の不徳を回避できるにすぎないのに、この教えだけで一世を籠絡しようとしてかえって「人生天稟の智力」を退縮させるのは、人間を蔑視し、人の天然を妨げる挙動だ、と（④102：B147）。儒教を天性の智力の妨害者として捉えるのである（なお④22f.：B34, 36）。

(11) 「学校之説」（明治三年）では、「人は万物の霊なり。性の善なる、固より論をまたず。修心学とは此理に基き、……天理に従て人間に交るの道を明かにする学問にて……」としている（⑲379）。また、みずからにつき、「一身を処するに……、生来物を盗みたることなく、偽りを行ふたることなく、人を欺きたることなく、身の私行を慎んで、俯仰愧づるところのものなし」というように過ごしてきたが、それは「唯自身の自然」によるものだといっている（⑳368）。

(12) 『西洋事情外編』には、「天より人に生を与れば、又従て其生を保つ可きの才力を与ふ。然れども人、若し其天与の才力を活用するに当て身心の自由を得ざれば、才力共に用を為さず」とか、「人の天稟に於て自から身を重んじ身を愛するの性あらざる者なし」（①392）とあり、『西洋事情二編』でも、すでに引用したように、「人生の自由は其通義なりとは、人は生ながら独立不羈にして、束縛を被るの由縁なく、自由自在なる可き筈の道理を持つと云ふことなり」とある（なお②633f., ③261, ⑲312 参照）。

(13) 福澤は第二章で、文明の進歩を「腕力」から「智力」への変化として描いた際に、「是に於いてか始て智力に全権を執り、以て文明の進歩を見る可きなり」と述べているが、これを、「次第に人の品行を高尚の域に進めざるを得ず」といいかえている（④23：B35）。あるいは、政治に関して、「上古妄誕の世」から「文明の世」に進んだことを、「古今の人智其品位を同ふせざる……」と表現しているが、これも、「人民の品行次第に高尚に進み、全国の智力を増して……」といいかえている（④35：B52）。つまり、「智」が優位を占めるということ、ないし「智」の「品位」が高まることは、同時に人の「品行」の高尚を意味するのである。この場合、「品行」の高尚とは、野蛮な腕力ではなく「智」という文明の手段に訴えることを指すが、より一般的には、野蛮を去って文明の人間になること、つまり「人間高尚の地位に昇る」ことを意味しているといってよいだろう。

(14) 『中津留別の書』（明治三年）では、「人間の天性に自主自由と云ふ道あり。……自由とは他人の妨げを為さずして我心のまゝに事を行ふの義なり。父子、君臣、夫婦、朋友、互に相妨げずして各其持前の心を自由自在に行はれしめ、我心を以て他人の身体を制せず、各其一身の独立を為さしむるときは、人の天然持前の性は正しきゆへ、悪しき方へは赴かざるものなり」という（⑳49f.）。自主自由を達したならば、天性の善を実行することができるというのである。

(15)　これまで出てきた例で、「一片の本心に於て私有をも生命をも抛つ可き場所と定めたる大切なる覚悟」（『概略』）、「其基礎に立つ上は苟も本心に恥る所を犯して他に屈することを為す可らず」（『福翁百話』）、「都て儀式的の形容を離れて人間本来の本心に訴へ」（『福翁百余話』）というのはおおむね「良心」か「誠心」を指すと思われる。「是非曲直を分別し善に従ふ本心」（『世界国尽』明治二年（②633, ⑲312））も同様である。「徳行論」（一九年（⑩572f.））では、我々が身の品行を慎み、正直を重んじ、不義理を行わないのは、これらの罪を犯すと「本心に不愉快」であるだけでなく、誰しも正義を好む世の中で不正を行おうとするのはひどく心身を労するからだとしている。性善説によりつつ、功利的な説明を加えるのだが、「本心」はやはり「良心」であろう。このすぐ後で、「扨何故に汝は斯る心にてあるぞと問ふ者あるも、吾〳〵は之に答へざるものなり」としているのは、「良心」が人間の本性に属していることを示している。なお、長男一太郎のための英作文例題にいう。「正と邪とは白と黒との如し。○紙の白くして炭の黒きことは我輩の目を以て区別す。されども事の正邪は我輩の本心を以て区別するなり。」「白黒を区別すること能はざる者は目なき人なり。我輩これを盲人と云ふ。○正邪を区別すること能はざる人は本心なき人なり。我輩これを愚人と云ふ。」（⑳139）

(16)　「一片の誠は維新有功の士人に固有の性質なりと云はざるを得ず」といい（⑧146）、「誠は即ち道徳の大本にして、報国尽忠に誠心を以て社会の気風を成すときは、天下何ものとして此気風に敵するを得べからず」という（⑨288）。

(17)　上述のように、福澤は智徳比較論で、「善人も悪を為すことあり悪人も善を行ふことあり」としているが、その前にも、「有徳の善人必ずしも善を為さず、無徳の悪人必ずしも悪を為さず」と述べている（④111：B159）。こちらは、挙がっている例（家康の太平の定礎や宗教者による迫害）から見て、「私徳」上の善人・悪人が社会公共にとっての（つまり公徳上の）悪・善をなすということを意味している（前掲のリシュリューの例参照）が、その善悪の判断の基礎に「聡明の智恵」ないし「聡明叡知の働」の存否を認める（④111f.：B160f.）。つまり、ここでも「私徳」の無能と「智」の有能を指摘するのが眼目であるが、それは同時に、「智」が「公徳」ないし「大徳」をなすということを示している。ちなみに、福澤は「教育論」（明治一二年）で、天下泰平家内安全の主義を「本位」として善悪正邪を判断すべきだが、そのためにはまず行為の意向と成跡の区別が必要であるとして、「意向善にして成跡不善なるものあり、成跡善にして意向不善なるものあり」としている（⑳211）。

(18)　福澤は「才智」に凝ることについて論じた際にこう述べている。「智の字」を広げれば、徳義の意味も含むが、今日一般に通用する字義では、「才智」とは、自然の有形物や社会の無形物についてその「性質関係」を知り、「軽重緩急」をわきまえて身心の働きを活発にし、それを通じて「一身一家の快楽」、「社会一般の幸福」を進めるものである。とはいえ、才智は悪事にも利用されることがあるから、現在の文明の程度において才智の働きを確保するには「之に伴ふに徳を以てせざるを得ず」、まして日本の文明は「近浅なる道徳」の範囲内にあるものが多く、西洋流に論じれば簡単な事柄でも「智論を本にして立言する」時は人の耳に逆うから、「智論の主義は深く内心に蔵めて漫に俗物を驚かさゞるの工夫専一なるべし」と（⑪188）。〈一時の彌縫策〉としての道徳を認めたものである。ただ、「性質関係」とか「軽重緩急」という言葉、あるいはそれによる「一身一家の快楽」、「社会一般の幸福」という表現からして、ここでの「才智」は福澤自身の「智」の観念とそれほど遠くない。しかも、「智」の字義は徳義の意味も含むと述べているのは示唆的である。

（19）　福澤は、「経書」の所説には受身の徳だけでなく、「活発々地の妙処」もあるようだが、全体の気風から見ると「堪忍卑屈の旨を勧る」にすぎないという（④85：B122)。ここからすれば、「活発」もまた儒教道徳に由来することになる（丸山『読む』中 143，松沢「註」331 参照)。

第4章第2節

（1）　「私徳の条目は、万世に伝へて変ず可らず、世界中に通用して異同ある可らず」、「徳義の事は古より定て動かず」、「徳義の事は後世に至て進歩す可らず。開闢の初の徳も今日の徳も其性質に異同あることなし」、「徳義の事は開闢の初より既に定て進歩す可らず」、「宗旨の本分は人の心の教を司り、其教に変化ある可らざるもの……」など（④86, 92, 112：B124, 132, 133, 162)。他の場所でも福澤は、宗教も道徳礼儀も社会の風俗も基本的には東西に異同がないとし、東西の違いをただ「智学」のみに求めることで、「智」の優位を引き出している（⑧221ff., 227)。しかし、別の趣旨から東西の道徳・宗教が同質だと論じた例もある（⑤5, ⑧552, ⑩116–119. 若干異なるのは⑧632)。

（2）　日本が道徳国であるという認識は様々な目的に利用される。たとえば『時事小言』では、キリスト教が国権維持に不適切であることを示すために、西洋よりも日本の方が道徳的だとし（⑤212, 214)、『実業論』（明治二六年）では、日本人が商工業の「使役」に適しているると主張した際に、日本人が従順で正直なことから「道徳の民」と評することができると述べている（⑥170)。「武士は相見互」（二八年）で、日本は「物質的の文明」を西洋に学んだとはいえ、「精神的の文明に至ては寧ろ外人に示す可きものあり」（⑮89）というのは、日清戦争に際する純粋に状況的な発言である。

（3）　丸山眞男は、「通俗道徳論」の発言は、啓蒙的合理主義の立場からすれば、不徹底のそしりを免れ難い「漸進主義」、「非合理的現実との『妥協』的態度」であるが、ひたすら数理により世を渡るのは「殺風景」だという言葉からして福澤は「単純な抽象的合理主義の立場」を超えていたとしている（「実学」63f.)。これはいわば贔屓の引き倒しであって、丸山にとってはともかく、福澤にとって「単純な抽象的合理主義」の克服が課題であったとは思われない。また、「非合理的現実」との「妥協」という消極的表現は、丸山自身が「合理主義」に囚われているために出てきたものであり、福澤の状況的議論——ということは時務論の多数——はつねになにがしか「妥協」の産物である。逆にいうと、この種の不徹底な発言は枚挙に遑がないのであって、これを例外として葬り去ることは福澤の思想の抹殺に繋がる。

（4）ほかに、「世の所謂宗教の如きは唯愚夫愚婦の信仰を繋ぐ迄のことなれば……」（⑮88f.）とか、「多数の人民に修徳の道は唯宗教の信心あるのみと云ふ」（⑮574）といい、「脳中に何の意見もなく日夜たゞ名利のために狂奔する輩」、「下流の愚民」は、放置しておけば義理も恥も構わなくなるから、「一般世俗の品行」については宗教によって律するほかないという（⑯58）。

（5）政治についても、無智無識の凡俗の群集には「理」ではなく、「形」、「外面の装」を示すのが一番よいとしている（⑥361-363）が、その目的は「社会の維持」、「治安」である（⑥366f. 参照）。

（6）福澤は『福翁百話』第八話で、道理により「標準」を定めるのも、先人の言として既成の「標準」に則るのも、「善を善と悪を悪とする」点で同断だとしている（⑥224. なお⑥225）が、第一四話ではいう。善を善とし悪を悪とする心は人々にあるが、智徳によって善悪の想像に深浅があり、「智能簡単なる匹夫」は眼に入りやすいものにより善悪を判断し、時に判断を誤るが、「大人君子」は、人間の心に発する善悪を想像し、これに従って高尚に進むことを工夫し、古人の書を読み今人の言を聞く。つまり、みずから至善を想像し、その達成に勉めるのは、社会上流の男女にしてはじめて可能な修行であり、それ以下はほとんど「暗黒の愚夫愚婦」で、至善を想像することなどできないから、「古書善智識の想像し又実行したる徳教」を聴き、黙ってそれに従えばよい。「是れ世に宗教の必要なる所以なり」と（⑥230f.）。一方で道理によると宗教によるとを問わず、善をなせばよいとしながら、他方で君子には「智的」道徳を、民衆には宗教を、という方便を認めるのである。

（7）福澤によれば、道徳の教えを広めるには、数理を離れた純然たる徳教でなければならない（⑨280）。ところが、西洋の宗教家は無理に教義を「近代の進化論等」に適合させようとして、往々にして牽強付会の非難を受け、日本でも仏者が文明学と仏教を矛盾のないようにしようとするのは、かえって宗教の弱点を示すことになる。「道徳宗教と物理数論とは其性質の異なること男女の如し。然るを男子にして女装し、女子にして男子を学ばんとするは、自から求めて自家の欠典を摘発するものと云ふ可し」というのである（⑨292f.）。もっとも、福澤自身、様々な場所で何度も「女装」を試みているのだが。

（8）福澤は、国の安寧を保つには、国民を無知のままにして肉体の安全だけを謀る「東洋聖人の教法」と、国民一般の教育を盛んにして身心の発達を促す「西洋文明の主義」の二つの方法があり、前者は文明が幼稚な時代のものであり、後者の方が安寧を保つのに効果があるとしている（⑩45）。ただし、ここでの「安寧」は人民の不平を抑えることが眼目であり、他の場所では頻繁に「東洋聖人の教法」を採用している。これに対して、「文明の目的は人間社会の安寧に在り。其安寧の根本は、人々自から其身の尊きを知りて、随て社会の利害を判断するに在り」（⑥408）という時の「安寧」は「幸福」に近い。

（9）福澤は基本的に、社会秩序の維持のためには宗教の種類を問わないという姿勢をとったが、仏教、とくに真宗を評価した例もある。たとえば、宗教は人情を和らげ、ひいては社会秩序を整えるものだが、経世上の功能からすれば、仏門中で真宗こそ一番だと評価している（⑫66f. 同趣旨⑨84, ⑩57）。他方、仏教の地獄極楽や六道輪廻が凡俗の感化の方便になり、「真如実相、因果応報の理」は深遠高尚で、学者の耳を傾けしむるに足るとも評価している（⑯548）。さらにいう。真宗で本尊を拝むのに木像よりも画像、画像よりも名号を尊ぶという説があるが、これは、木像は単に俗眼を惹く方便であり、それよりも画像の方が淡白であり、しかしなおそれを超えて南無阿弥陀仏のみを唱える方がさらに「美」であるという意味である。しかし、ほんとうのことをいえば、この名号も不要であり、念仏も寺も仏壇も坊主も経文もなく、「一切虚無の間」に仏徳というものがあるのだろう。これは「我輩の至極感服する所」であり、この辺に「安心の高きもの」があると思うのだが、しかしこれを人に語って真に理解する者は坊主の中にもあまりいない、と（⑥363f.）。ちなみに、三田演説会の討論用の宿題（明治七年）に、「耶蘇教と仏法其他諸教と比すれば、其所説に条理あるは耶蘇を最とす。耶に惑溺の論あるも仏法等の甚しきが如くならず。然ば則ち耶蘇教の入るは願ふ可きに非ずや。或は別に害ありや」（⑳119）という問題が出されているのは興味深い。なお、福澤自身は、街で通りがかりに一向宗の仏壇を見てしきりにほしくなり、大奮発して買ったが、「其美麗譬へんに物なし」と手紙に書いている（⑰250）。

（10）「学者の議論」（明治一六年）にいう。「真理は行為の準縄なり、原則は所業の規矩なり。去れば社会の人々をして其行為を正しきに導き其所業を誤りなきに近づかしめんと欲せば、常に其真理原則を世上に顕彰し、世人の恃て以て標準となすべき所を表示せざるべからず」と（⑨204）。すでに現代において自然科学的真理は道徳の標準となるのである。

（11）第一と第二の「智」は明確に分けられない。なお、『文字之教附録』（明治六年）の手紙の練習のための文例の第二三段には、「人間は唯道理を目当に致すこと緊要にて、道理に背く事は仮令ひ父母主人の差図といへども従はざる方当然の儀と心得候」とあり、続く第二四段には、「併し世の中の事に付き、理と非とを弁へ候は中々難きことにて、……無学文盲にて其道理を弁別致し候儀迚も出来不申、私の考には、只管口にて道理々々と申唱へ候より、銘々の身に学問の心掛いたし、よく事の理非を弁別して後に道理を唱へ候儀、人間第一の務と存候」とある（③607, 608）。ただし、ここでの「道理」は必ずしも自然科学的真理ではない。

（12）だからこそ、『福澤文集』ではわざわざ「真の安全」や「真の幸福」という言葉で誤解を防ごうとしたのであろう。「教育論」でも、「野蛮の無為、徳川の泰平の如きは、平安と称す可らざるのみならず、却て之を苦痛不快と認めざるを得ず」と釘を刺している（⑳206）。また、明治初年と推測される「年代不明の備忘録」でいう。「家内安全天下太平」の字面は美であるとはいえ、誤解するとその実際は、暴君厳父による家内安全、天下太平のように醜い。しかし、これは方法を誤ったにすぎず、「家内安全天下太平」は教育の目的であり、「人間の最大幸福」である。ところが、いまの世界には家内安全も天下太平もなく、家内、政府、各国交際、経済について「欧州の有様は勿論、世界中家内安全天下太平なし」と（⑲321, 322）。「絶対善」の「家内安全天下太平」の観点から現実を見た結果である。

（13）「天理人道」の相対化は明治七、八年ごろを境にして活発になったようである。それ以前の福澤は「天理人道」やそれと類似の枠組をしきりに使用していた。『唐人往来』や『或云随筆』では「世界の道理」を正当とみなし、『すゝめ』では「天理人道」が盛んに説かれていた（なお③80, 82f.：B76, 79f. また⑳52参照）。なお、『福澤文集』で、「天理人道」といっても、みずから思想を究めて道理を弁じたものではなく、「世上の衆論」に従ったものにすぎないと批判している（④452f.）ことからすれば、「天理人道」の相対化は、「衆論」（公議輿論）を普遍的なものとして正当化する傾向への批判（後述第5章第2節参照）と連動していた可能性がある。あるいは、古法古言を盲信して万世不易の天道とし、「造化の原則」も時勢の変遷も知らない「古学者流」（⑥500. なお④254）も念頭にあったかもしれない。

（14）『覚書』の「天下太平家内安全一身静寧」は、「事物の理を知り天然を制して此平安を致すの術を施す」こと、「事物の理を知るが故に、変に遭て心を動かすことなく、安心」することである。「平安」は「天下太平家内安全」の略であり、「安心」は「一身静寧」を指すのであろう。後者は、智力の進歩に伴う因果認識により人力で天災を防ぐことができるようになったという意味の「安心の地位」という表現（④120：B172）に通じるかもしれない。また、かの「恒存性の勇気」は「文明実学の数理より割出し、原因を明にして結果を信じ、自から安んずるより其安心」から生じた勇気であった（⑮14）から、「安心」は因果法則の確実性への信仰から生じるものでもある。眼前の「事跡」に照らして「因果応報の真実無妄なるは有形界も無形界も正しく同一様にして到底瞞着す可らずを信じ、言行共に悪を避けて善に近づき……」（⑥218f.）というのだから。なお、『覚書』では、「心の欲する所に従て則を超へず」という格言を説明する形で、自己の意思・感情によって行動し、それが「外物の状態」にうまく適合するに至るならば「家内安全天下太平の極」に達したということができるが、そこに進むには人民の自由を拡大し、政府の束縛を解くしかないとして、「人心と世事の平均」を説いている（⑦676f.）。

（15）『福翁自伝』では、自分は日本を「西洋流の文明富強国」にしようとしたが、古来東洋国は「富国強兵、最大多数最大幸福」について西洋国に劣っているという認識から、教育を改め、物理学と独立心を日本人に植えつけようとしたといっている（⑦167：B206）。「富国強兵、最大多数最大幸福」は「文明富強国」と一致し、したがって一国独立を意味する。ほかに、「国民多数の最大幸福を一国治安の目的として事の全面を見るときは……」（⑭508）という発言もある。なお、「施政邇言」（明治一一年）では、政治の目的は「国民の最大多数をして最大幸福を得せしめる」ことだとしながら、現実の政治では、前後緩急、国の資力の貧富盛衰、人民の痴愚の差を考えれば、政治の方向を百年先まで定めることはできず、何年かの前途を約束して、その間に最大多数の人民に最大幸福を得させる工夫を行うしかない、としている。百年の妙案を得て目下の急を忘れ、時節と場所を勘案せず、みだりに「他の熱心論」に雷同することを戒めるのである（⑪423f.）。ここでは「最大多数の最大幸福」は〈枕詞〉であるが、同時に相対的な〈一時の彌縫策〉でもある。

（16）『福澤文集』でも福澤は、赤穂浪士の仇討は「元禄年間の天理人道」であり、明治年間にこれに反対するのは「明治年間の天理人道」だと位置づけ（④452）、天理人道の時間的相対性を示していたが、これはいいかえれば「進歩」である。

（17）福澤が一夫一婦を相対化したのは、実際にそれを理論的に批判する議論があったからかもしれない。福澤は、「自由愛情論」を、「天の命ずる所なり道理に背くものに非ず」とする見解を、「世界の視る所にて醜なり不徳なり」という理由でしりぞけ（⑥239. なお⑳404 参照）、また、文明世界における人間の意思の自由尊重から、あるいは「人間の本性」から「フリー・ラヴ」を肯定する説について、「今日の実際に於て社会の組織は迚も俄に此説の実行を望むべからず」としている（⑪64）。ここでは一夫一婦は、「自然法的」自由恋愛に対して〈一時の彌縫策〉として現れている（なお家永『近代思想史』175ff. 参照）。なお、福澤は『覚書』で、西洋で細君が跋扈するのを西洋の天理人道であるとしているが、『すゝめ』でも、西洋諸国で婦人を重んじるのは人間世界の美事であるが、「無頼なる細君が跋扈して良人を責め、不順なる娘が父母を軽蔑して醜行を逞ふするの俗に心酔す可らず」と述べている（③129：B141f.）。

（18）この種の論法も多い。秘密策は明治八年の「男女同数論」が最も早い（⑲552）が、『品行論』（一八年）ではこう述べている。「人倫」の観点から男子の不品行を許してはならないとする正々堂々の議論には賛成であるが、いまの文明の段階で完全無欠の品行を求めることは不可能であり、外面体裁のために不品行を隠すほかない。世界は西洋の文明開化に支配されており、万事西洋流に倣わざるを得ないから、品行に関しても、欧米人の奉じる一夫一婦に従うべきだが、彼らの多数も実は醜行をなしながら巧みに隠しており、これに倣って「自国の体面」を維持すべきである、と（⑤555–557）。ほかでもいう。秘密策は、道徳上陰険詐欺に属する（⑯497）けれども、西洋の文明社会でも、不品行を隠蔽しており（⑮542, ⑯506, ⑯656, ⑳404）、しかも西洋文明の流行は世界の大勢（⑯641）であるから、「多勢」である西洋の流儀に合わせて表面を糊塗し、それによって「国辱」を海外にさらさず（⑯493, ⑯560）、「日本の国光」、「国の体面」、「自国の名誉」、「国の栄辱」、「国民の品位」を維持すべきだ、と（⑤627, ⑥245, 247, ⑥448f., ⑥455, ⑩375, ⑩377, ⑮492, ⑮544f., ⑮546, ⑯493, ⑯502, ⑯504, ⑯513f., ⑯542, ⑯611f., ⑯640–642, ⑯643f. なお⑩373, ⑩376, ⑫481）。ただし、明治三二年には、文明進歩の勢いは止めることができないから、表裏ともに西洋流をとるべきだとしている（⑯532f.）。

第5章第1節

（1）これは教育勅語発布（明治二三年一〇月）より約半年前の発言であるが、それ以前の別の場所での徳教論者の批判とともに勅語批判に通じる論点を含んでいる。新渡戸稲造は、勅語の「忠君愛国」の要素を骨抜きにして、「和」と「博愛」に基づく家族朋友の「私的の徳」の要素（「父母ニ孝ニ兄弟ニ友ニ夫婦相和シ朋友相信ジ」）を強調しようとした（西村「欧化と道徳」②116f.）が、福澤の主張はこれと類似している。

（2）福澤は、J・S・ミルが、自己犠牲は他人の善に資すると述べたくだりで、「自禁シテ従テ益スル斯［所］アルヲ要ス道徳上ニ経済ノ綸ヲ当ツ可シ」と書き込んでいる（「ミル手沢本」①114）。内容はずれるが、経済論を道徳論に応用しようとする意図がうかがえる。

（3）中村敏子（『福沢諭吉』15f., 18f., 25）は、『概略』の「文明の太平」とその前後の叙述に基づいてこう論じる。福澤は、他人の強制による「受身の私徳」の時代から、智恵により「一個の独立の人間」として私徳を修める文明の時代に進む――そこでは自立した人間同士の「人間交際」が行われるようになる――という構想を抱いており、このことを、「私徳から公徳への拡大」と呼んだ。また、「世界中一家の如く」という言葉から見て、福澤は、通常家族関係において成立する「徳」の交際を「望ましい」人間交際の姿として捉え、あるいは当時の文明段階では、智徳ともに独立した人間交際が家族の中でしか成立し得ないと考えたが、こうした人間交際のありかたが社会的に拡大することを、公徳の及ぶ範囲が広くなることだと論じた、と。これはユートピア像と現実の認識・判断を混同し、また戦略を等閑に付した議論である。細かい反論は省くが、極論すれば、「世界中一家の如く」から家族的社会像を引き出すことができるのなら、「毎戸寺院の如く」からは宗教的社会像ができあがってしまうであろう。

（4）『概略』第六章では、「獄屋の弊風」を一掃したジョン・ホワルドなる人物の働きにつき、「私徳を拡て公徳と為し、其功徳を洪大無量にならしめたるもの」と位置づけている。すなわち、井戸に落ちた幼児を救った「仁人」と、数万人を救ったホワルドは、功徳としては同じであるが、「仁人」には私徳しかないのに対して、ホワルドには「聡明叡知の働」があるというのである（④90f.：B130. なお③227ff. 参照）。つまり、「私徳を拡て公徳と為す」とは、「仁」という名の「私徳」の量的、領域的拡大を意味し、この拡大には「智」の働きの媒介が必須だということである（「私徳の功能は狭く智恵の働は広し。徳義は智恵の働きに従て其領分を弘め其光を発するものなり。」（④91f.：B131f.））。「私徳を拡て公徳と為す」とは〈公徳由私徳生〉と同じであるが、実際には「智」の「公共的」意義を語ったものである。

（5）福澤は「貧富論」（明治二四年）で、貧富の格差による国家の安寧の危険に対処するために、宗教による人心の緩和策や過度の教育の抑制策と並んで、富豪が「私に公に財を散ずる」策を提起しているが、その際、欧米で政治以外の「公共の事務」が富人により担われているのは、宗教道徳による部分もあるとはいえ、文明社会の銭一辺倒の気風を維持したままで、社会の評価を考慮に入れて捐金を出すからだとしている（⑬101f.）。また、「資本主と職工」（三〇年）では、西洋では資本主と職工がどちらも「欲心丸出し」（その一つの現れが「同盟罷工」）であるのに対して、日本ではこうした「殺風景」に至るまでまだ間があるから、大地主と小作人の関係における父子親戚のような温かい情誼の例に倣うべきだとしている。しかも、福澤は、「道徳論」によって資本主の不徳を責めるつもりはなく、西洋流か日本流かは当の業者が「自家の利害」により決めるべきであるが、ただ事業の利害は国家の損益であるから、この点については「徳論」ではなく「利論」の観点から熟考を望むという（⑮581ff.）。つまり、情誼は彌縫策にすぎず、市場については〈国富論的〉観点から道徳論を峻拒するのである。「同盟罷工」もまた、日本全国工業の利害という点からは決して恕することができないものであった（⑱823）。なお、社会主義の認識はすでに『民情一新』（一二年）にある（⑤9. なお⑫608 参照）。

（6）『福翁百話』では、「慈善」には、病苦や貧苦などすでに生じた障碍を救う災難を緩和する方法と、寺院・学校への寄付による布教、教育の振興など、将来の幸福を謀る「予防の慈善法」があるが、後者の方が功徳が大だとしている（⑥274）。「慈善」概念を拡大することによって、通常の慈善よりもいわば国富論的な慈善を優先するのである。

（7）福澤は、法律学は必ずしも裁判に関わるためのものではなく、商売工業から居家世帯に至るまで法理は存在するとして、予防医学になぞらえて、権理の重要性を理解する者は法律を職としなくとも、「法律一般の心得」が必要だといい（⑩435. 同趣旨⑫196, ⑲735ff., ⑲755ff.）、また法典の研究は、専門家に任せておいてはならず、外人に対する用意としてだけでなく、処世の安全を謀るためにも不可欠だともいう（⑯522f.）。これは教育論における「普通学」の重視に繋がる（後述第6章第2節参照）。

（8）ただし、『概略』では、商売で西洋人が示す「誠」は「心の誠」ではなく、取引を誠実にしなければ他日不利になるという「勘定づくの誠」であるけれども、「欲のためにも利のためにも誠実を尽して商売の規則を守らざる可らず」としている（④130, 132：B186f., 189f.）。前段の発言は一般的な「近代法」の原理であるが、後段は功利主義的リアリズムである（なお⑲633 参照）。

（9）このエピソードは福澤の体験と二重写しとなっている。福澤は、慶應三年に塾の用地として芝新銭座の大名屋敷を買うことを約束したが、武家同士で手金も打たず証書もかわさなかった。ところが、期日になり支払いに行くと、ちょうど薩摩屋敷焼き払いの騒動が起って、相手は、こんな中で屋敷を買うのは馬鹿げており、買うにしても半値にしてよいくらいだという。だが、福澤は、変乱があれば半値にすると約束などしていないから、たとえ約定書がなくとも、人と人が話したのが何よりの証拠だといって、約束通りの値段で買ってしまった。「爾う云ふ訳けで誠に私が金と云ふことに就て極めて律儀に正しく遣て居たと云ふのは、是れは矢張り昔の武家根性で、金銭の損得に心を動かすは卑劣だ、気が餒ゑると云ふやうな事を思つたものと見えます」というのである（⑦203-205：B250f.）。川島武宜（『法意識』99-100）は、この挿話を、武士階級において契約の成立が「明確且つ確定的なもの」として意識されていた例として引き、約束の拘束力が金銭上の損得の考慮に左右されないという「武士の規範意識」の現れと評している。これは、日本では欧米と違って契約が曖昧であり、とりわけ契約書を作成する習慣がなく、したがって「非近代的」であるということを指摘する文脈でいわれたことであるが、福澤が強調しているのは、法意識というよりも、損得を勘定に入れず、命に代えても守る「武士の一言」という心情である。これも広義の法意識に属するが、約定書が法の代表だとすれば、「一言」は道徳的心情の代表であるということができる。なお、福澤は、徳川時代では裁判・法律が柔軟に運用され、証書よりもむしろ「相手方の徳義心」に依頼して取引が行われたとしている（⑬82f.）が、『すゝめ』では、かりに東西の風俗習慣を逆転して、日本人が約定書などを厳しくし、西洋人はそうでないとしたら、「開化先生」は西洋人の自由正直を褒め称えるだろう、と強烈な皮肉をとばしている（③126f.：B137, 139）。

（10）たとえば、文明の無形と有形の摂取について、日本に人材が豊富であること、あるいは銭の重要性を指摘するために、無形の進歩は速いといいながら（⑩467, ⑩569）、有形物の変革は治安を害する恐れがないということをいうために、無形は変動しにくいとしている（⑥339）。

（11）「有形」と「無形」の範疇自体も時により別の内容が盛り込まれる。たとえば「学問」は「無形」の精神の働きである（「通俗道徳論」）が、「徳」や「情」との対比では、「有形」の物に関わる（⑤210参照）。あるいは、「有形」は衣食住、器械、政令、法律等だといいながら（『概略』）、「人間智識の無形精神上の運動」（政法、軍制、学問、教育）を「直に社会の実業商工に縁なき部分」とし（⑥149）、「有形」物の用法や影響は、人事に深く「無形の作用」を及ぼす法律と比べものにならないといい（⑫558）、外国交際の「有形」の結果を「貿易商売」とし、「無形」の結果を、「西洋の新説」の人心への影響と表現し（⑲518）、また物理学は「有形」を、経済学は「無形の心」を対象とするともいう（⑫100）。

第5章第2節

（1）『福翁百余話』でも、独立の精神こそ「我言行の指南」、「智徳の師」であり、「仁義忠孝」で能事終れりとするのは自尊心を欠いており、むしろ「自尊自重独立の本心」さえあれば、努力しなくても仁義忠孝など自然に果たすことができ、知らずに「徳義の人」となるはずであるとして、そこから「独立の忠」や「独立の孝」という発想を紡ぎ出している（⑥404ff.）。

（2）既述のように、『日本男子論』では、不羈独立の私権の思想が私徳と結びつき得るとしていた。ただしその場合、私権の思想は――いささか牽強付会にであるが――家庭の情愛に結び付けられていた（⑤625）。ほかに、『語録』には「独立自尊是修身」（⑳472）とある。これは自主独立と一身の私徳の関係を示唆しているが、「修身」は、前述の「学校之説」のように、道徳全体を指す場合があり、またたとえば男子が「一身の私を慎むこと」（⑦240：B294）を、つまり家族関係の私徳を意味する可能性もある。なお、すでに引用したが、『西洋事情外編』には、「国中の人各〻一己の私徳を修めざれば……一国の公政を行ふ可らず」とある。

（3）「尋常一様の教育を得たる上は各其長ずる所に従ひ、広き人間世界に居て随意に業を営み、以て一身一家の為にし又随て国の為にす可きなり」（⑤388）というのは、どちらかといえば〈国富論的〉であろう。また、『民間経済録二編』では、経済を、家の独立に関わる家の経済と、戸外の事、国の独立に関わる処世の経済とに分け、その主義は同じであるが、「居家は先にして処世は後なる固より論を俟たず」としている（④343）。これは前後をいう点では〈擬似国富論的〉である。

（4）ただし、ここでは、みずから社会の一員であることを知る者は一身一家の生計を営むとともに社会公共の利害に注意し、同じく事業を営む場合でも「間接に利するもの」を選ぶべきだ（⑥236）と〈国富論的〉にも語っている。なお、「学」は「一身一家を利し又人間社会を利するの方便」であり、「自利々他の功徳」をもつべきだという（⑩355）。

（5）　あるいはいう。人間が集まって社会を形成し、個人の成長は社会の力による。個人は一時的な存在にすぎないが、社会は永遠の存在であり、「無情人生中の一個の実在《リアル》」といってもよい。したがって、社会のために尽すのが人間の「義務」である、と（⑮419）。

（6）　『概略』では、文明の段階に達していない状態の一つを、自由平等を達成した人民であっても、「人間交際」の意味を理解せず、それぞれ自分のために力を費やして「全体の公利」に眼を向けず、一国なり交際なりを理解せず、代々ただ生れて死ぬばかりである、と描いていた（④40f.：B60）。この表現は以上の人間類型論や『すゝめ』の叙述と酷似している。なお、子安宣邦はこの記述を「非文明的な未開社会」と捉える（『精読』91f., 119）。たしかに、『西洋事情外編』には「蛮野の自由」や「蛮野人民の自由」の叙述がある（①395, 495）が、しかしいずれも文明社会の法・政府の意義を示すことが狙いであり、それに対して『概略』の場合は、「全体の公利」の観点の欠如を強調している。

（7）　福澤は別の場所でも、天下国家の経済論など唱えながら、一身一家の始末もできない後進者に向かって、「凡そ人生の急は私利より先なるはなし。……或は人間の目的は私利に在りと云ふも可なり」と語り、「一身一家の生計」の重要性を、「人の人たる所以は独立の一主義あるのみ」とか、「銭は是れ人生独立の母にして……」と表現している（⑬155f., 158f.）。

（8）　「漫に大望を抱く勿れ」（明治二二年）の眼目も、「治国平天下の陳腐談」に耽って政治を志とする少年輩に警告を発することであった（⑫185）。『福澤文集二編』（一二年）における商売と愛国心の区別（本書第3章第2節参照）は、公利や社会公共を優先する愛国心を叩く意図を含んでおり、これに対して福澤は、私欲は無情刻薄であるとはいえ、一国にとって「暗に公共報国の旨」に適している（④467f.）という〈国富論的〉論理を対置した（なお⑩413f. 参照）。また、「道徳の標準」（二八年）の国富論も、「粗大かつ性急」な忠孝を説く道徳論者への批判と連動していた（⑬227f. なお⑩489ff. 参照）。

（9）　ただし、本書第6章第3節末尾で引用する『福翁自伝』の一節に見られるように、福澤が自主独立論を道徳論として捉えていたことはまちがいない。

（10）　そのため、福澤は、「抑も下流の人民を教るは士君子の事にして、之を教へて又随て其人民の気風に制しらるゝ者も亦士君子なり」（⑧466）と歯切れの悪い口調で語っている。士君子の思想と人民の気風は鶏と卵の関係であり、この一句もそのように理解できるかもしれない。だが、啓蒙家・福澤にとっては、旧来の人民の気風を尊重することはできず、ここで人民の気風を持ち出したのは、あくまで儒教道徳に対抗するためであると解される。

（11）　福澤の漢詩に、「……衆鴻徒相従／孤鶴独高翻／輿論不堪聴／任他喋々喧」（衆鴻は徒らに相従ふも、孤鶴は独り高く翻ぶ、輿論は聴くに堪へず、たとひ喋々して喧しくとも）（⑳430）とある。

(12)『時事小言』でも、「如何なる英雄豪傑にても時の勢に反して時の事を執るを得んや」としている（⑤141）が、逆に『すゝめ』では、「時勢」に対して「勇力」をもって立ち向かうべきことを説いている（③61：B52）。これも〈魁〉論に繋がる。

(13)「徳教之説」でも、社会の気風、風俗、公議輿論は「世人の毀誉又は栄辱」により判断される「標準」だとしつつ、すぐ後で、一世の気風は徳教により左右することはできないばかりか、徳教は気風に道を譲ることになるといっている。ここでも公議輿論と儒教教育を対置して、後者の無効を宣言することが目的であった。しかも、徳教を駆逐した気風の例は封建武士である（⑨285f.）。

(14)　上掲の『概略』の論述は「国権可分の説」とほぼ同じ内容である。『概略』では、「衆論は必ずしも人の数に由らず、智力の分量に由て強弱あり」という第一命題に続いて、「人々に智力ありと雖ども習慣に由て之を結合せざれば衆論の体裁を成さず」という第二命題を立てて、「一国の衆論」が高尚で有力となったのは、傑出した人物が唱えただけでなく、それに雷同する仲間が結合して、その間でおのずと議論の勇気が出てきたせいだとし、さらに、人の智恵は夏の草木のように一夜で成長するものではないと論じて、日本人の「無議の習慣」を批判している（④68, 78, 79f.：B100, 115, 116f.）。同様に、「国権可分の説」では、「人民の方より興て権を取るに非ざれば、文明の進歩は望む可らず」という説を批判し（⑲525f. 同趣旨として③50：B37f., ④288, ⑤70ff.）、また、百姓車挽の学問を進めてその気力を待つのは杉苗を植えて帆柱を求めるようなものだと主張している（⑲531）。これは、明六社で加藤弘之や西周が人民の無智を固定化して民選議院設立を時期尚早だとしたのに対して、士族の先導で改革を行うことによって人民の成長を促そうとした姿勢に対応している（松沢「註」328.「明六社会談論筆記」（㉑297f.）参照）。なお、公議輿論の消極的評価は、一方で正義公論として民権説を唱え、人民を愚にせず、我々良民は道理に従い、一国の方向を一つにしたいなどといいながら、他方では愚民を煽動して「売薬の披露吹聴」を行う「新聞屋」（④508, ⑨582f. 参照）の批判とも関わっているようだ。明治八、九年ごろの、新聞条令や讒謗律の廃止を提言した原稿では、「衆議輿論」という語の後に「（即ち雑誌新聞紙の類）」（⑳158）と書き込みがある（なお④251）。

(15)〈学者＝魁〉論で引き合いに出されたのは学者・発明家、「智」ないし「物理学」の代表である。「人事は徐々に非ざれば進まざる事」での「魁」の例はフルトン、スティーヴンソン、スミスであり（⑳181）、「学者の議論」では世論を打ち破った人物はフランクリン、ワット（⑨205）、『概略』ではスミス、ガリレイである（④13：B23）。またすぐ後で触れる『すゝめ』五編では、商工業の道を創造した中等の地位の学者の例はワット、スティーヴンソン、スミスである（③60：B51）。

(16)　内村鑑三（『全集』③159）は、J・S・ミルの「内部の確信」による「外部の標準に訴ふる道徳」への闘争、「進歩的道徳」の「停滞的道徳」への闘争、「道理と理論」の「時流の意見と俗習」への闘争が道徳の標準を「吾人の確信」に置くものであると解し、その際、「精神的教育」のためには教師自身が「精神的」でなければならず、万巻の聖書も神皇正統記も太平記も聖人や愛国者を造ることはできないといっている。これは福澤とほとんど同じ発想である。なお、後述の「似我の主義」を参照されたい。

（17）　この公徳にあたる部分に軍役・納税の義務、立法への参与、国法遵守などが含まれているのは、福澤において公徳という〈文明の道徳〉が一国独立と不可分であったということを示している。

（18）　参考のために、『修身要領』と翻訳『童蒙教草』（明治五年）目次（③149ff.）との対応関係を記しておく。動物虐待・殺生の禁止（第一章動物を扱う心得の事）、親子の愛（第二章親類に交る心得の事）、自労自活（第四章働く事）、独立自尊（第五章自から其身を動かし自から其身を頼み一身の独立を謀る事）、「他人の権利幸福」の尊重（第八章謙退する事、第十九章他人の天然の通義に就き誠を尽す事）、礼儀作法（第九章礼儀の事）、心身の健康（第十章飲食を程能する事、第十一章養生の事）、博愛の情（第十四章仁の事）、「自から従事する所の業務に忠実」である義務（第二十章職分に就き誠を尽す事）、「国の独立自尊」のために「生命財産を賭し敵国と戦ふの義務」（第二九章我本国を重んずる事）など。

第6章序

（1）　ここに出てくる「礼義」という語は“moral”の訳語と思われる（安西「文明と進歩」234f., 238f. 参照）が、単に「礼と義」の意味（諸橋轍次『大漢和辞典』大修館書店）かもしれない。ちなみに、『童蒙教草』（明治五年）では「礼儀」（③203f.）だが、『増補啓蒙手習之文』（六年）では「礼義」（③20）とあり、『概略』にも「礼義」の表記がある（④52, 123：B77f., 177）。

第6章第1節

（1）　ここでは、「分に適した」「正味」の人望について、「一斗の米を一斗に計ること」と表現している（③140：B155）が、『時事小言』で一国の「名実」を論じた際にも同様の表現をしている（⑤180）。あるいは、直接商品の「名実」の一致を論じた例もある（⑲677ff.）。

（2）　ただし、卑屈の排除という点では共通する。また、「言語」は〈人権としての名誉〉と部分的に関わる。福澤は、「官尊民卑」の習慣の一つとして、人民に対する公文書で驕慢な文体を用いていることをしばしば指弾したが、その際たとえば、「文」とは本来「文飾」という意味で、人間交際の外面を装い、相互に敬礼を表して体裁を優美にすべきものであり、政府の文書に敬意が欠けているのにこちらから礼を表すのは奴隷根性であると述べている（⑫172. なお⑪192参照）。

（3）　ただし、『通俗国権論』では、「通俗の文を以て婦人と下等の民間とに対して余輩の所見を告げ示さんとす」としつつ、文中、「右は少しく理論に亘りて民間婦女子には解し難き所もあらん」といっている（④607, 626）。『福翁百話』その他にも民衆向けではない部分は多々ある。ちなみに、『宿題控』の問題の一つに、「著書新聞にても、教授にても、又は談話にても、学者を目当にして高上なることを説くが便利か、極々下流の群民を相手にして浅く近き道を述る方便利なる乎」とある（⑳121）。なお、進藤咲子（『明治時代語の研究』194-196）は、福澤の全著書五五部について読者層を分類している。それによると（重複があるが）、①「学者・学生（洋学者流）」一一、②「儒者」二、③「（上流の）論評家・知識人（官員を含む）」六、④「武士・兵士」四、⑤「工商社中（実業人）」五、⑥「一般士人（市民層の中核を構成する層と考えてよいかと思う）」一八、⑦「貴女紳士」二、⑧「俗間人・一般男子（洋学、改進主義を知らない人々を含む）」四、⑨「一般婦人」一、⑩「知己朋友（①に含めてもよい）」一、⑪「一般庶民」二、⑫「児童（童蒙）・婦女。児童の教師」七、⑬「外国不案内の人（いわゆるガイドブック）」三、⑭「一般士人以上に対し、下流民間及び婦人への宣伝を依頼」一、となっている。

（4）『或云随筆』でいう。頼山陽の『日本外史』は、資料が仮名文なのに、なぜ漢文に翻訳したのか。日本人に日本史を読ませるつもりなのか、それとも自分が漢学に優れていることを自慢するつもりなのか。中国人には日本人にわからない著述をすることがある、と（⑳14. なお①286 参照）。また、『概略』では、「史」に拠って論じるのは、砂糖をまぶした苦い薬を子供に与えるようなものであり、初学の人は無形の理論を理解するのが困難であるから、「史論に交へて其理」を示して理解を容易にするとしている（④59：B86f.）。

（5）慶應義塾のカリキュラム（明治六年）には、「デクラメーション」が含まれており、テクストの中には「コムポジーション、エンド、レトリッキ」、「プリンシプルス、ヲフ、ヱロクインス」が含まれている（松永『福沢と中江』51ff.）。「デクラメーション」は弁論の練習を指すと思われる。

（6）西部邁（『福澤諭吉』199）は、「顔色容貌」論が『葉隠』におけるいくつかの武士道の教えと符合しているとして、福澤は武士道と似た交際術を保持し、それを文明の交際術に活かしたとする。たしかに、たとえば佐久間象山の塾の規則には、「容貌・詞気は徳の符なり」とある（植手『近代思想』297）から、「容貌」重視の伝統があったのかもしれない。しかし、翻訳『童蒙教草』（明治五年）に、「礼の本は仁なり。人を愛するの仁あれば、其人に対して礼を尽さゞる可けんや。無益の言語容貌を以て其人を怒らしむ可けんや」とある（③204）。これは、「言語容貌」論が西洋起源であることを示唆する。

（7）やはり『概略』で、「坐を見て法を説く」という策をめぐらすことは人間蔑視であり、人の愚を察し、誤解を憶測してことの真面目を告げないのは、「敬愛の道」を失し、君子のなすべきことではないとか、世の人を罪業の深い凡夫と呼ぶのは「坐を見て法を説くの方便」にすぎず、「其実は必ずしも然らず」としている（④88f., 101：B127, 145）。「坐を見て法を説く」のはレトリックの要諦である（西村「欧化と道徳」②103 参照）から、ここではレトリックを否定していることになる。

（8）あるいは、昔の漢学塾のような先輩後輩の身分的上下関係を否定して、他人の権利自由を妨げず、「交際上の敬礼」を失わない限り、自己の権利自由を他人に託するべきではないとしている（⑫533）。ただし、礼儀を一切否定するわけではなく、すぐ後で、貧富貴賤強弱大小の差異のある社会に出れば、自家の権利自由を守らなければならないのだから、在塾の時からこれを重んずる習慣を培い、「身を慎み礼儀を貴ぶと同時に、独立不羈の気象に餒る勿らんこと」を望んでいる。これは、後述のように、慶應義塾の基本方針である「学問」と「処世」の二つながらの確保に繋がる姿勢である。ちなみに、中江兆民の仏学塾規則（明治一五年）には、傘や下駄を所定の場所に置くべしとか、出入り口以外の所から出入りしてはならないという条目があった（松永『福沢と中江』235）。

（9）あるいは、『福翁百話』第五九話では、上流の士君子で智識才学ともに抜きん出て欠点のないほどの人物でありながら、真の朋友に乏しく「交際」の狭い人物を俎上にのせて、士君子の交際は、磊落で時に漫語罵詈叱咤もよいが、「実弾」攻撃をしてはならないとしている（⑥300f.）。また、「外人交際」の節倹を説いた際には、交際の要は「己を虚ふする」こと、すなわち磊落の挙動にあるが、「虚己」の過度は虎を描いて狗に類する恐れもあるとしている（⑪343）。なお、この文の直前で福澤は、「或人」がかつて、「南瓜の味噌汁に麦飯を食て以て文明開化の事を行ふ可し、元禄武士の精神に西洋碩学の経済理論を附して始めて文明の男子たる可し」といったのは、青年の学生を試した「奇語」であるけれども、言外の意味は取るべきものがあると述べているが、「或人」とは自分のことである。福澤は「元禄武士」にしばしば言及しているし、『すゝめ』では、「学問は米を搗きながらも出来るものなり。……麦飯を喰ひ味噌汁を啜り、以て文明の事を学ぶ可きなり」といい（③95：B97）、『福澤文集』では、『ゴシック』の営造法」に通じていても「九尺二間の裏店」の建て方も知らない「学者先生」が贅沢に慣れているのを批判して、「旧の味噌汁と麦飯に復古し、心身を逞ふして勉強」するように説いている（④441）。

（10）長男の結婚にあたって、婚礼の式などは外面のことであって、頓着すべきではなく、我々は元来「礼式」には熱心しないから、礼というのなら「旧礼」によるだけであって、これは宗教に淡泊なために旧宗旨に従うのと異ならないと語っている（⑲716）。

（11）ただし、言語容貌や多芸多能は礼儀作法とやや異なった位置にある。どちらも外面的徳義であるが、礼儀作法論がなお〈旧礼儀〉を含んでいたのに対して、言語容貌と多芸多能の場合、素材については伝統（落語・説法や書画・囲碁）があっても、その利用の仕方については「文明」の観点に基づいていた。

（12）『日本男子論』では、「自信自重」の高みに立つと、その働きは人倫だけに留まらず、社会交際の運動、「言語応対の風采」となり、そこに認められる「潔清無垢の極は却て無量の寛大と為」るとしている（⑤623）。しかし、自信自重は傍若無人に通じる激越さを具えており、寛大の交際法となるはずがない。せいぜい、自尊自重が心理的余裕をもたらし、他人に寛容となることができるといった程度の意味であろう。ただ、独立の気概と寛容を二つながらに求めるのは他の処世論と同じである。

（13）『訓蒙窮理図解』（慶應四年）では、昔かたぎの学者先生が、「君子は細行を勤ず」という古言を持ち出して、物事を粗略にし、窮理学に害があるようにいうこともままあるが、たとえ細行であっても、知識を研鑽する利益があれば、等閑に付すべきではないと批判している（②235f.）。儒教道徳における智の欠如を、「君子は細行を勤ず」という学者先生として描くのである（なお⑤200参照）。

（14）これは儒教的偽善の批判に通じる。天下を憂えて誠心誠意、一点の私もないと称する政客も、裏面から見ると、内行は修まらず、生計も立たず、借金を重ねているのである（⑥299f.）。また、一家の始末もできずに放蕩を尽して、何ごとにつけ「細行」は顧みないといいながら、真の大事を悟らず、無頼者で終る者がいるという（④590）のは、民権論者の批判が目的である。さらに、俯仰天地に恥じず、万事私徳を判断基準にし、みずから恥じるところがなければ天下も御することができると自得した例として、旧水戸藩の党派闘争の心情や維新前後の尊攘の議論を挙げ、それを、「私を以て公共を害したるの罪」と評している。これは、太平の時代に勤王を再生しようとする動きに対する牽制である（⑧353f.）。なお、伊藤博文は「教育議」（明治一二年）（81, 83）で、士族の不平分子が「政談ノ徒」となり、また漢学に親しんだ書生が天下を論じ、しかもヨーロッパの政治学に影響を受けてかえって「政談ノ徒都鄙ニ充ツルニ至」った状況に対して、その弊害を除去するために、「宜シク工芸技術百科ノ学ヲ広メ、子弟タル者ヲシテ高等ノ学ニ就カント欲スル者ハ、専ラ実用ヲ期シ、精緻密察歳月ヲ積久シ、志嚮ヲ専一ニシ、而シテ浮薄激昂ノ習ヲ暗消セシムベシ」と述べている。福澤の主張と多分に重なる。

(15)　『すゝめ』十二編では、学者が観察、推論、読書だけでなく、著述、談話、演説に励むべきだと論じた際にこう述べている。「人間の事には内外両様の別ありて、両ながら之を勉めざる可らず。今の学者は内の一方に身を委して外の務を知らざる者多し。……私に沈深なるは淵の如く、人に接して活発なるは飛鳥の如く、其密なるや内なきが如く、其豪大なるや外なきが如くして、始めて真の学者と称す可きなり。」（③104：B108）さながら〈伯夷其心而柳下恵其行〉の学者版である。

(16)　なお、福澤は、「人事の一方に偏して尋常普通なる道理の外に逸するの病」＝「偏狂（モノマニヤ）」を論じた際にも、「仮令ひ狂に至らざるも一事一物に凝り固まるは甚だ宜しからず、時には全く百念を解脱して心機平均の修業肝要なる可し」としている（⑥357）。

(17)　福澤は、自分の居家処世の法について、「都て事の極端を想像して覚悟を決め、マサカの時に狼狽せぬやうにと斗り考へ」ており、「平生は塾務を大切にして一生懸命に勉強もすれば心配もするけれども、本当に私の心事の真面目を申せば、此勉強心配は浮世の戯れ、仮りの相ですから、勉めながらも誠に安気です」と語っている（⑦251f.：B306f.）から、以上は福澤自身の処世の心得でもあった。

(18)　第十三話では、人間の心がけは浮世を軽く見て「熱心」に過ぎないことにあるが、しかし浮世を軽く見るのは「心の本体」で、浮世を渡るのに活発にするのは「心の働」であり、軽く見ることができるからこそ、よく活発に働くことができるとしている（⑥229）。第四四話でも、まったく同じように論じつつ、一夫一婦を「熱心」と「戯」に見立て、寡婦の再婚に躊躇する必要がないことを論じている（⑥275-277）。また、第九五話では、学者士君子が先達として、凡俗の中に雑居してともに俗事を勤めながら、心事は高尚に構えて一人俗界を離れ、「処世の戯」のうちにも時に覚醒して「戯の戯たるを悟る」ように説く（⑥368f.）。

(19)　慶應の学生に対する演説に出てくる「人生朝露の如し」という形容は「死生幽明の理」であり、宗教の管掌するところであった

（④136：B196）。これは、さきに紹介した真宗に対する評価（第4章第2節註（9））に繋がるかもしれない。

（20）これと似て、やや異なった論法もある。『福翁百話』第六七話でいう。優勝劣敗の世の中で「貨殖の熱心」は当然のことだが、「熱財者」は「安心の点」を金銀以上のところに置くべきである。「生者必滅」はこの世の約束であり、「安心の点」はまさにこの生命を超えたところにあり、生命に恋着すべきではない、と（⑥315）。これは諸行無常の諦念であるかに見える。だが、この後、富豪貨殖家が贅沢三昧で散財するのは「気品風采」の卑しさを示しており、「安心の点」を銭以上に進めることを不可能にするから、若者なら「文明学の門」に入れて「有形無形共に真理原則」の所在を示して、自然に高尚に導くところであるが、年配者の場合、「遊芸好事」の道から学問や哲学の方向に眼を向けて心事を高尚にするのがよいとしている（⑥316f.）。これは「自然の名誉」論に通じる。

（21）『福翁百話』第十七話（以下⑥235f.）でも、人生は蛆虫と同じだというが、世の中は蛆虫同士で社会をなしているのだから、決して自己を軽んじてはならず、人は万物の霊、地球上の至尊であるとしている。ただここでは、人を蛆虫と見るのが「心の本体」で、人の霊妙至尊を認めるのは「心の働」であると説明したうえで、自然は人力を加えないと用をなさないという観点から、霊妙至尊にふさわしい人の働きとして、自然への働きかけ（「与造化争境」、「束縛化翁是開明」）を挙げ、そこに「物理学の要」を見出している。これは〈文明論的方法〉を想起させる。しかし、「心の働」とは「熱心」のことである（前註(18)参照）。「万物の霊」は、福澤の用語では概して「哲学流」や「数理」に関わっているが、ここではむしろ現実的な「熱心」を表している。「万物の霊」として人間の誇り得ること（「父母に事へ夫婦相親しみ、子孫の計を為し又戸外の公益を謀」ること（第七話））は、浮世の「熱心」の対象と同じもの（「独り自身の為めのみに非ず、……尚ほ進んでは広く天下公衆の為めに」尽すこと（第十話））であった。『すゝめ』にいう「内の義務」と「外の義務」、つまり〈文明の道徳〉である。したがってここでの自然科学の精神はあくまでこの道徳的義務のための「熱心」の手段にすぎない。

第6章第2節

（1）ただし、福澤は「教養」という語を今日の意味で用いていない。「慈母の鞠育教養」（②582）とか、「人文を教養するの道は学校にあり……」（⑤70）という時の「教養」は、『修身要領』の例（㉑354）と同様に「教育」という意味である。進藤咲子（「『教養』の語史」66ff.）によれば、「教養」という言葉は、幕末から明治初期における用例で、おおむね「教育」、「教育すること」という意味であった。

（2）明治二二年から慶應義塾には「大学部」が設けられ、法律、理財、文学の三科を置いたが、それ以前にも普通教育と専門教育（政治、経済）の区別はあった。明治一八、一九年ごろと推測される断片では、「既にコンモンノーレジを得た」後、学問の方向を二様に分ち、第一は「政治」（科目は歴史、政体論、内政、外交、万国公法、法理、弁舌）、第二は「経済」（科目は商法、銀行、租税、貨幣、保険、簿記、会社法、地理、経済書、「パテンロー」）としている（⑳313f.）。

（3）同じ場所で福澤は、日本の改新のためには、第一に「物理の原則」を根拠として実際の形体上に進歩すること、第二に近時西洋で形体上の進歩に著しい「運輸交通の方便」を求めること、第三に西洋の智学を学んで、その方便を実施するには、「文思」を養って事物の利害を間接に考察することが必要であり、第四にこの考察のためには、「事物の性質」を知らなければならないとしている（⑧234, 236）。「事物の性質」を知ることは結局、「西洋の書を読み西洋の事情に通じ西洋の文思を以て精神とする」ことと説明されているから、循環論法になっているのだが、そのことは西洋的「智」＝「物理の原則」の最重要の部分の一つが「事物の性質」であるということを意味している。

（4）福澤における「文学」の語は多義的であるが、鈴木貞美（『文学概念』137f.）によれば、『西洋事情初編』（慶應二年）（①301f.）や、『概略』（④104f., 107：B151, 154）の事例は“liberal art”（学芸）を指し、これは、儒学と漢詩文を意味する「文学」の語で翻訳したものだという。丸山眞男（『読む』中204, 上103. なお『座談』③33f.）は、『概略』の同じ事例を「学術」という意味だとし、他の事例（④17：B26）については「学問と文芸の総称」だという。また、伊藤正雄（『論考』61）によれば、「文学」は「人文関係の諸学」を指したと思われる場合（『すゝめ』六編末）もあるが、「学問全体」を指した場合（同五編）や、「文筆に縁のある学問」というほどの意味（同初編）もあるという。

（5）鈴木貞美（『文学概念』139）は、「むづかしき字を知り、解し難き古文を読み」が“literature”の語源的用法を、「和歌を楽み、詩を作る」は近代的な“literature”を指し、さらに「文学科学の教師」という表現（③69：B61）は、「分科学」＝「サイエンス」としての「英米文学」を意味すると解し、福澤がサイエンスとしての文学を志向したと述べている。事実、福澤は、義塾の学生が明治一六年に作った「文学会」につき、「文学」とは英語の「リテラチュール」のことと思われるが、支那風に解釈して「風月に唫じ詩文を弄する会」と誤解されると困ると釘を刺し、その際、「文明の進歩とは原則《ナチュラルロー》の支配する領分の日月に増加するを云ふなり」と明言し、技術と実学は異なるけれども、「アート」の中にも原則を発見してサイエンスに属するものはこれに編入することが、文明の進歩というべきものだ、としている（⑳267f.）。あるいは、明治一三年に慶應義塾に「余興漫録」という詩文集ができた時、福澤は、これは生徒の「洒落私にいたした事」だから目くじらをたてるに及ばないが、その集に慶應義塾の名があってはもってのほかだとしていう。「文詩は社中の最拙なる者、加ふるに方今の時節フヒジカルサイヤンスを勧めても尚振はざるの折柄、其塾中の社員が詩文集を版にいたしたとは咄々怪事、老生は之を聞て恥死せんとす。何者の馬鹿が右様のタワケを企てたるか、公然と談ずるよりも竊に可相成は一冊も人に示さぬ様にいたし度……」と（⑰367f.）。

（6）福澤は、自分が「無芸殺風景」、「無芸無能」であるのは、一つには、儒者嫌いで、「不品行で酒を飲んで詩を作て書が旨いと云へば評判が宜い」というような風潮に反撥したからだとしている（⑦229：B280f. なお小泉『福沢諭吉』88参照）。

（7）ただし、福澤は儒教に関わっていても、実用的技術に資するものは肯定した。「徳教之説」（明治一六年）では、「儒書」は「和漢今日の文明」に達したことについて功績は大きいが、当今の実用に適せず、今後も文明進歩に裨益しないけれども、学者になろうとする者が、ギリシャ・ラテン語やインドの古書から「真理」を発見して学問の補助に利用することは必要であり、とくに漢字を知らなければ文書にさしつかえることを考えれば、漢書を読まざるを得ないと述べている（⑨278）。これは、儒教道徳の政治介入を否定しながら、漢書は一切読むべからずというわけではないと弁解したものであり、したがって現代の漢字の使用に照らして漢書の講読の実用性を認めるというのが本旨であって（⑧551）、中国や西洋の人文主義的教養主義の「古典」尊重とは異なっている。「いろは」が初等の普通教育に必要だとすれば、漢字は「言語文章」の訓練のために中等・高等普通教育にとって有用だということである。無論、これとは別に言語文章は処世・交際にとって重要である。既述のように、福澤は処世術の一つとして「雅俗の文体」を挙げていたが、米国留学した息子に対しても、「文字の醜美」はその人の「レスペクト」に関わるといい（⑰576. なお⑰639, ⑰732, ⑰761）、また最近日本の専門学者の評判がかんばしくない（たとえば裁判官は判決もろくに書けず、理屈だけ上手である）が、人間社会は学問だけでなく、近浅の交際・芸能が立身の方便となることを知るべきだ（⑰759）とか、日英ともに文字の手習いに勉め、「弁舌の巧拙、顔貌の醜美」に配慮すべきだ（⑰767）とか、「無言よりも寧ろ多言たるべし。無礼にさへ亙らざれば颯々としやべるを善しとす。即ち交際の法なり。臆病書生が不愉快なる顔色して沈黙するは儒流の末孫、拙者の最も嫌ふ所なり」（⑱59）と語っている。

（8）福澤自身、若いころから「鄙事多能」が自慢であったが、それはまた身体屈強の自慢でもあり、「鄙事多能少年春／立身自笑却壊身／浴余閑坐机全浄／曾是綿糸縫瘃人」（鄙事に多能なりき年少の春には、立身して自から笑ふ却て身を壊るを、浴余閑かに坐せば机は全く浄し、曾て是れ綿糸もて瘃《あかぎれ》を縫ひし人）という漢詩を作っている（⑦32, 255：B40, 312, ⑳433）。

（9）ほかに、「人に接して世間の事物を察」する「人事の大学校」に言及し（④484）、教育には家族父母の教育、血統遺伝の教育、政府法制の教育、立国風俗の教育があり、天気や地理も教育に関わるという（⑳204）。また、『覚書』では、「国の教育は、文字のみに非ず、智恵のみに非ず、徳教のみに非ず。唯人品を高尚にして社会の有様を整斉し、人の品行と社会の有様と互に相適し互に相迫て進歩するに在り」（⑦665）とあるが、そのすぐ後で、「国の教育を目的とするときは、家族も学校なり、会社も学校なり、商売も学校なり、政府も亦一の学校にして、其税法裁判兵備等は各一種の学科と云ふ可し」としているから、「国の教育」とは「社会なる大学校」における教育を意味している。

（10）既述のように、福澤は日常的交際の内容を文通、面会、談話、遊戯、会食、品物の贈答等としていたが、交詢社は遊戯・贈答以外のいずれの活動も行っていた（⑲665）。他方、社交については、手軽に会同する例として西洋の「チーパーチー」を挙げ（⑥299）、また「クラブ」も交際集会に便利であるといい、西洋の「集会の法」である「At Home」な方法を「交際往来の法」として推奨している（⑮495f. なお⑥456f. 参照）。いずれも日本風宴会への批判を含んでいる。なお、明治九年に三田に、議論、談話、囲碁、将棋、読書、作文の場として「万来舎」なる社交クラブができていた（富田『考証』下485f.）。

（11）福澤は多芸の必要を説いた際に、農工商、政治、法律、詩、碁将棊、すべて「芸」だとしている（「養心」（『立志編』所収）251）。これは「詩」を含んでいる。息子に宛てた手紙でも、「詩も文学中の一芸、馬鹿に不相成候。貴様の祖父伯父御両所は真の文人とも申さる可き技倆なりしかども、独り拙者は殺風景にて赤面の事に候」と述べている（⑱172）。

（12）これは最初、「独立して孤立せず人民に在て自から存する」という意味で「自存社」と名のるはずであった（⑰341）。

（13）『修身要領』には、「文芸の嗜は人の品性を高くし精神を娯ましめ、之を大にすれば社会の平和を助け人生の幸福を増すものなれば、亦是れ人間要務の一なりと知る可し」（第二一条）（㉑355）とある。なお、福澤は『帝室論』で、「芸術」（書画、彫刻、剣槍術、馬術、弓術、柔術、相撲、水泳、諸礼式、音楽、能楽、囲碁将棋、挿花、茶の湯、薫香、大工左官の術、盆栽植木屋の術、料理割烹の術、蒔絵塗物の術、織物染物の術、陶器銅器の術、刀剣鍛冶の術）が、数学、器械学、化学等と異なって「数と時」により計ることができず、「規則の書」によって伝えることもできない、としている（⑤286）。ここでは、これらの芸術は無用ではなく、「我文明の富」として保存すべきだといっているが、しかし別の場所では骨董趣味を批判している（⑥333f. なお⑥413f. 参照）。

（14）同じく政治熱を批判した「新旧両主義」（明治二六年）では、日本の「武士は食はねど高楊枝」＝「精神の楽」と西洋の「一刻千金是金」＝「肉体の要」を対置したうえで、「心事の高尚にして気品の清雅なる」は人生の貴い部分であるが、本来精神上のことは「衣食住肉体の要」を満たしてからの話であって、衣食にこと欠く状態で「精神の楽」をいうのは前後緩急を誤るものだとしている（⑭71f.）。いうまでもなく、この場合は「心事のみ高尚遠大にして働に乏しき者」を批判することが目的であり、「心事の高尚」や「気品の清雅」を一概に否定したものではない。

（15）「品格」や「気品」という言葉は「伯夷」だけを指す場合もあれば、上述の「文明士人たるの品格」のように、「伯夷」と「柳下恵」の両方を表す場合もあるが、ごく大ざっぱにいえば、前者の用例の方が多いように思われる。

第6章第3節

（1）なお、福澤は中村栗園の手紙に答えた文で、「先考［＝亡父］の言行は、家慈［＝母］在世の時、固より之を聞て詳にせざるはなし。其品行、端厳方正にして、然も文才の活発なりしは、生深く欽慕し、厚く信じて疑はず」と述べている（④495）。

（2）似我の主義の基礎たる「実践躬行」の発想も儒学からきているようだ。遠山茂樹（「維新の変革と近代知識人の誕生」157f.）によれば、福澤は実学主義を唱えて儒学の空理空論を批判したが、江戸時代の儒学も個人道徳の「実践躬行」を尊重したという。ただし、その際の「実用性」は、「封建支配者にとっての有効性」、つまり修身斉家治国平天下であった。なお、伊藤博文（「教育議」82）は、倫理教育につき、教官が「自ラ制行ヲ謹ミ言議ヲ平カニシ、生徒ノ模範タラシムベシ」といい、井上哲次郎（『勅語衍義』426）も、

「教師ハ子女ノ模範タリ。故ニ教師自ラ恭倹ナルニアラザレバ、決シテ子女ヲシテ恭倹ナラシムルコト能ハズ。子女ハ教師ノ射影ナレバナリ」としている。あるいは、正岡子規は、中学校以上の倫理教育が徳育にとって無駄であり、「倫理を教ふる教師にして多少の欠点あるの人ならんか、生徒はその講義に対してむしろ悪感情を惹き起すを常とす」として、善良方正の人を一般の教職員に迎える方策を示している（『飯待つ間』62f.）。また、坪内逍遥も、早稲田中学の倫理教育で、まず教師が身をもってみずからの説く教えを生きてみせることを提唱したという（津野『滑稽な巨人』137）。内村鑑三の例はすでに引いた。

（3）　ここで福澤は、道楽息子の折檻を花柳の通人に託するように、すでに不徳不品行に陥った年長の少年の監督はかつての磊落書生でなければできないとしている。なお、東涯は仁斎の子。福澤の父は東涯を尊敬しており、福澤も「東涯先生」と呼んでいる（⑦9, 40：B11, 50）。

（4）『概略』では、「一心の工夫」が「智」と違って天稟、教授法、努力と無関係であることを強調するために、道徳的改悛を、「一旦豁然として心術を改め……」、「一心の工夫に由て改心したるもの」と表現し、「孟子は浩然の気と云ひ、宋儒の説には一旦豁然として通ずると云ひ、禅家には悟道と云ふことあれども、皆是無形の事を工夫するのみにて其実跡を見る可らず」としている（④97f.：B140f.）。「浩然の気」と「豁然」という儒教的枠組（松沢「註」334参照）で徳の修得を説明したものだが、他方福澤は、前述のように、「気品の泉源智徳の模範」（明治二九年）で「気品」が「孟子の云ひし浩然の気」のようなものだとし、『日本男子論』（二一年）では、「自信自重」の高みに立った者は「精神一度び定まるときは其働は唯人倫の区域のみに止まらず、発しては社会交際の運動と為り言語応対の風采と為り、浩然の気、外に溢れて身外の万物恐るゝに足るものなし」（⑤623）という。いずれも、自主独立の精神に関わる。また、「豁然」については、これも既述のように、「無形の独立」を説明するのに、「社会の交際、処世法に、我思ふ所を言ひ、思ふ所を行ひ、満腔豁然洗ふが如くして秋毫の微も節を屈することなき」としていた（なお⑥404）。

（5）　あるいは、「字を知り書を読み政を談じ経済を論る等、都て天下の大事に関る者」（⑳65）、「医者にても、儒者にても、或は町人百姓にても、読書武術の一芸に志して天下の事を心頭に掛る者」（④264）、「苟も智力を以て我社会の重立たる部分を働く者」（⑲606）である。これらは武士の特徴づけ（本書第3章第2節参照）と重なる。

（6）　新渡戸の武士道は日本的「宗教」を西洋に紹介するものであると同時に、キリスト教的「愛」を日本化したものであった。しかも新渡戸もまた西洋をモデルにして「武士道の平民化」を図った（西村「欧化と道徳」①24ff., 同②97ff.）。西洋文明の「日本化」という発想については、新聞『日本』を主宰した陸羯南の「国民主義」や雑誌『日本人』に拠った志賀重昂、三宅雪嶺の「国粋保存主義」（松本『明治思想史』123ff., 南『日本人論』38f. 参照）との関連も追求するに値すると思われる。ちなみに、志賀は札幌農学校で新渡戸の三年後輩で、新渡戸は志賀の『日本風景論』（明治二七年）を、「私がとくに好きな二、三の書物」のうちに挙げており、志賀から英文の書評を依頼されていた（西村「欧化と道徳」①34）。また正岡子規は明治三一年に『日本』紙上で、「外国の文学思想を輸入すべしといふ事、外国の文学を剽窃せよといふにあらず。……外国文学より得たる思想にても、日本歌人の脳中に入りて、それが歌となりて再び出づる時は、その思想は日本化せられをらざるべからず。既に日本化せられたる者は日本の思想なり」と述べている（『歌よみに与ふる書』68）。

（７）『小学女礼式』（明治一五年）と『新撰立礼式』（一六年）が礼儀作法の教科書として編纂された事実に見られるように、明治以来、学校教育において小笠原流などを参考にした礼儀作法が教え込まれたが、昭和に入ってからも礼儀教育の徹底化が図られ、戦時体制への移行とも絡みながら、昭和一六年に文部省は改めて礼儀作法の標準（『礼法要項』）を定めている（熊倉『文化としてのマナー』213ff.）から、学校教育にもかかわらず、礼儀作法の基準は確立せず、したがってまた普及しなかったと見られる。

（８）ウェーバーはドイツ教養市民層に貴族的作法の伝統が欠如していることを衝いたが、このことはおおむねつぎのような文脈に属する。一九世紀初頭のフンボルト的教養思想はカント的道徳論を受容して「内面」の意義を強調したが、その後教養市民層は、内面性との関連を希薄化してゆき、学歴をはじめとして、爵位、勲章、称号、宮廷参内資格、大礼服の着用等の「身分的」な、そしてまた「外面的」な特権を獲得するに至ったのである（西村「作法の欠落」175f.）。ちなみに、ウェーバーは上掲の論説（「選挙法と民主主義」304f.）で、市民層の新たな作法を創出することが困難であることを認識しながらも、「本物の」上品な作法の「形式的」要件として、「個人の態度における内面的距離と慎み innere Distanz und Reserve in der personlicher Haltung」を挙げている。

あとがき

随分昔に読んだ記憶があるだけで、確認するすべもないが、どこかでヴィルヘルム・ディルタイは、「探求しつつ理解する forschend verstehen」といっていたように思う。「手探りで解釈してゆく」といいかえてみると、この言葉はそのまま本書にあてはまる。筆者は西洋法史を専攻しており、数年前まで福澤についてはまったくの門外漢であったため、手探りで進み、振り返ってはまた一歩を進めるといった形で文字通り悪戦苦闘を重ねざるを得なかったからである。無論、初心者向けの新書類を含めて福澤論は毎年生産され続けている。だが、素人の立場からいわせてもらえば、その多さに辟易するばかりで、どれを指針としたらよいのか皆目見当がつかないという憾みがある。そのうえ、碩学の諸研究を覗いてみても、福澤の思想の輪郭がつかめるどころか、かえって角を突き合わせるような激しい対立に面食らってしまう。そうであるならば、みずからの手で探るほかないと思いたったのが本書の元になった論文（「福澤諭吉と武士の伝統―教養と作法を中心として―」（一）～（七・完）（『法学会雑誌』第五一巻一号～四号、五二巻二号～四号、二〇〇〇～二〇〇三年）、および「福澤諭吉と『国家理性』―丸山眞男の『思惟方法』論をてがかりにして―」（『福澤諭吉年鑑』三一、二〇〇四年））を書くに至った経緯である。この元の論文も大幅に見直し、修正を加えた。あれやこれやの理由で、また一部ではあらずもがなの煩瑣な解釈を余儀なくされたため、本書はかなり読みにくくなったかもしれない。読者の御寛恕を願うほかない。それは別としても、専門家なら容易に避けられるような初歩的なミスを犯している可能性もあり、忌憚のない御批判を賜りたい。

なぜ専門とかけ離れた福澤を研究するのかということは、この間、しばしば筆者に寄せられた、そうでなくともみずから投げかけた問である。最近、生化学の権威早石修氏が研究における偶然の要素を生かす心構えとして、「兎を撃ちに行って鹿に遭えば、鹿を撃てばいい」といわれているのを目にした（「私の履歴書」『日本経済新聞』二〇〇六年三月一日）。筆者も先輩（偶然だが氏は高校（旧制中学）の大先輩にあたる）に倣って、西洋における社交・礼儀作法と教養との関係という兎を追っているうちに福澤という鹿にたまたま出会ったのだ、といいたいところであるが、それではあまりにもおこがましい。本文でも引用したが、福澤は、鹿という目的を射止めることが重要であって、射止める方法に拘泥してはならないと語っており、どうやらこちらの方が筆者には適切な比喩であるようだ。目的は同じだが、射止め方が違っただけである。

ただし、ここでいう射止める方法の違いというのは当面の対象の違いのことである。本来の方法、つまり対象へのアプローチの仕方については、本書は筆者のこれまでの歴史的研究と明らかに異なっている。本書は通例の意味の歴史書ではない。過去の思想を扱っている点では一応歴史＝思想史の範疇に属するが、思想史が思想ないし思想家とその時代の社会、政治、経済、文化等との関連を追求しようとするものであるとするならば、この枠からははずれる。無論、歴史的方法を否定するわけではない。しかし、たとえば福澤の見解に矛盾がある場合、それをすべて、もしくは主として時間の経過に還元する研究の傾向には与することができない。福澤はしばしば同時期に矛盾する主張を行っているが、これを歴史的状況に帰することができないことは明白である。たしかに、本書が主題とした「国家理性」にせよ、「文明の道徳」にせよ、明治日本、さらにいえば近代日本という歴史的状況と不可分の関係にある。しかし、この大きな歴史的状況の中に福澤の思想を正面きって位置づけることもまた、原則として控えることにした（例外は第六章末尾の素描である）。それは何よりも筆者の能力の欠如によるが、同時にそうした位置づけによって福澤の多様な側面が切り落とされてしまうことを危惧したからである。この犠牲を払うよりも、福澤の思想の全体をありのままに受け止め、そこに共通する思考や発想を剔抉する方を選んだのである。

本書で示された福澤の多面的な姿は、その現代的意義を考えるうえでもヒントになり得るであろう。既成の、とりわけ政治思想に偏した福澤像から解放されることによって、福澤の思想を十全に現代に活かす可能性が出てくるからである。福澤は、もし今日楠公ありせば、日本の独立を一身に引き受けて文明の大義のために努めたはずだといっているが、もし今日福翁ありせば、と考えてみたくなる事柄は少なからずある。たとえば、各人に見合ったそこその「個性的」な生き方に安住する現代の風潮、あるいは立身出世を斜に構えて軽蔑する醒めた心性のようなものを見るにつけ、福澤が武士の気風に見出した、「富貴も淫する能はず、貧賤も移す能はず、威武も屈する能はず」という不羈独立の気概を見直すことは無駄ではないように思われる。あるいは、精神を「伯夷」のように持しながら、振舞を「柳下恵」のようにせよという格率も、「作法」の欠落した現代の状況に対してある種の処方箋となり得るし、人生を「戯」とみなしながらも、「熱心する」という処世の心得も、いささか通俗的であるとはいえ、あながち棄てたものではない。「一身独立して一国独立す」というテーゼも、従来のようにもっぱら「政治的」に読むのではなく、生き方に関わるものとして受けとることが可能であろう。政治の領域でも、最近話題にのぼる「愛国心」については、福澤の「報国心」は参照するに値するのではないか。また、今日見る影もないほど落ちぶれてしまって範疇としても自立し難い「知識人」や、道徳的退嬰と評するほかない愚行を繰り返す政治家や官僚や企業家に対して、〈学者＝魁〉論はおおいに参考とすべき点があるかもしれない。

しかし、こうしたことを並べたてていけばきりがないので、別の機会に譲ることにして、ここでは一点だけ触れておきたい。曲りなりにも教鞭をとる身として、若い世代の人たちに福澤の議論の仕方からいくばくか学んでほしいということである。何も福澤の猿真似をせよというのではない。何かを考えるために、とくにそれを誰かに向かって伝えるためには、熱気ほとばしる心情を吐露したり、高邁な理想を唱えたり、無前提の公理や流行のパラダイムに依拠したり、はたまた才気煥発のアイデアを持ち出すのもよいかもしれない（現に福澤にもそうした面が見られる）が、ことの大小軽重と緩急前後をわきまえ、目的と状況を冷静に見据え、同時に自己と相手を可能な限り知ったうえで、説得に努めるということを意識してほしいということである。本書結語にいう「賢慮の人」となることである。あるいは、手垢のついてしまった言葉であまり使いたくないが、一般的には「教養」の勧めといいかえてもよい。もとより、教師は何もしなくてよいというのではない。もし教師がりっぱであれば、という条件付きでいえば、福澤のいう「似我の主義」こそがいまなお実現可能な教養教育の理想であろう。蛇足ながら付け加えると、教師も学生から学ぶのであって、講壇から高説を垂れるばかりが教師ではない。福澤の講義は「時によると、どちらが先生だか生徒だかわからぬやうなこともあつた」という（石河『伝』②645）。もって範とするに足りるのではないか。

最後に、本書が日の目を見ることができたのは、ひとえに上山安敏先生（京都大学名誉教授）をはじめとして多くの方々に励ましていただいたおかげである。名古屋大学出版会の橘宗吾氏と神舘健司氏には出版のお世話になったばかりか、貴重な助言を賜った。この場を借りて厚く御礼申上げたい。また、福澤について考え始めたのは岡山大学法学部在任中のことであり、不義理不人情の甚だしい筆者を温かく見守っていただいたかつての同僚諸氏にも感謝の言葉を捧げたい。とりわけ、本書を誰よりも読んでいただきたいと願っていた故植松秀雄先生（岡山大学名誉教授）には、公私にわたりお世話になったが、もはや御礼を申上げることも御批評を賜ることもかなわないのが何よりも残念である。

二〇〇六年七月

京都岩倉の寓居にて　筆　者

《著者略歴》

西《にし》村《むら》　稔《みのる》

1947年　滋賀県に生まれる
1971年　京都大学法学部卒業
　　　　岡山大学教授（法学部）を経て
現　在　京都大学教授（人間・環境学研究科，総合人間学部）
主著訳　W・ラカー『ドイツ青年運動』（人文書院，1985 年）
　　　　『知の社会史―近代ドイツの法学と知識社会―』（木鐸社，1987 年）
　　　　F・K・リンガー『読書人の没落』（名古屋大学出版会，1991 年）
　　　　M・A・マレー『魔女の神』（人文書院，1995 年）
　　　　『文士と官僚―ドイツ教養官僚の淵源―』（木鐸社，1998 年）

福澤諭吉　国家理性と文明の道徳

2006 年 12 月 15 日　初版第 1 刷発行

定価はカバーに
表示しています

著　者　西　村　　稔
発行者　金　井　雄　一

発行所　財団法人 名古屋大学出版会
〒 464-0814　名古屋市千種区不老町 1 名古屋大学構内
電話(052)781-5027/FAX(052)781-0697

Printed in Japan
印刷・製本 ㈱太洋社
ISBN4-8158-0551-2
乱丁・落丁はお取替えいたします。

索引

著作者名および著作表題の事項・人名，「福澤諭吉」は省く。

あ行

か行

さ　行

た　行

な　行

は　行

ま　行

や　行

ら・わ行

引用文献一覧

著者名の五十音順。矢印以下は引用の際の略称。略称
のないものは原題のまま引用したが，副題は省略した。

天野郁夫『大学―挑戦の時代―』（東京大学出版会，1999 年）
アリストテレス，戸塚七郎訳『弁論術』（岩波文庫，1992 年）
安西敏三『福沢諭吉と西欧思想―自然法・功利主義・進化論―』（名古屋大学出版会，1995 年）→『西欧思想』
同「『西洋事情』における「文明」と「進歩」」（『法学研究』第 76 巻 12 号，2003 年）→「文明と進歩」
飯田鼎『飯田鼎著作集』第 5 巻，第 6 巻（御茶の水書房，2001 年，2003 年）→『著作集』⑤，⑥
飯田泰三『批判精神の航跡』（筑摩書房，1997 年）
家永三郎『日本近代思想史研究』（増補版，東京大学出版会，1974 年）→『近代思想史』
家永三郎／松中昌三／江村栄一編『新編 明治前期の憲法構想』（福村出版，2005 年）→『憲法構想』
池上英子，森本醇訳『名誉と順応―サムライ精神の歴史社会学―』（NTT 出版，2000 年）
石河幹明『福澤諭吉伝』第 2 巻，第 3 巻（岩波書店，1981 年）→『伝』②，③
石田雄『明治政治思想史研究』（岩波書店，1954 年）→『研究』
伊藤博文「教育議」（明治 12 年）（『日本近代思想大系』第 6 巻「教育の体系」，岩波書店，1991 年）
伊藤正雄『福澤諭吉論考』（吉川弘文館，1969 年）→『論考』
伊藤彌彦『維新と人心』（東京大学出版会，1999 年）
同「明治十四年の政変と福澤諭吉」（安西敏三／岩倉十郎／森征一編著『福澤諭吉の法思想』，慶應義塾大学出版会，2002 年）→「政変」
井上哲次郎『勅語衍義』（明治 24 年）（『日本近代思想大系』第 6 巻）
岩谷十郎「福澤諭吉とジョン・ヘンリー・ウィグモア―法律専門教育をめぐる二つのヴィジョン―」（『福澤諭吉の法思想』）→「ウィグモア」
色川大吉『明治の文化』（岩波書店，1997 年）
植手通有『日本近代思想の形成』（岩波書店，1974 年）→『近代思想』
ウェーバー，マックス，脇圭平訳『職業としての政治』（岩波文庫，1980 年）（なお，引用にあたり Max Weber, Politik als Beruf, 1919, in : ders., Gesammelte Politische Schriften, Tübingen 1958 を参照した）
同，山田高生訳「ドイツにおける選挙法と民主主義」（中村貞一／山田高生／林道義／嘉目克彦訳『政治論集』1，みすず書房，1982 年）（なお，引用にあたり Max Weber, Wahlrecht und Demokratie, 1917, in : ders., Gesammelte Politische Schriften を参照し

た）→「選挙法と民主主義」
同，上山安敏／三吉敏弘／西村稔編訳『ウェーバーの大学論』（木鐸社，1973 年）
植松秀雄「レトリック法理論―法の賢慮と法律学―」（長尾龍一／田中成明編『現代法哲学』1，東京大学出版会，1983 年）
内田魯庵『新編 思い出す人々』（紅野敏郎編，岩波文庫，2001 年）
内村鑑三，鈴木範久訳『代表的日本人』（岩波文庫，1996 年）
同『内村鑑三全集』第 3 巻（岩波書店，1982 年）→『全集』③
江藤淳「二つのナショナリズム―国家理性とナショナリズム―」（福田和也編『江藤淳コレクション』1，ちくま学芸文庫，2001 年）
エリアス，ノルベルト，赤井慧爾／中村元保／吉田正勝／波田節夫／溝部敬一／羽田洋／藤平浩之訳『文明化の過程』上下（法政大学出版局，1977，1978 年）
岡義武「明治初期の自由民権論者の眼に映じたる当時の国際情勢」（『岡義武著作集』第 6 巻，岩波書店，1993 年）→「国際情勢」
唐木順三『現代史への試み―型と個性と実存―』（1949 年）（『唐木順三全集』第 3 巻，筑摩書房，1981 年）
川島武宜『日本人の法意識』（岩波新書，1967 年）→『法意識』
姜尚中「丸山真男における〈国家理性〉の問題」（『歴史学研究』第 701 号，1997 年）
カント，イマヌエル，高坂正顕訳『永遠平和の為に』（岩波文庫，1969 年）
熊倉功夫『文化としてのマナー』（岩波書店，1999 年）
小泉信三『福沢諭吉』（岩波新書，1966 年）
小泉仰『福澤諭吉の宗教観』（慶應義塾大学出版会，2002 年）→『宗教観』
子安宣邦『福澤諭吉『文明論之概略』精読』（岩波現代文庫，2005 年）→『精読』
坂本多加雄『市場・道徳・秩序』（創文社，1991 年）→『市場』
同『新しい福沢諭吉』（講談社現代新書，1997 年）
同『近代日本精神史論』（講談社学術文庫，1996 年）→『精神史』
同『坂本多加雄選集』Ⅰ（藤原書店，2005 年）→『選集』①
相良亨『誠実と日本人』（ぺりかん社，1998 年）
佐々木力『学問論』（東京大学出版会，1997 年）
佐藤誠三郎『「死の跳躍」を超えて―西洋の衝撃と日本―』（都市出版，1992 年）→『死の跳躍』
進藤咲子『明治時代語の研究―語彙と文章―』（明治書院，1981 年）
同「『教養』の語史」（『言語生活』第 265 号，1973 年 10 月号）
鈴木貞美『日本の「文学」概念』（作品社，1998 年）→『文学概念』
竹内洋『学歴貴族の栄光と挫折』（中央公論新社，1999 年）→『学歴貴族』
田中王堂『福澤諭吉』（1915 年，復刻版，みすず書房，1987 年）
津田真道「開化ヲ進ル方法ヲ論ス」（『明六雑誌』第 3 号，明治 7 年，復刻版 1976 年）
津野海太郎『滑稽な巨人』（平凡社，2002 年）
遠山茂樹『福沢諭吉―思想と政治との関連―』（東京大学出版会，1970 年）
同「維新の変革と近代知識人の誕生」（『近代日本思想史講座』第 4 巻，筑摩書房，1959

年）
富田正文『考証 福澤諭吉』上下（岩波書店，1992年）→『考証』上下
中野敏男『大塚久雄と丸山眞男―動員，主体，戦争責任―』（青土社，2001年）→『大塚と丸山』
中村敏子『福沢諭吉 文明と社会構想』（創文社，2000年）
中村雄二郎『問題群』（岩波新書，1988年）
夏目漱石『文学論』（1907年）（『漱石全集』第18巻，岩波書店，1957年）
西部邁『福澤諭吉』（文藝春秋，1999年）
西村稔「カントとレトリック」（『法学会雑誌』第46巻3・4号，1997年）→「レトリック」
同「カントにおける『クルークハイト』について」（『法学会雑誌』第45巻1号，1995年）→「クルークハイト」
同「現代日本の『教養』観念」（『世紀転換期の法と政治』，有斐閣，2001年）→「教養観念」
同「レトリックの遺産としての社交術」（植松秀雄編『埋れていた術・レトリック』，木鐸社，1998年）→「社交術」
同『文士と官僚―ドイツ教養官僚の淵源―』（木鐸社，1998年）
同「作法の欠落 教養主義と現代」（『大航海』第38号，2001年）
同「『欧化』と道徳―新渡戸稲造の道徳・礼儀論―」（一）（二）（『法学会雑誌』第53巻3・4号，2004年，第54巻3号，2005年）→「欧化と道徳」①，②
野中郁次郎他『戦略の本質』（日本経済新聞社，2005年）
坂野潤治『明治・思想の実像』（創文社，1977年）→『思想の実像』
平井一弘『福沢諭吉のコミュニケーション』（青磁書房，1996年）→『コミュニケーション』
平山洋『福沢諭吉の真実』（文春新書，2004年）
マイネッケ，フリードリッヒ，岸田達也訳「近代史における国家理性の理念」（『世界の名著』54，中央公論社，1969年）（なお，引用にあたりFriedrich Meinecke, Die Idee der Staatsräson in der neureren Geschichte, 3. Aufl., München 1957を参照した）→『国家理性』
正岡子規『歌よみに与ふる書』（岩波文庫，2002年）
同，阿部昭編『飯待つ間―正岡子規随筆選―』（岩波文庫，2001年）
松崎欣一『語り手としての福澤諭吉』（慶應義塾大学出版会，2005年）→『語り手』
松沢弘陽『近代日本の形成と西洋経験』（岩波書店，1993年）→『西洋経験』
同「解説」，「註」（岩波文庫版『文明論之概略』）
同「丸山眞男における近・現代批判と伝統の問題」（大隈和雄／平石直昭編『丸山眞男論』，ぺりかん社，2002年）→「批判と伝統」
松永昌三『福沢諭吉と中江兆民』（中公新書，2001年）→『福沢と中江』
松本三之介『明治思想における伝統と近代』（東京大学出版会，1996年）→『伝統と近代』

同『明治思想史』（新曜社，1999 年）
丸山眞男「福沢諭吉の儒教批判」（1942 年）（松沢弘陽編『福沢諭吉の哲学』，岩波文庫，2001 年）→「儒教批判」
同「福沢における『実学』の転回―福沢諭吉の哲学研究序説―」（1947 年）（『福沢諭吉の哲学』）→「実学」
同「福沢諭吉の哲学―とくにその時事批判との関連―」（1947 年）（『福沢諭吉の哲学』）→「哲学」
同「福沢諭吉の人と思想」（1995 年）（『福沢諭吉の哲学』）→「人と思想」
同「『福沢諭吉選集』第 4 巻解題」（1952 年）（『福沢諭吉の哲学』）→「解題」
同「福沢諭吉の『脱亜論』とその周辺」（『福澤諭吉年鑑』29，2002 年）
同『「文明論之概略」を読む』上中下（岩波新書，1986 年）→『読む』上，中，下
同『丸山眞男集』（岩波書店，1995〜97 年）→『集』（巻数は①等と表記）
同『丸山眞男座談』（岩波書店，1998 年）→『座談』（巻数は①等と表記）
同『丸山眞男講義録』第 5 巻（東京大学出版会，1999 年）→『講義録』⑤
南博『日本人論 明治から今日まで』（講談社学術文庫，2006 年）
村上一博「福澤諭吉と『近代的代言人』児玉淳一郎」（『福澤諭吉の法思想』）→「代言人」
森鷗外「礼儀小言」（1918 年）（『鷗外全集』第 26 巻，岩波書店，1973 年）
安川寿之輔『増補 日本近代教育の思想構造』（新評論，1992 年）→『近代教育』
同『福沢諭吉と丸山眞男―「丸山諭吉」神話を解体する―』（高文研，2003 年）→『福沢と丸山』
柳父章『翻訳とはなにか』（法政大学出版局，2001 年）→『翻訳』
同『文化』（三省堂，1995 年）
米原謙『日本近代思想と中江兆民』（新評論，1986 年）→『近代思想』
ロールズ，ジョン，中山竜一訳『万民の法』（岩波書店，2006 年）
和田正弘「諭吉と海舟」（芳賀徹／平川祐弘／亀井俊介／小堀桂一郎編『西洋の衝撃と日本』，東京大学出版会，1973 年）